和辻哲郎の解釈学的倫理学

飯嶋裕治 著

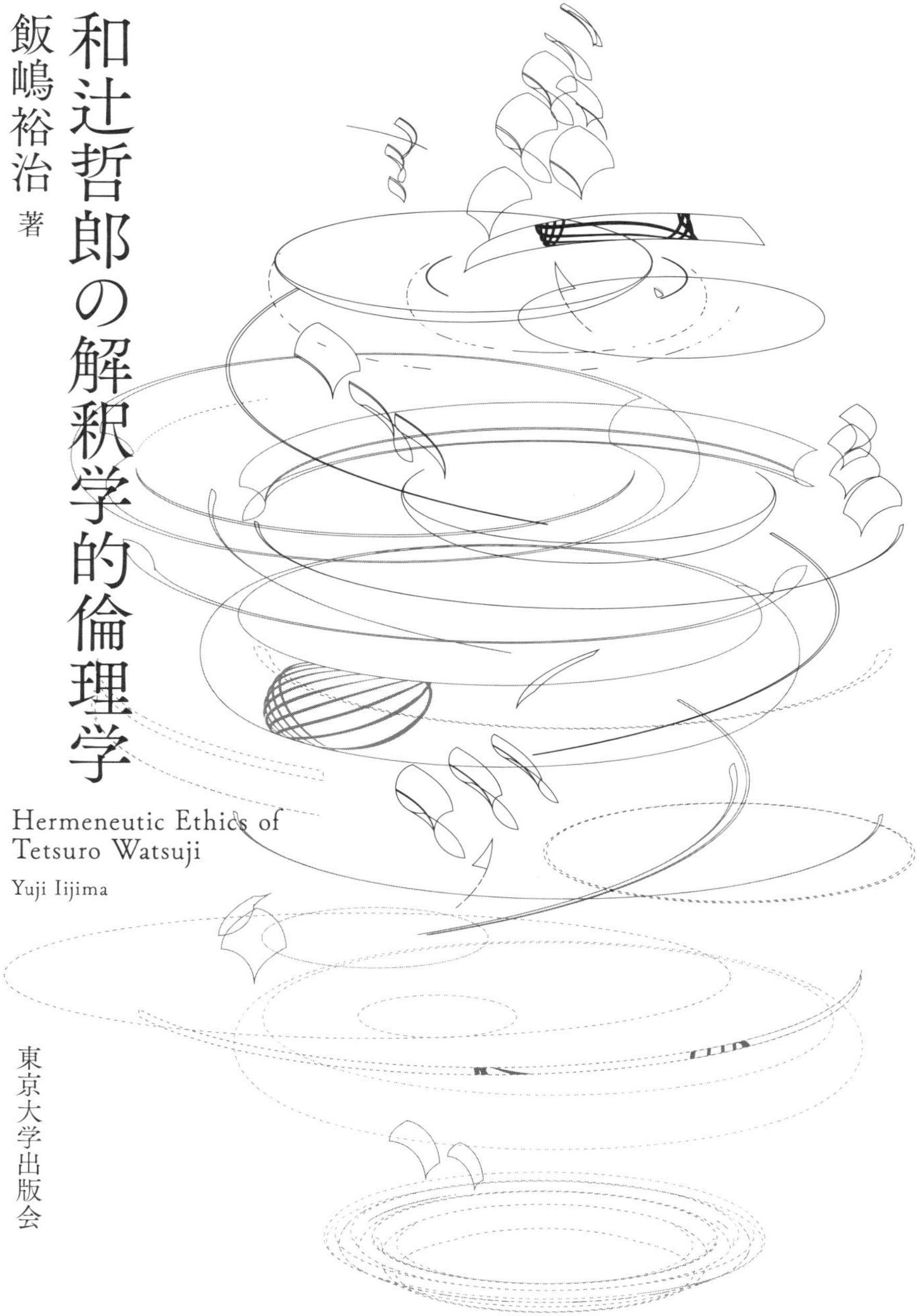

Hermeneutic Ethics of Tetsuro Watsuji

Yuji Iijima

東京大学出版会

Hermeneutic Ethics of Tetsuro Watsuji
Yuji IIJIMA
University of Tokyo Press, 2019
ISBN 978-4-13-016040-7

和辻哲郎の解釈学的倫理学——目次

第三部　『倫理学』における解釈学的倫理学の展開

凡　例

＊『和辻哲郎全集』（第三次編集、全二五巻および別巻二、一九八九〜九二年、『全集』と略記）への参照指示は、例えば「第九巻の三五頁」からであれば、［9: 35］というよう、［（『全集』での収録巻）:（頁）］の形で略記し、本文中に組み込んで示す。なお『全集』の別巻一、別巻二からの引用は、それぞれ［B1 :（頁）］、［B2 :（頁）］と表記する。また原本の刊行年や改訂の経緯等に関しては、巻末の「和辻哲郎略年譜および著作年表」に整理した。さらに、特に注記を要すると思われる書誌情報は、本文や註で適宜補足する。

＊『全集』以外からの文献を参照する際には、初出時に「著者・文献名・発表年」のみを註に示し、その他の書誌情報は巻末の「参考文献一覧」に譲る。

＊ただし、『全集』に未収録の文献である、和辻哲郎「倫理学――人間の学としての倫理学の意義及び方法」（一九三一年、「初稿「倫理学」」と呼称）に関しては頻繁に参照するため、ちくま学芸文庫版（二〇一七年）への参照指示を［SR :（頁）］と略記して本文中に組み込む。

＊同様の理由により、マルティン・ハイデガー『存在と時間』（Martin Heidegger, *Sein und Zeit*, 1927.）に関しては、第一七版（一九九三年）への参照指示を［SZ :（頁）］と略記し本文中に組み込む。なお引用の日本語訳は、基本的に中公クラシックス版（二〇〇三年）に拠ったが、一部訳語等を改めた部分がある。

＊引用箇所中の［　］括弧内の記述は、引用者による補足である。特に、［…］は「省略」を意味する。また、引用箇所内の傍点等による強調は、基本的に原文のものである。引用者の側で強調を施す場合には、その旨をそのつど注記する。

序論　和辻哲郎の倫理学理論の全体像の解明のために

本書の主題は、和辻哲郎という人物が展開した倫理学理論の全体像を解明することにある。

和辻哲郎（一八八九〜一九六〇年）は近代日本を代表する哲学者・倫理学者の一人であり、かつ文化史・思想史研究者としても著名だが、本書では特に、彼の思想を一つの普遍的な哲学・倫理学理論として読解することに主眼を置く。なぜこうした問題設定をするかと言えば、従来「和辻倫理学」と呼び慣わされてきた彼の倫理学研究は、日本に特殊な倫理や道徳を一定程度理論的な形で表現したものだ、といった解釈がなされがちだったからだ。それに対して本書では、それがあくまでも普遍的な哲学・倫理学理論として解釈可能であるという見地に立ち、そこからいまなお豊かな哲学的着想を汲み取り得ることを具体的に示すべく試みたい。

序論では、以上に掲げた問題設定の背景と、その考察のためのアプローチを説明した上で、和辻の倫理学理論の基本的特徴を前もって提示することにしたい。

第一節　問題設定とアプローチ

1　問題設定とその背景——先行研究との関係から

まずは和辻哲郎という人物について、その生涯の研究の歩みを概観しておこう。

和辻は一八八九年に兵庫県神崎郡砥堀村仁豊野（現姫路市仁豊野）の医家に生まれ、若い頃は文芸の創作や評論活動に大きな関心を持っていたが、東京帝国大学を卒業後すぐに『ニイチェ研究』（一九一三年）、『ゼエレン・キェルケゴオル』（一九一五年）を立て続けに発表し、日本での実存哲学研究の先駆者となる。またその後まもなく、特に日本の古代文化への興味を直接のきっかけとして、文化史・精神史研究に本格的に取り組み始めた。その最初の成果は、彼の著作のなかでも特に有名な『古寺巡礼』（一九一九年）という旅行記の体裁で発表され、次いで本格的な学術書として『日本古代文化』（一九二〇年）が刊行された。この文化史・思想史研究の対象は広範囲にわたり、日本の各時代の多種多様な文化的事象を取り上げるとともに（各種の文芸作品、仏像や寺社建築、歌舞伎や能などの芸能、政治思想、経済思想、仏教思想、等々）[1]、古代インドの原始仏教や古代ギリシアの政治文化、原始キリスト教や儒教思想といった、日本以外の文化的事象にまで幅広く関心が及んでいた[2]。

他方で和辻は、一九二五年に西田幾多郎（一八七〇〜一九四五年）や波多野精一（一八七七〜一九五〇年）からの強い招請により、京都帝国大学へ倫理学講座担当の講師として赴任したことを直接のきっかけに、倫理学の理論的研究も本格的に開始させていた。彼は西洋の個人主義的な人間観に基づく倫理学を批判して、人間同士の相互関係を重視した「間柄」として概念化される人間観を提唱し、それに基づく倫理学を構想した。この構想は、東京帝国大学への転任直前に公刊された『人間の学としての倫理学』（一九三四年）としてまず結実し、その後も主著『倫理学』（全三巻、一九三七〜四九年）等の理論的な著作においてさらなる展開が果たされた。一般読者に広く知られる『風土』（一九三五年）も、彼の倫理学の全体構想の一端を担うものとして著されていた。

また文化史・思想史研究の方も、倫理学上の理論的成果を踏まえてさらに展開されており、特にその集大成として『日本倫理思想史』（上下巻、一九五二年）という通史的な思想史研究が、『倫理学』に並ぶもう一つの主著として公刊された。その後も晩年まで継続的に、『鎖国――日本の悲劇』（一九五〇年）や、『日本芸術史研究――歌舞伎と操浄瑠璃』（一九五五年）、『桂離宮』（一九五五年）といった多彩な文化史・思想史研究の成果を発表し続けた。

――さて、和辻哲郎の生涯を通じた研究の営為を、このように倫理学研究と文化史・思想史研究という二つの主軸から成るものと捉えてみるとき、冒頭で示した本書の問題設定は、前者の倫理学理論の側面に焦点を当てるものとして、ひとまず位置づけられるだろう。以下では、この問題設定のそもそもの意図や背景をいま少し説明しておきたい。

彼の倫理学は、「間柄の倫理学」としてすでに広く知られている。またその「間柄」という概念が、特に「人間」という日本語表現の語義解釈から導き出されたものであり、ごく簡単に言えば、「人間は、単に孤立した個人として存在するのではなく、同時に、人と人との間の相互関係のなかで存在している」といった発想を含むこともよく知られているだろう。そこでは特に人間の個人性（個別性）と社会性（全体性）の相互関係が問題化されており、彼の倫理学研究に関する先行研究での評価や論評も、基本的にはその問題に議論が集中してきたと言える。

すなわち和辻の倫理学は、「人間という存在はいかなるあり方をしているのか」という問題（人間の存在構造の問題）に関して、「人間は個人的かつ社会的な存在である」という二重性格において規定をするものの、結局は彼の西洋の個人主義的人間観への批判も相乗して、その社会性・全体性の側面の方がより重要視される傾向にあり、人間個人の個別性は根本的なところでは確保され得ないような理論構成になっている、といった解釈がなされるのが通例だった。

主にこうした解釈に基づいて、それゆえに和辻の倫理学理論は、近代の日本社会が抱えていた政治的・社会的・文化的な諸問題に対して批判的な視点をさほど持ち得なかったと評価されたり、あるいは単にそれを追認する思想に過ぎなかったとして、そのイデオロギー性が批判されたりしてきた(3)。

極端な言い方をすれば、従来の和辻の倫理学理論に対する評価は、以上に要約した議論に尽きている。こうした解釈傾向に対して本書が呈する素朴な疑問は、「和辻の倫理学理論は実際に、その程度の要約で済むような議論でしかなかったのか？」というものだ。先行研究ではその理論的可能性を積極的に汲み尽くそうという試みが十分だったとは言い難く、彼の倫理学理論に正面から取り組むことで、これまで看過されてきた可能性を新たに見いだすことができるのではないか。

また、従来の研究での解釈傾向に関連して、もう一つ指摘すべき点がある。和辻自身が種々の日本語表現（例えば「人間」「倫理」「世間」「存在」等々）の語義解釈を通じて理論的モデルを構築するという方法を採っていた事情もあって、彼の倫理学は「日本に特殊な」ものだという特徴づけが、これまで多くなされる傾向にあった(4)。それに対し本書では、そうしたある特定の時代や地域に特異な倫理学であることを（批判的であれ肯定的であれ）強調しようとする解釈方針とは別の観点から、つまり上述した「彼の倫理学理論が持ち得た普遍的な理論としての可能性を吟味する」という観点から、彼の倫理学理論を捉え直すべく試みたい(5)。

なお、和辻の倫理学の理論的可能性に注目するという本書の問題設定に関して、外在的な理由も述べておけば、時代背景との関連から和辻の思想形成の過程を追跡した、言わば思想史的なアプローチからの優れた先行研究がすでに存在しているという事情もある(6)。それとは異なる観点からの新たな貢献をなすという意味でも、和辻の倫理学の持つ普遍的な理論的可能性に注目するという本書での哲学・倫理学的なアプローチには、独自の意義があると考える。

2　アプローチについて――三つの基本的な観点

本書の課題は上述の通り、和辻哲郎の倫理学理論の全体像の解明と、その理論的可能性の探求として設定される。では、こうした問題設定の下でどんなアプローチを採ればよいだろうか。以下に、本書で採用する観点を三つに整理して順に説明したい。

観点①　倫理学理論を基礎づける「人間存在論」への注目

第一に本書では、和辻の倫理学研究の主著『倫理学』（上中下巻、一九三七〜四九年）だけでなく、それ以前に著されていた諸文献にも大きな注意を向ける。というのも、そうした『倫理学』以前の文献にこそ、和辻の倫理学理論を基礎づける議論が詳細に書き込まれているからだ。

例えば、先述の「間柄」的な人間観にしても、『倫理学』を執筆し始める時点ですでにその概念化の作業はほぼ済まされており、『倫理学』ではこの人間観を土台として倫理学上の諸問題が具体的に考察・展開されていた。このこと自体は本論のなかで実際に検証すべき事柄だが、和辻は『倫理学』以前の段階ですでに、間柄的な人間観を帰結させる「人間存在論」と呼ぶべき議論を提示しており、それに基づいてこそ主著『倫理学』もまた成り立ち得たと考えられる。本書ではこうした見通しの下、和辻の人間存在論の理論的達成をまず確認し（第一部）、それがいかに倫理学的な問題圏に展開していくのか、その経緯を見届けた上で（第二部）、主著『倫理学』の読解に取り組むことになる（第三部）。

観点②　本書では取り扱わない和辻の議論について

本書では、和辻の倫理学理論に関する包括的な検討が目指されるが、他方で、もっぱら理論的側面の解明に取り組むという問題設定の都合上、和辻の多岐にわたる研究活動のあらゆる側面に論及することはもとより不可能である。そこで、今回は取り扱うことができない論点が出てきてしまうことに関しても、ここで前もって述べておきたい。

まず理論研究に焦点を当てるため、多彩な文化的事象を対象とする個別の文化史・思想史研究に関しては、その中身にまで立ち入った検討は行なえない。また、和辻の倫理学研究と思想史研究の相互関係はどうなっているのか、という問題もそれ自体非常に重要だが、その点については本書の結論で簡単な見通しを示すにとどまる。これらの論点を取り扱うにはもう一冊の本が必要だろう（そこでは大正時代に始まる和辻の日本文化史研究が、一九二〇～三〇年代に「日本精神史研究」という名前の下でいかなる方法的自覚を獲得し、最終的にはもう一つの主著『日本倫理思想史』においてどんな思想史的眺望を描き出すにいたったのかが検討されることになるだろう）。

また、本書で取り上げないもう一つの重要な議論として、和辻の原始仏教研究がある。彼の倫理学では、人間の存在の根柢において「空」「絶対的否定性」なるものが働いているとされるが、特に「空」という発想が彼の原始仏教研究に由来するという点は、先行研究でも繰り返し指摘されてきた。無論本書も、原始仏教研究から倫理学理論への影響関係という論点の重要性を否定するものではないが、以下の理由から、それを最重要視するという見解を採らない。

まず、ことの経緯を指摘すれば、和辻の原始仏教研究の最大の特色は、仏教思想を（フッサール現象学などを踏まえた）西洋哲学のボキャブラリーを援用して再解釈するという、当時においては進取的な試みだった点にある(7)。その点では、彼の倫理学理論に重大な影響を与えたとされる原始仏教研究自体が、西洋哲学的な発想を織り込んだ上で成立していたとも捉えられる。それも考え合わせれば、和辻にとって西洋哲学と仏教思想とは、相互に発想を提供し合う関係にあったというのが、より実情に即した穏当な評価だろう。あえてどちらかと言えば、前者によって後者をより明晰に説明する、という側面の方が強かったと思われる。

また、原始仏教研究からの影響を指摘する多くの先行研究が、その影響関係を根拠にして、和辻の倫理学を「東洋的」ないし「日本的」な倫理学、つまりある時代や地域に特殊な倫理思想として規定しがちだったという事情もある。こうした解釈傾向は、上述した「和辻の倫理学理論が持ち得た普遍的理論としての可能性を吟味する」という本書の基本的な解釈方針とは異なる観点に立つものだ（とはいえ、その論点の重要性を端から否定するものではない）。

本書ではこうした見地から、和辻の倫理学理論にとっての原始仏教研究の意義を、従来の研究に比して限定的に見積もっており、それゆえその倫理学理論の解明にあたり、もっぱら彼の原始仏教研究の内に発想の源泉を見いだそうとする解釈を差し控える。そしてその代わりに最も重要な背景として注目するのが、観点①で示唆した倫理学を基礎づける「人間存在論」なのだ。

観点③　西洋哲学のボキャブラリーに依拠して理論的に語ること

最後に第三の観点として、上述の原始仏教研究の取り扱いとも密接に関連するが、本書では和辻の倫理学理論の説明のために、基本的には西洋哲学的なボキャブラリーに依拠しつつ、その普遍的な倫理学理論としての特質をできるだけ明晰に描き出すことを目指す。したがって、例えば先に言及した「空」という仏教思想に由来すると思しき概念も、このボキャブラリーから説明が試みられる。ただ、本論でも見る通り（第六章）、当の和辻自身が「空」概念を実際にそうした仕方で十分に説明可能なものとして、自分の倫理学理論のなかに導入していたのだった。

この西洋哲学的なボキャブラリーへの依拠は、具体的には、和辻とその思想傾向を同じくする哲学者たちの議論を援用するという形で行なう。最重要人物として挙げるべきは、マルティン・ハイデガー（一八八九〜一九七六年）だ。

和辻はヨーロッパ留学時に読んだ当時刊行されたばかりの『存在と時間』（一九二七年）から決定的な影響を受けており、本書でも「和辻自身によるハイデガー解釈」自体が重要な検討対象となる。[8] また本書では、和辻との直接的な影響関係はないものの、その思想傾向において彼と相通ずる点が認められる哲学者たちの議論も参照する。ここでは特にチャールズ・テイラー[9]（一九三一年〜）とヒューバート・L・ドレイファス[10]（一九二九〜二〇一七年）の名前を挙げておきたい。彼らの議論を援用することで、和辻が思考していたはずの事柄がより明晰に説明可能となるだろう。

加えて、こうした解釈方針を採ることとの副次的効用として指摘したいのは、それによって和辻の倫理学理論を、近現代の様々な哲学・倫理学理論との間での相互関係という、より広い文脈に置き直して読解可能になる点だ。西洋哲学的なボキャブラリーに依拠した説明から、理論の次元での互換性や対話可能性が確保されてくるのであり、それによって和辻の議論を、例えば現代の倫理学理論や哲学的行為論と接続させて考察することも可能になるだろう。

第二節　和辻哲郎の倫理学理論の基本的特徴

以上のような観点から和辻の倫理学理論にアプローチしていくにあたり、その基本的な特徴を前もって提示しておくことは、本書全体の議論に一定の見通しを与えるという点で有益だろう。その特徴として指摘したいのは、「解釈学」的な思考様式と「行為の規範性・意味」への問題意識である。

1　基本的な方法的態度——「全体‐部分」関係に基づく解釈学的発想

和辻の倫理学理論を特徴づける重要な発想としてまず挙げるべきは、「解釈学」的な思考様式である。本論での詳しい検討の前に、その最も基本的な考え方をここで簡単に説明しておきたい。

解釈学には古代ギリシアやキリスト教由来の分厚い思想史的背景が控えているが、そうした背景は措いてその核心がどこにあるのかと言えば、「人間は物事をいかに理解しているか」という問題を「全体と部分の関係」から捉え直すという点にある。――そこでの大前提は、「われわれ人間は何についてであれ、その全体の理解を求めている」という考えだ。例えば、自分自身のことや他の誰かについてもそうであり、人間関係や社会的諸関係、テクストや芸術作品、はたまた有機体や自然界、そして世界そのものに関してもそうだろう。現段階では直感的な言い方に訴えざるを得ないが、われわれが本当に求めているのは部分的・断片的な知識ではなく、「それは一体何なのか」というその全体の理解であるはずだ。

しかし他方、こうした「全体の理解」にはそもそも到達不可能ではないか、という懐疑があり得る。カント風に言えば、われわれ人間の有限な認識能力では、全体そのものをそれ自体として直観することは不可能であるし、またその全体に関する部分的な命題的記述（「…である」）を積み重ねていくことで、それを論証的に知り尽くすことも不可能だ。例えば、目の前にいる友人の全体（それは通常、その人の「人柄」や「人格」などと呼ばれる、目に見えず聞こえず触れることもできない全体的な何かのことだ）についても、それを知り尽くすことは不可能だろう。その人の様々な部分の記述（例えば、あのときのあの言動や、人づてに聞いた評判、等々）を幾ら積み重ねていったところで、その人の全体そのものに到達することは決してないように思われる。

ではわれわれは、その友人の全体、つまり「その人が一体どのような人であるのか」について、結局のところは理解し得ないということになってしまうのだろうか。――まさにその点において、解釈学は発想の転換の必要性を説く。すなわち、むしろわれわれは、全体の理解を初めから持っていたのであり、「全体の理解は部分の理解に先行する」のだと。

例えば、「その友人があのときああ言ったこと」をいかにもその人らしい言動だと受けとめたり、あるいは「人づての評判」に違和感を覚えたりすることがあるかもしれない。しかし、そこでそうした「らしさ」や「違和感」を認知すること自体は、その人についての「全体の理解」があらかじめ存在していたという前提なくしては、そもそも生じ得なかったはずだ。解釈学的な発想からすれば、たとえ初対面だったとしても、私は目の前にいるその人のことについて、何らかの「全体の理解」を持っている。ただし当然ながら、そこでの「全体の理解」は不明瞭で不確定的なものであり、非常にあやふやでおぼろげな印象のようなものでしかないだろう（例えば、「とりあえずフレンドリーそうだ」「なんだかとっつきにくそうだ」といった漠然とした第一印象として）。しかし、どんなにおぼろげなものであれ、まずは全体の理解があってこそ、それを背景としての、その人の各部分の理解（言動や評判の理解）も可能になる。

　また、こうした「全体の理解が部分の理解に先行する」ことは大前提としつつも、その一方で、様々な「部分の理解」（解釈）を通じて「全体の理解」が更新されるという事態も十分起こり得る。先の例で言えば、友人のある言動（部分）がいかにもその人らしいと受けとめられてくるとき、私はすでに所持していたその人に関する全体の理解を、その部分の解釈によって、より輪郭のはっきりした陰影あるものとして明瞭化し分節化できた、ということになるだろう。あるいは、とっつきにくいとばかり思っていた人の意外な一面（例えば「真面目な顔で冗談を言う」）を人づてに聞いて、それに違和感を覚えつつも、場合によってはその人に関する「全体の理解」に何らかの軌道修正が起こり、その人柄全体の相貌が変容してくる、といったことも起こり得る。われわれは、目に見える何らかの具体的形姿を持った諸「部分」の解釈を通じて、それそのものとしては知覚・認識されることのない「全体」のありようについて、その理解をより明瞭にしたり変容させたり深化させたりすることができる。

　要するにそこでは、あらかじめある「全体の理解」に導かれて個々の部分が理解されるとともに、その様々な「部分の理解」を通じて「全体の理解」が更新されもするというような、全体と部分の間での往還的な理解の運動が起こっている。以上を踏まえれば、「何かを理解する」とは、当初は不明瞭で不確定的なものに過ぎない「全体の理解」

を、こうした往還運動を通じて、より分節化された明瞭なものにしていく、という一連の過程のことだと捉え直せるだろう。

解釈学的な観点から見れば、物事の「理解」の構造は、以上のような「全体‐部分」関係から捉え返されてくることになるが、本書で検証する和辻の思想の営為全体も、まさにこうした意味で徹頭徹尾「解釈学」的だったと特徴づけられる。そこで和辻が全精力を傾けていたのは、それとしては知覚し得ない「全体」の理解を目指すことであり、それがいかに可能であるのかを自ら問うことのなかで、彼は自ずと解釈学的な発想に行き着いていた。本論で明らかにする通り、そこで中核的な役割を果たすのが「表現」および「了解」という解釈学的な概念だ。

なお、和辻哲郎の思想の営為の全体像を示そうとする点では、本書もまた「全体の理解」を試みる一つの解釈学的な実践であることになる。それによって全体の理解が深められてこそ、彼の倫理学が現代において持ち得る理論的可能性もまた、より明瞭に提示可能となるはずだ。

2　基本的な問題意識——行為の規範性・意味をめぐる倫理学理論

では、こうした解釈学的な思考様式を通じて、和辻は一体いかなる問題に取り組んだのだろうか。彼の倫理学理論のもう一つの基本的特徴はまさにこの点に関わってくる。本書ではそれを特に、彼に特異な「行為論」的議論の内に見届けることになる。ここでは、和辻が「行為」のいかなる側面を特に問題化していたのかを、他の倫理学理論とも対比させながら確認してみたい。

（1）行為の規範性の二側面——「事前の規整」と「事後の評価」という対比

ごく大まかに言って「行為論」とは、人間の行為がいかなる仕組み・構造において成立しているか、といったことを問う議論だが、倫理学という文脈では、それは主に「規範性」という問題と結び付けて考察されるのが通例である。例えば「いかに行為すべきか」「行為の善し悪しに関してどんな基準があり得るか」といった典型的な問題を見てみても、そこでは行為の問題が規範性（当為や価値をめぐる問題）[11]との関連から問われていると言ってよいだろう。以下では、規範性という観点から見えてくる行為の諸側面を整理しつつ、和辻がそのどの側面に着目して自身の倫理学理論を展開させていたのかを、まず押さえておきたい。

　行為を規範性との関連から考えるとき、われわれの常識的な理解に照らして言えば、人間の行為は基本的に何らかの規範に従ったもの、つまり規範的なふるまいだと思われる。

　この「行為は規範的である」というテーゼを、もう少し具体的な事例で補足すれば、例えば「目上の人に対する挨拶」といったごく日常的な行為は次のように分析できるだろう。――その行為がなされる際、そこでは「目上の人に対して相応しい挨拶の仕方というものがあり、それに則って相手にしかるべき敬意を示すべきだ」といった規範があらかじめ理解されているはずだ。そして、こうした規範理解が自他の間で（程度の差はあれ）共有されているからこそ、その行為は「しかるべき敬意を示す」という意味を持ったふるまいとして現に行なわれ、相手にもそのように理解され受けとめられ得る。またさらには、その実際になされた行為のありようが適切であったかどうかについて、後になってから規範に照らして評価することも可能だ。

　すなわち先の「規範に従った」という言い方には二重の含意がある。一つは「規範は行為のありようを事前に規整している」という意味であり、もう一つは「規範は行為を事後的に評価する際の基準になる」という意味である。別言すれば、行為はあらかじめ一定の規範によって制約を受け方向性を与えられるという仕方で現になされていくものだが、他方で、実際になされた行為は規範を参照することでその善し悪しや正誤や適切さなどが問われ得るようなものとしてある。

つまり「行為は規範的である」というテーゼは、より詳しく言えば、「行為とは、自他の間で何らかの意味を持つべくしてなされ、またその意味が事後的な評価や解釈の対象になり得る、という二重の意味で規範的なものである」ことを含意しており、それが行為の規範性に関するわれわれの常識的理解の内実をなすと思われる。和辻自身はこの規範性の問題を、特に「行為の意味」の問題として考察している（特に第三章で検討する）。こうした有意味な規範的行為の二側面を、規範による「事前の規整」の側面と「事後の評価」の側面と呼んでおこう。

（2）「事後の評価」の側面から見たときの規範性問題――価値の客観性をめぐって

しかし、以上のような日常的理解があるにもかかわらず、これまでの哲学的議論において行為の規範性の問題は、絶えず懐疑的な観点から論じられてきたというのが実情だ。またさらに言えば、規範性問題に関する哲学的な考察は、もっぱら後者の「事後の評価」の側面の方を中心に展開されてきたのではないかと思われる。こうした事情の背景に関しては、ごく大まかには次のような説明を与えておくことができるだろう。

「事後の評価」の側面は、「価値の客観性」という古典的な問題と深い関係がある。すなわち、行為の善し悪しや適切さを評価するためには何らかの価値的基準を参照する必要があるが、そのそもそもの基準自体に客観性や普遍妥当性を認め得るのかが、繰り返し懐疑されてきた。

「価値の客観性」が疑われる背景には、西洋哲学に伝統的な考え方として、「客観性問題は実在性問題から考えられるべき」という存在論的・認識論的な前提がある。[12] このとき、価値の客観性を問うためにも、まずはその実在性が問われるべきとされ、つまり「価値という対象ないし性質が、本当に存在するものなのかどうか」が問題視される。しかし、そこで問題になっている当の「価値」なるものは、世界のなかに知覚可能な対象や性質として存在するかどうかが、控え目に言っても定かでないようなものだ。要するに西洋哲学の伝統では、その実在性の不確かさゆえに、価値の客観性は非常に疑わしいものとして絶えず問題化されてきたのだった（だからこそ、例えばプラトンは「イデア」という非自然的な対象が、自然的対象とは別の仕方であれ、確かに実在することを主張しなければならなかった）。——「客観的な評価基準などそもそもあり得るのか」という「価値の客観性」問題の背後には、そうした問いが提起されるべくしてされてくるような背景的文脈として、物事の判断の「真偽」をもっぱら「実在（世界の側の事実）との対応関係」から考えるべきとする伝統的な真理観が控えている。

そして、以上のような「価値の客観性」問題に議論が集中するという傾向は、一般的に言って、近現代の倫理学理論の基本的動向にも合致している。そこでは、倫理的・道徳的な判断（つまり事後的な評価）を行なう上での確かな基準たり得るような、普遍的・客観的な道徳原理の可能性が、その最大の問題とされてきた[13]。それは先の二側面に照らして言えば、規範性の「事後の評価」の側面の方がより重視されてきたことを意味する。このとき、他方の「事前の規整」の側面は、「普遍的な道徳原理がともかく確保さえされたならば、あとは単純にそれに従えばよい」として片づく程度の問題として、さほど重視されてこなかったのだと思われる。

しかし「事前の規整」の問題は、それでは決して片づかないのではないか[14]。そして興味深いことに、近現代の諸倫理学との対比から見えてくる和辻の倫理学理論の特徴は、規範性の「事後の評価」ではなく、むしろ「事前の規整」の側面の方をより重視した点に求められる。

（3）行為の規範性をめぐるもう一つの対比——規範に関する知識のあり方をめぐって

では、和辻は行為の規範性の「事前の規整」の側面をいかに考察していたのか。特に注目すべきは、彼の倫理学では人間の「日常性」「常識」というものが殊更に重要視される点だ。

先述の通り常識的に考えれば、日常性におけるあらゆる行為は、何らかの規範に従った有意味なものとして「規範的」であるはずだ。しかし他方、われわれの日常的行為の大部分は、（近現代の倫理学理論が追究してきたような）普遍的原理をそのつどいちいち参照して熟慮・判断するまでもなく、その意味では、ただひたすら端的に行なわれているようにも見える。例えば、目上の人に対しそれに相応しい仕方で挨拶をする、といったごく日常的な行為は、何らかの規範に従ったものとしてあるはずだが、そのときのわれわれは、「この場合はどう挨拶したらいいか？」などと特に意識することもなく、しかし大抵は適切な仕方で現に挨拶できているのではないか。[15]

つまり通常の倫理学の議論で見逃されがちだったのは、こうした人間の行為の大部分を占めるはずの日常的でありながらも規範的な行為のありよう全般が、一体どんな仕組みで成り立ち得ているのか、という問題だ。それに対し和辻の倫理学理論は、そうした日常性における人間の有意味な規範的行為の構造を倫理学的な観点から問題化したという点に、その最大の理論的特徴を認めるべきだと思われる。――そしてそこには、規範的行為の「事前の規整」のあり方をめぐって対立する、二つの行為観を見て取ることができるだろう。両者は特に、規範に関するわれわれの知識（規範知）のあり方という点で、見解を異にする。

その一つは、普遍的な道徳原理を追究する近現代の倫理学理論が暗に前提とする、「原理（規範）を正しく知ってさえいれば、それに従って正しく行為することができる」という行為観だ。そこでの行為の基本的なイメージは、行為者が一定の明示的規則・原理（規範）を目前の状況と適合するように解釈・適用しながら行動しているというものであり、その典型例として、「大前提（普遍的な原理・目的）と小前提（個別的な状況）から結論（なすべき行為）を推論する」といった、いわゆる実践的三段論法が挙げられる。[16] これを主題的・命題的・表象的な知識に基づく「主知主義的な行為観」と呼ぶならば、それと対置されるべきものとして本書で注目し検討するのは、非主題的・非命題的・非表象的な知識に基づく「非主知主義的な行為観」[17] である。少なくとも、和辻が重視する日常的行為の大半は、この後者の行為観からこそよりよく説明可能になるだろう。

以上の考察から、「行為の規範性」問題に関して二つの対比を導入したことになる。一つは規範による「事前の規整」と「事後の評価」という対比、もう一つは「主知主義的な行為観」と「非主知主義的な行為観」という対比である。前者は規範性が作用する行為の場面の区別であり、後者は規範に関する知識のあり方の区別だが、和辻の倫理学理論は、それぞれ「事前の規整」および「非主知主義的な行為観」をより重視するものとして特徴づけることができる[18]。

このように特徴づけられる行為論の詳細は、本論でハイデガーや和辻自身の議論を検討するなかで明らかにされていくはずだが、特に重要なのは、ここで「非主題的・非命題的・非表象的な知識」と呼んだものが[19]、規範に関する一体いかなる「知り方」「わかり方」なのかという点である。序論の段階ではまず、この規範知・規範認知の基本的なありようを、特に「了解」という解釈学的概念に基づいて、もう少し説明しておきたい。

第三節　「了解」概念の基本構図

この規範の「わかり方」の問題について、和辻の倫理学理論は「実践的了解」という解釈学的な概念を提出することで、一つの積極的な回答を示していた。その詳細は本論で論ずべき事柄だが、ここではその準備作業として「了解」の基本構図を前もって略述しておきたい。

1　行為を導く規範知のあり方をめぐって――「了解」という認知様式

（1）ハイデガーの現存在分析における「規範全体性の了解」

「了解」（Verstehen, understanding）[20]という概念は、解釈学・現象学という哲学的伝統のなかで鍛えられてきたものであり、和辻もその着想を主にマルティン・ハイデガー『存在と時間』の読解から獲得していた。そこでまず、ハイデガーがこの「了解」概念を「規範性」問題との関連でどのように論じていたのかについて、ごく簡単に確認しておきたい。

『存在と時間』で行為の規範性が特に問題化されているのは、その前半部の現存在分析での日常的な道具使用の場面だ。――日常生活においてごく普通に道具を使うことができているという事態の背景には、あらかじめすでに実に様々なことが了解されている。例えば、その道具が用いられるに相応しい状況や場面、その道具の適切な用途や標準的な使い方、その道具と一緒に使うべき他の道具、想定される道具の使用者や、その使用対象となるべき物や人、といった無数の規範的な指示関係（和辻なら「意味的連関」と呼ぶもの）が、その使用に際してあらかじめ了解されている必要がある。さもなければその道具は、いつどこでどのように用いればよいのかもわからない、単にそこにあるもの、（ハイデガーの術語で言う「事物的存在者 das Vorhandenes」）でしかないことになるだろう。われわれが道具（道具的存在者 das Zuhandenes）を道具として現に使用できているのは、こうした道具に関する様々な指示関係の全体が、非主題的な仕方で先行的にわかっているからであり、こうしたわかり方こそが「了解」という認知様式の基本的特徴をなす。

そこであらかじめ了解されているのは、道具との交渉に関わる相応しさ・適切さ・標準といった一種の規範であり（適所性 Bewandtnis）、さらに言えば、人間（現存在 Dasein）の諸行為を方向づける可能性（主旨・目的であるもの Worum-willen）から組織化されている、道具との交渉に関する無数の規範の全体、つまり規範全体性（適所全体性 Bewandtnisganzheit、有意義性 Bedeutsamkeit）である。ただしここで言う「規範全体性の了解」は、「規則のあらゆる適用・逸脱可能性を命題的知識の形で知っている」こととは、全く異なる認知様式である点を強調しておく必要がある。

上述した、道具使用に関する無数の指示関係（意味・規範）は、ある全体性をなすものでなければならないはずだ。というのも、もしその規範の全体があらかじめ了解されているのでなかったならば、人間はその道具使用という日常的行為において、自分が状況に相応しく適切な仕方で道具を使っているのかどうかを、わかっていないことになってしまうからだ。だがわれわれの日常生活は、明らかにそうなっていない。だとすると、その規範全体性は、道具使用(行為)に先行してあらかじめ把握されていなければならないはずだ。ただしそれは、記述し尽くせない無数の規範全体に関するものである以上、命題的知識の形では保持され得ず、非主題的で、暗黙的・浸透的な仕方で「了解」されているものと見做さざるを得ない。すなわち、道具使用に関する諸規範はある全体性をなすものであり、この規範全体性は「了解」という非主題的な認知様式においてあらかじめ理解されていてこそ、日常的実践に一定の方向性を与えるという形で行為を可能にしているはずだ。[21]

――「行為の規範性」問題に関して、「全体の理解」の問題がこのように問われてくる理論的地点においてまさに、先に和辻の倫理学理論の第一の基本的特徴として提示した、「解釈学」的な思考様式が求められることになる。

(2) 和辻の倫理学理論における「実践的了解」概念

ハイデガーにおいては、規範性の問題がまず道具使用の場面で議論されていたが、和辻哲郎はその成果を引き受けつつも、それを特に道徳的な規範性の問題として、人間同士の間での行為の場面で主題化し、倫理学的に考察し直した。では彼は、ハイデガーの「規範性の了解」という発想を、具体的にはどのように自分の議論に導入していただろうか。この論点は本書の第一章、第三章、第七章で改めて詳しく検討するが、ここではそのあらましを示しておこう。

和辻の倫理学の根本着想として挙げられるべきは、先述の通り、「間柄」というよく知られた概念である。ただし和辻自身がこの「間柄」の構造を、次のように「了解」という観点からもう少し精緻に分析しようとしていた点は、あまり指摘されていないように思われる。

我々は間柄を志向作用から区別するに当たって、見るというごとき行為が決して一方的なものでなく相互の連関に規定せられていることを言った。しからば盗み見るというような見方はすでに相手の一定の態度についての了解を含んでいるのである。しかしこの際に、相手の態度はしかじかであるという意識が明白に成立しているとは限らない。我々は意識する前にすでに動いている。しかもその動きは決して盲目的ではなく、一定の間柄を形成するように動いているのである。かかる意味において我々は実践的行為的な連関がすでに実践的了解を含むということを主張する。そうしてこのことは間柄そのものがすでに実践的な「わけ」であるということにほかならない。［10: 37–8］[22]

主著『倫理学』序論（一九三七年）のなかのこの短い一節には、和辻の考える「実践的了解（わけ）」の基本構造が、かなり縮約された形で書き込まれている。

彼の倫理学での「行為」とは、ある特定の間柄・人間関係（文脈）において意味を持つふるまいだとされており、その点で単なる物理的・身体的な「動作」とは峻別される。行為とは、必ずそうした人間関係を背景としてなされるものであり、そこで行為する人は必ず、その人間関係についてあらかじめすでに何らかの「了解」を持っている。「盗み見る」という仕方で相手が見遣られている間柄でも、その間柄自体のありように関する実に様々な事柄があらかじめ了解されているはずだ。例えば、友人同士ではあるが、昨日些細なことで喧嘩をしてしまい、今日見かけても気まずくて声をかけることができず、相手の様子を遠目に「盗み見る」ような形になってしまっている、などといったように、その人間関係に関わる記述し尽くせない無数の事柄があらかじめ了解されていてこそ、「盗み見る」という行為もまた有意味なものとして現に可能になっている。

そして、こうした人間の日常生活での諸実践をそもそも可能にしているような了解のことを、和辻は「実践的了解」「わけ」と呼んでいる。それは、例えば「人間とは何か」「善き生とはいかなる生か」といったごく抽象的な事柄から、「目上の人に挨拶するときはどうすべきか」「食事の際のマナー」といった社会的な通念や常識、そして目の前の相手との具体的な人間関係のありようの履歴までをも含んだ、人間の生活全体に関わるすべての事柄に関する包括的な了解である。人間はあらかじめこうした了解を持ち、すでにわけがわかっているからこそ行為できるのだ。

ここでは、ハイデガーの現存在分析での「道具使用の規範性」の議論が、ある人間関係という文脈での相応しさを問う「行為の仕方の規範性」の議論へと、倫理学的に拡張され読み換えられている。そして人間の諸行為は、この行為の仕方全体（規範全体性）に関する実践的了解によって、「一定の間柄を形成するように」方向づけられているという[23]。まさにその意味で、われわれの行為は決して（引用中の言葉で言えば）「盲目的」なのではない。――人間の日常的行為は、ある一定の方向づけを持つ点で「事前の規整」を受けており、またその方向づけに沿ったり逸れたりし得る点では「事後の評価」の対象にもなり得る（つまり善し悪しを問える）のであって、行為にこうした全体的な方向づけを与える「規範全体性の了解」こそが、行為が規範的で有意味であり得るための可能性の条件（ないしハイデガー的に言えば「存在論的」な根拠）となっている。

2　「規範全体性の了解」の基本構造

（1）了解は理論的認識とはどう違うか？――暗黙的な認知

以上では、実践的了解が何についての認知であるのかを確認したことになる。では、この実践的了解は、いかなる仕方での認知様式として特徴づけることができるだろうか。

ハイデガーのところで強調した論点だが、先に見た和辻の引用でも、実践的了解においては「…はしかじかであるという意識が明白に成立しているとは限らない」と述べられていたように、そこでの了解内容は基本的に命題的・表象的・主題化的な知識の形態をとるものではない、という点が極めて重要だ。和辻はこうした実践的了解の「わかり方」を、「意識以前の実践的な理解であって、意識的或は理論的な理解とは同視せらるべきでない」[SR: 38][24]とも説明している。この点で「了解」という認知様式は、何かを意識的に主題化・対象化して把握するという通常の意味での「認識」とは明白に異なる。[25]

例えば、普段「挨拶」という実践をしているその最中に、われわれはその挨拶の仕方についてあれこれ意識しながらふるまっているのではない。つまり、「「挨拶の仕方とはしかじかである」と命題的知識の形で知っている」ことと、「実践的了解という形で挨拶の仕方がわかっていて、実際に適切な仕方で挨拶ができる」こととは、基本的に別の事柄だ。この両者の違いは、「それとして知っている」ことと「それとなくわかっている」こととの違いだとも言えるが、そこで挨拶というふるまいを実際に可能にしているわれわれの実践的了解は、あくまでも目立たない暗黙的な仕方でそれとなく働いている。要するに「了解」とは、規範全体性に関する暗黙的かつ先行的な理解であり、それとして主題化されない仕方でこそ規範に適った仕方での日常的ふるまいをそもそも可能にしているような、人間の基礎的な認知のあり方を名状する概念である。

(2) 了解は本能とはどう違うか？——分節化可能性

ただし、実践的了解が理論的な認識や主題化的な反省とは異なるからといって、他方でそれは単なる動物の本能のようなものでもない。その違いについて和辻は次のように述べている。

人間の間柄はそれが意識や言語として発展するところの間柄であり、従って分肢されることによって言葉となるべき直接の理解［=実践的了解］を本来すでに含んでいるのである。然るに動物の自他の関係は、その本能的な鋭い理解（と云えるならば）にも拘わらず、意識や言語に発展すべき性格を具えて居らない。即ち人間の存在は自覚的であり、動物の存在は無自覚的である。［SR: 40］

ここで重要なのは、人間の実践的了解は、普段はそれとして意識されることのない暗黙的な仕方で働き日常的行為を導いているが、必要とあらば、それを言葉にして表現し説明することもできるという点だ。そして、まさにこの点こそが、「了解」という認知様式の存在をわれわれが理論的に要請しなければならない最大の理由に関わっている。

例えば、あるテレビ番組を毎週好んで何の気なしに観ている人は、それがすでに習慣のようになっているならば、別に「その番組を観よう」という明確な意図をそのつどいちいち心中に抱きつつ、その番組を観ているわけではないだろう。しかし、もし他の誰かから「何をしているのか」「なぜそんな番組を観ているのか」と訊かれたならば、その人は「テレビを見ている」とか「ここが面白いから」と何らかの言葉にして応えたり理由を述べたりすることができるはずだ。

引用中の「分肢されることによって言葉となるべき直接の理解」とは、こうしたことが可能になる実践的了解の構造を説明する記述だ。先述の通り、実践的了解は必ずしも命題的知識の形で保持されているのではないが、必要とあらば、その了解を分節化し言葉として表現することもできる。つまり実践的了解には、事後的に分節化可能な「分肢」構造が潜在的な仕方であらかじめ備わっていると考えられている（この分肢・分節構造の潜在性は、第三章で和辻の哲学的行為論を検討する際に重要な論点となる）。またたからこそ、人間は自身の了解を分節化して言葉にもたらすことで自己解釈し、つまりは（引用にある通り）「自覚」することができるのだ。

この自己解釈・自覚が可能だという点は、人間の「実践的了解」が、動物の「本能」とは決定的に異なるポイントとなる。なぜなら、自らの実践的了解を自己解釈し自覚することを通じて、人間は逆に自らの了解を更新・展開させていくことができるからだ[26]。この点に関して和辻は『倫理学』序論で、「表現」という概念とも絡めつつ、次のように論じている。

> 動物の本能は我々のいう実践的な了解ではない。後者〔＝実践的了解〕は意識や言語として表現せられ、またその表現において発展するところの了解なのである。〔…〕身ぶり、表情、動作などより、言語、風習、生活様式などに至るまで、すべて間柄の表現でありつつまた間柄を構成する契機となっているのである。[10: 38]

間柄における人間は、自らの実践的了解を分節化し絶えず一定の表現にもたらしている。そして、その表現の下での自己解釈・自覚を通じて自身の了解を更新し、間柄をさらに発展させている。

例えば、ある人が街でたまたま出会った友人に挨拶をするとき、その人は「挨拶」という形で、自分たちの人間関係のありよう自体を端的に表現している（例えば、その良好な関係を表現するものとして「にこやかに」、あるいは、あまりうまくいっていない関係を表現するものとして「ぎこちなく」）。挨拶という表現が作りだされるその仕方は、そのときまでのその当人たちの人間関係のあり方と、それに関する各自の受けとめ方（了解のあり方）とによって、驚くほど精密に前もって規定されている。しかしそれと同時に、その挨拶がそのつど表現され理解されることにおいて、逆に人間関係のあり方自体が変化し更新されていく可能性があることも容易に想像できるだろう（例えば、昨日までぎこちなかった二人の関係が、一方の明朗な挨拶によって途端に好転する、というように）。要するに「表現」は、人間関係のあり方を単にそれとして示すだけのものではなく、実際の人間関係自体を変化させ新たな事実性を作りだす媒介にもなり得るのだ。

――そしてここには、豊かな実践的了解を携え、その了解を様々に表現しつつ行為し、さらにはその表現の自覚・

自己解釈を通じて自らをさらに展開させ自己形成していくような、「解釈学的主体」とも呼ぶべき人間像が提示されている。前もって述べておけば、こうした解釈学的な人間観こそが和辻の倫理学理論にとって極めて重要であることが、次第に明らかとなってくるはずだ。

（3）了解が可能にする「技能」と「反省」の二側面

以上に提示した「了解」という認知様式は、人間の日常的行為をそもそも可能にするという点で、（「認識」等に比して）人間の認知のより基礎的な様態として位置づけることができる。それは、「技能」や「反省」といった人間の活動の諸側面が、いずれも次のような仕方で「了解」に基づいているという点からも主張可能だと思われる。

例えば、「ハンマー」や「挨拶」に関する包括的な了解があるからこそ、現に適切な仕方でハンマーを扱ったり、挨拶したりできるという側面は、了解が可能にする「技能」の側面だ。先に問題とした「規範による事前の規整」の側面とは、要するに「状況に応じて適切にふるまう」といった、われわれが日常的に行なっているごく当たり前の事柄に関わるものだが、そのことを「わかっている」ことと「できる」ことの一体性の内に位置づける点に、「了解」という認知様式を提案することの最大の理論的意義がある。それは、有意味な規範的行為の可能根拠を、「明示的に知られる命題的知識」にも、理解を欠く生物学的な本能に基づいた「とにかくできる」ことにも還元してしまわないような認知のあり方を示唆することで、人間の行為において発揮されている身体的な「技能」を、人間の知的能力との相関関係から把握しようとする見解だとも言えよう。

また了解は、その了解内容を主題化し自己解釈できるという点で、「反省」を可能にしてもいる。われわれは普段、特に意識するまでもなく、ある道具の使い方や挨拶の仕方に則って適切にふるまうことが（大抵は）現にできているが、他方、その仕方がどんなものなのかを殊更に主題化し、それについて何か述べることもできる（述べ尽くすことは不可能だが）。この意味で、そこで述べられ作りだされる表現は、了解から派生してきたものだと言える。ただし表現は、単に了解の派生物であるだけでなく、他方、それが改めて解釈され自覚されることを通じて、了解自身のありようが再帰的（reflexive）に更新される、すなわち「反省（reflection）」がなされ得る点も重要だ。

そして、この「技能」と「反省」という、了解が可能にする二側面を考え合わせることで[27]、通常は全く別のものとして区別されることが多い、いわゆる「理論」と「実践」を、統一的な観点から捉え直せるようになる。道具を用いるにせよ誰かとやりとりをするにせよ、われわれはあらかじめすでに一定の包括的な了解を携えていてこそ適切に（つまり規範に適った仕方で）ふるまい行為することができるという意味で、了解は様々な「実践」を可能にする技能を支えるべく機能するが、他方で、その適切さや行為の仕方について立ち止まって反省し、それを（あくまでも部分的にだが）定式化することもできる。この意味で了解は、その最も純粋な形態としては「理論」という形をとるような、人間の反省的な営為を可能にしていることにもなる[28]。また、こうした理論的反省には、それが本来は実践的了解に根差したものであり、その自覚・反省を通じて実践自体のありようが更新され得るという意味で「再帰性」が認められることも、上述の通りである。

――以上より、「行為の規範性」が倫理学においてどんな意味で問題なのかが明らかとなり、また、この問題に対して和辻が採る、「了解」「表現」概念を中核とした解釈学的アプローチの概略を示すところまで漕ぎ着けたはずだ。そこで提示した「規範全体性の了解」という考え方こそが、本書での和辻の倫理学理論の総体的な再解釈の試みにとって最も重要な導きの糸となる。本論ではそれを絶えず念頭に置きながら、彼のテクストの具体的な読解に取り組んでいきたい。また、その読解作業が進展するなかで、現段階ではさしあたりそのあらましを述べたに過ぎない「規範全体性の了解」も、その詳細な構造が解明されてくるはずだ。

第四節　本書で取り扱う和辻の著作と全体の構成

序論の締め括りとして、本書で取り扱う和辻の著作と、全体の構成について説明しておこう。

まず、和辻の生涯にわたる著作群を次頁の「表」のような形で主題別・時期別に分類し、各主題の位置づけを簡単に見た上で、読解に取り組むべき著作について説明しよう。本書で検討の俎上にあげる著作は、その問題設定からしても（表で網掛けを施した）理論的なものが主となる。

冒頭で述べた通り、和辻が行なった研究は「文化史・精神史・思想史研究」と「哲学・倫理学研究」に大別できる。前者は、『古寺巡礼』や『日本古代文化』の刊行にいたる一九一〇年代後半にまず日本文化史研究（②）として開始され、一九二〇～三〇年代には日本精神史研究（③）、一九四〇年代以降は倫理学研究（特に⑧共同体論）も踏まえた日本倫理思想史研究（⑨）として、その呼称は時期ごとに変わるものの、生涯を通じて弛むことなく続けられた。

それに対し後者の哲学・倫理学研究は、大正初期のニーチェやキルケゴールに関する研究（①）の後は、しばらく表立ってなされなかった。しかし一九二七～八年のヨーロッパ留学からの帰国後、和辻は突如として倫理学理論に関する研究を立て続けに発表し始め[29]、それはやがて理論面での主著としての『倫理学』三巻本に結実する。

主著『倫理学』（⑦・⑧）に関しては、本書の後半部分でその全体像を解明すべく詳細な読解に取り組むが、その準備のためにも、留学帰国後から『倫理学』上巻刊行までの期間（一九二八～三七年頃）に著わされた彼の理論的著作について検討しておく必要がある。この「倫理学理論構築期」とも呼ぶべき時期に書かれた著作群（⑤・⑥）では、次のような問題が論じられている。

まず、精神史研究と倫理学研究という両研究を横断するような中間領域で展開されたのが、「日本語で哲学する」

表　和辻の著作群の主題別・時期別分類

<table>
<tr><th colspan="2">哲学・倫理学研究</th><th colspan="2">文化史・精神史・思想史研究</th></tr>
<tr><td colspan="2">①実存哲学研究
1913『ニイチェ研究』
1915『ゼエレン・キエルケゴオル』</td><td colspan="2">②日本文化史研究
1918『偶像再興』
1919『古寺巡礼』
1920『日本古代文化』</td></tr>
<tr><td>⑥倫理学の基礎理論
1931 初稿「倫理学」
1934『人間の学としての倫理学』</td><td colspan="2">⑤「日本語で哲学する」こと
1928「日本語と哲学」
1929「日本語に於ける存在の理解」
1934「日本精神」</td><td rowspan="3">③日本精神史研究
1926『日本精神史研究』
1935『続日本精神史研究』</td></tr>
<tr><td colspan="3">1935「日本語と哲学の問題」</td></tr>
<tr><td>1937『倫理学』序論（上巻）</td><td colspan="2">1935『風土』</td></tr>
<tr><td colspan="2">⑦空の存在論と信頼の行為論
1937『倫理学』第一章、第二章（上巻）</td><td colspan="2">④「原始的なもの」の探求
1926『原始基督教の文化史的意義』
1927『原始仏教の実践哲学』
1938『孔子』
1946『ホメーロス批判』</td></tr>
<tr><td colspan="2">⑧歴史－文化－共同体論
1942『倫理学』第三章（中巻）
1948『ポリス的人間の倫理学』
1949『倫理学』第四章（下巻）
1950『近代歴史哲学の先駆者』</td><td colspan="2">⑨日本倫理思想史研究
1943『尊皇思想とその伝統』
1950『鎖国』
1952『日本倫理思想史』上下巻</td></tr>
<tr><td colspan="2"></td><td colspan="2">⑩改めて日本文化史研究へ
1955『歌舞伎と操浄瑠璃』
1955『桂離宮』</td></tr>
</table>

＊各著作の正式な題名や書誌情報は巻末の「和辻哲郎略年譜および著作年表」を参照。

という主題（⑤）だ。この一見奇妙な問題設定において、二つの研究が「精神史的アプローチからの存在論的考察」という形で意図的に交錯させられている。それは要するに、「日本語」というある特殊な言語を介して「哲学」という普遍的探求を行なおうという試みだが、それが可能となる前提条件の考察を通じて、和辻は独自の言語哲学を展開することになる。

また、この「日本語で哲学する」ことの具体的実践（すなわち種々の日本語表現の語義解釈）を通じて、「人間存在論」と呼称すべき議論（⑤・⑥）が導き出されてくる。そこでは特に「存在者の成立構造」および「人間存在の主体性の構造」という二つの問題が問われることになるが、前者は「解釈学的方法」を存在論的に基礎づける議論となり、また後者は、人間的主体のあり方（存在構造）を特に行為・実践の側面から探求する哲学的行為論として展開される。

そしてこの人間存在論に基づいて「人間の学としての倫理学」と和辻自身が呼ぶ研究プログラム（⑥）が提唱されることになる。そこで特に注目すべきは、一つは和辻の人間観の根本をなす「間柄」概念の内実についてであり、もう一つは、彼の倫理学理論がより具体的には「行為論」と「共同体論」という二つの問題系から構成される点である。本書はこうした見通しの下で、大著である『倫理学』全体を一つのまとまりある理論的著作として読解すべく試みる。

――以上も踏まえて、本書全体の議論の流れを説明すると、おおよそ以下のようになる。

本書の第一部では、和辻の倫理学理論を基礎づける「人間存在論」の解明が主たる課題となる。まず彼の倫理学に要請される「解釈学的方法」の概略を見た上で、それに基づき遂行される「日本語で哲学する」という問い自体の枠組を考察する（第一章）。次いで、この「日本語で哲学する」ことを通じて導出されてくる「人間存在論」の検討に取り組むが、それは「存在者の成立構造」（第二章）および「人間存在の主体性の構造」（第三章）として解明されることになる。

第二部では、その人間存在論が和辻の倫理学理論をいかに基礎づけていたかを見た上で（第四章）、それが「了解に基づく行為論」と「主体的全体性としての共同体論」という二つの問題系として展開される経緯を辿り直し（第五章）、『倫理学』以前の段階での理論的到達点を確認する。

以上を踏まえて、いよいよ主著『倫理学』そのものの読解に取り組むのが、本書の第三部となる。そこでは『倫理学』という大著を、「空の存在論」（第六章）、「信頼の行為論」（第七章）、「歴史－文化－共同体論」（第八章）という三つの主要問題から成る、緊密に構成された倫理学理論体系として解釈していく。そして最後に、和辻の「解釈学的倫理学」と総称されるべき議論の理論的達成を改めて整理し直した上で、そこにいまなお汲み取り得る大きな理論的可能性として、「主体的全体性」という概念を主軸とした「準目的論的行為論」という議論が見いだし得ることを示したい（結論）。

第一部　人間存在論とは何か

第一章　解釈学的方法と「日本語で哲学する」こと

序論で提示した通り、本書の中心的な課題は和辻の理論的主著である『倫理学』全体を統一的な視点から読み解くことにある。そしてそのためにも、『倫理学』以前の段階で探求されていた、倫理学理論を基礎づける「人間存在論」が極めて重要だと述べた。本書の第一部では主にこの人間存在論の解明に取り組むが、そこで何よりも最初に確認しておくべきは、倫理学の方法論をめぐる彼自身の考察である。和辻は「解釈学的方法」を倫理学が採るべき方法として強く主張するが、そうすべきだと考える理由の内に、彼の根本的な問題意識を見て取ることができる。その意味で、方法論的考察の検討から議論を始めることは、和辻の倫理学理論が目指そうとしているものについて一つの見通しを示すことにもなるだろう。

第一節　倫理学の方法としての解釈学的方法

1　「主体的なもの」の把握という困難に対して

そもそも和辻の倫理学になぜ解釈学的方法が要請されるのか、その事情を確認することから始めよう。ここでは、倫理学理論に関するまとまった著作としては最初の成果となる『人間の学としての倫理学』（一九三四年）の後半部分

（第二章）を参照する。

和辻はそこでかなりの紙幅を割いて自身の倫理学の方法的態度の説明を試み、それを解釈学的方法として明確に打ち出している。このように、方法論的問題がここで殊更に問われるそもそもの理由は、彼の基本的な姿勢として、方法論や考察の仕方の問題が、その考察対象のあり方と切っても切れない密接な関係にあると考えられているからだ。つまり彼の解釈学的方法は、その考察対象に相応しい考察の仕方として求められ提示されたのだった。――では、その考察対象とは何であり、また解釈学的方法を要請する考察対象として、いかなる性格を持つものなのか。

和辻の倫理学の主たる考察対象は、もっぱら「人間」ないし「人間存在」と名指される何ものかである。この「人間」の基本的性格としてさしあたり指摘されるのは、それが単なる観照の主体たる主観でも、観照の客体としての客観でもなく、まずは「行為と実践の主体」であるという点だ。彼自身の術語を先取りして言えば、「人間」は行為や実践の連関としての「間柄」においてまず存在している。そして彼の倫理学理論は、こうした実践の主体として捉えたときの「人間」がいかなるあり方をしているのか（「人間の存在構造」）を、あくまでも主体的に、かつ学的に把握しようとする試み（「人間の学としての倫理学」）として自己規定される。

しかしこの試みは方法上の困難をはらんでいる。――和辻の倫理学では、「我々は人間を実践的主体として把握しなくてはならぬ」[9: 136]が、そのとき倫理学という理論的・観照的な認識は、その観照すべき対象を持ち得ないという困難に陥る。なぜなら、倫理学で問われるべき考察対象の「人間」は、同時にそれを問う立場にある「我々自身」でもあって、それは決して「我々に対《むか》い立つもの［＝対象］ではない」[9: 143]からだ。人間という主体的存在を、われわれとは独立に存する単なる客体的対象として（特に自然科学的な仕方で）問いの俎上に載せてしまうことは、彼の人間観からして、倫理学の考察対象（人間）に相応しい考察の仕方ではない[1]。

ではどうすればこの主体的な人間をあくまで主体として、しかも学的に把握できるのだろうか。まさにここにおいて、解釈学的方法が次のような形で要請され導入されることになる。

我々は我々自身主体であってその主体を直接に見ることはできない。しかしその主体が外に出ることによって「客観」となり得るがゆえに、我々はまた主観としてこの客観に対立し、そうして客観を通じて主体自身を把捉し得るのである。従って人間という主体的なる「者」を主体的に把捉するためには、我々は人間ならざる「物」を通過しなくてはならない。これが「物」を表現として、すなわち外に出た我々自身として、取り扱う立場である。[9: 143]

ここに書き込まれている事柄をすべて解き明かすにはまだ準備不足だが、さしあたって重要なのは、解釈学的方法が手がかりにすべきだという「表現」である。表現とは、主体たる人間（「者」）が自分自身を外化する（「外に出る」）ことにおいて、自らを客観化・対象化したもの（「物」）だ。この意味での表現は、対象的な「物」でありつつも、それが同時に「外に出た我々自身」でもある限りで、主体（「者」）自身のありようを何かしら告げ知らせてくれるものでもあり得るとされる。

要するに「表現」というものには二重性がある。表現とは、われわれの外にある目に見える物的なものであり、その点では「誰でも検証可能」という学的要請に応えることができる。しかし同時に、そもそもわれわれが（自ら「外に出る」という仕方で）作りだしたものでもある以上、表現はわれわれ自身のありようと何らかの仕方で相関しており、その点ではそれは「主体的なもの」と内的な関係を持っている。――このように表現とは、言わば内と外との中間領域にあるものであり、和辻の解釈学的方法とは、それとして知覚できない「主体的なもの」を主体的（＝内的・「者」的）かつ学的（＝外的・「物」的）に把握するという困難な課題に対し、「表現」という中間的なものに着目するという仕方で対処しようとする点に、その方法論上の重点がある。和辻の倫理学理論が解釈学的方法を必要とする最大の理由は、まさにそこに存する。

2　「表現」概念の存在論的拡張

(1) 表現することの基底性

解釈学的方法は、以上のような経緯で、倫理学の課題を遂行するために要請され導入されていた。またそうであるがゆえに、そこでの「表現」概念はその倫理学から逆に規定し返されることになる。そこで次に、倫理学理論構築期の和辻の「表現」概念の展開を見ておきたい。

まず押さえておきたいのは、先に「表現」の二重性を説明するなかで用いた「内と外」という区別である。それは、「個人の主観的な意識や体験（内）と、それに対立する対象的な事物からなる客観的な世界（外）」といった対比ではないことに注意したい。こうした主客二元論的な構図は、この時期の和辻にとっては、むしろ積極的な批判の対象になっている。

それは例えば、解釈学に関して和辻自身も多くを学び取ったヴィルヘルム・ディルタイ（一八三三～一九一一年）の議論を批判する、次のような一節のなかに見て取れる。

> ここに我々はディルタイにおける「生」の概念の不充分さを指摘せざるを得ぬ。彼はそれを人的社会的現実として把捉しながら、しかも人間存在としての意義に徹し得ないで、ともすれば個人的なる体験というごとき意義に用いている。芸術家の体験が作品に表現せられ、その表現を追体験することによって原体験が把捉せられる、というごとき芸術的観照の図式が、彼の生・表現・理解の連関の内に考え込まれているように見える。しかしながら「生」

は根源的に間柄において生きていることである。［9: 174–5］

当時の和辻にとって表現とは、（ディルタイの考えとして批判される）単に個人的・主観的な「体験」の表出なのではなく、(2)「実践的な間柄における主体的な存在の表現」［9: 144］だとされる。こうした「表現」概念の規定は、彼の倫理学での根本的な事実（つまりそれ以上根拠づけようもない、探究の出発点とすべき基礎的事実）としての「間柄」という観点に基づく。

和辻の「表現」概念の展開を見る上では、それが何よりも「間柄の表現」だとされている点が重要だ。彼は表現を間柄に基づくものと位置づけることで、それを単なる主観的内面の表出ではないものとして把握する道を開いており、またそれによって表現を、言わば存在論的に捉え返すにいたっている。この経緯をもう少し詳しく見ておこう。

倫理学理論構築期における和辻の「表現」概念のポイントは、上述の通り、それが個人の体験や意識の表現ではなく（論点①）、間柄の表現である（論点②）という点にあった。まず、個人の心理的な内面の表現ではないという点（①）は、次のように説明される。

> 意識的努力において把捉し得られない主体的な人間存在は、ただ表現においてのみ己れをあらわにする。すなわち意識せられるよりも先に表現せられ、表現を通じて初めて意識にもたらされ得るのである。ここに主体的実践的な人間存在を主体的に把捉する道が与えられている。［9: 162–3］

主体たる人間が自分自身を「意識的努力において把捉し得られない」のは、自己が自分自身を意識しようとした途端に「意識する自己」と「意識される対象としての自己」とに分裂してしまうから、というのは自己意識を偏重する近代哲学が必然的に抱え込む固有の問題と言えるかもしれない。それに対し「表現」に着目する和辻がここで強調するのは、「主体としての人間は自分自身を意識するよりも先に、何らかの仕方で自らを表現している」という点だ。

それはもっと言えば、「自分を意識することがそもそも可能であるのも、このように人間が自分自身をつねにすでに何らかの仕方で表現して（しまって）いることに基づく」という、「表現することの基底性」とでも呼ぶべき、より強い主張として解釈可能だ。こうした和辻の立場から見れば、自己意識における自己の分裂といった問題は、あくまでも個人の内的な「意識」を出発点にするという誤った前提から帰結する疑似問題に過ぎない。われわれの身の回りにある様々な表現は、すでにわれわれ自身のありようを表現して（しまって）いるのであり、それは対象化されることによって自己分裂してしまう意識よりもよほど、われわれの存在の実相を見えさせてくれるような、より確かな手がかりたり得るものだという。（身近な事例で言えば、心理テストなどで「こうした場合にどう行動する？」という質問に少し考えて出した回答と、実際にそうした場面に遭遇して咄嗟に行なってしまった行為とでは、「その人が一体どういう人であるのか」に関して、どちらの方がよりよい手がかりになるのかを考えてみればよいだろう。）

そして前もって指摘しておけば、この人間の「表現する」という営為は、和辻の倫理学理論の内実に深く関わる論点となる。すなわち「表現する」ことが、人間という主体的存在にとって極めて本質的なものとして、その存在構造の内に位置づけられ考察されることになる（第三章）。

（2）間柄の表現であること

こうした「表現」が、個人の内面の表現でないならば何の表現なのかと言えば、和辻の倫理学での根源的事実たる「間柄」の表現なのだとされていた（論点②）。つまりここでは「表現」概念が、「個人的であると同時に社会的・共同的である」という間柄的な二重構造から規定し直される。そしてまさにそれによって、「表現」の範例や典型とされるべきものが根本的に変わってしまっていることは、注目に値する（なお「間柄」概念自体については、第四章で改めて検討する）。

ディルタイの解釈学における典型的な「表現」とは、まず何よりも文学・芸術作品だった。しかし倫理学理論構築期の和辻にとっては、先の引用での批判からも明らかな通り、そうした芸術的表現のみが規範的・特権的な表現なのではないと主張されている。文学・芸術を表現の典型と見なしてしまう考え方は、「生」を個人の体験に限定する発想を前提としたものであり、それは、作者個人の原体験を「芸術的表現を理解する」という仕方で追体験しようとする、（それ自体が非常に近代的でもある）「芸術的観照の図式」のなかでのことに過ぎない。しかしこの図式は、人間の存在構造の探求を課題とする倫理学にとっては、あまりに限定的な表現の捉え方となる。

では、和辻の倫理学において範例となるべき「表現」はどのようなものになるのか。――先述した、われわれはつねにすでに自らを何らかの仕方で表現してしまっている、という意味での「表現することの基底性」を踏まえれば、われわれの身の回りにあるものはみな、「外に出た我々自身」としての「間柄の表現」であることになる。それは、「道具はもとより、身ぶり、言葉、動作、作品、社会的制度」[9: 144] など果てしなく多様であり、決して芸術作品のみに限定されない。すなわち和辻の倫理学にとって範例的な「表現」は、「見合い語り合い働き合うというごとき日常的な存在の表現」や、「これらの日常関係の中で取り扱われるさまざまの物的表現」といった、ごく身近な日常的なものにまず求められる [9: 162]。また逆に、「我々の日常性はこれらの表現の了解において成り立っている」[9: 162] とも述べられているように、日常的な諸表現は、われわれの日常性自体を構成しているような基礎的なものでさえある。

以上のように、倫理学的探求のための手がかりとすべき表現を、（芸術といった限定的な領域ではなく）倫理に関わる事態がまさに生起している場面である「日常性」の内に求めるというのは、むしろ当然の理路でもある。ただし、

「表現」概念の展開を考える上で重要なのは、表現を「間柄の表現」と捉え、日常的表現をその典型とし、われわれ人間が意識するよりも先につねにすでに作りだしてしまっているようなものとして把握することで（つまり「表現する」ことが、人間が人間であることにとって本質的な契機と見なされることで）、「表現」概念は言わば無制約にその含意を拡大させることになった点だ。いまや「表現」概念は、和辻の倫理学上の人間観から規定し返されることで、ありとあらゆる存在するもの、つまり「存在者」（和辻の術語では「有る物・有る所の物」）一般とほぼ同義の概念となり、ここにおいて「表現」は存在論的な概念へと拡張・転換されるにいたっている（その詳しい経緯は次章で確認する）。

3　存在論的認識と存在的認識の区別から

倫理学理論構築期において、解釈学の重要概念である「表現」が存在論的に捉え返されることを指摘したところで、その「存在論的」という言葉の含意についても確認しておこう。それは特に『風土』（一九三五年）の第一章「風土の基礎理論」で、「存在論的認識」と「存在的認識」という対比から説明されている。「存在論的／存在的」という区別自体はマルティン・ハイデガーに由来するが、和辻はそれを踏まえつつも、彼なりの仕方でその二様の認識を次のように規定する。

まず存在論的認識は、「人間の歴史的風土的構造一般」［8: 22］に関する認識だという。先述の通り彼の倫理学は「人間の学としての倫理学」として自己規定され、人間自身の存在構造の把握を第一の課題とするが、ここで言う「歴史的風土的構造一般」もその一環をなすものと理解してよい。つまり存在論的認識は、和辻の場合、その倫理学における認識だということになる。

それに対し存在的認識とは、「具体的な人間存在の仕方」「その特殊性における存在」に関する認識だという［8: 22］。それは、ある個人や家族、学校や会社、地域社会や経済市場、あるいは民族や国家といった、様々な次元での人間のそのつどの具体的なあり方に関する認識だ。例えば、ある文学作品内で描かれる個人の内面的葛藤に関する認識や、自由主義・資本主義社会の経済システムに関する社会科学的な認識、ある国民国家の歴史叙述という形での認識、といった諸学の各専門領域での認識なども存在的認識の一種であり、それは人間が日常的に行なっている果てしなく多様な種々の個別的認識を含む。和辻自身が取り組んだ倫理学研究と文化史・精神史・思想史研究の区分で言えば、存在的認識は思想史研究における認識の方に該当する。

つまり両者の違いは、物事を一般性において捉えるか、その特殊性において捉えるか、という認識の仕方にある。ただし、この二様の認識に関してさらに注意したいのは、それぞれが互いに独立したものとは考えられていない点だ。一見、より根本的な認識に位置づけられているかに見える存在論的認識は、「具体的な人間存在が必ずある国土ある時代に特有な仕方においてあるということを規定するに留ま」るという[8: 22]。つまり存在論的認識は、単に一般的な規定を与えるだけで、「具体的な人間存在」の特殊性それ自体の認識ではあり得ない。各人に特異なあり方の内実は、他方の存在的認識によって認識されねばならない。そして人間存在を真に捉えるには、次の一節にもある通り、その二つの認識が相俟った「存在論的・存在的認識」が必要とされる。

> だからそれ〔＝歴史的風土的現象の理解〕は特殊的な存在の特殊性に向かう限り存在的認識であるが、その特殊的な仕方を人間の自覚的存在の様態として把捉する限り存在論的認識である。かくして人間の歴史的・風土的特殊構造の把捉は、存在論的・存在的認識となる。[8: 23]

この二様の認識の相互関係を、和辻の倫理学研究と思想史研究の関係に置き直せば、次のようになる。存在論的認識は人間の存在構造一般に関わる点で、倫理学研究に対応する。また存在的認識は、その人間の存在構造が、各時代・地域においていかに実現されているか、といった人間存在の特殊性に関する思想史研究に対応する。つまりこの二つの研究は、人間のあり方に関する普遍的構造に関する探究（倫理学研究）と、その構造の特殊な実現に関する探究（思想史研究）の、相互補完的な探究として構想されていたことがわかる。(3)

――以上ではまず、和辻の倫理学に要請される解釈学的方法と、「間柄」概念に基づく「表現」概念、そして存在論的認識と存在的認識の対比について順に検討し、彼の研究プログラムの基本的な方法および枠組を確認したことになる。それを踏まえて次に検討したいのは、和辻の「日本語で哲学する」という特異な試みである。彼はそこで、「日本語」という特殊かつ具体的な存在者（表現）を手がかりとして解釈学的方法を実践してみせ、それによって独自の存在論的考察を展開させていた。それは、哲学・倫理学研究（存在論的認識）と文化史・精神史研究（存在的認識）という二つの主軸となる研究を自覚的に交錯させた試みであり、まさに上述した意味での「存在論的・存在的認識」の実践だという点で注目に値する。

以下では、この「日本語で哲学する」という一見奇妙な問題設定の「前提認識」である和辻自身の言語観・言語哲学を検討した上で（本章）、そうした試みが実際いかに遂行されたのかを追跡することで（次章）、和辻の「人間存在論」と呼ばれるべき議論の内実を明らかにしていこう。

第二節　「日本語で哲学する」という問題構成をめぐって

和辻は、前節で見た解釈学的方法に基づいて、種々の日本語表現（例えば「人間」「存在」）の語義解釈を行ない、それを通じて自身の倫理学理論を展開させていくことになる。そこで次に注目したいのは、こうした「言語表現の解釈を通じた理論的実践」、端的に言い換えれば「日本語で哲学する」ことをそもそも可能にする前提となっているはずの、彼自身の言語観・言語哲学である。

この「日本語で哲学する」というモチーフに関しては、ヨーロッパ留学（一九二七〜二八年）からの帰国後に、次の三つの論考で主題的に考察されている。

・講演メモ「日本語と哲学」[4]（一九二八年）
・論文「日本語に於ける存在の理解」[5]（一九二九年）
・論文「日本語と哲学の問題」[6]（一九三五年）

以下ではこれらに依拠しつつ、和辻の言語観・言語哲学の特質を探っていくことにしたい。

まず、この三編に共通する基本的な問題構成を確認しておこう。——第三の論文「日本語と哲学の問題」の冒頭では、その課題が、「日本語という一つの特殊な言語を通じてこの民族の精神的活動の根本的な一面を解釈しようとする精神史的な考察」[4: 506] を行なう点にあると説明されている。ここでの「精神史」とは、簡単に言えば、目に見える具体的な「表現」（「日本語という一つの特殊な言語」）を手がかりとして、それを作りだすことでそこに自らを表現しているはずの目に見えない「精神」ないし「主体的なもの」（「民族の精神的活動」）自体に接近する、というディルタイ的な精神科学の方法論（つまり解釈学的方法）が念頭に置かれている。そしてこの精神史的考察の試みは、この論文では、「あるということはどういうことであるか」という「哲学の根本問題」を「日本語によって問うてみる」という形で具体的に遂行されることになる [4: 523]。つまりそれは、日本語という特殊な表現を手がかりとした精神史的アプローチによる存在論的考察の試みという意味で、まさに「日本語で哲学する」ことを目指している。

しかしこの「日本語で哲学する」という問題構成は、一見するに奇妙な問いかけだ。本来普遍的な知を目指すはずの「哲学」的営為が、なぜ「日本語」という特殊な一言語との関係のなかで殊更に考えられねばならないのだろうか。その意味を考えるには、「精神史研究として遂行される存在論的考察」という和辻の試みの、その問いの構図自体をもう少し分析する必要がある。

そこで援用したいのが、前節で導入した存在論的認識と存在的認識の区別だ。例えば、論文「日本語と哲学の問題」での次のような一節にも、その区別を読み取ることができる。

> 言語が一つの民族の歴史的体験を荷なう集団的体験の表現であり、それぞれの民族に特有なる体験を普遍的に意味すると言われるときには、体験の表現という言語の本質に即してその体験が民族的歴史的に特殊なものであることを強調しているのであるが、さらに進んでこの体験の表現ということを歴史的世界の構造から［…ディルタイ］、あるいはDaseinの構造から［…ハイデガー］明らかにしようとする場合には、それは歴史的世界そのもの生そのものの構造の問題となり、かかる生がいかにして特殊な姿に現われるかは触れられないことになる。［4: 506–7］

「生そのものの構造」の認識が存在論的認識であり、「生がいかにして特殊な姿に現われるか」の認識が存在的認識だと解釈できる。言語（的表現）と体験との関係から洞察される歴史的世界や生の普遍的構造に関する認識と、民族の言語において表現されている様々な体験の特殊性に関する認識とが対比されていることが見て取れるだろう。

そこで和辻が批判的に論じるのは、「生の基礎的な構造」への根本的な洞察たろうとする（特に『存在と時間』に著しいと見定められる）存在論的認識のみへの偏向についてである。[7] 彼からすれば、それだけでは「民族的歴史的なる特性」や「体験の表現」がいかに特殊な姿に現われるかが見逃される。つまり「言語の本質についての考察が生の基礎的な構造から一層根本的になされるに従い、言語の民族的歴史的なる特性が眼界の外に置かれるに至って」［4: 506］

しまうのだ。

無論「生の基礎的な構造」に関する存在論的探究は、そのまま和辻自身の倫理学研究の課題でもある。しかし批判のポイントは、むしろその探求のためにこそ、民族に特殊な言語も同時に問いの俎上に載せねばならない、という点にある。同論文では、プロイセンの政治家であり言語学・言語哲学者でもあったヴィルヘルム・フォン・フンボルト[8]（一七六七〜一八三五年）が、「言語」を「民族の精神が外に現われたもの」［4: 507］（先の精神史的な枠組で言えば「主体的な精神の自己表現」）と捉えたことが非常に高く評価されているが、和辻はそれも範としつつ、「日本語」という言語的表現の解釈を通じて自身の存在論的考察を展開させようとしていた。

――以上を踏まえれば、「日本語で哲学する」とは、日本語という特殊な表現を手がかりとした精神史的アプローチからの存在論的考察の試みであり、それは存在論的認識（哲学・倫理学研究）と存在的認識（文化史・精神史研究）とを自覚的に交錯させた、「存在論的・存在的認識」の試みに他ならない。そして論文「日本語と哲学の問題」では、それが論述の構成にも反映されている。議論の大筋として、まず一般的に「人間にとって言語とは何か」という存在論的認識が提示された上で（論点ⓐ）、「日本語」という特殊な表現に関する存在的認識が示され（論点ⓑ）、最後にそうした日本語表現の解釈（存在的認識）を通じての存在論的考察が、まさに存在論的・存在的認識として実践される（論点ⓒ）、という構成になっている。

そこで本書でも基本的にこの構成に沿って検討を進めていく。和辻の言語観・言語哲学を主題とする本章では、人間と言語との関係をめぐる存在論的認識（ⓐ）を中心に検討し、日本語に関する存在的認識（ⓑ）に関しては、論旨に関わる範囲でごく簡単に言及する。それも踏まえて次章以降では、「日本語で哲学する」ことの具体的実践を通じて示される存在論的・存在的認識（ⓒ）の成果を、人間存在論として再構成することになるだろう。

第三節　表現主義的言語観との共通性（補助線①）

さっそく、「日本語で哲学する」という問題構成の内にすでに含み込まれている存在論的認識（ⓐ）の検討から始めよう。

和辻は先の論文で、「日本語で哲学する」ことがそもそも可能であるには、それに先行して前提されねばならない認識がある、と付け加えていた。この「前提認識」こそが、ここで問われている存在論的認識に他ならない。それは彼によれば、「理解によって接近すべき精神史的な世界がすでに純粋なる言語に表現せられていること、従ってフンボルトの言ったごとく、一つの民族の精神的特性と言語形成とは密接に融合せられたものであり、もしその一つが与えられれば他はそこから充分に導き出され得る」［4:506］という認識だという。

この前提認識は、「そもそも人間にとって言語とは一体何か」という哲学的にも大きな問題に関わるが、同時にそれは、精神史研究における方法上の前提（つまり解釈学的方法の前提）にも関わる。『続日本精神史研究』所収の一篇としての論文「日本語と哲学の問題」が課題とするのは、「日本語」という一つの特殊な言語（表現）を手がかりとして、その日本語を生みだし用い作り変えてきた主体である「日本民族」の「精神的特性」の把握を目指すことにあるとも言い直せるが、この課題が遂行可能であるにはそもそも、「民族の精神的特性（主体的なもの）が、その民族の言語において表現されている」という事態が前提として成立していなければならないはずだ。

では、このような前提認識（存在論的認識）に関して、当の和辻自身はどんな考えを持っていたのか。――本章ではそれを明らかにするために二つの「補助線」を導入したい。すなわち、「表現主義」と「存在了解」という二つの発想を補助線として、和辻の言語哲学の内実を際立たせるべく試みたい。またこれらは、本書全体の議論を進めていく上でも重要な手がかりとなるだろう。

1　表現主義とは何か？

第一の補助線として挙げる「表現主義」（expressionism, expressivism）は、美術史・芸術史上でのものとは別個の概念であり、アイザイア・バーリン（一九〇九～九七年）やチャールズ・テイラーがその西洋思想史研究で用いた意味でのものだ(9)。彼らは、西洋世界の近代的な人間像を構成するものとして、カント的な「自律」の理想に並ぶもう一つ重要な契機として、人間を「表現的な存在」として把握する思想が、一八世紀後半のドイツ・ロマン主義に芽生えていたと論じる。

例えばバーリンは、『ヴィーコとヘルダー』（一九七六年）所収の論文「ヘルダーと啓蒙主義」（初出一九六五年）で、ヨハン・ゴットフリート・ヘルダー（一七四四～一八〇三年）の思想が持つ独自性の一つとして「表現主義」を挙げ、次のように説明した。すなわちそれは、「人間の活動一般および特に芸術活動は、個人や集団の全人格を表現するものであり、そうした活動が理解可能であるその程度は、それがどれだけ表現されているかのみにかかっている、という主張(10)」だ。つまり、個人的ないし集団的な主体が行なうあらゆる活動やその所産（作品）は、その主体の人格性全体を「表現」するものであり、また、その人格がより十全な表現にもたらされるならば、その分だけその人格自身の完成に近づく、といった考え方を基本的発想とする。その意味で「自己表現は人間の人間たる本質の一部(11)」であり、「表現する」ということを人間にとって極めて本質的な契機として捉えるのが「表現主義」的な人間観である(12)（これはまた、前節で「表現することの基底性」と呼んだ和辻の基本的発想とも符合する）。

そして、ヘルダーをはじめとするドイツ・ロマン主義の潮流の内に思想史的に見いだされた「表現主義」という考え方を、「人間と言語の関係」という観点から哲学的に考察し直したのがチャールズ・テイラーだ。彼は『ヘーゲルと近代社会』（一九七九年）という著作で、表現主義的な人間観と言語観との一体性を次のように強調していた。

ヘルダーが表現主義的な人間論と一緒に、しかもその理論の本質的な部分として、表現主義的な言語論を展開していたことに驚く必要はない。この理論によれば、言葉が意味を持つのは、単にそれが世界や心のなかのある事物を示したり指示したりするよう用いられることになるからなのではなく、より根本的には、その言葉が言語使用者としての人間に特有な、自分自身や事物についてのある種の意識（――ヘルダーはこれに「反省態（reflectiveness）」（*Besonnenheit*）という語を用いた）を表現し具体化するからである。言語は単に一組の記号群として見なされるだけでなく、ある仕方で見たり経験したりする、その仕方を表現する媒体としても見なされる。言語はそのようなものとして芸術と連続性をもっている。それゆえ、言語なしの思考はありえない。そしてしかも、様々な民族（peoples）の言語は、それぞれの民族の様々なものの見方（visions）を反映しているのである。[13]

まず二つの言語観が対比されている点に注意したい。[14]一つは「指示的（designative）」な言語観で、そこでは言葉が単に世界や心中にある物事を指示する「記号」として捉えられており、言語はこうした一連の記号の集合である限りで、基本的に人間自身のあり方とは独立したものと見なされる。[15]そしてそれに対置されるのが、ヘルダーやフンボルトの言語論を受け継ぐとされる「表現‐構成的（expressive-constitutive）」な言語観だ。

この言語観では、言語は単に何かを写し取りありのままに記述するためだけにあるのではなく、言語使用者自身の意識のあり方（「反省態」）をも表現するものだという。要するに表現主義的言語観とは、言語を単に何らかの物事を「指示」するだけの道具的な記号としてのみ捉えるのではなく、同時にその言語を用いる人間自身のありよう（つまりその主体性）をも「表現」するものと見なす点で、人間と言語の間の密接な相互関係（ひいては両者の一体性）を主張する立場である。このとき人間にとって言語とは、単に（「誰」が用いるかは関係ないという意味で）人間から独立した中立的なものとしてあるのではなく、日常的な種々の言語的実践においてすでに、その使用者当人のあり方（主体的なもの）をも同時に表現して（しまって）いるようなものであることになる。

この表現‐構成的な言語観に関しては、さらに確認すべき二つの重要な特徴がある。それは「思考と言語との関係」および「民族の言語であること」の二点だが、以下順に検討しよう。

2　言語は思考を構成する（特徴①）――表現の構成的機能

まず「思考と言語との関係」に関して、先の引用中では「言語なしの思考はあり得ない」とも言われていた。それに続く一節では、さらに次のように説明されている。

したがって、表現の理論は反二元論的でもある。言語や芸術や身ぶり、あるいは何らかの外的な媒体がなくては、思考は存在しない。そして、思考がその媒体から切り離しえないのは、前者が後者なしにはありえないだろうという意味においてのみならず、思考がその媒体によって形作られる（shaped）という点においてもそうなのである。［…］われわれには、その媒体によって「付け加えられた」ものと、思考の内容とをはっきり区別することはできない。(16)

言語に関する二元論とは、思考（内容）と言語を分離可能と考え、「思考がまずあって、言語は単にその内容を写し取っているだけ」と見なす指示的な立場のことだろう。それに対し反二元論的な表現‐構成的な言語観では、両者の不可分性が説かれた上で、さらに「言語は思考の表現であることにおいて、その思考（内容）を形成・構成している」とまで主張される。つまり、すでに完成された思考の内容がまず存在し、それがそのまま言語に写し取られてくるのではなく、むしろ言語において適切に表現されてこそ、思考はその本来有すべき内容を獲得するのだという。

一読しただけでは了解しがたいこの議論に関して、テイラーは主著の一つ『自我の源泉』（一九八九年）でもう一歩踏み込んだ説明をしているので、併せて見ておこう。その第二一章「表現主義的転回」では、「何かを表現するとは、ある媒体においてそれを表明する（make it manifest）こと」だと定義した上で[17]、さらに次のように述べている。

しかし「表明する」とは言っても、それは、そのように明らかにされるものが前もってすでに十全に定式化されていた、ということを含意してはいない。［…］私は何か、ものの見方（vision）や事物の感覚といったものについて語っているが、それは未完成で、部分的にしか形成されていなかったものなのであり、私は［語ることにおいて］それにある特別な形姿を与えているのである[18]。

ここで重要なのは、何かを表現し明らかにするというときのその「何か」は、それが表現される以前には未完成の状態にあり、それは表現にもたらされることにおいて初めて、より十全なものとして形成される、という点だ。このことは、「表現されるべき何かは、それが表現される以前には、われわれ自身にとっても明らかでなく、よくわからないものだ」という主張よりも、はるかに強い主張であることにも注意したい。

そこで言い当てられようとしているのは、より身近な場面で考えれば、例えば次のような事態だ。――われわれはともすれば、自分の考えを表現するというとき、「自分の頭のなかにすでにあった考えを、そのまま言葉に置き直して表現する」と考えるかもしれない。しかし表現主義という立場からすれば、そこで実際に起こっているのは全く別の事態だ。例えば、その「自分の考え」なるものを、誰かに話して説明したり書いてまとめたりして、ある具体的な形にしてみる（つまり表現する）ことを通じて初めて、「自分はそのように考えていた」ということ自体が自分自身にとってもわかった、といった経験が日常的にもしばしばあることを想起すればよい。そこで起こっているのは、単なる「写し取り」のような過程ではなく、いまだ完成されざるおぼろげな「何か」に対して、（それが何であるのかははっきりせずとも、それに何らかの仕方で方向づけられ、それを目指しながら）その何かに相応しいものとしてしっくりくるような表現を、手探りで新たに与えていこうとする過程なのであって、それを通じて初めて、その「何か」はそれ自身に相応しいあり方をするものへと形成され作りだされた、ということになる。

さらに注目すべきことに、テイラーはこうした「表現する」ことを通じての「形成」過程を、存在論的と呼んでよいような仕方で捉え直している。

この種の表現的な対象に関して、われわれはその「創造」を、単に表明すること（a making manifest）としてのみならず、制作すること（a making）として、つまり何かを存在にもたらすこと（a bringing of something to be）としても考えていることになる。(19)

つまり何かを「表現する」とは、それをある具体的形姿を持ったものとして表明し明示化することにおいて、それをそれとして形作り構成し、かくあらしめる（存在させる）という営為なのだ。だとするならば、表現において明示化されるその「何か」とは、それ以前には単に「明らかでなかった」だけでなく、ある意味では「存在しなかった」ことにもなる。先に、表現主義の主張が（単に「明らかでないものが、表現を通じて明らかにされる」というよりも）「はるかに強い主張」だと述べたのは、まさにこの「何かを存在にもたらす」という意味でのことだ。それは「表現」概念の存在論化という点で、先述の和辻の議論と軌を一にしている。

――「人間と言語の関係」を考える上でも重要な、この「表現する」ことにまつわる存在論的な働きのことを、以後「表現の構成的機能」と呼ぶことにしよう。これは本章で取り扱う和辻の言語哲学だけでなく、彼の人間存在論全体を理解していく上でも重要な補助線となる。

3　民族の言語であること（特徴②）――共同性という本質的な特徴

表現‐構成的な言語観の第二の特徴として挙げたのは、「民族の言語であること」だ。先の引用では最後に「様々な民族の言語は、それぞれの民族の様々なものの見方を反映している」と述べられていた。そこで特に重視されるのは、「言語が民族ごとに異なっている」という事実、つまり言語の特殊性・多様性である。

まず、先述の「指示的な言語観」であれば、言語は基本的に物事を正確に記述できさえすればよいのだから、そこでは「民族による言語の違い」はあくまでも二次的な問題に過ぎない。他の言語に比べ、正確な記述により適した言語があったとしても、そこでの言語の相違に関する認識は、あくまでも「記述」や「指示」といった一般的な機能の優劣を基準にして判断されるべきだろう。その場合、（現存するどの言語でもない）合理的な科学的言語こそが理想的な言語となるはずであり、この言語観では、現にある個別の言語の特殊性などは基本的に視野に入ってこない。

他方、「表現主義的な言語観」にとっては、各言語の違いは極めて重要な意義を持つ。その理由に関してテイラーは二段階で説明している。第一に、ある言語はそれを使用している民族（共同体）の「ものの見方」を表現している、とする基本的な発想が、次のように述べられている。

> 言語をある一定の意識を表現する活動と見なすことによって、ヘルダーは言語を主体の生活形式の内へと位置づけ、それによって、種々の言語は、その言語を話す共同体に特有なものの見方をそれぞれ表現している、という考えを

展開させた。[20]

ここでは、上述した「人間の思考と言語との関係」が、「共同体のものの見方と言語との関係」に応用されている。つまり共同体を一種の主体として捉えることで、その共同体は、自分自身の「ものの見方」（思考）を「言語」として表現し、そうした表現作用を通じて自らをそれとして形成しているような「表現的な存在」として捉え直されている。

また第二に、こうした主体としての共同体には、それぞれに「特有」な表現されるべき何か独自のものがあると想定されている。[21]そして、この各共同体が独自性を持つという発想と、その独自性が言語として表現され実現されるという第一の発想が結び付くことから、「民族によって言語が異なる」ことの重要性が帰結する。主体としての民族共同体は、それぞれの言語において自身の内なる独自性を表現するのであって、そうした諸言語が互いに異なるのはむしろ当然であり、表現主義的言語観にとって「言語」の探求とは、あくまでも「民族の言語であること」という言語の特殊性・独自性に定位しつつ遂行されねばならない。

また、この第二の特徴は、「個人と共同体の関係」を考える上でも重要であり、その点でも言語観と人間観は一体となっている。『ヘーゲルと近代社会』での次のような一節を見ておこう。

> しかし言語とは、[…]共同体においてのみ成長し、共同体によってのみ維持されうるような何かである。その意味で、われわれは文化共同体のなかでのみ、われわれが人間として現にあるとおりのものなのである。[…]言語と文化の生命は、その占める場所が個人の場所よりもより大きなものである。その生命は共同体のなかで生じている。個人はこの文化を、したがってまた自分のアイデンティティを、このより大きな生命に参与することによって

所有している。(22)

まず強調されるのは、共同体と言語（および文化）との間にある密接な関係である。言語は、ある共同体を背景としてのみ存立し得るものであり（この言語観では、言語的実践から遊離した、抽象的・形式的にのみあるような言語などあり得ない）、「ある共同体（民族）の言語である」ことは、その言語が現にかくあることにとって最も重要な構成要件として位置づけられる。

まさにその点で、表現主義的な言語観は、人間観に対しても重大な帰結をもたらす。——そこでの「人間」とは、「表現する」ことを自身の本質的な契機として持つ主体的存在だと把握されていたが、そもそもそうした表現の営為は一定の「言語」や「文化」の下にあって初めて可能なのであり、さらにその背後には必ず、それらを育み維持する特定の「共同体」が控えているはずだ。個々人はこうした共同体に生まれ落ち、そこでの言語や文化のなかで自己形成することによってのみ、各自に固有の「アイデンティティ」を持った主体となり得る。その意味で、人間を互いに独立した原子のようなものとして把握する原子論的な人間観は否定されることになる（ただし、そこで「個人」の存在自体が全面的に否定されるわけではない）。

こうした表現主義的な発想に関して、和辻の倫理学理論（特に共同体論）を考える上でも特に重要なのは、人間にせよ言語にせよそれがかく存立し得ているその背景には、あらかじめすでに一定の共同性が現に成立しているという事実だ。この共同性の事実は、様々な言語が存在することや、個々人がその言語の活力に与りつつそれぞれに独自の仕方で自己形成しつつ生きていることを、そもそも可能にしているような前提条件（存在論的および存在的条件）になっているという点で、倫理学がその探求の出発点とすべきものとなる。

第四節　「存在了解」概念の批判的受容（補助線②）

さて、こうした表現主義的発想を補助線として、和辻の「前提認識」（存在論的認識）に改めて立ち戻ってみよう。——そこでの「民族の精神的特性が、その民族の言語に表現されている」という認識の内に、表現主義的発想を読み取るのはいまや容易だ。例えばその言語観で言えば、「民族の言語であること」が強調されているのは明白であり、また、民族共同体が自らの「精神的な世界」を表現したものとして言語が把握されている点は、「表現的な存在」としての人間観が、（主体として捉えられた）共同体に適用されていると解釈可能だ。さらにこうした言語観・人間観が、言語的表現を手がかりとして「民族の精神的特性」（主体的なもの）を把握しようという、精神史研究（およびその方法論たる解釈学的方法）の前提になっていることも明らかだろう。

このように、和辻の「日本語で哲学する」という試みの前提認識（存在論的認識）は、表現主義的発想を補助線とすることで、かなりの程度まで見通しよく理解可能になった。ただし、その前提認識のより十全な理解のためには、もう一つの補助線を導入する必要があると思われる。先に掲げた講演メモ「日本語と哲学」（一九二八年）の冒頭部分を見てみよう。

> 言語は夫々の民族に特有なる体験を、即ちその民族の歴史的体験を荷ふ集団的体験を表現したもの、と云はれる。それは精神生活に於ける無意的無反省的な所産である。しかしこの無反省的な状態に於ても、この「体験を表現する」といふことには、既に反省以前の人間の自己理解が含まれてゐる。云ひかへれば人間は、反省的におのれを認識する以前に、たゞ日常的に生活するその存在に於てその存在を理解するといふ仕方に於て存在してゐるのである。

[B2: 354][23]（＊傍線は原文に基づく）

引用の冒頭は表現主義という補助線から容易に理解可能だ。しかし読み進めていくと、そこにはさらにもう一つ別の発想が織り込まれていることに気づくのではないか。例えば、最後の一文で繰り返される「存在」という言葉の使い方や、「反省以前の人間の自己理解」という言い方は[24]、ハイデガーの「存在了解」という概念を連想させる。――そこで、こうしたハイデガー的な発想を、先の前提認識をよりよく理解するための第二の補助線として挿入してみよう。第一の補助線が解釈学の重要概念の一つである「表現」という観点からの補足だったとすれば、第二の補助線はもう一つの重要概念である「了解」という観点からの補足となる。

1　ハイデガー批判の論拠――「人と人の関係」から

和辻はハイデガーから決定的と言ってよい影響を受けつつも、なお様々な論点に関して批判的だった。論文「日本語と哲学の問題」ではその評価と批判のポイントが次のように語られている。

> これに反してハイデッガーがその驚くべく綿密なDaseinの存在論的分析にもとづいて言語の構造の存在論的存在法的全体を明らかにしたときには、言語の民族的な相違のごときは全然問題とされなかった。[4: 507]

前にも指摘した通り、ハイデガーがDasein（現存在）としての人間の存在構造の分析（基礎的存在論）に基づいて、「言語」の問題も存在論的に（要するにより根本的な仕方で）考察している点を、和辻は高く評価する。しかし、他方でその分だけ、表現主義的言語観にとっては極めて重要な事実である「言語の民族的な相違」といった存在的な問題が看過されてしまうと批判する。

そして、こうした批判の重大な論拠となるのが、彼の「間柄」的な人間観なのだった。

> そうしてそれ［＝言語の多様性や民族の精神的特性が見逃されること］はハイデッガーの存在論においては当然のことなのである。彼の力説するDaseinは根本においては個人であって、個人的・社会的なる二重性格を有する人間存在ではない。従って彼は言語を個人と道具との了解的交渉の場面から取り出したのであって、人と人との間の実践的交渉の場面から取り出したのではない。だから彼の綿密をきわめた分析も「ともに生き、ともに語る相手なしに言語が発達するという無意義なこと」（マルクス）を取り扱っているに過ぎない。［4: 508］

ハイデガーの議論では「言語の相違」が捉えられない理由は、その言語観を根本的に規定している彼の個人主義的な人間観にそもそも問題があるからだ、と批判される。そしてそれに対置されるのが、「個人的・社会的なる二重性格を有する人間存在」という「間柄」的な人間把握だ[25]。

和辻に言わせれば、両者の人間観の違いは、日常性の典型的な場面をどこに見いだすかにおいて端的に表われている。人間や言語の基礎的なあり方を考察するために、特に『存在と時間』でのハイデガーは「個人と道具との了解的交渉」という場面（例えば、ハンマーを用いて作業する仕事場）をモデルケースにして取り組み始めていたが、他方の和辻は「人と人との間の実践的交渉」という場面（例えば、家族が互いを配慮し合っているというような家庭）を考察の出発点にすべきだと主張する。つまり、ハイデガーが「人ともの関係」から議論を始めるのに対し、和辻としては「人と人の関係」（つまり「間柄」）から始めるべきだとしていたのだった。

2　「社会存在の場所的性格」について

こうした和辻の立場からすれば、「言語」について考察するためにそもそも依拠しなければならない「人間」のあり方は、次のような具体性において理解されねばならない。

> 言語の本質の根本的な開明は単にDasein の構造全体の理解によってのみ得られるのではなく、かかるDasein がはめ込まれている社会存在の構造全体の理解をまたねばならぬのである。しかし社会存在の構造もこれを社会の身体から引き離して考察するならば言語の相違や民族の精神的特性と無縁なものになる。社会存在の場所的性格を把握することのみがこれらの問題を正しく解決せしめるであろう。［4: 508］

「言語の本質」を根本的に解明するには、個人的な「Dasein の構造」だけでなく、個人がそのなかに住み込んでいる「社会存在の構造」も同時に踏まえる必要があるという。この指摘自体は、和辻の「間柄」的な人間観からしても当然の主張だろう。ただし、ここでのポイントはむしろ、そうした「構造」一般の理解だけでなく、社会の具体的なあり方（「社会の身体」「社会存在の場所的性格」）の把握をさらに要求する点にある。なぜなら、その把握によってこそ、表現主義的言語観にとって重要な「言語の相違や民族の精神的特性」が解明可能となるからだ。

和辻はこの「社会存在の場所的性格」の問題を、先に確認した「人とものの関係」と「人と人の関係」という対比を持ち出しながら、ハイデガーの議論と次のように接続させる。

> ところでこの場所的性格への通路を提供するものは、風土あるいは水土と呼ばれる現象である。かかる現象を介し

て社会の身体を捕え得たのちに、初めてハイデッガーのいわゆる道具との交渉が具体的な意義を持ちきたるのである。人が besorgend に出合う「手近なもの」との交渉において、その「何のため」「何をもって」は社会存在の場所的性格の方から限定せられて来る。たとえば太陽、山、河、草木、野原等々の「道具」は、どこでも同じ性格、同じ用をもって交渉せられるのではない。[4: 508]

ここで和辻は、「道具」というもの（存在者）に関するハイデガーの議論を十分に踏まえた上で、さらにそれを批判しようとしている。まず援用されているハイデガーの議論について補足した上で、それを和辻がいかに批判しようとしていたのかを、順に確認していこう。

和辻の見るところ、『存在と時間』でのハイデガーは、人間の基本的な存在の仕方を探求し始めるにあたり、まずは日常生活における「道具との交渉」関係（人とものの関係）から議論を出発させていた。その分析から得られる日常的行為の構造とは、ごく簡単には以下のようなものだ。

人間にとって道具が道具として現われているとき、それは（例えば、ものが物体として物理学的に捉えられたときのように）ある形や大きさや重さ、あるいは色や匂いや味の感覚を引き起こすような分子構造、等々を備えた物体として「目の前にあるもの」（ハイデガーの術語で言う das Vorhandenes 手前にあるもの、事物的存在者）なのではない。道具はわわれわれにとって、まずは、例えば「何かのため」に役立つ有意味なものとして存在するのであり、引用中の言葉で言えば「手近なもの」（das Zuhandenes 手許にあるもの、道具的存在者）としてある。(26)

またそれを、道具を用いる人間の側から見れば、われわれが道具を道具として用いていると言えるのは、例えばその物体としての物理的な諸性質を正しく「認識」している場合ではなく、現にそれをある適切な仕方で使用できている場合だろう。このときの「人とものの関係」は、客観的に存在している物体とそれを対象として認識する主観との関係といったものではなく、人と道具との「交渉」（Umgang）的な関係だとされる。そして人間が道具と適切な仕方で交渉することができるのは、物体を対象化して把握しようとする認識によってではなく、道具的存在者（「手近なもの」）に「besorgend に出会う」ことに基づくという。

"Besorgen"とは、通常「配慮」や「配慮的気遣い」と訳されるハイデガーの術語であり、「ある道具に相応しい用い方があらかじめすでにわかっている」といった事態を言わんとするものだ[27]。人間が、ある一定の仕方で使われるべきものとして道具的存在者に現に出会い、それと適切に交渉できるのは、対象把握的な認識によってではなく、道具使用に関連する無数の規範的な事柄（例えば、標準的な使用法や用途、想定される使用者や使用場面、等々）の全体を配慮的に気遣うことに基づく。このような物事のわかり方（認知様式）は、まさに序論で述べた「全体の理解」に該当し、和辻においては「実践的了解」として概念化されるものだ（後述）。

——以上のハイデガーの議論は、同じ「もの」とはいっても、「道具」と「単なる物体」とでは全く異なった存在の仕方をしているという点に注意を促すものだ。またそれは、道具を用いる際の「配慮的気遣い」といった人間の認知様式が、それまでの哲学的伝統ではその優越性が当然視されていた「認識」とは全く異なる仕方で働いており、しかも日常性を生きる人間にとってより基礎的だという点を解明したという点で、それだけでも画期的な議論だった。『存在と時間』を刊行当時に読んでいた和辻もまた、この新しい哲学的議論から決定的と言ってよい影響を受けていたが、それでもなおかつそのハイデガーを次のように批判することになる。

ハイデガーは以上のように「人とものの関係」を新たな仕方で考察し直していたが、和辻からすれば、彼が出発点にしたこの両者の関係は、さらに「社会存在の場所的性格」（つまり「人と人の関係」の具体的なあり方、と言い直せるだろう）によって規定（「限定」）されているのであって、そちらの解明がさらに遡って必要となる。そして、その場所的性格を把握するために、「風土あるいは水土と呼ばれる現象」を手がかり（「通路」）にすべきだという。

先の引用の最後では、この「風土」の現象も、「太陽、山、河、草木、野原等々の「道具」」として人間に出会われているとされるが、和辻によれば、この「風土」という道具的存在者には、人間の「社会存在の場所的性格」をよりよく見えさせるという点で、方法上の重要な意義が認められる（風土には「場所」の違いが特によく現われるからだろう）。すなわち、方法的通路という点で「風土」という現象（道具的存在者）に着目することで明らかとなるのは、道具というものが「どこでも同じ性格、同じ用をもって交渉せられるのではない」ことであり、「社会存在の場所的性格」（ある風土における「人と人の関係」のあり方）によって異なってくるという点だ。[28]

要するに、日常性においてものは人間に対してさしあたり、「認識」の対象たる物体ではなく、様々な実践において現に「交渉」している道具として現われている、ということを強調したのがハイデガーだとすれば、和辻はそれを基本的に認めた上で、さらに、その「道具の現われ方」自体が、「社会存在の場所的性格」によって規定されていることを、「風土」という現象（道具的存在者）に着目することで強調したのだった。

3　「存在了解の特殊性」から「言語の特殊性」の問題へ

では、この「社会存在の場所的性格」は、本来の問題である「言語の特殊性・多様性」とどう関連するのか。次の、重要だが非常にわかりづらい一節を読み解くことでさらに検討したい。

> しからばそれぞれの場合の〔道具としての風土との〕交渉も、すなわち「その中」（Worin）も特殊な性格を帯びざるを得ぬ。しかるに「その中」こそまさにDaseinが存在論以前にすでに存在的に持っている存在了解にほかならない。存在了解の特殊性はすなわちDaseinの有り方の特殊性であり、それはさらにDaseinの自己了解性を現わす仕方の特殊性として、すなわち言語の特殊性として、現われざるを得ぬのである。かく考えれば言語の民族的相違

の問題は言語の最も深い根柢とからみ合っているのである。[4: 508–9]

引用冒頭では、前段で確認した「道具の現われ方」の特殊性の問題が、道具と交渉する人間の側から捉え直されて、「道具との交渉の仕方」の特殊性の問題として論じ直されている。そして、この「道具との交渉の仕方」の問題が、「存在了解」の特殊性の問題としてさらに捉え返されている点が、特に注意を惹く。

ここで言う「存在了解」とは、簡単に言えば、ある道具と現に交渉しているという状況（「その中」）において、われわれがその状況に相応しい「道具との交渉の仕方」の全体をあらかじめそれとなくわかっているということであり、それが「存在的に存在了解を持っている」ことの内実にあたる。逆に言えば、こうした存在了解をあらかじめ携えているからこそ、われわれはある状況において「道具に besorgend に出会う」ことができる。つまり「存在了解」とは、「われわれが現に道具に出会っていて、適切な仕方で交渉することができている」という事態をそもそも可能にしている何か（ハイデガーが「存在」と呼ぶ何か）に関する非主題的かつ全体論的な認知であり、要するに、序論で述べた「規範全体性の了解」のことだと見なしておいてよい。

そして、先の引用の最も重要なポイントは、「道具との交渉」をそもそも可能にしている「存在了解」が、つねに「特殊な性格」を帯びているという点だ。この「存在了解の特殊性」（①）という論点を提示した和辻は、さらに続け様に、それを「Dasein の有り方の特殊性」（②）、そしてその「自己了解性を現わす仕方の特殊性」（③）、すなわち「言語の特殊性」（④）にまで一気に展開させている。議論を短絡させすぎているかに見えるが、先の表現主義的言語観も踏まえれば、それなりの理路は見いだせる。和辻が「存在了解」と「言語」との関係をどのように考えていたのかに留意して、引き続き先の引用の読解を進めよう。

まず、「ある特殊な存在了解を持っている」こと（①）が、「ある特殊な有り方（存在の仕方）をしている」こと

（②）と同一視されている点は、上述した「存在了解」と「道具との交渉の仕方」との関係から理解可能だろう。ある特殊な「存在了解」は、道具的存在者のある特殊な仕方での「現われ方」を可能にすると同時に、その道具と交渉している人間自身の特殊な「有り方」をも成り立たせているはずである。[29] ここでより重要なのは、この人間自身の「有り方の特殊性」（②）が、いかに「言語の特殊性」（④）にまでつながるのかだ。そこで注目すべきは、引用中で「言語」が「Dasein の自己了解性を現わす仕方」だとされている点である。

そもそも「自己了解性を現わす」とは一体何のことだろうか。――まず確認したいのは、序論でも指摘した通り、「存在了解」（規範全体性の了解）によって可能になるのは、「技能」の側面だけでなく、「反省」の側面もあるという点だ。ここで言う「技能」とは、ここまでに述べてきた「存在了解が道具との交渉を可能にする」という側面のことだ。そして、ここで問題となっている「自己了解性を現わす」とは、もう一つの「反省」の側面に関わる。

「自己了解性」とは、ごく形式的に言えば、「人間はその存在了解において、つねにすでに（大抵はそれとして意識していないが）自分自身について何らかの理解を持っている」という、人間の基本的なあり方を指す。既述の通り、ある存在了解を携えていることにおいてこそ、道具は道具として現われ、人もまたそれと交渉することが現にできるわけだが（技能の側面）、「自己了解性」という言葉でさらに言い当てられようとしているのは、「そのときその人は、その道具的存在者が自分にとってどんなものとして有意味であるのか、そして、そうした道具と交渉する自分自身の「有り方」がどんなものなのかについて、（意識的に主題化されずとも）つねにすでに何かしらわかっている」という点だ。つまり存在了解には、日常的な諸実践を可能にする技能的側面だけでなく、そうした実践を現に行なっている自分自身（および自分が交渉している道具や他者、ひいては世界全体）について何らかの理解を持っているという、自己了解性の側面もある。

そして「反省」とは、そうした潜勢的・潜在的な自己理解をそれとして主題化して自他に示すことであるだろう。

つまり反省とは、(技能的な「できる」に対して)人が自分自身にまつわる諸々の事柄についてつねにすでに「わかって」いるということ(自己了解性)に基づいて、そこで了解されている事柄を自ら主題化し明示化していく一連の過程なのだ。それこそが「自己了解性を現わす」ことの内実なのだと思われる。

このように見てくれれば、先の引用中で「自己了解性を現わす」仕方が「言語」だとされていたことも、より理解しやすくなる。つまり言語とは、(自己理解も含む)存在了解をそれとして主題化し明示化するという反省的な過程において成立する。そしてそれは、先の表現主義的言語観で確認した、自己表現する主体としての人間のあり方と重ね合わせて理解できる。和辻はハイデガーの(存在了解を分節化し開示することとしての)「語り」(Rede)概念を踏まえて、「言語は「話」Redeの外に言い出された有りさま」[4: 507]であるとも述べていたが[30]、その「語り」が「外」化され、ある一定の形姿をとるにいたったものこそが、存在了解の表現としての「言語」なのだ。

以上より、和辻において「言語」は「存在了解の表現」として考えられていたことが確認されたが、それを踏まえることでようやく「言語の特殊性・多様性」の問題に立ち返ることができる。

第五節　「日本語で哲学する」ことの意義

1　表現主義的発想とハイデガー的発想との接合において成り立つ言語哲学

ここまで「日本語で哲学する」という問題設定をめぐり、その前提認識(存在論的認識)となっている和辻の言語観をよりよく理解するため、「表現主義」と「存在了解」という二つの補助線を導入した。——では、これら二つをいかに統合的に把握することができるだろうか。

『存在と時間』から決定的な影響を受けた和辻が、にもかかわらずハイデガーを批判するのは、その個人主義的な人間観に対してであり、またその批判と表裏一体の形で彼自身の「間柄」としての人間観も形作られていた。さらに彼は、もう一つの表現主義的言語観の見地から、ハイデガーの言語観では「言語の特殊性・多様性」が見逃されてしまうと批判していた。

ただし和辻は、この「言語の特殊性・多様性」という表現主義的な問題を考察するに際し、まさに自身が批判するハイデガーの、その「存在了解」概念を積極的に援用していた。そこでは、人間の存在の仕方（有り方）の特殊性は、存在了解の特殊性に基づくものであり、その多様な存在了解は、言語の多様性として現に表現され実現されているのだと論じられている。つまり和辻は、ハイデガーの議論を確実に踏まえた上で、ハイデガー自身は看過したという「民族の言語であること」（言語の特殊性・多様性）という表現主義的な問題を考察していた。そして、表現主義的発想とハイデガー的発想とが、彼において以上のような形で交錯し接合されてその言語観が形作られていたという点こそが、以上の検討から明らかとなった最大のポイントである。

その「接合」の仕方をもう少し詳しく説明すれば次のようになる。まず、和辻の研究活動の一方の主軸であった精神史研究に関して言えば、それが手がかりとすべき「言語」をはじめとする種々の文化的表現は、それを作りだす「精神」「主体的なもの」自身のありようが何らかの形で表現されたものであり、精神史研究とはこの構図を大前提（前提認識）とした学的営為である。さらにハイデガー的発想を踏まえれば、彼はハイデガーの議論から、「言語」の問題を存在論的に考察するという方法的態度を積極的に摂取しており、その帰結として「存在了解」概念が表現主義的言語論に導入されていた。そこでは、精神史研究で探求されるべき「精神」「主体的なもの」が「存在了解」として捉え直され、それによって「言語とは（人間の日常諸実践をそもそも可能にする）存在了解の表現である」と把握されるにいたった。ただし他方で和辻は、ハイデガーの議論が「存在一般の意味の探求」という問題設定からして存在論的認識に偏りがちである点には批判的であり、「言語の特殊性・多様性」を重視する表現主義的発想をあくまで堅持し続けていた。

――ここまで見てくれば、「日本語で哲学する」という問題構成において、和辻がどんな前提認識（存在論的認識）に立っていたのかは、すでに明らかだろう。

2　表現的存在者としての日本語――「もの」のあり方の三様態から

「人間と言語の関係」をめぐる和辻自身の前提認識（存在論的認識）は、表現主義的発想とハイデガー的発想が「特殊な存在了解が、各民族の言語として表現されている」という形で接合されていることに見定められた。では、こうした前提認識に基づく「日本語で哲学する」という問題構成において、そのそもそも「日本語」なる存在者は一体どう捉えられるにいたっていただろうか。本章の締め括りに、この「日本語」という存在者の存在様式について確認しておきたい。

例えば、一九三五年の論文「日本語と哲学の問題」での次のような一節を見てみよう。

> たといいかなる過去を背負っているにしても、日本語は我々自身が現に日々の生活において使用しているものである。従ってそれはすでにできあがった「もの」として我々の前にあるのではなく、我々自身の具体的な不断なる自己解釈の過程として、我々自身がそれにおいて自己の理解性を分岐し我々相互の間に理解を分かち合うところのその我々自身の有り方を外にあらわした有りさまとして、あるのである。[4: 522–3]

ここでは「日本語」という存在者の特徴が論じられている。和辻は、人間がものと関与するその仕方（「人とものの関係」）を、「事物として」扱う認識的態度、「道具として」扱う交渉的態度、「表現として」扱う解釈的態度、という三つの様態に分けて考察していると思われるが、[31] ここでまず主張されているのは、「日本語」という存在者は、「すでにできあがった「もの」として我々の前にある」ような、事物として把握すべきでないという点だ。「われわれの前にある」とは、「もの」が認識の対象としてわれわれに向かい立つもの（事物的存在者）として存在することを意味する。それに対し、「日本語は我々自身が現に日々の生活において使用している」ともあるように、日本語という存在者は、日常的諸実践で交渉される「手許にある」ような道具としてまず存在している。――ただし先の一節ではさらに、日本語は単なる道具的存在者であるにとどまらないことが示唆されている。そこでは、「日本語」というもののあり方に関して、三つの点が指摘される。

第一に、日本語は「我々自身の具体的な不断なる自己解釈の過程」としてあるという。われわれがつねに何らかの「自己解釈」（自覚）をしていることを大前提とした上で、日本語とは、こうしたわれわれ自身の自己解釈・自覚的な営為の「過程」そのものとして把握されている。[32] つまり日本語という言語は、われわれとは独立に存立するという意味での「対象」や「事物」ではあり得ず、われわれ自身の存在の仕方と内的な関係を持った相関者だという、本章で見てきた表現主義の反二元論的な発想が明確に打ち出されている。

第二に、われわれ自身は、日本語において「自己の理解性を分岐し我々相互の間に理解を分かち合う」という仕方で存在している。「自己の理解性」とは、先に確認した「存在了解」（特にその「自己了解性」の側面）のことだろう。われわれは、そこで了解されている事柄を日本語において分節化（「分岐」）するという仕方でもって、日常的な諸実践を現に行なっているのであり、かつまた、日本語において相互的・共同的な共通了解を分け持っているという。つまりここでは日本語という言語が、「存在了解」というハイデガー的発想から捉え返されている。

そして第三に、「我々自身の有り方を外にあらわした有りさまとして」日本語は存在しているという。この「外にあらわした有りさま」とは、まさに「表現」に他ならない。日本語とは、ある特殊な「有り方」をする「われわれ」自身の存在の仕方を一定の表現にもたらしたものであり、ここでは日本語という言語が表現主義的言語観から捉え直されていると言えよう。

このように読み解いてくると、先の一節は、「人間と言語の関係」をめぐる前提認識（存在論的認識）を探るために導入した二つの補助線を、「日本語」という具体的な言語に当てはめて捉え返したものだと解釈できる。このとき「日本語」という存在者は、単なる道具にとどまらない「存在了解の表現」として、つまり道具的存在者であるのみならず、言わば「表現的存在者」とでも呼ぶべきものとして、そのものとしての存在様式が特徴づけられるにいたっている。

3　主体的存在としての日本語――「われわれ」自身のあり方との一体性

和辻は、以上のような「存在了解の表現としての言語」という観点から、「日本語」という存在者の存在の仕方（有り方）の特徴を、さらに次のように論じる。

しかし我々は可能性の視点のもとにただ日本語を「ながめる」ということはできない。日本語はながめられるもの、ではなくして我々自身の有り方である。だから可能性の視点のもとに日本語を問題とするということは、我々自身が日本語としてすでにある有り方を背負いつつ日本語としてまさにあるべき有り方になることでなくてはならぬ。言いかえれば集団的歴史的体験の表現過程としての日本語において理論的に純化発展させられ得べきことを、自ら純化発展させてみなくてはならぬ。それは純粋なる日本語の意味を頼りとして（すなわち言語の意味に存せざる概念内容を他より持ち込むことなく、）自ら問い自ら思索することにほかならない。［4: 523］

まず前後の文脈を補足しておこう。彼はこの一節の直前で、他言語との比較による日本語の機能上の特徴を議論していた。ごく簡単にまとめれば、日本語という言語は、感情・情緒・感傷の表現において特に秀でる一方、理性的・論理的な思考の媒体としては弱点があるといった、日本語という存在者の特殊具体的なありように関する存在的認識(先述の論点ⓑ)が示されている。その上で引用中で論じられるのは、「可能性の視点のもとに日本語を問題にする」ことであり、要するに、日本語はそうした弱点を将来的には自ら克服可能だと主張されている。

ただしここで注目したいのは、和辻による日本語の機能上の弱点に関する、いまとなっては通俗的な見解にも見えてしまう存在的認識の方ではない(したがってその認識の当否は問題にしない)。ここでもやはり注目すべきは、そうした主張のそもそもの前提認識(存在論的認識)である。

「可能性の視点のもとに日本語を問題にする」立場からすれば、日本語という存在者は、自らの弱点を補ったりより洗練させたりするといった仕方で変化し展開していく可能性を持つものと把握されている。特に注意すべき点として、その「可能性」の存在を主張するために、和辻は日本語という存在者を「我々自身の有り方」と重ね合わせて考察すべきだと要求している。日本語という存在者は、単に「ながめられるもの」(事物的存在者)でないというだけでなく、それ自体が「我々自身のあり方」でもある以上、日常的に交渉している道具的存在者であるだけでもないはずだ。それは先の一節で、日本語の弱点を克服するその仕方が、道具の「改良」のようなものとしては語られていなかった点からも傍証されるだろう。

では、その克服はいかに可能なのか。引用中では「我々自身が日本語としてすでにある有り方を背負いつつ日本語としてまさにあるべき有り方になる」という仕方によって、と説明されていた。ここではもはや日本語という存在者は、その存在の仕方(「有り方」)において、「我々自身」とほぼ同一のものと把握されている。つまり、(様々な優れた点と弱点を併せ持った）過去の「すでにある有り方を背負いつつ」、将来の「あるべき有り方」へと自身を発展・展開させていくという「可能性」を持つような存在者として、「我々自身」と「日本語」は一体のものと考えられている。そこに注目するならば、日本語という言語は、われわれの種々の言語的実践を行なうための媒体（道具的存在者）であるのみならず、われわれの実践とともに、その言語自身が自ら発展・展開していくような「有り方」をしたものであることになる。

そして、こうした「我々自身」と同様の存在の仕方をするものとは、先に述べた意味での「主体」に他ならない[34]。つまり日本語という存在者自体が一種の主体であることになる。先に、言語という存在者の存在の仕方は、「事物的」ではないのは当然として、単に「道具的」であるのみならず、「表現的」でもあると指摘したが、ここではさらに、そうした単なる「もの（物）」であるにとどまらず、言語は「主体（者）」としても把握可能だと主張されるにいたっている[35]。またいからこそ、先の一節において日本語は、自分自身のありようを自覚的に更新しさらに展開させることができるような「可能性」を持った、まさに主体的な存在として論じられていたのだ。

日本語を表現的存在者として、さらには一種の主体的存在として捉えるにいたる和辻の存在論的な前提認識（つまり言語哲学）を踏まえることで、彼の文化史・精神史研究と哲学・倫理学研究とが交錯する地点で主題化されていた「日本語で哲学する」という問題構成が、一体何を・いかに解明するためのものだったのかが、より十全な意味で理解可能になった。

先の引用の後半では、理性的・論理的な思考の媒体としては弱点を抱えている日本語が、いかにその弱点を克服できるかが論じられていたが、それは「道具の改良」のような形では語られていなかった。その克服に必要なのは、例えば、論理的な思考に不可欠な抽象的な概念群を整備すること等だと思われるが（それが、引用中の「理論的に純化発展させられ得べきことを、自ら純化発展させ」る一例になるだろう）、その作業自体は、「純粋なる日本語の意味を頼りとして」、「自ら問い自ら思索すること」によってこそなされるべきだと主張されていた。

すなわち和辻にとって、「我々自身の有り方」でもある「日本語」を「理論的に純化発展」させるために必要なのは、例えば西洋哲学の長い歴史のなかで展開され鍛えられてきた諸概念を単純に外から持ち込んで接ぎ木してやることではなく（「言語の意味に存せざる概念内容を他より持ち込むことなく」）、あくまで当の日本語に内在しつつ、その日本語の持つ様々な語彙の「意味」に問いかけることを通じて、日本語で思考することにとって相応しいような概念内容を獲得していくことなのだ。日本語自身が「主体」として発展・展開していく可能性とは、具体的には、こうした日本語自身の内在的な概念的発展としてイメージされている。――まさにこうした営為こそが、本章で着目し考察してきた「日本語で哲学する」ことの実践に他ならないだろう。

本章での「人間と言語の関係」をめぐる前提認識（存在論的認識）の検討を通じて、日本語という存在者が、「我々自身の有り方」を単に表現するのみならず、むしろその「我々自身の有り方」そのものであり、両者は一体的な存在構造において把握されるべきものであることが明らかとなった。またこのとき「日本語で哲学する」という問題構成は、「日本語に即して（つまり日本語に内在して）思考するということが、同時に、日本語と一体的な仕方で存在する「われわれ」自身の存在了解を問題化することでもある」という意味で、当の和辻自身にとっては必然的な問いかけであったことも、いまや明らかなはずだ。以上の確認を踏まえて次章の課題としたいのは、こうした「日本語を通じての／日本語自身による存在論的な自己解釈」が遂行される過程を追跡し、そこからいかなる存在論が解釈学的に帰結するのかを確かめることだ。

第二章　所有の人間存在論

――存在者の成立構造をめぐって

「日本語で哲学する」という和辻の特異な問題構成をめぐり、前章では、「人間と言語の関係」に関する存在論的認識（論点ⓐ）を中心に検討し、日本語に関する存在的認識（論点ⓑ）にもごく簡単に言及した。それを受けて本章では、彼が「日本語で哲学する」ことを通じていかに存在論的・存在的認識（論点ⓒ）を遂行していたのかを、具体的に追跡していく。

参照する文献としては、前章でもその前半部分を検討した論文「日本語と哲学の問題」（一九三五年）の後半を取り扱う。またそれに加えて『人間の学としての倫理学』（一九三四年）と、その前身となる初稿「倫理学」（一九三一年）も適宜参照する。ここで倫理学理論の論考も参照する理由は、それらが「日本語で哲学する」ことを通じて形成されていった彼の存在論を前提に著されたものであり、その存在論自体がどんな議論であったのかを見る上でも重要だからだ。

以下、これらの文献において、様々な日本語表現に対する精神史的アプローチからの存在論の構築がいかに遂行されていたのかを検証し、和辻の存在論の全体像を再構成すべく試みる。この作業自体は次章まで続くが、本章ではまず、「あるもの（存在者）」をかくあらしめている根柢的な「ある」として、「人間存在」なるものが主題化されてくる地点を見届けることになる。

第一節　「もの」と「こと」について（存在論①）

1　「あるということはどういうことであるか」という問いをめぐって

和辻は「日本語で哲学する」ことに着手するにあたり、その出発点となるべき根本的な問いを立てるところから議論を始める。すなわちその根本問題は、「あるということはどういうことであるか」という「存在への問い」として、かなり唐突な形で設定される(1)。そしてこの問題設定に続けて、その問いをいかに問うか、というアプローチの仕方が提起される。

その際に彼は、その問いを構成している言葉自体を問題化することから始める。つまり、「こと」とはどういうことか、「いうこと」とはどういうことか、「ある」とはどういうことか、というように、哲学の根本問題を構成する日本語の言語的表現の分析から問い始める。和辻はその根本問題を構成する言葉に関して、幾つかの論点を挙げつつ議論していくが、その行論は非常に入り組み複雑であるため、本書ではさしあたり以下に掲げる三つの論点として整理し、この順序で検討を進める（これらの論点は、彼が実際に議論する順番とは異なる）。

存在論①「もの」と「こと」について……第一章・第一節（本節）
存在論②「ある」について……第一章・第二節
存在論③「いうこと」と「すること」について……第三章・第二節

そこで、「あるということはどういうことであるか」という問いを構成する言葉自体の語義解釈として、まずは「もの」と「こと」（存在論①）の検討から始めよう。

最初に確認しておきたいのは、「問いの構造」である。これは、何事かを問うという営為がそもそもどんな形式的構造をとるのかに関する議論だが、日本語における「もの」と「こと」の区別は、その構造を理解する上でも重要となる。和辻は「問いの構造」に関して、『人間の学としての倫理学』での方法論的考察の箇所で、ハイデガーを踏まえつつ次のように述べていた。

> 問いの構造に関しては、我々はハイデッガーに教わる所が多い。彼によれば、問いは探求である。探求は探求せられるものによって方向を決定せられている。だから問いは何ものかへの問いとして「問われているもの」を持っている。しかし問いはこのものが何であるかと問うのであるゆえに、同時にこのものが何かであることを目ざしている。すなわち「問われていること」を持っている。特に理論的な問いにおいてはこの問われていることが一定の概念にもたらされなくてはならぬ。そこで問われていることが「どういうこと」であるかが問いの本来の目標になる。しかるに「いうこと」とはことの意味である。だから理論的な問いは、問われていることのほかに、そのことの意味をも含んでいる。［9: 131］

ここで論じられているのは、「問い」における、「問われているもの」と「問われていること」と「いうこと」（ことの意味）の関係だ。[2] 以下では、「もの」と「こと」の関係を、この一節で説明されている「問いの構造」という観点から検討したい。

例えば「美」について問うとする。それはまず、何か「美しいもの」という個物への問いかけから始まる。この問いは「美しいもの」が存在していることを前提とし、それに導かれ方向づけられて、その「探究」が開始される。だがこの「美しいもの」への問いは、それが「美しくあること」、つまりそのものの美しさを問うこととして行なわれる。つまり「問は確かに何ものかに於て何ごとかをたずねる」［SR: 103］。そしてこの「美しいもの」における「美しさ」への問いが、特に理論的になされるとき、この問いはその「美しさ」が「どういうこと」であるのかを、すなわちそのように美しくあることの「意味」を問うている。意味とは「人間が言葉として云い現わしていること」［SR: 104］であり、あるものが美しくあることを、それがどういうことであるのかに関して、言語的記述へともたらし表現することだとされる。このとき、「美」についての問いの「本来の目標」は、「美しさ（美しくあること）」一般の意味（美しいということ）を明らかにすることにある。つまり、そうした問いを問うことが、美学という理論的営為なのだということになる。

こうした「問いの構造」に関する議論は、引き続き「美」の例で言えば、美しいものへの素朴な問いの始まりから、そのものの美しくあること（その美しさ）を問うことを経て、最終的には、美しくあることがどういうことであるのか（美しさ一般の意味）の問いへと抽象化されていく過程を理論化している。その過程において、問いは初め具体的に存在する何ものかへの問いとして始まるが、そのものの状態・性質（しかじかであること）を問うことを通じて、ついには当初の「もの」から抽象された性質一般の意味、つまり物事の本質を問う理論的な問いにまで達する。

——では、こうした「問いの構造」を、「あるということはどういうことであるか」という存在への問いに当てはめるとどうなるか。和辻によれば、この問いはすでに性質一般の意味を問う理論的な問いへと抽象化され仕上げられており、つまりは存在論的な問いになっている。それはもはや具体的に存在する個々の「あるもの」（存在者）への問いではなく、「あること」一般の意味を問う、哲学の理論的な問いに抽象化されている。ハイデガー的に言い直せば、この「あるということはどういうことであるか」という問いは、「存在者」（あるもの）についての問いではなく、「存在」(あること)一般の意味(あるということ)についての問いになっている。

つまり和辻は、ハイデガーのいわゆる「存在論的差異」の議論に倣いつつ、前章で見た「存在論的認識」と「存在的認識」の区別をここでも着実に踏襲している。それを踏まえれば、存在的認識とは「あるもの(存在者)」についての認識であり、存在論的認識とは「あること」、ひいては「あるということ(存在の意味)」についての認識である。彼はこの両者を、次のように、「もの」の学と「こと」の学として対比させている。

> 従って我々は「こと」を問う学問と「もの」を問う学問とを区別することができる。前に我々が哲学の根本問題として掲げた問いは、明白に「こと」を問う問いであった。従って哲学はまず第一に「こと」の学である。[4: 537]

和辻は「日本語で哲学する」ことの具体的実践を、「あるということはどういうことであるか」という日本語で表現された存在論的問題を問うことから(唐突に)始めていたが、そこでまず「問いの構造」を確認することで、「哲学(存在論)は第一義的には、「もの」ではなく「こと」についての学である」として、(彼の存在論に関して最初に検討するとした)「もの」と「こと」との対比が浮上してくることになる。そこで続いては、その対比自体をより詳しく検討してみよう。

2　「もの－こと」構造とその存在論化

和辻が言う「もの」には、非常に広い含意が持たされている。日本語の用例からしても、「もの」は、物理的・物質的なものを意味するだけでなく、心理的なものや概念的なもの、抽象的なもの、歴史的なもの、社会的なもの、等々のすべてを含めた「もの」である。すなわち「総じて存在しあるいは存在せざるいかなるものも「もの」でないものはない」［4: 526］という。

また、こうした「もの」の概念化には、「こと」との関係が同時に考慮されねばならない。両者の関係は、初稿「倫理学」では次のように説明されている。

> すべて客体的なる『もの』は、そのものが何かであることによって何ものかであり得るのである。例えば美しいものは美しいことに基いて初めて美しいものとして存在し得る。美しいものを美しいものとして把捉するということは、そのものの美しいことを理解することに他ならない。かかる意味に於てことがものに先立つと云ってよいであろう。［SR: 125］

「美しいもの」という存在者は、「美しいこと」という状態・性質に基づいて初めて、そうした状態にあるものとして存在し得るという。このとき「こと」の理解は、「客体的なる『もの』を『もの』たらしめる可能根拠」［SR: 125］と規定される。こうした「ものはことに基づくことでそのものたり得る」あるいは「ことがものに先行する」という相互関係を、「もの－こと」構造と呼んでおく[3]。

さて、「ことはものの可能根拠である」という規定は、和辻の存在論がいかなる種類の存在論であるのかを考える上で、極めて重要だ。それは、「本当に存在しているもの（真に実在する存在者）」は何かと問うような西洋の伝統的な存在論ではなく、「存在者が現にそのように存在していることをそもそも可能にしている」という意味での「存在」とは何かを問うような、「存在者の可能根拠としての存在」を問題化するハイデガー的な存在論を踏襲している。

またさらに注意すべき点として、「こと」は「もの」を可能にし、かくなるものとして成立させる地盤ではあるが、その「もの」から離れてただ端的に「こと」がある、という事態を和辻は認めない。それはハイデガー的に言えば、

「存在者の存在」でないような「存在」はない、という主張だ。「もの」から「こと」を遊離させることは、「こと」を「もの」として扱う（つまり「存在」と「存在者」を混同する）ことになりかねない。和辻自身はこの点について、上述の「問いの構造」とも関わらせながら次のように述べている。

> 問が何ものかの何かであることを目指しているとすれば、この目ざされている『こと』はその『もの』を離れてあるのではない。それはあくまでも或『もの』が何か『であること』である。しかもその『もの』は『こと』ではない。[SR: 124]

つまり「こと」は「もの」の可能根拠であると同時に、あくまでも（「あるものの何かであること」という意味で）その「もの」に属しているという。「「こと」は「もの」の「こと」であるとともに「もの」の見いだされる地盤」[4: 527]であることが、「もの－こと」構造の基本構図となる。

和辻はそこからさらに話を進めて、そうした「もの」や「こと」から、あらゆる状態や動作を剝ぎ取った、ただ単に「あるもの」とただ単に「あること」との関係を問う。それは次のような仕方で「もの－こと」構造を抽象化し、言わば存在論化している。

> かくのごとくある動作あるいは状態においてあるものがこれらの動作あるいは状態のそれとしてあることにもとづくとすれば、何らかの動作あるいは状態を払い去ってただ「あるもの」を考えるとき、それが同様に「あること」にもとづくと言わなくてはならないであろう。「あるもの」においては「ものがある」のであり、ものがあるためには「あること」がすでに予想されなくてはならぬ。「あること」は「あるもの」の「あること」であるとともに、

またある「もの」を「ある」ものたらしめる「こと」である。かくて一般に「こと」は「もの」に属するとともに「もの」を「もの」たらしめる基礎であると言い得るであろう。［4: 525–6］

基本的な構図は全く同様で、「あること」は、「あるもの」に属するとともに、それを可能ならしめる基礎・地盤（可能根拠）である、として両者は相互制約的な関係にある。

――和辻の存在論について、まずは「もの」と「こと」の関係から検討し始め、「もの－こと」構造の存在論化という議論に辿り着いた。それを踏まえた上で次に問われるべきは、「あるもの」および「あること」という言葉遣いにもすでに表われている「ある」という言葉についてである。

第二節　根柢的な「ある」について（存在論②）

1　「或る」限定された仕方で「有る」こととしての「ある」

先の「問いの構造」を踏まえれば、「あるということはどういうことであるか」という問いは、「あること」一般の意味、すなわち「あるということ」を問い求める存在論の理論的な問いだった。そして「あること」一般の意味を問うために、ここでも和辻は日本語での「ある」という言葉の用法を手がかりとする解釈学的方法によって考察を進めていく。

日本語の日常的用法での「ある」は、「ある」一般としては決して用いられていないという。ここで言う「ある」一般とは、上述のあらゆる動作や状態、性質等を剝ぎ取られて「ただ単にある」ことであり、和辻はこの意味での

「ある」に「有る」という漢字をあてがう。西洋哲学の伝統的な存在論は、まさにこの意味での「有る」一般（ousia, esse, Sein, être, being, …）を問うてきたのであり、それを彼は（自身の「存在論」とは区別して）「有論」と翻訳し呼称すべきだと主張する。

では、日本語の「ある」は、「有る」一般としてでなければ、通常どう用いられているのか。

> しかるに日本語においては、「あること」「あるもの」はそのままに「或ること」「或るもの」なのであり、しかもこの用法の方が通例なのである。［4: 538］

この「或る」は、「限定せられてある限りそれは「或ること」である」［4: 538］とあるように、何らかの仕方で限定されていることを意味する。「限定」という発想は和辻の存在論（ひいては倫理学理論）で重要な役割を果たすことになるが、ここで、その限定されてあることとしての「或る」が、何の限定もない一般的な「有る」との対比で概念化されていることは言うまでもない。

そして彼は、この「限定」という発想を軸として概念化される二つの存在概念（「或る」と「有る」）を用いつつ、日本語での「ある」の通常の用法を次のように説明する。

> 総じて「有ること」は何らかの限定せられてあるのであって、何らの限定もない一般的な「あること」はどこにも見いだされない。［4: 538］

つまり日本語における「ある」は、「或る」と「有る」の両義において成り立っている。[4] あるものはみな、或る限定において有るもののことであり、存在者とは、或る存在の仕方へと限定されて有るもののことだ。日本語表現の解釈に基づく和辻の存在論からすれば、「一般に有ること有るものがすべて限定せられてある」[4: 538] ことになる[5]。

ところで、この「ある」に含まれる「限定」の問題は、前節で見た「もの‐こと」構造一般に接続して理解できる。その構造は、「あること」は「あるもの」に属するとともに、その「あるもの」を可能にする地盤（可能根拠）であるというものだったが、先の「限定」を踏まえれば、それは次のように書き換えられる。すなわち「あること」は、それが或る限定された仕方において有ることにおいて、「あるもの」を或る有り方をするものとして限定する。また「あるもの」が或る限定された有り方をする限りで、その限定をする「あること」は「あるもの」に属している。要するに「もの‐こと」構造は、「ことによるものの限定」として理解可能なのだ。

ただしそのとき、「あるもの」の有り方を限定する「あること」自体は、一体いかに限定されているのかが、さらに問題となる。すぐ上で見た通り、「あること」もまた、「あるもの」と同様に、或る限定された仕方において有るのだからして、「あること」をさらに限定するのは何であるのかが、なお問われねばならない。そこで和辻はまた別様に「ある」という言葉に問いかけていく。

2　伝統的な存在概念としての「である」と「がある」の対比

ここで再び「あるということはどういうことであるか」という最初の問いに立ち戻ろう。

「ある」という言葉に注目すると、この問いには二つの「ある」が含まれていることに気づく。この問いは「あるということ」を問おうとしているが、その「ある」を問う問いかけの内に、それが「どういうことであるのか」としてすでに「ある」が含まれる。この問われる「ある」と問う「ある」はどう異なり、またどんな関係にあるのか。和辻はそこを問題化する。

まず、問われている「ある」だが、これは先に「問いの構造」で確認した、「あるということ」として一般化された、個別的な存在者をかくなる存在者たらしめている、最も根源的な「ある」のことだ。ではそれに対し、問うている「ある」は、いかなる「ある」なのか。――それは、「ある」一般とはしかじかである、と述定するための「ある」だ。西洋の存在論や論理学の伝統に従えば、それは主語と述語を繋ぐ語としてのいわゆる繋辞（copula）にあたる「ある」である。その繋辞としての「ある」を和辻に倣って「である」と呼んでおこう。すでに最初の問いの内に、「ある」一般と「である」との対比が示されていたのだった。

また、ここでさらに西洋の伝統的存在論の基本構図を踏まえれば、「である」と対をなす存在概念である「がある」も一緒に考えねばならない。この「である」と「がある」について、和辻はその存在論の伝統に依拠しながら次のようにまとめている。

> 「である」はSはPであるという場合の「ある」であって、いわゆる繋辞に相当する。それは「何であるか」の問いに答えるものとして事物の本質、essentiaを示すものと考えられる。それに対して「がある」は何物かがあること、すなわち事物の存在、existentiaを示すと言ってよい。[4: 547]

“essentia”（通常「本質存在」と訳される）とは「あるものが何々である」、例えば「猫は動物である」などという場合の事物の本質の述定に関わる「ある」であり、他方の“existentia”（「現実存在」）とは「あるものがある」、例えば「あそこに山がある」などという場合の事物の存在の事実に関わる「ある」だ。では、この「である」と「がある」は、いかなる相互関係にあるだろうか。

事物の存在は移り変わるが、事物の本質は不変である。従って「である」は「がある」よりも根柢的であり、あらゆるありの（すなわち万有の）本質でなくてはならぬ。これが通例の考え方であった。[4: 547]

ここで説明されている、本質存在（である）が現実存在（がある）に先立つという「通例の考え方」とは、もちろん西洋の伝統的存在論でのものだが、ここでその二つの存在概念の相互関係に関する「通例の考え方」について、少し補足をしておこう。

「本質存在」と「現実存在」という存在概念は、西洋の存在論の伝統のなかでも特に、中世のスコラ哲学者たちが問題化した、「神の存在」の存在論的証明に端を発する概念装置だ[6]。これらは、神の存在を（当然「信仰」されてはいるが、さらに）論理的に「証明」するために導入された。そこでは「神の存在」は、ごく簡単に示せば、次のように証明される。

証明の大前提となるのは、「神は完全である」という命題だ（あるいは、「完全である」という本質存在においてあるような存在者のことを、われわれは「神」と呼んでいる）。この「完全」な存在者はその本質からして、ありとあらゆる規定や記述（「しかじかである」）をその内に含むはずであり、「何かでない」ようなことが一切ない存在者である。すなわち、「完全である」という本質存在は、他の可能なすべての本質存在を含む。ところで中世のスコラ哲学者たちは、「存在する」ということ、すなわち現実存在（「がある」）も一つの規定であり、つまりは本質存在だと考えた。そして完全である神は、その「完全である」ことの含意からして当然、「存在する」という規定も含むはずだ。ゆえに「神は存在する」。

この議論は、「神」という完全な存在者を範例とした存在論の一形態だが、その論証過程を見ると、「本質存在（である）が現実存在（がある）よりも根柢的である」という、二つの存在概念の間での一定の相互関係が前提されてい

ることがわかる。そして、こうした存在観こそが西洋の存在論における「通例の考え方」だったと和辻は考えている。(7)
――ではこの「通例の考え方」は、日本語での「ある」の用例に見いだされる存在観にも合致しているだろうか、と彼は翻って問う。

3　日本語における根柢的な「ある」としての人間存在

和辻は日本語での「である（本質存在）」と「がある（現実存在）」の関係を、それらよりもさらに根源的な、最も根柢的な「ある」から説明しようとする。そして、その「ある」が根柢的だとされるのは、それが何の限定も受けていない、という意味でのことだという。

［最も根柢的な］「ある」に対しては「である」も「がある」もともに限定せられた「ある」である。日本語において根柢的なのは限定せられざる「ある」であって、「である」ではない。［4: 547–8］

ここで三たび「あるということはどういうことであるか」という問いを想起しよう。この問いには二つの「ある」が含まれていたが、そこで問われている方の「ある」、つまり存在者を存在者たらしめる可能根拠としての根源的な「ある」は、ここでは「限定せられざる」根柢的な「ある」として捉え直されている。そして、先に問題化した「である」と「がある」はともに、この根柢的な「ある」から限定されたものと規定される。こうした議論からも、和辻の存在論にとって「限定」という考え方がいかに重要かが見えてくるだろう。この「限定」関係にも留意しながら、「ある」「である」「がある」の三者関係をさらに詳しく検討してみよう。

まずは「である」と「がある」の関係を見ておこう。結論から言えば以下の通りである。

〔…〕〔日本語における〕通例の用法の示す所に従えば、「がある」が「である」よりも根柢的である。〔4: 548〕

つまり日本語表現における「である」と「がある」は、先に略述した西洋の存在論に伝統的な「通例の考え方」とは正反対の関係を示す、と和辻は考えている。

例えば、目の前に美しい花があるとするとき、この事態は日本語に即せばいかに成立しているだろうか。彼の説明では、まず「花がある」ことが先行し、さらにその花が「美しい花である」として限定される、というようにしてその事態は成立している。和辻はここでも「限定」という考え方を援用して、「我々は日本語からして「である」は「がある」の限定であるという事実を見いだす」〔4: 548〕と主張する。「私はいろいろな用事がある」ゆえに「私は多忙である」のであり、また「風が静かである」ことは「風がある」ことの限定である。「山がある」だけでは、それは高くも低くもあり得るが、「その山は高い山である」と言うことで、山の有り方が限定される。すなわち「がある」がまずあるのであって、「である」はその「がある」の有り方の限定としてある。

以上の通り、より限定されていないという意味で、「がある」は「である」より根柢的だった。ではこの「がある」は、何の限定もされない根柢的な「ある」と、いかなる関係にあるだろうか。

この点に関して和辻は、「がある」という意味での「有る」という漢字表記に注目する。先に見たように、日本語における「ある」は、「或る限定された仕方において有る」ことだった。つまりそこでの「ある」という日本語表現は、「或る」と「有る」の両義からなる存在観を反映しているが、この両者がそれぞれ「である」と「がある」に対応することは、ここまでの議論からも明らかだろう。「である」は或る仕方において「がある」の有り方を限定したものなのだ。

そこで和辻は「がある」について、「有」という言葉を手がかりにして、さらに検討を進めていく。「有」という言葉はまず、事物が有るか無いかというときの、それ「がある」ことを意味していた（そして「有」には繫辞（「である」）の意味はない）。しかし「有」という言葉はそれと同時に、「もつこと」を意味してもいる、と和辻は指摘する。

> ところで有はまた『もつこと』(Haben)を意味する。有為、有意、有志、有罪、有利、有徳、等に於て、有の下に来るものは有《も》たるるものである。所有物である。[SR: 97]

「有」は、「がある」を意味するとともに「もつこと」をも意味する。この「有」という言葉に二つの意味が同居しているという事実を和辻は殊更に重視し、事物の存在（がある）は、それが「有たれることにおいて有る」と定式化する。存在しているもの、あるもの、存在者、すなわち「有る所の物」[8]とは、「所有物」に他ならない。

しかし、有たれるものが有るもの（存在者）だと言うとき、では、その所有物を有っているのは「誰」なのだろうか？「有るもの」を「有る所の物」たらしめる根柢的な「ある」としての、その「所有」の主体とは何か？

> これらの場合、有つのは人間であり、有るのは人間に於てあるのである。ここに於て有(existentia)の根柢に我々は人間を見出すことになる。[SR: 97]

例えば、「机がある」とは「人間が机を有つ」ことであり、人間に有たれてその「所有物」となることにおいて、机は「有る所の物」つまり存在者になる。要するに「がある」の根柢には所有主体としての人間が「ある」。彼が挙げる日本語での用例で言えば、例えば「私には暇がある」というのは、私が閑暇を有っているということであり、私は用事がある、私は読書に興味がある、私は食欲がある、といったときの「がある」はみな「人間が有つ」という意味だという。

そうして「あるということはどういうことであるか」という問題設定の下で、あらゆる「あるもの」をそのように「あるもの」たらしめている可能根拠としての根柢的な「ある」とはどういうことであるか、と問うてきた和辻の存在論は、ここにおいてついに、その「ある」の根柢に、所有の主体としての「人間」という存在を見いだすにいたる。

4　根柢的な「ある」と「である」「がある」との関係——所有の人間存在論

以上から、「何かがある」という事態は、それが「人間」に有たれることにおいて成立しているのだとされた。「有つ」主体は人間であり、「有る」のは人間においてであるという、この「所有の人間存在論」とも名づけるべき存在論において、では、「である」の方はどのように捉え直されるだろうか。和辻はここでも「限定」という言葉を用いながら、次のように説明する。

> そうすれば「がある」が限定せられて「である」になるということは、人間がその有ち方を限定することにほかならない。[…]そうしてみると「がある」も「である」もともに人間の存在に属し、「である」はその存在の仕方の限定を表現したものであるということになる。[4: 549]

「である」が或る仕方で「がある」の有り方を限定したものである点は既述の通りだ。そして所有の人間存在論も踏まえれば、その「有り方」は人間の「有ち方」でもある。このとき「である」は、人間が有る所の物（所有物）をどう有つか、というときの「或る有《も》ち方」であることになる。

例えば、庭には花があり、それはとても美しい花であるとする。所有の人間存在論からすれば、まず、その花があるのは、人間がそれを有つことにおいてである。そして、その花が美しい花である（すなわち美しい「有り方」をする）のは、人間がそれを美しいものとして有つ（すなわち美しい「有ち方」をする）ことによる。別の言い方をすれば、人間が「或る有ち方」をすることで、その庭の花を「美しい」と言い表されるような「有り方」へと限定している。

――さて、このような和辻の「所有の人間存在論」は、ともすれば「主観が客観（対象）を産出する」といった極端な主観主義の立場に立つ観念論的哲学であるかに見えるかもしれない。しかし、必ずしもそうではないことを、少し補足しておこう。例えば、少し後になっての文章となるが、彼は『倫理学』下巻（一九四九年）で次のように述べていた。

> 花の美しさは植物学的な研究がどれほど進んでも、また光や色についての物理学的な研究がどれほど精細に発達しても、説明され得ないであろう。なぜなら、花が美しいというあり方は人間存在にもとづくものであって、人間存在からひき離した花というものの性質なのではない。人間は花の美しさを感ずることにおいて、花のもとに出ているおのれの存在を受け取っているのである。［11: 106］

ここでは、「花が美しくある」ことがいかに成立しているのかに関して、理論的により繊細な議論が提示されている。ポイントは、花の「美しさ」は（人間自身のあり方から独立した）対象の物理的性質のみからは決して説明できない、という点にある。前章で提示した「事物」「道具」「表現」という「もの」の三様態で言えば、「花が美しい」という事態は、花の事物としての性質如何のみで成立するのではない。そうではなく、その花が道具として人間との具体的交渉の内にあること（引用中で、人間自身が「花のもとに出ている」として言い表されている事態）を前提として、そのなかで「人間がその花を美しいものとして有っている」ことの表現として、その美しい花という存在者は人間存在によって「或る有り方」をした存在者へとあらしめられている。

要するに、和辻の存在論がまずもって問題にしているのは、存在者の「事物として」の次元ではなく、「道具として」および「表現として」の次元での「或る有たれ方・有り方」である。そこでの「もの」の存在の仕方（有り方）は、前にも確認した通り、決して人間自身のあり方と独立したものでなく、他方で「人間の存在」に一方的に還元可能なものでもなく、両者は互いに相関し合う内的な関係（表現の次元ではさらに一体的な関係）にある。

以上の検討から、「ある」の根柢としての人間の存在と、「がある」及び「である」との関係は、次のようにまとめられる。

> 即ち事物の『あり』〔＝根柢的な「ある」〕について語らるる限り、『がある』は人間が有《も》つことであり『である』はその持ち方の限定である。〔改行〕かく見れば『がある』と『である』との区別は人間の存在の内部に於ける区別に他ならない。従ってこの両者の根柢に根源的な『あり』を認めるとすれば、それは人間の存在である。〔SR: 133〕

つまり和辻の存在論において、存在者を存在者たらしめる可能根拠としての根源的な存在とは、「人間の存在」に他ならない。彼の日本語表現の解釈に基づく存在論からすれば、西洋の伝統的存在論では基礎的な存在概念であった「である」と「がある」は、根柢的な「ある」としての人間存在から限定され分化してきた、派生的な存在概念に過ぎないことになる。

またまさにここで、「所有」と「限定」という和辻の存在論の二つの核心的な発想がつながってくる。根柢的な「ある」は、まず限定せられざる「ある」だとされ、さらにそれは所有主体としての人間存在だとされていた。そしてその人間存在は、存在者を「或る有ち方」において所有することにおいて、それをそうした「或る有り方」をするものとして限定している。

> 『である』は『がある』の限定であるという。しかしこの限定とは何であるか。事物は自らを限定しない。限定は事物を有《も》つ人間の有ち方の限定である。［SR: 133］

つまり「限定する」とは、「或る有ち方において所有する」ことに他ならない。根柢的な「ある」（人間存在）が「限定せられざる」ものであるのは、それが所有において限定をする主体であってその客体ではないからだと理解できる（それに対し「事物が自らを限定しない」のは、事物が所有の客体だからだ）。またそれによって、前節の最後で提起した、「もの－こと」構造をさらに根柢的に限定するものは何か、という問題にも回答したことになる。すなわち、すべては所有し限定する主体としての「人間存在」へ帰着する。そしてこのとき、「所有の人間存在論」としての和辻の存在論は、根柢的な所有主体としての「人間存在」そのものを問わねばならないことになる。

第三節　解釈学的方法と所有の人間存在論——存在者の成立構造

上述の通り、和辻の存在論は日本語表現の精神史的・解釈学的な考察を通じて、「あるもの」をかくあらしめる「ある」の根柢（可能根拠）に、所有し限定する主体としての「人間存在」を見いだしていた。このとき和辻の存在論の問いは、「人間があるということはどういうことであるか」という、人間存在論の問いとして更新される。本書の議論はまさにここにおいて、和辻の倫理学理論の基礎となるはずの人間存在論にまで到達したことになる。その詳細は次章でさらに検討するが、その前に「所有の人間存在論」に関してもう少し考察しておかねばならないことがある。

1　人間存在論の二つの主要問題――Sein と Sollen をめぐって

まず人間存在論の基本構図を確認しておきたい。注目すべきは、和辻がそれを二つの問題に分割していた点だ。「人間存在への問い」に取り組むにあたり、彼はそれをさしあたりより具体的な二つの問題に分割することで、その問題構成を整理していた。

第一の問題は、根柢的な「ある」と「あるもの」との関係、つまり人間存在と存在者との相互関係という問題（①）であり、第二の問題は、「人間存在」自身の存在構造の問題（②）である。言い換えれば、前者は人間存在の自己表現（客体化）の構造として把握される「存在者の成立構造」の問題（①）、そして後者は、その構造をそもそも可能にしているような「人間存在の主体性の構造」の問題（②）として、それぞれ名づけておくことができる。

和辻の人間存在論が、大まかに言ってこの二つの問題から成り立っていることは、『人間の学としての倫理学』での次のような一節からも、はっきりと読み取ることができる。

> 我々は Sein〔存在〕と Sollen〔当為〕とがいずれも人間存在から導き出されるものとして取り扱われ得ると考える。人間存在は両者の実践的な根源である。だから人間存在の根本的な解明は、一面において客体的な Sein がいかに成立し来たるかの問題〔①〕に答える地盤を、他面において Sollen の意識がいかにして成立するか〔②〕に答える地盤を、提供すると言ってよい。前者〔①〕は人間存在から物を有つことへ、物を有つことから物があることへ、「有の系譜」をたどることによって答えられる。後者〔②〕は人間存在の構造がいかに自覚せられるかをたどることによって答えられる。人間存在の学はこの二つの方向に対していずれも充分な地盤を与え得なければならぬ。

ここでは、和辻の「人間存在の学」（人間存在論）を構成する二つの主要問題を定式化するために、“Sein”（存在）と“Sollen”（当為）という対比が援用されている。これは簡単に言えば、何かものがあると言うときの「ある」と、人が何かをなすべきだと言うときの「べし」の対比だ。

人間存在論の第一の問題は、「客体的なSein［存在］がいかに成立し来たるか」を問うものであり、これは先の「存在者の成立構造」の問題（①）にそのまま該当する。またさらに重要な点だが、この問題は「人間存在から物を有つことへ、物を有つことから物があることへ、「有の系譜」をたどる」ことで回答されるとあり、それはまさに前節で確認した「人間存在がものを有つことにおいてそれを有らしめる」という「所有の人間存在論」に他ならない。要するに、本章でさしあたり「所有の人間存在論」として解釈学的に再構成された議論は、彼の人間存在論全体を構成する第一の主要問題としての、「存在者の成立構造」への回答として位置づけ直すことができる。

他方、第二の問題は、「Sollen［当為］の意識がいかにして成立するか」を問うものであり、この問題は「人間存在の構造がいかに自覚せられるかをたどる」ことを通じて回答されるという。この「当為」の問題は、主体としての人間がいかに行為すべきかという問題に関わり、またそこで人間自身が「人間存在の構造」を「自覚」することが求められる点からしても、第二の問題は先に挙げた「人間存在の主体性の構造」の問題（②）として問われるべきものだと解釈できる。ただしこれは、Sollen（当為）の問題とされる点からも明らかなように、和辻の倫理学研究の核心部分に直結する問題であるため、次章以降で改めて検討する。

以下では前者の「存在者の成立構造」に関して（それは「所有の人間存在論」として、実質的にはすでに検討し始めていたことが先ほど判明したが）、その全体の構図を整理しておく。後者の「人間存在の主体性の構造」を考えるための糸口も、そこから見いだされてくるだろう。

2　所有の人間存在論と解釈学的方法の相互関係

人間存在論の第一の問題である「存在者の成立構造」を考えるにあたり特に重要なのは、「所有の人間存在論」と「解釈学的方法」の相互関係である。

先に見た「所有の人間存在論」では、存在者（有る物）は人間存在によって所有されることによって有る所の物になるとされていた。より厳密に言えば、所有という人間の主体的行為と同時に、その所有対象として有る所の物（所有物）が成立する、という構造になっている。つまり所有の人間存在論という議論は、所有という主体（人間存在）の行為と同時に、所有される客体（存在者）も成立するという「存在者の成立構造」の理論化としても理解可能であり、まさにその点で、和辻の人間存在論を構成する第一の主要問題への回答になり得ている。

また、ここでさらに注意を促したいのは、そのようにして成立するあらゆる存在者は、人間存在それ自身を「表現」するものになっている、という点だ。所有の人間存在論からすれば、人間存在は、所有の主体として「或る有ち方」をすることにおいて、存在者を「或る有り方」をするものとして限定し成立せしめている。それを反対側から捉え返せば、あらゆる存在者は、人間存在に或る有ち方で所有され限定されているという意味で、人間存在によって何らかの仕方で規定されており、それ自身の内に人間存在からの何らかの刻印を宿していることになるだろう。このときあらゆる存在者は、人間存在（「人間がある」こと）の有り様を、その有たれ方において必ず「表現」していることになる。すなわち、あらゆる存在者は人間存在の表現であることになる。

またそうであるならば、第一章冒頭で確認した和辻の「解釈学的方法」は、この「所有の人間存在論」と表裏一体のものとして理解されねばならない。――彼は『人間の学としての倫理学』での以下に引用する一節で、ハイデガーの「存在論的差異」に関する議論を解釈学的方法に接続させながら考察しているが、そこでは「存在者（有る物）」と「表現」が明白に等置されている。

> 「有」と「有る物」との区別を有論的差別として重大視するハイデッガーの立場から言えば、「有る物」は「有」に対して他者である。「有」はこの他者〔＝有る物〕において己れを現わしている。そこでこの他者が「有」への手引きになる。しからば「有る物」は、己れを示さざる「有」が、しかもそれにおいて己れを示すところのもの、にほかならぬであろう。これはまさしく表現を意味するところの現象である。〔9: 181〕

和辻はここで、存在者（有る物）が存在（有）に対して「他者」であるとする点で、ハイデガーの言う存在論的差異（「有論的差別」）を確実に踏まえているが、他方、その存在が「他者において己れを現わしている」と見なす点では、存在をそれ自身対象化され得ない「主体的なもの」（ヘーゲル的な「精神」）につなげて把握し直している。そして、存在の他者である存在者を手がかりとしながら存在そのものへとアプローチしようとする際に、手がかりとしての存在者を「存在の表現」（「己れを示さざる「有」が、しかもそれにおいて己れを示すところのもの」）として位置づけ解釈すべきとする解釈学的方法が、和辻の存在論に要請されてくるのはごく当然のなりゆきだ。

解釈学的方法とは、「表現とその了解とを介して人間存在へ遡源する立場」〔9: 165〕とも説明されるが、「表現＝存在者」を手がかりとすることで根柢的な「人間存在」に遡り得るとするこの方法的態度は、「存在者は人間存在に所有されることにおいて成立する」という所有の人間存在論を理論的前提としなければ不可能な立場だ。和辻はこの存在論を踏まえてこそ、日常生活に横溢するあらゆるもの（存在者）は、「表現するものとしては常に人間存在をさして」おり、「いかにそれが多様であっても帰趨するところは一である」と主張し得ていたのだ〔9: 165〕。

　ただしこの所有の人間存在論と解釈学的方法は、相互補完的、さらに言えば循環的な関係にある。後者が前者を理論的前提とした方法であることは上述の通りだが、逆に所有の人間存在論という理論化自体は、解釈学的方法の具体的実践を通じて導き出されていたのだった。本章で確認してきたのは、日本語という特殊な表現的存在者を手がかりとし、そこに表現されているはずの人間存在（主体的なもの）そのものにまで遡源するという精神史的かつ存在論的考察（存在論的・存在的認識）のために、解釈学的方法がいかに具体的に適用されていたのか、という問題に他ならない。要するに、方法を規定する理論と、理論を導出してくるための方法が、互いに互いを前提とし合っている。こうした理論と方法の相互前提関係という意味において、和辻の所有の人間存在論と解釈学的方法は、表裏一体のものとして理解されねばならない。

　――以上より、所有の人間存在論と解釈学的方法は、根柢的な人間存在に基づいて種々の存在者がそれとして成立するという「存在者の成立構造」を、前者はその構造の理論的記述・モデル化という観点から、後者はその構造に基づく認識の方法論化という観点から、それぞれ把握し直したものと整理できよう。また、今後の議論との関連で特に重要なのは、人間存在は存在者をそれとして成立させることにおいてまさに自分自身を表現し、て、い、る、という点だ。この「表現する」ことが人間の存在構造の内にいかに位置づけられるのかが、次章で考察すべき主題となる。

3　「もの－こと－もの」構造への拡張――「人間存在の主体性の構造」への糸口

　和辻の人間存在論を構成する第一の問題「存在者の成立構造」は、「解釈学的方法と一体になった所有の人間存在論」という形で、その基本構図が確認された。そこで次に、いかにこの「存在者の成立構造」を踏まえることで、第二の問題「人間存在の主体性の構造」への糸口が得られるのかを考えておきたい。そこで改めて取り上げたいのは、本章前半で確認した「もの－こと」構造であり、それが「所有の人間存在論」によっていかに更新されるのかを見ておこう。

一方の「もの－こと」構造とは、「或る限定された仕方において有ること」が、「或る有り方をするもの」をそれとして限定しているという議論だった。他方の「所有の人間存在論」では、「ある」の根柢に、存在者を「或る有ち方で所有すること」でそれを「或る有り方をしたもの」へと存在せしめているような、所有主体としての「人間存在」が見いだされていた。前者の「限定する」ことが、後者の「或る有ち方で所有する」ことに他ならなかったことを踏まえるならば、これら二つの議論は、以下に示すような形で統合的に把握し直せる。

そこで特に考えるべきは、前者の「もの」および「こと」と、後者で存在の根柢として見いだされていた「人間存在」との間に、どんな相互関係があるのかだ。この点に関してはまず、第一章でも引用した、解釈学的方法に関する次のような説明を再度参照したい。

我々は我々自身主体であってその主体を直接に見ることはできない。しかしその主体が外に出ることによって「客観」となり得るがゆえに、我々はまた主観としてこの客観に対立し、そうして客観を通じて主体自身を把捉し得るのである。従って人間という主体的なる「者」を主体的に把捉するためには、我々は人間ならざる「物」を通過しなくてはならない。これが「物」を表現として、すなわち外に出た我々自身として、取り扱う立場である。[9: 143]

この一節はいまや、本章で見た「主体たる人間存在の自己客体化によって成立してくる表現＝存在者」という「存在者の成立構造」の基本構図を、和辻自身が説明したものとして読み直せる。解釈学的方法とは、主体自身には直接の認識対象となり得ない（「直接に見る」ことのできない）「主体的なるもの」を把握するために、その主体自身の有り様が（自ら「外に出る」ことで）何らかの形で表現されているはずの「客体的なるもの」を手がかりとする、という方法的態度だった。それとの関連からこの一節で重要なのは、「もの」という概念が、「主体的なもの」（「者」）と「客体（客観）的なもの」（「物」）とに分割されて考察されている点だ。

この二つの「もの」（者と物）と、先の「もの‐こと」構造は、所有の人間存在論を踏まえることで、一つの統合的な存在体制として把握可能になる。まず上の一節からしても、主体的なもの（者）は「ある」の根柢としての人間存在であり、客体的なもの（物）は「有る物」、つまり存在者（表現）に該当する。また「もの‐こと」構造からすれば、客体的なもの（物）としての「あるもの」（存在者・表現）は、「あること」によって限定されていた。さらに所有の人間存在論を踏まえれば、何かが「あること」は、主体的なもの（者）としての人間存在に所有されるという仕方で限定されているのだった。――以上をまとめれば、「客体的なもの」（物）の地盤としての「こと」の、そのさらなる地盤に、人間存在という「主体的なもの」（者）があることになる。このとき「もの‐こと」構造は、「もの‐こと‐もの」構造として拡張される。

和辻の存在論の全体的な構図がこうした「もの‐こと‐もの」構造として整理されてくると、彼の人間存在論では一体どんな問題が問われていたのか、に関してもよりよく見通せるようになる。この点は、論文「日本語と哲学の問題」での次のような要約的説明を見ておきたい。

> 「こと」と「もの」との差別は第一次には志向せられたるもの［物］と志向性［こと］との間の差別であり［…問題①］、第二次にはこの志向性［こと］とその地盤たるもの［者］との差別である［…問題②］。前者［①］においては「こと」が「もの」［物］の基礎にあり、後者［②］においてはさらにこの「こと」が一層基礎的な層において「もの」［者］に基づく。かかる差別を眼中に置けば、「あるということ」を問うのは「有るもの」［物・存在者］の基礎

を問うのであるとともにそれ自身必然的に己れを基礎づける「もの」［者・人間存在］への問いに入り込まねばならぬ。この点において「もの」［物］を問う［…問題③］とは根本的に異なる。一切の物理的なるもの、心理的なるもの歴史的なるもの、社会的なるものへの問い［③］は、そのもの［物］を基礎づける「こと」を顧慮することなく、ただ「もの」と「もの」とを区別しその間の関係を探り、「もの」を「もの」として明らかに定めればよい。［4:536］

ここでの和辻は、「もの‐こと‐もの」構造に即して、存在問題の三つの次元を区別して整理している。第一の次元は「物への問い」（③）であり、それは導入済みの対比で言えば、ある具体的存在者を単なる存在者として探求する（つまりその可能根拠を問うのではない）存在的認識に該当する。それに対し第二および第三の次元は、存在論的認識の方に関わる。第二の次元は、「ものと志向性との間の差別」つまり「物とことの関係」の問題（①）であり、存在者（物）がいかに成立するのかを問題化する点で、先に和辻の人間存在論を構成する第一の問題だと指摘した「存在者の成立構造」にあたる。そして第三の次元の「志向性とその地盤たるものとの差別」つまり「ことと者の関係」の問題（②）は、「者自身への問い」という、まさにこれから問われるべき第二の問題「人間存在の主体性の構造」に関わる。

「もの‐こと‐もの」構造への拡張を確認することで、和辻の人間存在論自体の問題構成に関しても、以上のような全体の見通しが得られた。そこで次章では、その「もの‐こと‐もの」構造全体の仕組みを、特に「こと」の次元に注目してより精緻に検討していく。それによって、第二の問題「人間存在の主体性の構造」も詳しく解明されることになるだろう。

第三章　表現的主体の実現－自覚構造
――人間存在の主体性の構造をめぐって

和辻の存在論では、種々の日本語表現の解釈を通じて、存在者をかくあらしめる「ある」の根柢に、所有し限定する表現的主体としての「人間存在」が見いだされていた。このとき彼の存在論は、「人間があるということはどういうことであるか」を問う「人間存在論」として更新される。また、それはさらに二つの問題に分割して問われており、前章で見た「所有の人間存在論」は、第一の問題「存在者の成立構造」に関する理論化として位置づけられた。続く本章の課題は、人間存在論を構成する第二の問題「人間存在の主体性の構造」を検討することにある。主に参照する文献は、引き続き論文「日本語と哲学の問題」（特に後半部分）であり、また『人間の学としての倫理学』および初稿「倫理学」も併せて参照する。

第一節　「人間がある」ということの二重性

第二の問題「人間存在の主体性の構造」を問うための出発点としたいのは、「人間がある」という事態が、第一の問題「存在者の成立構造」からどのように捉え返されてくるか、という問題だ。

「存在者の成立構造」とは、人間存在（者）と存在者（物）の相互関係を問う議論だが、この関係性自体は人間自身に関しても問われ得る点に注意したい。そこで「人間」ということで問題となるのは、根柢的な「ある」としての人間存在の次元だけでなく、或る有り方をする具体的な存在者としての人間の次元も含まれるからだ。この人間自身に関わる二つの次元の相互関係を「存在者の成立構造」から捉え直すことが、「人間存在の主体性の構造」に取り組む糸口となるだろう。

存在者の成立構造の内実をなす「所有の人間存在論」では、存在者が存在すること、つまり「ものがある」という事態は、それが主体（者）たる人間存在に「或る有ち方」で所有されることにおいて、かくなるもの（物）として成立するとされていた。この構図を踏まえるとき、では「人間がある」（存在者としての人間が存在する）という事態の成立はどう考えられるだろうか。「人間が有ること自身はもはや何者にも有《も》たれるのではない」[SR: 97]という以上、「人間が有る」こともまた、他の存在者と同様、「人間が有つ」ことにおいてのみ成立し得るはずだ。この点に関して、和辻は端的に次のように述べている。

> だから有つという行為をなし得るのはただ人間のみである。従って人間があるのは人間が人間自身を有つことであると見られなくてはならぬ。そうしてまさにこの点に人間があることの特徴が存する。[9: 31]

「人間がある」ことは、「人間が人間自身を有つ」という点で、他の存在者があることとは決定的に異なる。その自己所有的ないし自己関与的とも呼び得る特徴を、和辻は人間存在における「主体の自己把持」[9: 33]と名づける。つまり人間とは、自らを所有し把持することにおいて自分自身をも「有る所のもの」（存在者）へともたらしているような、特別な存在の仕方をした主体的存在かつ存在者なのだ。この点に関して彼はさらに「人間が己れ自身を有つことを言い現わす言葉がまさに「存在」なのである」[9: 31]という[1]。彼の存在論において、（単に何かがあることとしての「有」とは区別された）「存在」という言葉が意味するのは、「人間存在」に他ならない。

以上の「人間存在の自己把持的構造」と呼ぶべきモデルでは、和辻の存在論で特権的な存在論的身分を付与された「人間存在」が帯びる、二重の存在性格が言い当てられようとしている。それはつまり、人間存在が根柢的な存在であると同時に、或る特殊な有り方をした具体的な存在者でもある、という二重性だ。和辻の存在論でもハイデガーと同様に、存在者（物）の次元と、その可能根拠たる存在（者）の次元の区別（存在論的差異）が堅持されるが、他方、それ自体は認識対象とはなり得ない根柢的な「人間存在」は、しかし同時に、ある具体的な形姿をとった存在者として存在し得るという点で、その二重の存在性格を認めざるを得ない。

そして、この二重性を（存在と存在者を混同せず）的確に捉えるためにこそ、和辻は「表現」という解釈学的概念を必要としたのだろう。前章最後で確認した通り、彼の存在論において「有る物」（存在者）とは、「己れを示さざる「有」［存在］が、しかもそれにおいて己れを示すところのもの」であり、それはまさに「表現を意味するところの現象」だと論じていた [9: 181]。つまり、それ自体は対象化され得ない存在（根柢的な人間存在）は、にもかかわらず、自らを一定の存在者として「表現」しているのだった。そこでの「存在」とは言わば自己表現する主体であり、「存在者」とはその主体自身のありようが何らかの仕方で表現されたものだということになる。

存在と存在者の間に成り立つこうした「表現」的な関係は、「人間がある」ことの二重性に関しても当然あてはまる。人間存在は自らを「或る有ち方」で所有すること（自己把持）において、「或る有り方」をする具体的な存在者として自らを表現し存在せしめる。つまり人間存在とは、絶えず何らかの仕方で自身を表現することにおいて自らを存在者と化しつつ存在する、というような存在の仕方をしている。[2] 人間存在の二重の存在性格は、さしあたりこのように理解できよう。

ここにいたって改めて注目すべきなのは、上述した意味での「表現する」ことを、人間存在が自身の存在構造の重大な構成契機として持つ点だ。人間存在が表現の主体であることは、その「主体性の構造」を考える上で極めて重要なのだ。『存在と時間』のハイデガーであれば、現存在が自分の存在に対してつねにすでに何らかの態度をとっていること（つまり、存在了解を持ち、それに拠って適切にふるまうことができ、その了解内容を自ら問い得ること）が、他の存在者とはその存在の仕方において決定的に異なるとされていた。(3) それが和辻の人間存在論では、自らを表現するという点が、人間の存在の仕方にとって決定的に特異かつ重要な契機だと見なされている。

そこでいまや問うべきは、人間存在が自身であれ他のものであれあらゆる存在者を存在にもたらすというときの、その存在にもたらす仕方としての「表現する」ことそれ自体の仕組みである。

第二節　「いうこと」と「すること」について（存在論③）

「人間存在の主体性の構造」を考えるには、人間が自らを「表現する」ことの存在論的構造を解明することが、重要課題になることが見えてきた。この「主体はいかに自らを表現するか」という問題を検討するために、まずは、前章最後で提示した「もの－こと－もの」構造に立ち戻り、人間存在論の再構成の仕上げ作業を行なっておこう。そこで焦点を当てたいのは、「あるということはどういうことであるか」という問いにまつわる第三の問題として掲げた、「いうこと」と「すること」の問題である。つまりそれは、「こと」の次元を問題化することに他ならない。

1　ふるまい的志向性としての「こと」の二側面――「事」と「言」

（1）「者」と「物」の次元を媒介するふるまい的志向性としての「こと」

人間存在と存在者との関係を「もの－こと－もの」構造から捉え直せば、人間存在は主体的なもの（者）であり、存在者は客体的なもの（物）に位置づけられる。そして、ここで問題となっている「表現する」ことは、その両者を媒介する「こと」の次元に関わる働きだと思われる。以下ではまず、この「こと」の構造を解明すべく、前章と同様、和辻の日本語表現の解釈学的分析を追跡していくことにしよう。

改めて「こと」について考えるにあたりまず注目したいのは、和辻が「もの」と「こと」の関係を、志向的な関係[4]として捉え直しながら、次のように述べていた点だ。

> 〔…〕たとえば「ものを見ること」〔動作〕、見らるるもの〔物〕の「見られてあること」〔状態〕が「こと」であった。しかしかかる志向作用や志向性は志向するもの、「心ざすもの」〔者〕としての我々自身の「かかわり」「ふるまい」〔こと〕に属することである。我々自身の「かかわり」「ふるまい」がすでに初めよりかかる志向的構造を持っているのである。[4: 531–2]

まず、「見ること」と「見られるもの」の間に成り立つ志向的関係が指摘されている。見ることが志向作用、見られるものが志向されたものとして捉え直され、「見ることにおいて見られるものが見られてあること」という関係性において、「もの」と「こと」の間には、それぞれを互いに独立したものとしては把握不可能な「志向的構造」が成立しているという。

また引用中に補足した通り、和辻はその志向的構造を「もの－こと－もの」構造からさらに捉え返し、「物」への志向作用としての「こと」は、「者」であるわれわれ自身（人間存在）が行なう「かかわり」「ふるまい」だと位置づける。つまり志向的構造における「こと」とは、「人が何ものかへと関わりつつふるまっていること」としての、ふるまい的な志向性としてある[5]。すなわち「こと」は、「もの－こと－もの」構造において「者」と「物」の次元を媒介する役割を担うとともに、それ自身は、行為の遂行に関与するふるまい的志向性であることになる。

（2）「こと」の次元の二つの構成契機――「事」と「言」

こうした「こと」の構造は、また別の日本語表現を手がかりとして考察されている。「こと」という言葉に充てられる漢字表現に基づいて、「こと」は、「言」と「事」という二つの概念に分割される。さらに一方の「言」は「いうこと」として、他方の「事」は「すること」として、それぞれ言い換えられる。この「こと」における「言・いうこと」と「事・すること」という対概念のそれぞれの含意と両者の相互関係を、以下順に検討していこう。

「言・いうこと」に関しては、前章で「問いの構造」を見た際にある程度確認済みだ。「問い」とは、「何ものかが何かであること」を明らかにしようとする探求的ふるまいだったが、その「何かであること」の意味がすなわち「いうこと」だとされていた。そして「意味」とは「人間が言葉として云い現わしていること」だった。つまり「言・いうこと」は、文字通り、何ごとかに関してそれが言葉において言い現わされている「こと」だった。それに対し「事・すること」とは、われわれ自身の「係わり」「ふるまい」「態度」としての「こと」だとされ、それは「まさしくこの我々自身の行為である」と言われる [4: 543]。

ここでは和辻自身が示す事例に従って、「喧嘩をすること」という場合と、「喧嘩をするということ」という場合を対比させながら、「事」と「言」についてそれぞれ確認しておこう。

前者は、あるときある場所で誰かと誰かが喧嘩をしたといった、人々が行為し関わりを持った特殊具体的な出来事[6]のことであり、「事・すること」としての「こと」だ。他方後者では、誰と誰がいつどこでどのように喧嘩したのかが直接の問題なのではなく、そうした特殊具体的な出来事それ自体とはまた別の「喧嘩」の意味を言い現わし一般化しているという。つまり「言・いうこと」としての「こと」は、「こと」の一般的な意味を言葉において言い現わしている。

こうした「事」と「言」の違いを、和辻は次のように説明する。

> 人は或るものが「いかにあるか」ときくこともできれば、またそのもののあることが「どういうことであるか」ときくこともできる。前者は「事」を問うのであり、後者は「言」を問うのである。［4: 542］

ここでは二様の問い方から「事」と「言」の違いが説明されるが、引き続き「喧嘩」の事例で考えてみよう。とある喧嘩を見た人（ないし当事者）に「どんなこと（すなわちいかなること、いかにあること）があったか」［4: 541］と訊くとき、訊かれた人は、そこで見聞きしたこと（当事者であればその体験）を語ってくれるかもしれない。「いかにあるか」という問い方では、「喧嘩」という事態の特殊具体的な出来事としての側面、つまり「事」のありようが問題になっている。

これに対し「それは一体どういうことなのだ」［4: 542］と訊いたらどうだろうか。こう訊かれた人はおそらく、喧嘩のありようを仔細に語るよりも、例えば、その喧嘩を自分はどう評価し判断するか（「普段から仲が悪かったから」「些細なことでの喧嘩だった」）、あるいはなぜ自分は喧嘩をしてしまったか（「酒の上での間違いだった」）、といった自分にとってそれが意味する事柄や、その本質（「そもそも喧嘩とは…である」）を語ってくれるかもしれない。つまり「どういうことであるか」という問い方では、「喧嘩」の意味としての「言」が問われている。

2　「事」と「言」の二様の相互関係

（1）主体的実践的連関と意味的連関の対比から

さて、この「事」と「言」は次のような相互関係にあると説明される。

> そうしてみるとここに「どういうこと」として問われるのは、喧嘩の当事者の間に主体的実践的に行なわれた連関を、意味の連関として人々の間にあらわにしようとすることである。［4: 542］

ここで論じられているのは、世間で一般に「喧嘩」と呼ばれる事態が現実に起こったとき、それがいかにして人々の間の共通了解にもたらされるかだ。その説明のために、「事」と「言」の対概念が、「主体的実践的に行なわれた連関」と「意味の連関」という対比で敷衍されている。

実際に行なわれた喧嘩という出来事（事）は、誰かと誰かが実際に喧嘩をすることにおいて生起するが、この主体間の諸実践が「主体的実践的連関」である。「事」として現になされた喧嘩は、主体（者）同士が非難し罵り摑みかかるといった具体的な動作（これ自体は物の次元に属する）の連なりにおいて関わり合うことで、主体的実践的連関として成立している。他方、主体的実践的連関（事）としての喧嘩は、それが何であるのかが言語的表現（物）にもたらされることで、「意味の連関」つまり「言」としての喧嘩へと化せられる。つまり、主体的実践的連関（事）が意味の連関（言）となることを通じて、人々の間で知られ了解される（「あらわに」される）。

以上のような「事」と「言」の関係は、さらに次のように説明されている。

それでは「言《こと》」の特性はどこにあるか。それは「言《こと》」が人々の間に話され、聞かれ、理解されるというところにある。人はその「したこと」〔＝事〕を人に話すことはできる。しかし話すのは「したこと」自身ではなくして「言《こと》」においてあらわにされた「したこと」である。かくのごとく「こと」が「言《こと》」においてあらわにされ、従って人々の間に分かち合われるというところに「言《こと》」の特性が認められねばならぬ。[4: 535]

ここの「したこと」は出来事としての「事・すること」に対応するが、そのとき「言・いうこと」は、その「したこと（事）」を言葉において「あらわにする」ことで、そのことを人々の間での共通了解とするための媒介になっている、と位置づけることができる。

（2）現実態と可能態の対比から――その「実現」構造

ただし和辻は、「喧嘩がまず実際に出来事（事）として起こり、その後にその喧嘩について語られること（言）で、人々の知るところになる」といった、ごく単純な構図を描き出すためだけに、「こと」の構造を理論化するわけではない。このことは、和辻が「事」と「言」の関係を、また別の対比を用いて次のように説明する点に窺われる。

「目前に起こったこと」〔＝事〕は感覚的に触れられるさまざまなものとその関係において存する一定の特殊な事件であるが、「目前に起こったということ」〔＝言〕は何ら特殊なものや関係に依存することなく、一般にかかる特殊な事件の起こり方を意味する。それは目前の事件の内にも存するが、しかし何ら現実的な事件がなくとも存立することである。すなわち事《こと》は現実的なことであり、言《こと》は現実的な事にも己れを現わし得るところの可能的なことである。ここにおいて言《こと》としての「こと」はきわめて近くessentiaあるいはWesenに似かよってくる。[4: 541]

ここでの「目前に起こったこと」と「目前に起こったということ」は、それぞれ「事」と「言」に対応する。特に目を惹くのは、後者の「言」が「特殊な事件［事］の起こり方を意味する」という点だ。つまり「言」は、ある出来事がいかに生起するか、という「事の起こり方」をあらかじめ規定するような何かだと位置づけられている。だからこそ「言」は、前章でも言及した「本質存在」としての「essentia あるいは Wesen」に似たものと捉え直されているのだ。また「言」は、「事の起こり方」を事前に規定するものである点で、それが現実の出来事（事）にもなり得るような「可能的なこと」としても特徴づけられる。

　この「事の起こり方を規定する可能的なこととしての言」は、より具体的にはどのように働いているだろうか。「喧嘩」の事例で続ければ、そもそも喧嘩という相互行為なり出来事が生じ得るには、われわれはその「喧嘩」なるものが一体何であるのか（つまりその意味）を、たとえ明示的でなくとも事前に把握していなければならないはずだ。「喧嘩とは何であるか」（言）が前もってわかっていてこそ、ある具体的な出来事としての喧嘩（事）を行なうこともできるし、またそれに関して、誰と誰の間でどんな発端で始まり、どんな展開の後にいかなる結末を迎えたか、といったその一連の経過も理解可能となる。「喧嘩とはそもそも何であるか」を知らずしては、われわれはその一連の出来事（事）を単に、例えば、誰かと誰かが強い調子で交互に何かを言い合い、互いの体の一部を勢いよくぶつけ合っていること、などとしてしか理解できないだろう。また、もしそこに第三者が仲裁に入るようなことがあっても、「喧嘩」の意味を知らずには「仲裁」も理解不可能だろう。要するに「可能的なこととしての言」は、われわれの種々の行為からなる日常的な出来事の理解可能性をそもそも担保するような何かとして、位置づけられている。

　また、「言」が「本質存在・essentia」「可能的なこと」として把握されるとき、それに対する「事」の方は、当然、「現実存在・existentia」「現実的なこと」と捉えられてくる（「そこで事と言との関係が現実態と可能態、existentia と essentia の関係として考察せられるのである。」[4: 542])。ここにいたって「事」と「言」は、「現実的なこと・現実態・existentia」と「可能的なこと・可能態・essentia」という対比から把握し直される[7]。

ここで注意したいのは、「現実態と可能態」の対比から捉え直された「事」と「言」は、先述の「主体的実践的連関（事）が意味の連関（言）にもたらされる」という構図とは逆に、「可能態（言）が現実態（事）によって実現される」という関係にある点だ。可能性としてあること（言）は、それが現実に行なわれること（事）を通じて、次のように「実現」されてくる。

> たとえば「赤いということ」［言］は、或るものが「赤くあること」［事］によって、この「赤きもの」［存在者・物］において実現せられている。また衝突ということ［言］は、たとえば電車が衝突すること［事］によって、この電車［存在者・物］において実現せられている。これらは赤の体験や衝突の体験を地盤としているのではあるが、すでに事《こと》及び言《こと》として意識せられている限り、事は言の実現としての意義を持つのである。［4: 542–3］

ここでは、可能態としての「言」が、現実態としての「事」によって、「あるもの（存在者）」において「実現」される、と定式化される。つまり、「事」は「言」を実現する働きであり、逆に、「言」は「事」によって実現されるべき可能性ないし本質（のようなもの）としてある。またこの実現は、「もの」すなわち存在者（客体的なもの）において生起するという。引き続き「喧嘩」の事例で考えれば、喧嘩ということ（言）は、当事者たちが罵り殴り合ったりすること（事）によって、そこで応酬される個々の言葉や行動（物）において、それとして実現されることになる。

さらに、この実現過程が人間存在という「主体的なもの」（者）にそもそも基づくはずであることを考えれば、「もの－こと－もの」構造は次のような「実現」構造として捉え直される。すなわち、主体的なもの（者）としての人間存在が、言（いうこと）を、事（すること）によって、客体的なもの（物）たる存在者において実現する、と整理できよう。まさにこの「実現」構造こそが、和辻の人間存在論における「人間存在の主体性の構造」の一つの基本構図となる。

3　実現と自覚の往還運動——人間存在の主体性の構造

人間存在の主体性の構造は、さしあたり「事による言の実現」構造として把握された。ただしここで、和辻が「事と言の相互関係」の説明に二つの対比を導入していたことを思い出す必要がある。それは「意味の連関と主体的実践的連関」（対比①）と「可能態と現実態」（対比②）だが、両者からは「事と言の相互関係」をめぐって正反対の構造が帰結していた。前者では、主体的実践的連関としての事がまず生起し、それが意味の連関としての言へもたらされることで、人々の間で知られ理解されると捉えられていた。他方後者では、可能態としての言が現実態としての事によって「実現」されていると考えられていた（これが先の「実現」構造に該当する）。

この二つの対比は、事と言の先後関係において、正反対の構図を提示しているかに見えるが、和辻自身はこの二つの構図について、以下に示すような形で、両者を往還的な動的構造としてつなぎ合わせ、その理論的な統合を試みていたと思われる。

（1）「言」における実践的了解の自覚

次の一節では、「実現」構造を踏まえた上で、「言」の性格が改めて問題化されている。

我々は前に「こと」の第二義として我々自身の係わり、態度としての「こと」をあげた。「すること［事］」はまさしくこの我々自身の行為である。しからば行為において現実化せられるところの「いうこと〔言〕」は、我々自身が行為を始める前にすでにあったこと、あるいはあることなのであろうか。否、「言うこと」はそれ自身我々の間の行為的連関の契機である。〔4: 543〕

ここでの議論は、対比②に基づく「事によって言が現実化される」という「実現」構造を前提にしている。しかし和辻は、そこで実現される「言」の性格を問うて、それは「我々自身が行為を始める前にすでにあったこと、あるいはあること」なのではないという。これは、まず可能的なこと（言）があってそれが現実的なこと（事）にもたらされ実現される、という対比②の構図からすると、少々意外な記述だ。では、事と言の先後関係はどう捉えられるべきなのか。

そこで注意したいのは、引用箇所の最後で、「言」は「行為的連関の契機」だとされている点だ。この「行為的連関」が「主体的実践的連関」（事）と同じものだと捉えてよいならば、彼はこう述べることで、先後関係の問題を対比①「主体的実践的連関と意味的連関」に接続させて考えようとしている、と読める。上の引用に続けて、この「言が行為的連関（事）の契機である」というテーゼの内実が、次のように説明されている。

言う行為が人と人との間に行なわれるのみならず、そこに言われることもまた人と人との交渉の中にある。言《こと》は相互の連関をあらわにし開示するものである。そうすれば言《こと》はすでに行為的連関における相互了解性を地盤としていると言ってよい。従って「いうこと」は行為に先立って可能なることとしてあるのではなく、行為の中から、実践的了解の自覚として、生まれてくるのである。この自覚がさらにまた行為の中の契機となって、行為を導き、行為に形をつける、それを我々は「いうこと」が実現せられたと呼ぶのである。〔4: 543〕（＊以下、「引用A」と呼称して参

照する）

この一節でようやく、事と言の相互関係（特に先後関係）を和辻がどう捉えていたかが判明する。まず注意すべきは、その関係性の説明のために「相互了解性」や「実践的了解」という概念が導入される点だ。これらが本書の重要概念である「了解」と関連があることは言うまでもない。

この「実践的了解」「相互了解性」はさしあたり、序論や第一章で説明した「存在了解」ないし「規範全体性の了解」と同じものと見なして構わない。これらの概念で何が名状されていたかと言えば、人々が種々の日常的実践を行なうにあたり、それと関連性を持つ事柄の全体が、大抵は暗黙裏だとしてもあらかじめすでに互いの間で了解されており、そのこと自体が日常的行為を有意味なものとしてそもそも成立させる前提条件になっている、といった事態だ。

要するに存在了解とは、日常性における個々の行為が有意味となるためのアプリオリな前提条件（可能性の条件）をなす、全体論的・非主題的・背景的・相互的な共通理解を指す。例えば「挨拶」といったごく日常的な行為をなすためにも、そこでの具体的状況を踏まえ、相手にどんな言葉をかけ身ぶりをとるか、またそれにどう応じるべきか、といった規範的な「行為の仕方」の全体が、主題化的認識とは別の認知様式としての「了解」という形であらかじめ把握されている必要がある。（なお「行為の仕方」とは後の『倫理学』で用いられる和辻の術語であり、まさに序論で問題化した行為の「事前の規整」に関わる。その「行為の仕方」の全体が非主題的な仕方であらかじめ理解されていることを、本書では「規範全体性の了解」と概念化している。）

――さて、この「了解」の基本構図も踏まえることで、引用Aはどう解釈できるだろうか。

引用前半でまず指摘されているのは、「言・いうこと」の志向的構造だ。すなわち「言」は、何かを「言う行為」であると同時に（その意味で「事・行為的連関」でもある）、それによってその何かが「言われること」（意味的連関）としてあらわにされる、という志向的構造を持つ。また「言」が、「言う行為」としては「人と人との間に行なわれ」ており、またそこで「言われること」も「人と人との交渉の中にある」とあるように、「言」の相互性が特に強調されている。

さらに「言は相互の［行為的］連関［＝事］をあらわにし開示する」とあるように、「言」に見いだされる相互性は、その「言」において開示される「事」のあり方自体にも、さらにはその「事」をそもそも可能にしている「了解」の次元にも認められるべきものとして論じられている。このことは、引用Aでは「言《こと》はすでに行為的連関［事］における相互了解性を地盤としている」［4: 543］と端的に記述されている。「相互了解性」なる概念が特に説明なく導入されているが、先の「了解」の基本構図からすれば、それは行為的連関（事）をそもそも可能にする「規範全体性の了解」のことであり、特に「ある状況に相応しい行為の仕方があらかじめ相互に了解されていてこそ、当の行為的連関（事）も当事者たちにとって有意味なものとして成立し得る」という側面を強調した術語だと見なせる（例えば「挨拶」という相互行為の成立には、それにまつわる行為の仕方の全体が前もって相互に了解されていなければならない）。その意味で相互了解性は、相互的な行為的連関（事）を可能にし、さらには相互的な「言」の「地盤」にもなっている。

――ここまで見てくれば、「事と言の相互関係」（特に先後関係）の問題は、結論がほぼ示されたことになる。それは引用A後半の一文で端的に示されている。

従って「いうこと」は行為に先立って可能なこととしてあるのではなく、行為の中から、実践的了解の自覚として、生まれてくるのである。［4: 543］

「実践的了解」も説明なく使われる概念だが、これも「規範全体性の了解」と見なして構わない。この実践的了解が、われわれの日常的な諸実践（事）をそもそも可能にする前提条件となるわけだが、この一文ではさらに、実践的了解は、行為（事）のなかから「言・いうこと」という形をとって「自覚」されてくるものだと位置づけられている点がとりわけ重要だ。

　ここでは二つのことが指摘されている。第一に「言は事に先だってあるのではない」、つまり「事が言に先行する」という点であり、主体間に行為的連関があることとしての「事」が、意味的連関としての「言」に先行している、という基本構図がまず確かめられる。これによって「事と言の先後関係」の問題にも、ひとまず回答が得られたことになる。

　しかし第二に、こちらの方がより微妙かつ大切な論点だが、「言」は「事」のなかから「実践的了解の自覚」として生じてくるという。この「自覚」も新たに導入される概念だが、それは簡単に言えば、普段はそれとして主題化されないという仕方でまさに機能し得ている実践的了解を、典型的には命題的な言語的表現（「…は…である」という陳述）の形へもたらすことで、その了解内容を自分自身（および他者）に対してそれとして主題化して示すことだ。

　以上より事と言の相互関係は、「自覚」という観点から次のように捉え直される。まず根柢的には「実践的了解・相互了解性」があり、それに基づいて相互的な行為的連関としての「事」（行為）も成立し得る。そして「言」は、こうした行為的連関を可能にする実践的了解が、言語的に表現されることで意味的連関にもたらされ、人々に共有されることであり、この一連の過程こそが「自覚」と名づけられていた。つまり「自覚」とは、事と言の相互関係をめぐる二つの対比の、「主体的実践的連関と意味的連関」（対比①）に沿った過程として解釈できる。

　この「自覚」の過程は、もう一方の「可能態と現実態」（対比②）に沿った「実現」過程と対をなすものとして捉え直すことができると思われる。そこで次に、「自覚」と「実現」の二つの過程の間にどんな相互関係が成立しているのかについて、検討しておこう。

（2）実現過程と自覚過程の間の往還的構造

以上の検討より「事」と「言」の相互関係は、「主体的実践的連関（事）が意味的連関（言）として自覚される」という過程（対比①）と、「可能態（言）が現実態（事）へ実現される」という過程（対比②）として、より具体的に構造化された。ただし、この二つの過程の間の相互関係はどう理解すべきだろうか。一方の「実現」過程では、実現されるべき言が事に先行するのに対し、「自覚」過程では、自覚されるべき事が言に先行するというように、双方での「事と言の先後関係」が正反対になっているという問題が残されている。

この点について、和辻自身は論文「日本語と哲学の問題」のなかで決定的な回答を明記していないが、その十分な手がかりは示していたと思われる。改めて引用Aの後半部分を見てみよう。

> 従って「いうこと」は行為に先立って可能なることとしてあるのではなく、行為の中から、実践的了解の自覚として、生まれてくるのである。この自覚がさらにまた行為の中の契機となって、行為を導き、行為に形をつける、それを我々は「いうこと」が実現せられたと呼ぶのである。［4: 543］

すでに検討した一つ目の文では「自覚」過程を確認したが、続く最後の一文では、その「自覚」過程との関連から「実現」過程が論じられている。まさにその点でこの一節は、「自覚」と「実現」の相互関係を考えるための重要な手がかりとなっている。

まず「自覚」の観点からすれば、事と言の相互関係は、「行為的連関（事）が意味的連関（言）へ自覚される」というものであり、その点ではあくまでも「事が言に先行する」のだった。しかし引用の最後では、この先後関係に一定の留保が付けられている点に注意したい。

「自覚がさらにまた行為の中の契機となって、行為を導き、行為に形をつける」という言い方で示唆されるのは、「言」として自覚されたことが、それ自身行為を導くものとして機能し、逆に「事」のありようを規定することになる、という事態だ。行為が現になされることとしての「事」が「言」に先行する点は揺るがないとしても、その「事」の自覚として成立する「言」が、一定の行為の仕方・型《パターン》として「行為に形をつける」ものとなり（例えば、われわれの社会での標準的な挨拶の仕方を思い浮かべればよい）、逆に「事」を導く可能性があるという点で、あくまで限定的・局所的ではあれ、「言が事に先行する」ことも同時に認められることになる。

そして、少し前で問題化した「言が行為的連関（事）の契機である」ことの内実も、まさにここから説明される。実践的了解の自覚としての「言」は、それ自体は行為が実際になされること（事）で初めて生ずるが（この点で原則的には「事は言に先行する」）、一度「言」として自覚されると、それは一定の「行為の仕方」を指示する一種の規範となり、行為のあるべき方向性を示すものとなる。その意味で「言」は、行為的連関（事）の構成契機になっている（つまり自覚された規範（言）が、行為（事）のありようを先行的に規定し得る）、と言われていたのではないか。

まさにこの「言が事を導く」という事態を、和辻は引用Aで「「いうこと」が実現せられた」という言い方で説明していた。「実現」という言葉が使われている点からも明白だが、ここでは「事が言として自覚される」という「自覚」過程（対比①）に、「言が事へと実現される」という「実現」過程（対比②）が、限定的な形ではあれ、接合され組み込まれている（なぜ「限定的」かと言えば、「事が言に先行する」ことは大前提の上で（①）、それでも「言」が一種の規範として「事」を導き得る（②）として、前者に後者が組み込まれるからだ）。

以上から、「実現」過程と「自覚」過程は次のように統合的に捉えられるだろう。――事と言の間には、一種のフィードバック・ループが形成されている。まず「事」において現に行為がなされ、そこから「言」が自覚されてくるが（自覚構造）、この自覚された「言」は一定の「行為の仕方」を示す一種の規範や当為としても機能し得るものであり、その意味で「言」は「事」を導き、それによって実現されるべきものとしてある（実現構造）。こうした相互関係にある「事」と「言」が、絶えず互いを更新し合っていくような往還的な構造をなしていることは、和辻自身が明示的に記述していなかったとはいえ、その論述の内に十分読み取れると言ってよいだろう。

以上から、本節で問題にしてきた「事と言の相互関係」は、「実現」と「自覚」という二つの過程の間での往還運動において絶えず展開する動的な構造として、統一的に把握されるにいたった（ただし「事が言に先行する」という大原則は、何度でも確認しておく必要がある）。またそれと同時に、先にひとまず「実現」構造として記述された「人間存在の主体性の構造」が、ここでは「自覚」構造としても捉え直され、さらには両者が一つの動的な往還運動をなすものとして描き出されたことになる。――本章で解明するとした「人間存在の主体性の構造」は、以上の検討から、「事と言の間での実現－自覚構造」として、ひとまず定式化されたことになる。

第三節　言としての反省的開示

人間存在の主体性の構造は、「こと」の次元での実現と自覚の往還運動として明らかにされた。そこでさらに見えてきたと思われるのは、次の点である。この主体性の構造は、それが人間の行為・ふるまいに関わる「こと」の次元の構造分析から導出されたことからしても、人間の日常的行為の構造を理論化するものであり、つまり哲学的な行為論としても把握可能であるはずだ。以下ではこの行為論という観点から、「人間存在の主体性の構造」のさらなる解明に取り組もう。

検討課題としたいのは次の二点だ。まず、すでに実践的了解や相互了解性として登場していた「了解」が、「人間存在の主体性の構造」の内にどう位置づけられるべきかを考える必要がある。前節での議論がほぼ「こと」の次元に限られていた点も顧みれば、それを「もの－こと－もの」構造全体という観点から見直す必要があるだろう（第三・四節）。また第二に、そこで見えてきた「人間存在の主体性の構造」全体が、本章冒頭でその解明を予告した「主体はいかに自らを表現するか」という問題に対し、どんな回答を示し得ているのかを確かめねばならない（第五節）。

1　「何ものかを見いだす」発見機能と「あらわにする」開示機能

人間存在の主体性の構造に関してなお解明を要する第一の論点は、上で示した「事と言の間での実現－自覚構造」の内に、本書の最重要概念である「了解」がいかに位置づけられるか、という問題だ。――まず参照したいのは次の一節である。そこでは、「こと」の次元での実現－自覚構造が「了解」とどんな相互関係にあるのかが、「もの－こと－もの」構造全体の観点から捉え直されている。重要な一節であるため少々長いがそのまま引用し、順次検討を加えていきたい。

「こと」は我々のふるまいであり態度である。しかもそれは「言《こと》」において示されるように、「あらわにする」という性格を持つ。しからば我々自身のふるまいはそれ自身すでに「あらわにする」、「何ものかを見いだす」という性格を持つのである。かかるふるまいの構造としての志向性において、すなわち「こと」において、「もの」［＝物］がすでに見いだされているのは、「こと」がかかるあらわにする性格を持つことにほかならない。ここにおいて我々は我々自身のふるまいにすでに「あらわにする」性格の存すること、あるいはそれ自らのすなわち「こと」の了解の存することを認めなくてはならぬ。「こと」はこの了解性の分岐として、すなわち「わけ」「わかり」として、「言《こと》」となって現われる。かく見れば「こと」がまた「言《こと》」でもあるということは、「もの」――「こと」――「もの」の関係［＝「もの－こと－もの」構造］において、「言うもの」として我々自身である「もの」［＝者］が、それ自身の構造において「こと」の了解を持つこと、従って「こと」は、あらゆる「こと」の地盤としての「もの」（者）の自己了解性にもとづくということを示すと言えよう。［4: 535-6］（＊以下、「引用B」と呼称して参照する）

ここには幾つかの重要な事柄が相互に絡まりつつ書き込まれているが、一読してまず明白なのは、「「こと」の了解」「自己了解性」なるものが、「もの－こと－もの」構造の根柢に位置する主体的な「者」の次元（つまり人間存在）に属するという点である。それは引用最後で、「「こと」はあらゆる「こと」の地盤としての「もの」（者）の自己了解性にもとづく」とある通りだ。「こと」の次元の実現－自覚構造は「者」の次元の了解に基づく、と両者の関係性が端的に示されている。

ただしここで論じられるのはそれだけでない。より重大な論点として、ふるまい的志向性（「ふるまいの構造としての志向性」）としての「こと」にとって、特に「あらわにする」（開示する）という機能が決定的に重要であることが、「了解」と関連づけながら強調されている。以下では特にこの点に注意して、この引用Bをより詳しく読解していこう。

（1）「こと」に備わる二機能——何ものかを見いだす／あらわにする

まず指摘されるのは、われわれ自身の「ふるまい」「態度」としての「こと」には、基本的に「何ものかを見いだす」および「あらわにする」という性格が備わる点だ。この二つの性格（もしくは「機能」とも呼べるだろう）を、引用前半を手がかりにさらに検討しよう。

まず「何ものかを見いだす」という性格を見ておく。そこで見いだされてくる「何ものか」とは、引用にもある通り、「こと」と志向的関係にある「もの」、つまり「もの－こと－もの」構造の「物」の次元に属するものであることは明らかだ。ここではさしあたり「鉛筆」や「ハンマー」といった道具的存在者のことを念頭に浮かべればよい。

　われわれの日常的な行為・ふるまいがこうした道具的存在者との「交渉」において逐次遂行されつつある点はすでに指摘済みだが、それを「ものとことの関係」という観点から捉え直せば次のようになる。例えば、鉛筆というもの（道具）は、文字を書くふるまいが実際になされることのなかで、文字を書くためのものとして「すでに見いだされている」。つまり、「道具を用いつつ何かを行なう」ことと、「それを為すために必要な道具が、まさにそうした道具として出会われてくる（見いだされる）」ことは、同時に成立していなければならない。この二つの事態の同時性は、「物とことの間には志向的関係がある」という既述の事態をより具体的に言い表わしている。ふるまい（こと）においてものは、そのふるまい的志向性の相関者、つまり「こと」と志向的関係にある「もの」として、あらかじめ見いだされている。――以上より、「こと」に備わる「何ものかを見いだす」という「発見」的な機能[8]が、「物とことの間の志向的関係」の別名であることは明らかだろう。ではそれに対し、もう一方の「あらわにする」機能とは一体何か。

　まず引用中で指摘されているのは、「こと」において「もの」がすでに見いだされているのは、「こと」の「あらわにする性格」に基づく、という点だ。つまり「あらわにする」機能は、他方の「何ものかを見いだす」機能をそもそも可能にする点で、ふるまい的志向性としての「こと」にとってより根本的な機能だと見なせる。では、それがより根本的であること自体は、一体どんな根拠によるのか。この点は、引用Bでの次のような指摘が極めて示唆的だ。

> ここにおいて我々は我々自身のふるまいにすでに「あらわにする」性格の存すること、あるいは[…]「こと」の了解の存することを認めなくてはならぬ。[4: 536]

ここでは、人間のふるまい（こと）に備わる「あらわにする」性格が、「「こと」の了解」と等置されている。つまり「こと」の「あらわにする」機能は、「了解」に関わるものであり、それは「もの－こと－もの」構造から見れば、「こと」の次元が「あらわにする」という仕方で、了解を携えた根柢的な「者」の次元（人間存在）に関与している、ということになるだろう。まさにこの「者」の次元に関わるという点で、「あらわにする」機能は、「物」との交渉に関与するとされた「何ものかを見いだす」機能よりも、より根本的な働きだと見なし得る。

（2）「こと」は何をあらわにするのか？——実践的了解の開示

では、この「あらわにする」機能は、了解という「者」の次元にどのように関与するのか。最初の手がかりとなるのは、先に見た「こと」の二つの構成契機の、「言・いうこと」の側面だ。引用Bの冒頭でも、「こと」は「「言《こと》」において示されるように、「あらわにする」という性格を持つ」とあったが、ここで問題にしている「あらわにする」機能は、さしあたり「事」よりも「言」においてより顕著に、より見えやすい形で作用しているという。

では、「言」はどんな仕方で「あらわにする」機能を発揮しているのか。前節で見た通り、「言・いうこと」は「実践的了解の自覚」だと規定されていた。それは要するに、われわれの日常的行為をそもそも可能にしている実践的了解を、それとして主題化して示すことだが、こうした「言」の働きについて、和辻は次のように決定的なことを述べていた。

> 言《こと》は相互の連関をあらわにし開示するものである。そうすれば言《こと》はすでに行為的連関［＝事］における相互了解性を地盤としていると言ってよい。［4: 543］

これは前節で一度検討した文章だが、「あらわにする」機能に注意して読み直すとき、さらに重要な事柄が書き込まれていたことが見えてくる。すなわち「言」は、「相互の連関」をあらわに開示しており、その相互の連関が実践的了解・相互了解性に基づくことを想起するならば、要するに「言」とは、「者」の次元にある実践的了解をあらわにする開示機能だということになる。

ただし念のため前もって注記しておくと、この「あらわにする」開示機能の働きは、確かに「言」において顕著だとされるが、それはあくまでも、ふるまい的志向性としての「こと」それ自体にそもそも備わる働きだと考えられている。和辻はこうした事情を、「「こと」が本来「あらわにする」という性格を持ち、それが「言《こと》」として現われる」[4: 535]と説明するが、そうであるならば、「言」に限らず、そもそも「こと」それ自体に「実践的了解をあらわにする」開示機能が備わると捉えるべきだろう（他方の「事としての開示」に関しては、次節で検討する）。

2　言としての開示——自己了解性に基づく反省

以上より、「こと」に備わる「あらわにする」機能は、実践的了解をあらわに開示するという仕方で、「もの－こと－もの」構造の「者」の次元に関与する働きであることが明らかになった。この「あらわにする」開示機能と「了解」との相互関係に関して、先の引用Bの後半部分を再度引いた上で、さらに詳しく検討していこう。

> 「こと」はこの［「こと」自身の］了解性の分岐として、すなわち「わけ」「わかり」として、「言《こと》」となって現われる。かく見れば「こと」がまた「言《こと》」でもあるということは、「もの」――「こと」――「もの」の関係において、「言うもの」として我々自身である「もの」が、それ自身の構造において「こと」の了解を持つこと、従って「こ

と」は、あらゆる「こと」の地盤としての「もの」（者）の自己了解性にもとづくということを示すと言えよう。

[4: 536]

和辻はここで「あらわにする」機能に着目して、「ことと者の相互関係」を詳述する。まず人間存在論（特に「もの－こと－もの」構造）からして、あらゆる「こと」は人間存在という「者」の次元に基づくが、ここでは、その「者」たる人間的主体には「自己了解性」が属しているという。そして「こと」の「あらわにする」機能は、この自己了解性に基づくものであり、かつ、その自己了解性を開示するものと位置づけられる。そうであるならば、「あらわにする」開示機能の解明には、この「自己了解性」が何であるのかを手がかりとする必要があるだろう。

「自己了解性」に関しては第一章である程度確認済みだが、これも「了解」の一側面を名状する派生的概念の一つだろう。例えば先述の「相互了解性」は、一定の了解が人と人との間であらかじめ分け持たれているという相互性の側面を強調し、「実践的了解」は、了解が人間の日常的な諸実践を直接的に可能にしているという側面を強調するものだった。では「自己了解性」という言い方で、「了解」のいかなる側面が強調されているだろうか。

そこで改めて注目したいのは、「存在了解が可能にする技能と反省」という論点だ。序論で示した通り、これらはいずれも了解という認知様式が可能にする人間の基礎的活動のことだった。

まず「技能」とは、了解が人間の日常的諸行為を可能にする（暗黙的・非主題的・全体論的な）認知様式である点を指す（先の実践的了解にも対応する）。技能の側面は、例えば「鉛筆を用いて文字を書く」というふるまいにおいて、鉛筆という道具が何のためにどう使われるべきか、といった道具使用に関する規範全体性があらかじめわかって（了解されて）いるからこそ、文字を書くという技能的ふるまいも現に行なうことができる、といった事態の成立を説明するものだ。

他方の「反省」は、上述した技能的ふるまいを可能にする背景としてそれとなく了解されている規範全体性を、人間自身が自他に対してそれとして主題化し自覚・自己解釈できるという側面に対応する。そしてこの反省は、次のような仕方で「自己了解性」に基づいてこそ可能になる。

例えば、われわれは「文字を書く」というふるまいを、普段特に意識もせず、しかし大抵は現に適切に行なうことができているが、他方、例えば何のために書いているのか、どんな道具を使ってどのような仕方で書いているのか、等々のことを誰かに殊更に尋ねられたならば、それに対して大抵はそれなりに適切な返答ができるはずだ（例えば、先日届いた贈り物への感謝を伝える手紙を書くためであり、だから電子メールではなく便箋に万年筆で書いている、等々）。それはつまり、「いま自分が何をどのように行なっているのかに関して、（意識しているかどうかはともかく）自分自身でもあらかじめすでにわかっていて、それを現に行なっている」という自己理解を、改めて自らそれとして示すこともできる、ということだ。それこそが、自分自身のありよう（存在の仕方）を主題的に捉え返すという意味での「反省」なる営為が始まる、その第一歩となるべきものだろう[9]。こうした意味で自己了解性は「反省」を可能にする前提となっており、他方の「技能」を可能にする実践的了解と対をなしていると見ることができる。

では、こうした「自己了解性に基づく反省」の構造が、引用Bの後半部分では、どう説明されていただろうか。そこで決定的なのは次の一文である。

> 「こと」はこの「「こと」自身の」了解性の分岐として、すなわち「わけ」「わかり」として、「言《こと》」となって現われる。［4: 536］

ここでは反省作用が、自己了解性が分節化（「分岐」）され、言語的に表現され明示化されてくる（「言」）、という構造において把握されている。その点で自己了解性に基づく反省作用は、前節で見た「言としての自覚」の過程に対応するものと解釈可能だ。つまり反省とは、了解の「自己了解性」の側面に基づく働きであり、かつ、そこで了解されている事柄をそれとして分節化し言語的表現にもたらすような、「人間存在の主体性の構造」における「自覚」の過程に沿った働きとして位置づけることができるだろう。

第四節　事としての技能的開示

「ことの次元での実現と自覚の往還運動」として提示された人間存在の主体性の構造は、前節での検討でさらに「もの－こと－もの」構造全体の観点から捉え直された。すなわち「こと」は、一方で「何ものかを見いだす」発見機能として、典型的には道具的存在者をそれとして現われさせ出会わせるという仕方で「物」の次元に関わり、他方「あらわにする」開示機能としては、人間の諸行為の背景にあってそれを可能にしている「規範全体性の了解」を分節化するという仕方で、根柢的な「者」の次元に関与することが明らかとなった。ただし、後者の「ことが者の次元に関与する」仕方に関しては、まだ「言としての反省的開示」が確認されただけであり、本節では引き続き、もう一方の「事としての開示」の仕方を検討したい。

1　「存在論的な語り」とは何か？

「事としての開示」作用の検討にあたり最初に参照したいのは、第一章でも簡単に言及した「語り」（Rede）に関する議論である。論文「日本語と哲学の問題」での該当箇所を引いておこう。

彼［＝ハイデッガー］においては言語は「話」Redeの外に言い出された有りさまであり、Redeは「自らの存在においてその存在自身にかかわれる、従ってすでにその存在を了解せる存在者」たるDaseinが、その自己了解性を分肢する「有りかた」である。［4: 507］

基本的に『存在と時間』（特に第三四節）に忠実な記述だが、まず気づくのは、この議論が前節で見た「自己了解性に基づく反省的自覚」の議論の延長線上で、そのまま理解可能だという点だ。

ここでは自己了解性が、「自らの存在においてすでに自らの存在を了解している」という仕方で、自分自身の存在に反省的・反照的に関与していることだと説明されるが、それに加えてさらに、そうした自己了解性を「分肢・分岐」（分節化 Artikulation）する「有りかた」こそが「語り」（Rede）だと論じられている。――要するに（少なくとも和辻の理解する限りでの）ハイデガー的な意味での「語り」は、本章で見てきた「あらわにする」開示機能とほぼ同一のものと捉えることができる。そうであるならば、「こと」に備わる「あらわにする」開示機能の解明のためには、「語り」概念が重要な手がかりとなるだろう。それによって「こと」の開示機能が根本的に究明されてこそ、「事としての開示」の側面もよりよく理解されるはずだ。

さて、ハイデガー的な「語り」概念の援用にあたりまず重要なのは、それが存在論的な意味でのものだという点だ。そこで特に参照したいのがドレイファスによるハイデガー解釈である。彼の解釈は、『存在と時間』の特に前半部分に注目し、そこでの議論を人間の日常的行為・ふるまいの成立構造に関する理論化として（大胆に割り切って）読み解こうとする点に、最大の特徴がある。そしてこの解釈方針は、興味深いことに、和辻のハイデガー解釈（より正確にはハイデガーのどの議論を取り入れるか）の方針と極めて近しいと言える。その意味でドレイファスによる解釈は、ハイデガーから和辻への理論的影響をより明確にするためにも、極めて有益だと思われる。

例えばドレイファスは「存在論的な語り」について、次のような簡潔な説明を与えていた。

ハイデガーはしばしば、「X」を表わす語を、「X」の可能性の条件を名指すために用いる。彼はここでは、語りという語を、日常的な語りを可能にするものという存在論的な意味で導入しているわけである。［…］存在論的意味における語りは、言語的なものではなく、提示し語るべき何かをわれわれに与えることにより、言語を可能にするものなのである。こうした存在論的な語りは、本性上表明可能な指示全体性のうちにすでにひそんでいる諸々の分節を表明することとしての、日常的な対処を名指している。(10)

まず、ハイデガーにおける「存在論的」という言葉の含意が指摘されている。それは「何かをそもそも可能にする」という意味での可能性の条件に関わる。つまり存在論的な意味での「語り」とは、われわれの日常的な語り（種々の言語的活動）をそもそも可能にするような存在論的な仕組みのことだ。だからこの「語り」は、それ自身が言語的であるというよりは、（第一章でも見た通り）それにおいてこそ言語も初めて成立し得る（可能となる）ような存在論的構造としてある。そして、和辻の人間存在論という文脈で「存在論的」の含意を考えるならば、それは当然、「もの－こと－もの」構造の「者」の次元に関わる、ということに他ならない。

では「存在論的な語り」は、それ自身言語的なものでないならば、一体いかなる働きなのだろうか。それはドレイファスの「語り」解釈の核心に関わる問題であり、上掲引用の最後では「存在論的な語りは、本性上表明可能な指示全体性のうちにすでにひそんでいる諸々の分節を表明することとしての、日常的な対処を名指している」と述べられていた。以下、この一文が意味するところを、和辻の議論とも接続させながら説明し直してみたい。

2　規範全体性の分節構造の潜在性

まず「指示全体性」（Verweisungsganzheit）というハイデガーの術語は、本書で言う「規範全体性」と読み替えて差し支えない（「指示」関係とは、何かと何かの意味的・規範的なつながり、意味的連関のことだ）。また、この規範全体性があらかじめすでに了解されているからこそ、われわれの日常的な諸実践（「日常的な対処」）が、まさに存在論的な意味で可能になっている点は、これまで繰り返し指摘した通りだ。では、先のドレイファスの記述で一体何が重要かと言えば、規範全体性（指示全体性）の内にはすでに「諸々の分節」が潜在的にひそんでおり、それはその本性からして表明可能（manifestable）だとされる点である。「存在論的な語り」の説明のためにも、まずはこの二点（潜在性および表明可能性）を順に検討したい。

第一に、「規範全体性の内には諸々の分節がすでに潜在している」とは、どういうことか。それは、和辻による次のような議論も読み合わせることで、よりよく理解可能になる。

理解を云い現わす語は「分かる」であり、理解せられた『こと』は『ことわり』であり、理解し易く話すのは『ことをわけて話す』のである。もとよりかく分け得るのは〔理解された〕『こと』の内に本来分けらるべき〔分節〕構造があるからである。従って理解は『わけのないこと』が分かるのではなく、『ことのわけ』が分かるのである。しかしすでに『わけ』〔＝分節構造〕があるとしても、理解せられる以前にはそれはまだ分かってはいない。だから我々はそれを分かるべき構造を持った統一と呼ぶことが出来る。理解とはそれを分けて分かった構造を持った統一に引直すことである。［SR: 136］

これは初稿「倫理学」（一九三一年）からの一節だが、和辻はまさにここで初めて、本書の重要概念であるとした「了解（理解）」概念を、自身の議論の内へ実質的に導入し始めている[11]。

まず注意を要するのは「理解」という言葉遣いだ。この時点では「（実践的）了解」という術語が確立していないため、本来は「了解」と呼ぶのが相応しい事態にも「理解」という言葉が用いられている。他方、物事を主題化してその意味内容を把握する、といったごく一般的な意味合いでも「理解」の語が用いられている[12]。それはつまり、「了解」が、主題化的認識に先行し、身体的技能と一体になった非命題的・非主題的な認知様式であるという、その基本的特徴の一つがまだきちんと確保されていなかったことを示している[13]。以下では、後に確立する「了解」概念を遡及的に適用しつつ、この一節に解釈を加えていくことにしよう。

さて、和辻は「理解・了解」の構造の説明にあたり、まず「理解」することを「分かる」ことと言い直した上で、さらにそれを「分けられている」ことと意図的に同一視して、両者を一体のものと論じる。つまり「理解」の構造が、規範全体性の分節構造（「わけ」）との関係から説明されようとしている。そこで次に注目すべきは、引用中の「もとよりかく分け得る［＝分節し理解できる］のは『こと』の内に本来分けらるべき［分節］構造があるから」という記述だ。規範全体性の内に「本来分けらるべき」分節構造があらかじめあるからこそ、人間はそれを「分けて」理解できるのだという。その意味では、規範全体性があらかじめ分節構造を持つ（分けられている）ことこそが、それ自体の理解可能性を担保している（先後関係①）、ということになる。

ただしそれに続けて和辻は、「しかしすでに『わけ』［分節構造］があるとしても、理解せられる以前にはそれはまだ分かってはいない」ともいう。それは、何らかの仕方で現に分かられ理解されてこそ、規範全体性もそのように分かられ、かつ分けられたものとしてあり得る、という主張だと読める。その意味では、規範全体性を実際に理解することこそがその分節構造を成り立たせている（先後関係②）、とも解釈可能であることになる。

しかしそうだとすると、（先に見た「事」と「言」の先後関係と同様）これら二つの文章では、「理解」と「規範全体性の分節構造」の間の先後関係をめぐり、ほぼ正反対のことが述べられていたことになる。これはいかに整合し得るだろうか。

その重要な手がかりは、和辻が続く一文で、規範全体性を「分かるべき構造を持った統一」と言い直している点だ。まさにこの規定によって、規範全体性の分節構造が潜在的なものであることが、言い当てられようとしている。――特にその「分かるべき」という言い方に注意して先の二つの先後関係を解釈すれば、基本的には、規範全体性の分節構造がその理解に先立ってあるのだとしても（①）、それはあくまでもしかるべき理解によって初めてそれとして「分けられ」「分かられる」べきものとしてある（②）、ということになる。その意味では、この先行的な分節構造は、その先行性にもかかわらず、理解されることにおいて初めて、「それ以前には潜在的にあった」と、遡及的に主題化され得るようなものとしてあるのではないか。(14)

逆に言えば、規範全体性にあらかじめ潜在する（とされる）分節構造は、しかし、何らかの仕方で理解されてこそ初めて、そのように「分けられた」ものとして明示化され表明されるのだということになる。規範全体性の分節構造がまずあるのだとしても、それはあくまでも潜在的な仕方であり、それがそのように「分けられ」たものであることは、それが「分かる」ことによってこそ明らかになる。上述の「分かるべき構造を持った」という微妙な言葉遣いで言い当てられようとしていたのは、規範全体性の分節構造に認められる、このような潜在性なのだと思われる。

あるいはその微妙な言い方の内に、主題化的認識による一般的な意味での「理解」とは区別されるべき、「了解」という非主題的・非命題的な仕方での認知様式の存在が見当づけられつつあったことが、暗に示されていると言ってよいかもしれない。和辻自身は次のようにも述べている。

『ことのわけ』は陳述以前にすでに潜勢的に分かって居り、それが陳述に於て『である』としてあらわに分かって来るのである。従って『である』は潜勢的に分かっていることの表示であると云ってよい。［…］『何であるか』と問うのは右の如き潜勢的な理解、『ことのわけ』を、あらわに云い現わそうとするに他ならぬ。［SR: 137］

先の引用の少し後に続く一節だが、何よりも目を惹くのは、分節構造の理解のされ方（「ことのわけ」の分かり方）が「潜勢的」だという指摘だ。それは言うまでもなく、規範全体性の潜在性に対応しており、要するに彼の主張の要点は、「規範全体性の内に分節構造が潜在している」ことと、「規範全体性をあらかじめすでに潜勢的に分かって（理解して）いる」ことを、同一の事態の異なる表現として把握するという点にある。

またそれは、先の「理解」と「規範全体性の分節構造」の先後関係という観点から見れば、両者の成立の同時性が、潜在性（ないし潜勢性）というポイントから説明されていると言える。規範全体性が理解可能であるのは、そこに「本来分けられるべき」ものとして分節構造が潜在するからであり、そのとき規範全体性は潜勢的な仕方で理解されていることになる。このような分かり方こそが、本書の最重要概念である「了解」という認知様式の一つの基本的特徴に他ならない。和辻はここで注目した「潜勢的な理解」という言い方でもって、主題化的な意識による「認識」や「解釈」に先行する、「了解」という認知のありようを指し示し始めていたと見てよいだろう。

3　規範全体性の分節構造の表明可能性

次いで、ドレイファスの議論に関連して注目するとした、規範全体性の分節構造の「表明可能性」という第二の論点を検討しよう。そこで問題となるのは、すでに潜勢的に把握されている潜在的な分節構造が、いかなる仕方で「表明」され開示されてくるのか、に関してだ。

まず前項での和辻の議論を振り返ると、一つ目の引用では、主題化的認識としての「理解」は潜在的に「分かるべき構造を持った統一」（規範全体性）を、「分けて分かった構造を持った統一」へと「引直す」ことだとされる。またこの過程は、二つ目の引用では、「潜勢的な理解」（了解）を命題的な「陳述」[15]という形へ「あらわに云い現わ」すことだと捉え直されていた。「あらわに」という言い方からも明白だが、この一連の「陳述」の過程は、前節で見た「言としての反省的開示」に対応するものと位置づけられよう。

もちろん、こうした言語的・命題的分節化としての陳述的な開示は、ここで問題にしている「表明」の一つのあり方と考えてよいが、それはあくまでも表明の一側面に過ぎない。ここで、先に注目したドレイファスの一文をもう一度引いておこう。

> こうした存在論的な語りは、本性上表明可能な指示全体性のうちにすでにひそんでいる諸々の分節を表明することとしての、日常的な対処を名指している。

本節の課題は、ハイデガーの「存在論的な語り」（に関するドレイファスの解釈）を手がかりに、「こと」それ自体に備わる「あらわにする」開示機能を検討することだったが、それは先の検討から「規範全体性（指示全体性）に潜在する分節構造を表立って表明する」こととして捉え返されてきた。それを踏まえて、さらにこの一文で注目すべきなのは、そうした「表明」としての開示が、さらには「日常的な対処」でもあるという指摘だ。——つまり、上述の和辻の議論では、もっぱら命題的な陳述へもたらすこと（言）として捉えられていたかに見える「表明」という開示作用が、ドレイファスの「語り」解釈では、人間が普段行なっている目前の事態への実践的な対処（要するにごく日常的な行為）においても生起していることが、強調されている[16]。

では、「存在論的な語りとしての「あらわにする」開示機能が、規範全体性に潜在する分節構造を表明することとして、そのまま「日常的な対処」になる」とは、より具体的には一体どういうことだろうか。ドレイファスによる次のような説明をさらに参照しよう。

指示全体性はすでに分節された構造を有しているが、この構造を最も基礎的な仕方で表明するには、諸事物を用いながらそれらを識別する［tell apart］だけでよい。このことをハイデガーはArtikulation［分節化］と呼んでいる。「語りは了解可能性の分節化である」［SZ. 161］。だから例えば、もし私がハンマーを取り上げてそれで打つならば、私が取り上げている、つまり分節化しているのは、そのハンマーが持っているさまざまな意義のうちの一つなのであり、つまり、それが釘をたたき込むために用いられているという事実なのである。(17)

ここでは、「ハンマーを用いて釘を打つ」というごくありふれた行為（日常的な対処）を例に、それがいかに規範全体性（指示全体性）の分節構造の表明となり得ているかが、説明される。

ドレイファスが解説する『存在と時間』前半部の特に「道具使用」の場面で考えれば、(18) ここで言う「分節された構造」とは、例えば次のような無数の指示関係（意味的連関）のことだ。まず「ハンマー」という道具の使い方にも様々な可能性がある。釘を打つのが最も一般的だが、他にも杭を打つためや板金加工のための道具として、あるいはとっさに身を守ったり相手を害したりするための武器や凶器として、売買のための商品として、誰かの形見として、何かの象徴として、等々の様々な用途の可能性がある。ハンマーという道具の意味は、主に「それが何のために用いられるか」という用途への指示関係から理解可能となり、そこから全く独立して存在する「ハンマーそのもの」といった何かがまずあるわけではない。また、その意味で道具的存在者をかく存在せしめている、とも言える指示関係は、用途のみに限られない。想定される標準的な使用者・使用対象・使用状況、用途に最も適した操作法、一緒に用いるべき他の道具、等々への指示関係が総体として（つまり指示全体性として）、ある一つの道具の存在を有意味なものとして可能にしている。——規範全体性の「分節」構造とは、こうした無数の指示関係の網の目（ハイデガーはそれを「有意義性」（Bedeutsamkeit）とも呼ぶ）が現に成立していることを指す。

また、道具の使用者の側から見れば、「ハンマー」という道具を釘を打ち付けるという用途のために用いるとき、この「釘を打ち付ける」行為自体は何かと何か（例えば板と角材）をつなぎ合わせ固定するためのものであり、さらにこの「つなぎ合わせ固定する」行為は、何か（例えば家）を組み立てるためのものであり、またさらに、その「組み立てる」行為は、自分が何者か（例えば大工）として日常生活を送っていくためのものであり、というように、ここにも無数の指示関係の網の目が潜在していることが気づかれてくる。道具を用いた日常的ふるまいは、様々な水準の行為（「大工として生きること」「家を建てること」等のマクロな水準の行為から、「材質に適した力加減で釘を打ち付けること」「適切な大きさ・形の釘を選ぶこと」等のミクロな水準の行為まで）との相互関係の内にあって初めて、一つの有意味な行為たり得る。[19] 私がハンマーと釘を用いつつ行なう一連のふるまいは、こうした行為・道具の意味的連関（指示関係の網の目）のなかで、それが一定の位置を占めることで初めて、一定の意味を持った理解可能なものになる。

要するに、ある一つの道具にしても、それを用いた人間の行為にしても、それらがそもそも有意味であるためには、「すでに分節された構造を有している」ような規範全体性が現に潜在し、われわれがそれについて潜勢的に理解していることが前提されねばならない。——こうした、個々の行為や道具の背景にあらかじめすでに潜在し、それらを有意味化している無数の指示関係の網の目・分節構造のことを、以下では「文脈」という言葉で総称することにしよう。

こうした道具と行為の存在論（つまり、それらをそもそも可能にしているのは何か、という問い）を踏まえてこそ、先のドレイファスの説明もよりよく理解できる。彼によれば、「この「分節」構造を最も基礎的な仕方で表明するには、諸事物を用いながらそれらを識別するだけでよい」という。それはつまり、ここで問題にしている「分節構造（文脈）の表明」（了解内容の開示）の最も基礎的なあり方は、単に「それなりに適切な仕方で道具を用いたふるまいが現にできている」ということだけでよい、と言っているに等しい。それこそが、先に「存在論的な語りは、そのまま日常的な対処になる」とされていたことの内実なのだ。

ハンマーの例で続ければ、ドレイファスが説明する通り、「私がハンマーを取り上げてそれで打つ」ことがそのまま、その「ハンマー」にまつわる無数の指示関係の分節構造に関する「私」の理解を開示して（しまって）いる。そこで私がハンマーと釘を手にして木の板に打ち付けていること自体が、例えば、次のような無数の文脈を私が潜勢的な仕方で理解していることを、それとなくあらわにしているだろう。――すなわち、板はこれだけの厚みと強度があるので、これだけの長さと太さの釘を使う必要があること、それなりの適度な力加減で打ち付けないとうまくいかないこと、全体の強度を考えるとこれらの箇所にあとこれだけ釘を打ち付ける必要があること、その打ち付ける工程の前には板を切り出す工程があって、またそれは次の塗装の工程に続くものであること、作業の期日に間に合わせるためには今日中にそこまでの工程を済ませる必要があること、等々の無数の事柄があらかじめすでに了解されている、ということそれ自体が、ある道具を用いたふるまいが現になされることにおいて、言わば実践的に表明され開示されている。

またそれと同時に、そこで使われているハンマーという道具の意味（それが何であるのか）も実践的に表明され開示されており、もっと言えば、そのときこそハンマーは道具的存在者として最も真正な仕方で出会われ発見され存在にもたらされていることになる。ドレイファスによれば、こうした潜在的な文脈に関するわれわれの潜勢的な理解（つまり「規範全体性の了解」）を表明し開示することを、ハイデガーは「分節化」と呼んでいたという。ハンマーを「ハンマーとして」現にそれなりに適切に用いていること、そのこと自体がそのまま、規範全体性の了解の分節化として、そのハンマーの意味を表明しあらわに開示していることになる。

以上から、「存在論的な語り（表明・開示）が、そのまま日常的な対処になる」というテーゼは、次のように捉え直せるだろう。先に見た和辻の議論では、「語り」とは、人間が「自己了解性を分肢する」［4: 507］という存在の仕方をとっていることだとされていた。自己了解性とは、ここでの論旨に即して言えば、「道具を用いた自身のふるまいが、いかなる道具や行為の文脈の内にあるか」に関する先行的な自己理解のことだ。そして、この存在論的な語りにおける「分肢」（分節化）は、決して言語的表現にもたらすこと（言としての開示・発見）に限らない。

むしろ、あらわに開示する分節化としての「存在論的な語り」は、われわれが日常的に行なっている種々の実践・対処においてつねにすでに生起している、という点が極めて重要だ（これは、第二節で確認した「事が言に先行する」という原則にも合致する）。まず、目前の状況に適切に対処するというごく日常的なふるまいにおいてこそ、潜在的な文脈（指示関係の網の目）が、実際の行為（ないしそこで用いられている道具）において、現にあらわに表明され開示されて（しまって）いる。そして、こうした日常的対処という形で規範全体性を表明することが、本節で検討するとした、「事としての実践的・技能的な開示」のあり方なのだと位置づけられる。日常的行為としての「事・すること」においても、規範全体性の分節構造の表明としての「あらわにする」開示機能（存在論的な語り）は、こうした実践的な仕方で作用しているのだ。

4　意味に基づき、意味をあらわにするものとしての行為

以上では「こと」に備わる開示機能に関して、特にドレイファスの「語り」解釈に依拠して、「言としての言語的・反省的開示」とはまた別の「事としての実践的・技能的開示」のありようが確かめられた。では、この「事としての開示」の側面を和辻自身はどう捉えていただろうか。この点に関しては、「行ない」について述べた次のような

一節を見てみよう。

同様に、人の「行ない」においても、その人が身体を動かし、何ごとかを言い、何らかの感情意志を表白するというその動作そのものは、見られ感ぜられる「もの」であって「こと」ではない。「こと」はこれらの動作に属し、しかもその動作の基礎となる「こと」である。人は「ひどい行ないをする」、たとえば他の人をなぐる。なぐるという動作そのものは「こと」ではない。が、それが「ひどい行ない」であるためにはすでに「ひどいこと」が理解せられていなくてはならぬ。だから「ひどい行ないをする」のが「ひどいことをする」と同義に解せられるのは、かかる「もの」として動作に属する「こと」が「行ない」の本質として理解せられているからにほかならない。しからば通例の意味の行ないそのものが直ちに「こと」なのではなく、「行ない」において行なわれること、せられること、すなわち行ないにおいてあらわにせられている「こと」が、本来の意味の「こと」である。[4: 528]

ここでは「物」と「こと」の次元の違いに依拠して、行為の構造が分析されている。人間の行為を「物」の次元で捉えるならば、それはわれわれが見たり聞いたりできる個々の具体的な動作（「通例の意味の行ない」）だということになるが、重要なのは、その動作が有意味な行為たるには、そこで行われている「こと」が何なのかがそもそも理解されていなければならない、とする点だ。なぐるという動作（物）が当事者や周囲の人々にとって現に「ひどい行ない」だと言えるのは、それがどんな意味で「ひどいこと」であるかがあらかじめ理解されているからだという。

この「ひどい行ないとはどのようなものであるか」に関する先行理解は、ここまでの議論も踏まえれば、「ひどいということ（言）」という「本質」についての理解であり、その「本来の意味の「こと」」が、具体的な行ない（物）において「あらわにせられている」、と分析されている。[20] 和辻のこの分析は、先にドレイファスに即して見た「潜勢的に了解されている文脈（＝本来の意味の「こと」）が、実際の行為において、現にあらわに表明され開示されている」という実践的な開示のあり方と、基本的には同型の構造を記述したものと解してよいだろう。和辻の考える行為にとって何よりも重要なのは、個々の具体的な身体動作・行ないよりも、そこにおいて何ごとかがあらわに開示されているということ自体なのだということになる。そして、そこで開示されている「何ごと」が何であるかと言えば、それは本書で「規範全体性」と呼称してきた、行為・道具の指示関係の網の目、すなわち意味的連関の総体としての文脈なのだった。

以上の二節での検討から、「こと」に備わる「あらわにする」開示機能が一通り解明されたことになる。「こと」の開示機能は、規範全体性の潜在的な分節構造（道具と行為の指示関係の網の目、文脈）を表示・表明するという、「存在論的な語り」と同様の働きをなすものだった。またそれは単に「陳述」にもたらすといった言語的表明（言としての反省的開示）としてだけでなく、「日常的な対処」という実践的表明（事による技能的開示）としても生起しているのだった。

では、こうした和辻の議論を、行為成立の仕方（序論の言い方では「行為の事前の規整のあり方」）に一定の説明を与える哲学的行為論として見たとき、どんな特徴があるだろうか。そこで最も重要だと思われるのは、行為というものを、まず何よりも「意味に基づき、かつ意味をあらわにするもの」として捉えるという視点だ。和辻の行為論は、有意味な行為が可能となる存在論的条件・構造を探求するという仕方で、行為の成立を記述し説明しようとしている。これは、もっぱら行為者個人の内面にあるとされる心的なもの・心的状態（意志や意図、欲求と信念のペア、信念体系など）から行為成立を説明しようとする、現代でもなお主流の行為論的立場とは、かなり趣を異にするアプローチだと言えるだろう。

ただし現段階では、「規範全体性の了解」と呼んだものが行為成立にとって存在論的条件となっていると指摘したのみで、その仕組みの内実は未解明のままだ。その解明には和辻の主著『倫理学』での議論をさらに参照する必要があり（第七章で検討する）、和辻の哲学的行為論がいまなおどれだけの理論的可能性を持ち得ているかについては、そこでの検討を俟たねばならない。

第五節　「表現する」ことの存在論的構造

本章の冒頭で「人間存在の主体性の構造」を問い始めるに際し、その基礎的特徴を「存在者において自分自身を表現する」という点に見定め、人間がこうした意味での表現的主体、表現的な存在であることの重要性を指摘した。この「表現する」こと自体の仕組みは、ここまでに見てきた「こと」の構造分析を踏まえることで、いまや十全に説明可能となる。

1　了解を開示しつつ存在者を発見することとしての「表現する」こと

（1）「こと」の構造分析の成果

人間存在の主体性の構造の主軸をなすと見当づけられた「表現する」働きは、可能根拠としての人間存在が、（自分自身であれその他のものであれ）存在者をその所有において存在にもたらす仕方のことであり、その意味で存在論的な働きである。この表現作用の存在論的構造を考えるには、和辻の人間存在論の基本構図としての「もの―こと―もの」構造を踏まえることが肝要だ。

存在者の成立構造からすれば、根柢的な「者」の次元に属する人間存在は、自らを「或る有ち方」で所有し表現するという仕方で、「物」の次元に属する存在者を存在せしめていることになるが、この二つの次元を媒介するのがまさに「表現する」ことであり、それは特に「こと」の次元に関わるという見通しの下、本章では主に「こと」の構造分析を試みてきた。

「もの－こと－もの」構造における「こと」の次元には、「事・すること」と「言・いうこと」という二様の働き方があり、両者の往還的な相互作用が「事と言の間での実現－自覚構造」として定式化された。実践的了解に基づくふるまい・行為としての事は、言として言語的に自覚される一方、この言の自覚は、逆に行為に一定の方向性を与える一種の規範として機能し、事によって実践的に実現されるべきものでもあった。「こと」の構造はまず、こうした事と言とが絶えず互いを更新し合っていくようなフィードバック・ループをなすものとして解明された。

また「こと」には、「何ものかを見いだす」発見機能と「あらわにする」開示機能が備わることも確認された。両者はそれぞれ、「こと」が「物」および「者」の次元に関与する仕方を示しており、そこから「もの－こと－もの」構造が全体としていかに作動するのかが説明されていた。

前者の発見機能は、「こと」と「物」の次元の間に成り立つ志向的関係に関わる。「事」の側面に即して言えば、道具を用いた人間の行為（ふるまい的志向性としての「こと」）と、そこで使用される道具（志向される相関者としての「物」）は、それぞれ独立に存立する何かではなく、両者は相互制約的に成立しているのだった。われわれが道具を用いつつ何かを行なうとき、同時に、それをなすために相応しい道具が、まさにそうした意味・意義を持った何ものかとしてわれわれにすでに出会われ見出されている。

また後者の開示機能は、「こと」と根柢的な「者」の次元の間に成り立つ表明的関係に関わる。ふるまい・行為としての「こと」は、「者」の次元に基づいて可能となり、かつまた「こと」は「者」の次元の了解内容（意味的連関）をあらわに開示する（分節化し表明する）働きなのだった。

さらにこの開示機能には、「こと」の二側面である「事」と「言」にそれぞれ対応する形で、二通りの開示の仕方があるとされた。すなわち、「者」の次元で潜勢的に了解されている、行為と道具（つまり「こと」と「物」）に関する意味的・規範的な指示関係の網の目（規範全体性の潜在的な分節構造）は、まず日常的な行為的連関において実践的・技能的に表明される（事としての開示）。また、そうした諸実践の背景にある規範的な指示関係・分節構造を意味的連関として明示化することで、それは言語的・反省的にも表明され得る（言としての開示）。――「こと」に備わる開示機能は、こうした二様の仕方で、「者」の次元に基づきつつ、それ自体は対象化し得ない「者」自体のありようを、直接・間接に表明しあらわにしていることが明らかとなった。

(2)「表現する」ことの二様態――言語的および実践的な表現過程

「こと」の次元に注目することで、「人間存在の主体性の構造」は以上のようにその全体を見通せるようになったが、そこでの「了解（者）を開示しつつ存在者（物）を発見する」という、「もの－こと－もの」構造全体を貫くような一連の過程こそが、まさに「表現する」ということそのものなのだ、という解釈をここで提起したい。この「表現する」ことの全体的な仕組みを、次頁に示す「図」にも即しながら説明しよう。

「表現する」ことのこうした解釈は、「言」の側面に限って言えば、第三節後半ですでに指摘済みだ。そこでは、「こと」の開示機能が自己了解性に基づいて、その了解内容を、特に言語的表現にもたらすという仕方で明示化し表明しているとされた。そしてこの「言としての開示」には、言語的表現という一定の存在者（第一章で導入した用語で言えば「表現的存在者」）を見いだすことが伴われている。つまり「言としての開示」には、典型的には「…は…である」といった命題的陳述の形をとる「表現的存在者の発見」が同時に生起しており、この言語的な開示および発見という一連の過程こそが、言語的に「表現する」作用を構成していると解釈できる。表現的存在者としての言語的表現

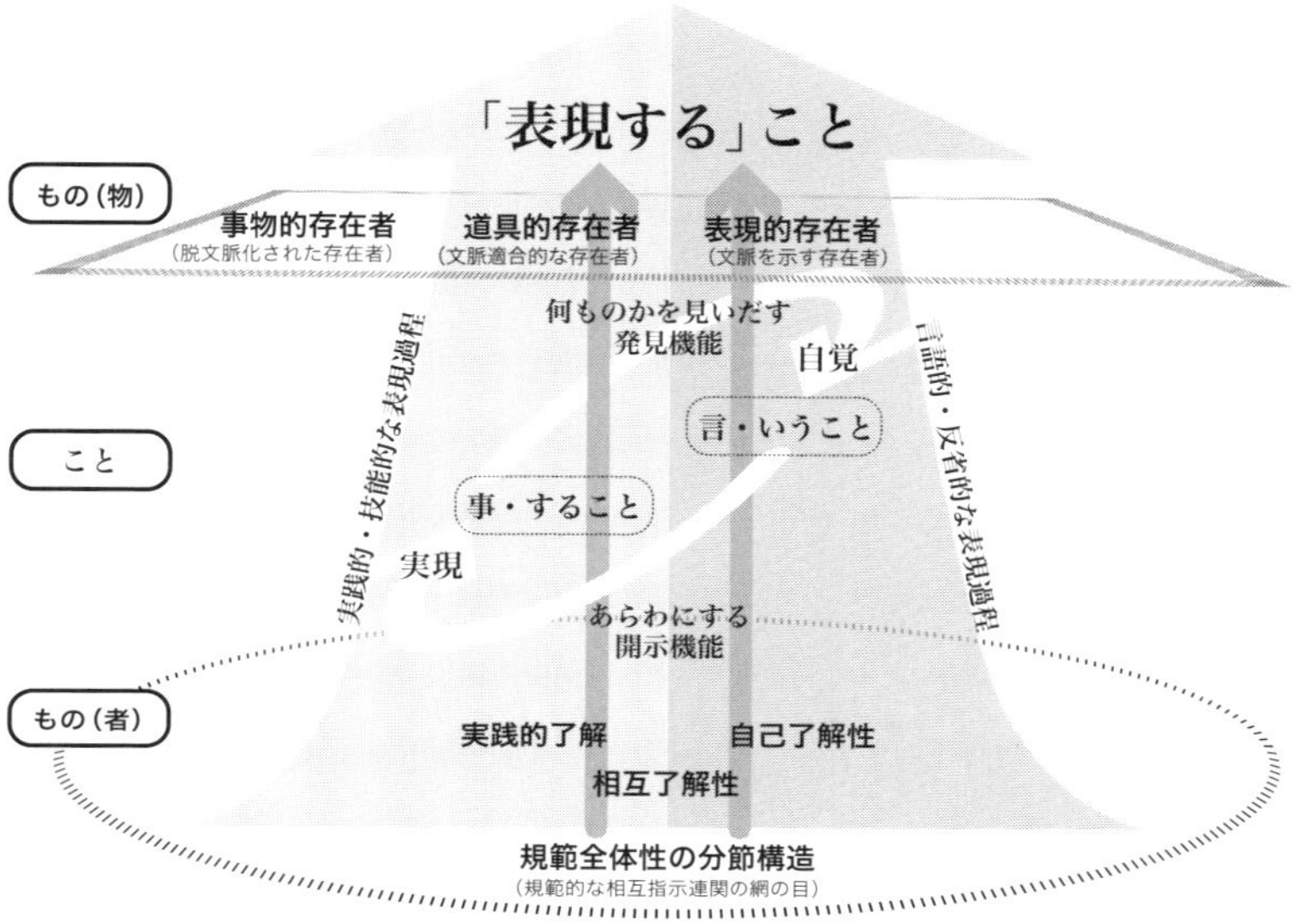

図　「もの－こと－もの」構造における「表現する」ことの仕組み（「こと」の二機能・二側面）

は、自己了解性に基づく「言としての開示」において、まさにそのような存在者として出会われ見いだされ、さらに言えば「存在にもたらされている」ことになる。

何かを存在にもたらすという存在論的な意味での「表現する」作用は、「言としての開示」に関しては比較的見て取りやすい。しかし、「言としての開示・発見」だけでなく、「事としての開示・発見」もまた何らかの表現作用として把握され得るはずだ。ではそれはどんな仕方なのか。

前節の議論を踏まえれば、「事としての開示」は、規範全体性の了解内容が、日常的対処という形で直接的に表明されあらわになることとして把握された。われわれのごく日常的な行為は、あらかじめ了解されている規範全体性に基づいて可能になるが、同時にそれは、規範全体性をある有意味な具体的ふるまいにおいて端的に表明し実現しているのでもあり、その点で、実践的了解をあらわにする開示機能（存在論的な語り）の発現であることが確認された。

そして「事としての開示」の場合、それとともに生起する「何ものかを見いだす」発見機能は、日常的な諸実践において、典型的には道具的存在者をそれとして見いだし出会わせており、こうした道具との交渉を可能にするという仕方で「物」の次元に関与しているのだった。(21)「万年筆や便箋を用いて実際に手紙を書く」という事例で考えれば、その行為はそれ自体がそのまま、これらの道具同士の指示関係（万年筆で便箋に書くといった道具のネットワーク）や、関連する諸行為同士の指示関係（先日贈り物をもらったのでそのお礼をする、といった前後の脈絡）に関する了解を直接的に開示する一方、同時に、そこで現に用いられている道具的存在者（万年筆や便箋等々）を、手紙を書くためという用途の下で有意味になるもの（ハイデガーの言う「適具」）として、端的に見いだし発見している。そこでは、「事としての開示」と「道具的存在者の発見」が同時に生起しており、こうした仕方での実践的な開示と発見という一連の過程こそが、「事」としての「表現する」作用（了解を開示しつつ存在者を発見すること）を構成している。

――以上より、存在論的な意味での「表現する」ことの仕組みは、次のように整理できる。

「表現する」ことはまず、「こと」に備わる二機能（開示と発見）からその基本構図が説明される。「あらわにする」開示機能および「何ものかを見いだす」発見機能に基づいて「了解を開示しつつ存在者を発見する」ことが、何かを存在にもたらすこととしての「表現する」作用の内実となる。また「表現する」ことは、了解を開示する点では「者」の次元に関与し、存在者を発見する点では「物」の次元に関与するというように、「こと」を基軸としつつも、「もの－こと－もの」構造全体からその作用が理解されるべきものだ。したがって「表現する」ことは、「規範全体性の了解」を携えた人間存在（者）が、自らのふるまい的志向性（こと）を通じて自分自身のありようをあらわにすると同時に、その志向性の相関者として存在者（物）を見いだす、という開示と発見の過程として捉えられる。こうした「表現」過程全体を通じて「何かを存在にもたらす」ことにおいてこそ、人間存在は存在論的な意味で自分自身を「表現」しているのだ。

さらに「表現する」ことには、「こと」の二側面（事と言）に対応して、二様の作用の仕方がある。まず、実践的了解を日常的対処において直接的・実践的に開示し、またその相関者として道具的存在者を発見する、という「事」を通じての実践的な表現過程がある。他方、自己了解性に基づいてそこでの了解内容を陳述という形で言語的に開示し、（典型的には言語的表現という形で）表現的存在者を発見する、という「言」を通じての言語的な表現過程がある。そして、先述の「事が言に先行する」という原則を踏まえれば、ここでも、「事」による実践的な表現過程の方が、「言」による言語的な表現過程よりも、人間の存在構造においてより基礎的であることになるだろう。

2　人間存在論における「規範的なもの」の位置づけをめぐって

ここまでの検討でもって、和辻の「人間存在論」の全容が解明されたと言ってよいだろう。では、この人間存在論は、彼の倫理学理論にとってどんな意味でその基礎となり得るものなのか。本章の締め括りとして、今後の議論も見据えながら、この点について最後に考えておきたい。

そこで特に注目したいのは、彼の人間存在論において「規範性」「規範的なもの」がどう位置づけられるのか、という論点である。なぜそこに注目するかと言えば、規範性は倫理学にとって最も基礎的な問題だからというだけでなく、序論でも指摘した通り、「行為の規範性・意味」（特に「事前の規整」の側面）への問いかけが、和辻の倫理学理論の一つの基本的特徴となるからだ。そしてその問題はすでに、本章で見た「事と言の間での実現‐自覚構造」の内に現われていた。

（1）「規範としての言」の再検討――「本質のようなもの」としての「言」

人間存在論における「規範性」問題を確かめるために改めて検討したいのは、「言」である。第二節の段階では、実現－自覚構造における「言」の位置づけは、まだ曖昧な部分を残していた。

そこでは「事が言に先行する」という大原則があり、「事（行為的連関）が言（意味的連関）として自覚される」側面の方は、そこから無理なく理解可能だった。それに対し「言（可能態）が事（現実態）によって実現される」側面は、「言」が行為に一定の方向性を与えるような一種の規範として機能し、逆に「事」のありようを導き得るとされた。ただし、先の第二節では、これら二つの側面が往還的に働いて「事」と「言」が互いを絶えず更新し合っていくフィードバック・ループを構成していると定式化したのみで、行為を導く「規範としての言」が「事の先行性」の原則といかに両立し得るのかについて、その根拠にまで踏み込んでの考察はできていなかった。

そこで「規範としての言」を再考するにあたり、すでに一度検討した一節を改めて参照したい。そこでは「言」が「本質」に擬えて次のように説明されていた。

> 「目前に起こったこと」は感覚的に触れられるさまざまなもの［物］とその関係において存する一定の特殊な事件［事］であるが、「目前に起こったということ」は何ら特殊なものや関係に依存することなく、一般にかかる特殊な事件の起こり方［言］を意味する。それ［＝言］は目前の事件［事］の内にも存するが、しかし何ら現実的な事件がなくとも存立することである。すなわち事《こと》は現実的なことであり、言《こと》は現実的な事にも己れを現わし得るところの可能的なことである。ここにおいて言《こと》としての「こと」はきわめて近くessentiaあるいはWesenに似かよってくる。［4: 541］

ここでの「言」は、現実的な「事」から距離をおいて「事の起こり方」を事前に規定し得る「可能的なこと」という、まさに行為の仕方を導く規範的なものとして把握されている。さらにそれはessentia（本質存在）やWesen（本質）

に似かよったものだともいう。――ここで「言」が、本質に似た「本質のようなもの」とはされても「本質そのもの」とはされていない点は、一見些細な違いだが、「規範としての言」の位置づけを考える上で実は極めて重大な意義を持つと思われる。

そこで一緒に考え合わせてみたいのは、第一章でテイラーに即して確認した表現主義的存在論である。その核心にある発想は、「主体的なものは、自ら表現にもたらされることにおいて初めて、それ自身に相応しい仕方で存在し始める」というものだった。そこでは「初めから何か確たる本質があって、それがそのまま実現される」とは考えられていない点が特に重要だ。つまり「主体的なもの」という、和辻の人間存在論において根柢的な「者」の次元に属する何かをどう捉えるべきかというときに、表現主義的存在論はそれを、その内実があらかじめ確定的に定まった「本質そのもの」とは捉えない。そうではなく、「者」の次元にある根柢的な何かとは、目指され表現されるべき本質の位置にはあるものの、その内実は当初は不確かでおぼろげなものであり、それが実際に表現され実現されていく過程のなかで初めて、それ自身に相応しい内容を獲得し充実させつつ存在し始めるような、言わば「本質のようなもの」（本質としてその実現が目指されるべき位置にはあるが、その内実はいまだ不確定的なもの）として把握されている。

こうした表現主義的存在論の発想は、「規範としての言」の位置づけにとって、決定的な示唆を与える。「規範としての言」は、当初から確たる内容をもった本質として、「かく行為すべし」といった命題的な内実を備えた規範（命題的規則、ルール）として初めから存在するのではなく、実際の行為がなされるなかで、それとして主題化され自覚的に表現されることにおいて初めて、それに相応しい内実を持ち始めるものとして捉えられるべき、ということになるだろう。

こうした「規範としての言」の微妙なあり方を、和辻自身は（これもまた本章で先に引用した）次の重要な一節で明確に指摘していた。

従って「いうこと〔言〕」は行為〔事〕に先立って可能なることとしてあるのではなく、行為の中から、実践的了解の自覚として、生まれてくるのである。この自覚がさらにまた行為の中の契機となって、行為を導き、行為に形をつける、それを我々は「いうこと〔言〕」が実現せられたと呼ぶのである。〔4: 543〕

前半の一文では、「事の先行性」の原則に基づき、「言」が行為（事）に先行する「可能なること」であることが否定されている。それは、一般的に人間のいかなる具体的実践とも全く無関係に（つまり「本質そのもの」として）成り立つような規範はあり得ない、という主張であるだろう。

しかし後半の一文では、自覚された「規範としての言」が行為のありようを導くことにおいて実現される、と一見して前文と矛盾するかのような記述が続いている。ただし、人間存在論における「規範としての言」の位置づけが上述した「本質のようなもの」であったとすれば、ここでの記述も「本質そのものではないが、本質のようなものではある」という主張として解釈可能なのではないか。またたからこそ、「本質のようなもの」としての「言」は、いまだその内容は不確定的ながらもその実現が目指されるという仕方で（つまり本質・目的の位置にあって）、現に行為の仕方（事の起こり方）を導き、それに何らかの方向性を与え得ていることになる。

以上より、先に掲げた問い（「規範としての言」はどんな根拠で「事の先行性」の原則と両立し得るか）に回答するための基本方針が得られた。その回答は、やはりなお微妙で両義的だが、いまやその「微妙さ」自体をより明確に記述できる。――まず「規範としての言」は、先の原則からしても、行為に先立ってそれを前もって完全に規定するような明示的な規範ではない。むしろわれわれの行為を導く規範は、表現主義的存在論からしても、それとして表現され自覚されてこそ、それに相応しい仕方で存在し始めるようなものとしてある。その点で「言」はその完全な先行性（初めから本質そのものとしてあること）を否定される。しかし他方、「規範としての言」はそれとして表現され存在にもたらされるよりも前から、不確定的なあり方であれ、その実現が目指されるべきものとして潜在していたと見ることができる。それは「開示」機能の議論（第四節）で見た、規範全体性の分節構造の「潜在性」という論点からしても、そうなるはずだ。

規範全体性の分節構造は、（例えば道具を用いたふるまいといった）日常的対処をそもそも可能にするという点で、われわれの実際の行為（事）に先行してそれを規整する規範として作用している。ただそれは、われわれが実際のふるまいにおいてそれを表明する以前には、あくまでも潜在している（と事後的に言い得る）に過ぎず、それが何であるのかは「事」によって実践的に開示・表現され、また「言」として言語的に開示・表現されることを待たねばならない。ただ、この潜在性の論点をより積極的に捉えるならば、実践的了解の自覚としての「言」は、表現されて初めてその内実が明示化されるのであっても、そこで自覚される分節構造自体は、その行為的実現に先立って潜在しており、潜勢的・非主題的な仕方で先行的に了解されることにおいて、行為に一定の方向性を現に与え得ているとも言える。「規範としての言」は、たとえ具体的内容が不確かであったとしても、その実現が目指されるべき（一種の）「目的」の位置にあるという意味で、「本質のようなもの」としてあらかじめすでに潜在していたことになる。

以上の検討より、「規範としての言」は、行為のありようを事前に完全に規整するようなものではあり得ないが、（たとえ大まかでおぼろげなものであれ）行為に何らかの方向づけを与え得る「本質のようなもの」として「事」に潜在するような「規範的なもの」であり、それが何であるのかは、まさにその実現を目指した具体的行為がなされることを通じて、表現され構成されてくるようなものとしてある、ということになるだろう。――このように行為を方向づける「規範的なもの」の構造は、和辻の倫理学理論においてより具体的な形で考察し直されるはずだ（第七章）。

（2）表現的存在者を媒介とした解釈学的主体の自覚的な自己形成構造

潜在性という論点に着目した以上の考察は、「規範としての言」の位置づけの問題を、「もの－こと－もの」構造の「者」の次元との関係から検討することでもあった。では、他方の「物」（存在者）の次元との関係からは、何が見えてくるだろうか。そこで改めて検討したいのは、前にも言及した「表現的存在者」というものに関してだ。――本書ではもののあり方（人間以外の存在者の存在様式）の類型として、ハイデガーによる「事物的存在者」と「道具的存在者」の区別に加え、「表現的存在者」というカテゴリーを追加するという提案を第一章で行なった。

三者の区別を簡単に振り返れば、まず道具的存在者とは、日常性における最も典型的なもののあり方である。それは、実践的了解に基づくふるまいとしての「事」と志向的関係にあるもので、他の道具や諸行為との相互指示関係（文脈）の内にあって初めて、それ自身が何であるのかといった一定の意味を持ち得るという点で、「文脈に適合・依存した存在者」である。また事物的存在者とは、こうした文脈から切り離され、特に観照的な態度によって捉え返されたものであり、それが何であるかは、文脈上の意味とは無関係に、それが事物として持つ諸性質（形や大きさや重さといった物理的な諸特徴）等から規定されるような、「脱文脈化された存在者」である。

それに対し表現的存在者とは、それが自己了解性に基づく反省的な「言」との相関者である点からしても、文脈を主体自身にそれとしてより明示的に示唆するような、「文脈を示す存在者」と位置づけられよう。道具的存在者が、行為の文脈に適合した仕方でそれ自身の機能を発揮することで、諸実践（技能的・実践的な表現過程）に寄与しそれを構成するのだとすれば、他方の表現的存在者は、行為の文脈をそれとして示唆することで、行為者に（自身もその内にある）文脈自体の自己主題化や自己解釈・自覚（言語的・反省的な表現過程）を促し得るものとしてある。

そして、ある同一の「物」に対してであっても、それと技能的・実践的な仕方で「交渉」するか（事）、言語的・反省的な仕方で「解釈」するか（言）に応じて、その「物」は道具的存在者として存在したり、表現的存在者として存在したりすることになる（ないしは事物的存在者として「認識」される）。例えば、「箸」というものを、日常的には食事のための道具として用いるのが普通なのだとしても、他方、その「箸」を表現として捉えることを通じて、そこに表現されていると思しき無数の事柄（例えば、箸の使用もその一環となっている食事のマナー全体のあり方、その箸が誰かからのどこかのお土産であること、それを長年愛用しているといった経緯、それら諸々のことが自分にとって何を意味するか、等々の脈絡）を解釈し出し自覚することが可能だ[22]。

すなわち表現的存在者は、人間の日常的行為をそもそも可能にする「規範的なもの」が潜在していたこと（つまり、ある行為の仕方や文脈に関してわれわれが潜勢的な理解を持っていたこと）を示唆するものであり、それによってわれわれにその「自覚」を促す、という独自の機能を担う存在者だと位置づけられる。それが独自だというのは、例えば、ある状況下である用途のために役立つ手段として一定の機能を果たし得ることにおいて一定の意味を持つ、といった通常の道具的存在者と対比してのことだ。それに対し表現的存在者は、行為においてある実効的な役割を果たすというより、その行為の前提となっている潜在的な「規範的なもの」（相互指示関係の網の目、文脈）をより分節化された「意味的連関」としてあらわにして示す、というような自覚・反省の過程においてその独自の機能を発揮している。

――そこでさらに考えておきたいのは、この表現的存在者を媒介とする「自覚」の過程自体が、表現的主体としての人間自身にとって持つ意義である。それは、本章で問うてきた「表現する」ことの存在論的構造を考える上でも重要な論点となる。この点に関連して、和辻は『人間の学としての倫理学』で次のように述べていた。

人間存在はかくのごとく己れを外化し表現することを通じて絶えず己れを自覚的に形成し行くところの存在である。
[9: 145]

ここではまず、人間存在が絶えず自分自身を形成していく存在であることが前提とされている。人間の日々の成長や変化に、その当人が何らかの仕方で関わっているはずであることを思えば、さほどポイントを外した見解ではないと言ってよいだろう。その上で、人間的主体の自己形成は「自覚的」な仕方でこそなされ得るというのが、この一節での重要な主張となっている。

その自覚的な自己形成は、単に表現（的存在者）を作りだすだけでは果たされない。主体が自らを客体化して存在にもたらした表現自体を改めて理解し解釈する「自覚」に基づいてこそ、主体は自分自身をさらに展開させることができるという。つまり表現的存在者を介した自覚の働きは、単に「規範的なもの」をそれとして示すだけでなく、そのさらなる理解・解釈によって主体の自己形成を促し得るという点で、人間の存在構造において重大な役割を担っている。

その「促し」はより具体的には、表現において示された「規範的なもの」が主題的に解釈されることで、それ自体の修正・強化・変容等が生じる、といった仕方で起こるだろう（例えば、「われわれ」の間での挨拶の仕方を主題化して問うこと自体が、そのふるまい方自体に再帰的に何らかの影響を与え得るはずだ）。こうした意味での「自覚」は、われわれが殊更に意識もせずに行為を方向づけるものとして暗黙裏に前提としてきた「規範的なもの」を、言わば改めて「自分のものにする」(23)ことだ。そして、こうした自覚の過程を通じて「規範的なもの」自体のありようが更新されることによってこそ、当の主体自身の行為の方向性もまた変化・展開し得ることになる。

ここでの表現的主体としての人間存在は、自身が前提とする「規範的なもの」を種々の表現的存在者にもたらし、またその自己解釈によって「規範的なもの」自体を更新していくという一連の過程のなかで、まさに「自覚的」な自己形成を果たしていると言える。こうした主体の自己形成構造は、序論で前もって言及しておいた「解釈学的主体」と呼ぶべき人間像の内実をより詳しく説明するものにもなっているだろう。すなわち和辻の人間存在論で探求されるべき「主体」とは、表現的存在者を媒介として自覚的に自己形成するような存在、としてさしあたり規定されたことになる（ただしこれで和辻における「主体」の規定が尽くされたわけではない）。

最後に以上の検討を踏まえて、「規範的なもの」が、本章全体で解明した表現的主体のなす日常的行為の構造の内にどのように位置づけ直されるのかについて、簡単に整理しておこう。

まず人間の日常的行為の構造は、次のような「実現と自覚の往還構造」をとるのだった。一方では、あらかじめ了解されている「何か」を種々のふるまいにおいて実現するという過程があり、他方では、そうしたふるまいにおいて現に表明されているその「何か」を、さらに言語的表現において自覚するという過程があって、「行為」とはこの二つの過程が往還的に働くことのなかで、個々のふるまいの前提となっている「何か」を絶えず再帰的に更新しつつ、それに続くさらなるふるまいを生みだし展開させ続けていく、といった一連の動的過程として把握される。

そして、そこで前提され表明されるとともに、自覚され更新されてもいるという、そのそもそもの「何か」が一体何であるのかと言えば、それは、「開示」機能の検討でも明らかにした通り、人間の行為をそもそも有意味にするような背景としての「規範全体性の分節構造」「潜在的な指示関係の網の目」「文脈」であり、要するにそれらが「規範的なもの」の内実をなす。本節の後半では、「規範としての言」に改めて着目することで、この「規範的なもの」の基本的特徴が、表現主義的存在論の観点からさらに以下のように解明されるにいたった。

まず強調したのは、「規範的なもの」が行為の方向性を導くとはいっても、それは初めから確たる内容を持つわけではない、という点だ。またそうだとすると、行為を導く「規範的なもの」は、当初はその実現を目指すべき「目的」の位置にあるとはいっても、漠然とした不確定的な内容しか持たないごく大まかな方向性を与え得るだけの、一種の目処や符牒のようなものとしてもっぱらあることになる。こうした不確かな「目的」（の位置にある何か）を目指した、言わば手探り的な試行錯誤を通じて一連の行為が進行するなかで初めて、「規範的なもの」はその具体的な内容を獲得し始め、次第により明瞭な輪郭や陰影を備えた確定的な形姿をとるようになる。

また、「規範的なもの」が確たる内実を獲得していく際には、それが種々のふるまいにおいて実現され表現にもたらされることと並行して、その表現の自己解釈を通じて、「規範的なもの」自体が行為者自身に対し自覚にもたらされているのだった。すなわち、当初は行為の方向性をそれとなく示すに過ぎなかった「規範的なもの」は、それに基づく行為が現に遂行されるなかで、それ自体の意味が当の行為者自身にも次第に明瞭になってくるのであり、こうした「自覚」の過程は、上述した「解釈学的主体」の自己形成構造においても極めて重要な役割を果たしているはずだ。

――以上のように、人間存在論における「規範的なもの」の位置づけを考えることによって、和辻の考える「行為」の基本的なイメージや、行為を事前に規定する「目的・本質」のあり方、また行為の「主体」自身の存在構造が、より明確となってきたはずだ。次章からはいよいよ和辻の倫理学理論そのものの検討に取り組み始めるが、ここで確認した人間存在論に基づく「行為」や「目的・本質・規範・意味」や「主体」に関する彼の根本的な考え方は、その検討作業を進めていく上でも重要な手がかりとして幾度となく参照されることになるだろう。

第二部　人間存在論に基づく解釈学的倫理学

第四章　倫理とは何か、倫理学とは何か

――人間存在論から解釈学的倫理学へ

本章より、和辻哲郎の倫理学理論そのものの検討に取り組み始める。

前章で解明された最も重要な点は、和辻の人間存在論が「実現と自覚の相互作用を主軸とした哲学的行為論」という形で具体化されていたことにある。そこでは「表現する」ことの構造が、「こと」の次元での「実現」と「自覚」の往還的な相互作用として、またさらには「もの－こと－もの」構造全体を貫くような「了解を開示しつつ存在者を発見する」こととして解明され、この「表現する」ことにまつわる一連の過程の総体が「人間の行為」として捉え直されるにいたった。

以上を踏まえてまず確認しておきたいのは、こうした和辻の人間存在論がいかなる地点において倫理学的な問題圏の内へと歩みを進めることになるのか、についてだ。

第一節　人間存在論から倫理学への展開

ここまでに見てきた通り、そもそもは日本精神史研究の枠組のなかで問われ始めていた和辻の存在論は、その存在の根柢に人間存在を見いだすことにおいて「人間存在への問い」、すなわち人間存在論として更新されていた。そしてこの人間存在論が、「存在者の成立構造」としては「所有の人間存在論」を、「人間存在の主体性の構造」としては

「もの‐こと‐もの」構造における「事と言の間での実現‐自覚構造」を、それぞれ帰結させていたことも上述の通りだ。こうして和辻の人間存在論の再構成の作業は一通り仕上げられたわけだが、その「人間存在の主体性の構造」が、実現と自覚の往還的運動として把握される理論的地点において、和辻の人間存在論は倫理学的な問題圏の内へと展開することになる。つまり、和辻の人間存在論の理論的到達点であった「実現‐自覚構造」こそが、同時にその倫理学の出発点にもなっているのだ。

では、その人間存在論から倫理学への展開は、具体的にはいかに起こっていただろうか。まず手がかりにしたいのは、第一章以来参照してきた論文「日本語と哲学の問題」での、次のような一節だ。和辻はそこで、前章で見た「事・すること」と「言・いうこと」の区別について、しかしその両者は「こと」としては本来同一でなくてはならないと述べていた。

> 日常の会話において「あの男はいうこととすることが合っていない」ということを非難の意味において語るのは、すでにいうこと〔言〕とすること〔事〕とが「こと」として本来一であるべきことあるいは一であり得ることを理解しているのである。〔…〕すなわち同一の「こと」はすることもいうこともできるのである。ここに本質的に区別さるべき何ものもない。〔4: 534–5〕

ここでの例に言う「いうこと」と「すること」の合致、つまり言行の一致が云々されるのは、まさに「倫理」や「当為」や「規範」が問題となる場面においてだろう。「もの‐こと‐もの」構造における「こと」を、「事」と「言」へと分けて区別しその相互関係を問うことでもって、和辻はその構造全体（つまり人間存在論）をモデル化していたが、それと同時に、そのように区別された「事」と「言」が「本来は同一であるべき」と語り出すことにおいて、この

「事」と「言」の問題を「規範」や「当為」の問題へと捉え返し、それによって人間存在論が問うべき課題を倫理学的な問題圏の内へと展開させていたのだ。

そして次の一節では、この「事」と「言」を区別し、かつその本来的な統一へと媒介しているものこそが、「実現」という契機だとされている。

> もし「いうこと」「言」の「こと」が「すること」「事」の「こと」と異なるならば、「いうこと」が「すること」によって実現せられるということは全然不可能である。しかし全然同一であって異なるところがないならば、可能なることが現実のことに転化したなどとは言えないであろう。従って「言《い》うことと為《す》ることとが一致しない」という現象も生じないであろう。かく見れば事と言とを区別するのはまさに実現という契機であり、従って「する」ということなのである。［4: 543］

ここではまず、「言」と「事」は、両者がそもそも「こと」として本来同一であるからこそ、「言が事によって実現される」という関係も可能なのだという。ただし他方、この「実現」可能性には、「言」と「事」が一致しない可能性、つまりその「実現」が実際には起こらないという非実現の可能性があることも、同時に含意されている。そして、この「かくあるべきことが、にもかかわらず、つねに実現されているわけではない」という可能性こそが、「倫理」や「規範」や「当為」といったものに独自の問題性を与えていることに、特に注意を促しておきたい。

このことは、「法則と規則の対比」という論点と重ね合わせることで、より理解しやすくなるだろう。法則（典型的には自然法則）が、「ある前提条件の下では必ずそれに対応した一定の結果が生じてくる」ことを示すのに対し、もう一方の規則は、「そうであるべきならば必ずそうなる」ことを含意しない。つまり、かくあるべきものとしてその実現が目指される規則や規範には、法則的必然性（「必ずそうなる」）のような強制力はなく、当然ながら、それが実現されないことがあり得るという点で、法則とは異なる。しかし他方で規範・規則は、それが物事のあるべきありようを示すことにおいて、法則的必然性とはまた別の仕方で、その実現へ向けてわれわれの行為を促すような何らかの強制力を発揮しているようにも思われる。このような、法則的必然性とは異なる仕方で、規範・規則がわれわれの行為の方向性を制約しつつ導くというその強制力の発揮の仕方ないし構造のことを、本書では「規範性」と呼ぶことにしよう。

先の一節でも、「事と言は、本来一致すべきものだが、構造上その不一致の可能性を避け難くはらんでいる」と指摘することで、和辻はまさに「規範」や「当為」が帯びる上述のような独自の問題性（つまり規範性に特異な強制力のあり方という問題）に触れていると言ってよいだろう。人間の行為の成立構造において、「事・すること」と「言・いうこと」が本来は同一のものであり、その一致が実現されねばならない、という問題に逢着する理論的地点において、まさに和辻の人間存在論は「規範性」の構造に関わる倫理学的な問題圏の内へと足を踏み入れていた。

第二節　「倫理」とは何か？——「実現」構造から

以上に見たような、意味的連関・可能態としての「言」が、実践的行為的連関・現実態としての「事」によって実現されるべき「規範」「当為」として把握されてくる、という理論的な地点において、本書はいよいよ和辻の倫理学理論そのものの検討に移行する。

そこでまず確かめておきたいのは、そもそもここで言われている「倫理学」ひいては「倫理」そのものが、和辻自身にとってどう位置づけられていたか、という問題だ。この「倫理学とは何か」「倫理とは何か」という問いは、彼が自身の倫理学理論を初めてまとまった形で提示した初稿「倫理学」、およびそれを基にして成った著作『人間の学としての倫理学』でまさに主題的に問われていた。以下では、この二つの文献に加えて、それらの縮約版という趣の強い『倫理学』序論に依拠して、和辻にとって「倫理」および「倫理学」が何であったのかを、順に確認していこう。

1　倫理の「実現」構造について

和辻は『人間の学としての倫理学』の冒頭で、倫理学の出発点となる問いとして、「倫理とは何であるか」と自ら問うことから議論を始めていた。ただし、彼の解釈学的な立場からするとき、その出発点において与えられているのは、ただ「倫理とは何であるか」という問いの言語的な表現のみであるという。つまりその出発点で確実であるのは、その問いが「言葉によって表現せられ、我々に共通の問いとして論議せられ得る」[9: 7] ことだけで、そのため、ここで問われている「倫理」の内実は、以後展開されていく倫理学自身によって明らかにされるべきものであって、それを出発点においてあらかじめ規定しておくことはできないとされる。そこで和辻の倫理学理論では、その出発時にすでに客観的に存在する「倫理」という言語的表現を手がかりにするという解釈学的方法に基づいて、その「学」としての探究が開始されることになる(1)。

彼は倫理の「倫」という言葉の解釈学的分析から、次のように倫理学的考察を始めている。

「倫」とはまず「なかま」を意味するという。その「なかま」という言葉は、人々の間の関係を意味すると同時に、その関係によって規定されている人々も意味するが、それは「倫」においても同様だという。すなわち「倫」とは、何らかの人間関係にある人々の総体としての「人倫」、すなわち「人間の共同態」を意味する [9: 8]。

他方で「倫」という言葉は、その人間共同体における「不変なること」[9: 9] をも意味するという。では、絶えず転変する人間の生における「不変なること」とは一体何か。和辻によれば、それは、共同体において古くから「風習」として把握されてきた、「きまり」や「かた」、「秩序」や「道」であり、それらがあって初めて人間共同体もまた成立し得るのだとする。

この点については、父子関係を例に次のように説明されている。

> しかるに人間共同態は本来かくのごとき秩序にもとづくがゆえに可能なのである。父子の間に父子として秩序がなければ父子の間柄そのものが成立せず、従って父を父、子を子として規定することもできぬ。だから父子の「大倫」は父子を父子たらしめる秩序すなわち「常」［＝不変なること］にもとづいてまさに大倫たり得るのである。［9: 9］

こうした「秩序」や「常」としての「倫」は、ある人間共同体をかくなるものとしてあらしめている「共同態の可能根柢」［9: 10］だという。――以上の確認からして「倫」という言葉は、まず人間共同体（人倫）を意味し、それと同時に、その共同体をそもそも可能にしている秩序や道やきまり（可能根柢）をも意味していると解釈される。

また倫理の「理」という言葉は、「ことわり」「すじ道」を意味するという。それが特に人間生活に関わる「理」であるならば「道義」の意味となり、それは「倫」の二つ目の意味であった、「共同体を可能ならしめる秩序・人間の道」としての意味を強調するものだと説明される。

以上をまとめれば、「倫理」という言語的表現の含意として、第一に、それはあくまでも共同体（人倫）に関わるものだとされ、人倫的な共同性を捨象した個人的・主観的な道徳意識にのみ基づくものでは決してないことが強調される。また第二に「倫理」とは、人間共同体の可能根柢（つまり存在論的な根拠）に関わるものであり、それこそが個々の道徳的判断をそもそも可能にする地盤だとされる。ここではいずれにせよ、個人主義的人間観を前提とした西洋的・近代的な倫理学との対比で、「倫理」という言葉の含意が提示されている。
では、「共同態（共同体）」とその「可能根柢」という、「倫理」という言葉にはらまれる二つの含意は、互いにどんな関係にあるのか。「倫理」という一つの言語的表現の内に、この二つの意味合いが同居しているという事実について、和辻は端的には次のような意義を読み取っていた。

> 倫理とは人間共同態の存在根柢として、種々の共同態に実現せられるものである。［9: 12–3］

ここで何よりも重要なのは、共同体とその可能根柢（存在根柢）の間には「実現」という関係がある、という点だ。共同体の可能根柢は、ある具体的な共同体において（もしくは共同体として）「実現」されるのであり、その両方の意味を同時に帯びた「倫理」とは、この一節では、かくなる「実現」構造そのものとして把握されていると解釈してよいだろう。

そしてこの倫理の「実現」構造は、前章で検討した「人間存在の主体性の構造」の中核をなす「もの－こと－もの」構造に、そのまま接続させて捉え直すことができるという点に、さらなる注意を促したい。つまり上述の「倫理」の二重の含意は、まず「可能根拠」としては根柢的な「者」の次元に関わり、また「人間共同体」としては、歴史的・文化的に特殊な仕方で存在する「物」の次元に関わるものと捉え直せる。さらに「事と言の間での実現－自覚構造」を踏まえれば、前者の可能根拠が、後者のある具体的な人間共同体（存在者・表現）において（もしくは共同体として）実現されるという存在論的な構造が、この「倫理」の二重の含意の内に見て取られてくる。要するに「倫理」とは、和辻の人間存在論における「事と言の間での実現－自覚構造」の、特に「実現」構造の側面に対応するものとして解釈できよう。

――以上の「倫理」解釈では、和辻の人間存在論が、「共同体の可能根拠（主体的なもの）が自らをある具体的な人間共同体（存在者）としていかに実現し表現しているのか」という、倫理の「実現」構造として捉え返されていた。このことはまさに人間存在論の「倫理学化」の第一歩を意味し、それによってまず「倫理」なるものが、人間存在論の枠組（「もの－こと－もの」構造）のどこに位置づけられるべきなのかが確かめられたことになる。

2　「存在でありかつ当為でもある」ものとしての倫理

ただしこの「倫理」解釈に関しては、さらに細心の注意を要すると思われる論点がある。それは、和辻の言う「倫理」は必ずしも「当為」そのものではない、という点だ。例えば「信」という特定の倫理において成立する友人共同体に関して、次のように述べられている。

朋友は「信」［という秩序・道としての「倫理」］において朋友として成立するのであって、朋友［という共同体］の成立の後に信が当為として要求せられるのではない。もちろん朋友は信の根柢において成立するがゆえにまさに信の欠如態においても存立し得る。だから朋友の共同態の根柢たる信がまた当為としての意味をも帯び得るのである。しかしその当為が共同態の存在根柢に基づくことは明白だと言わねばならぬ。［9: 10］

議論の前提としてまず確認しておくべきは、なぜ倫理は当為そのものではないのか、というその根拠だ。それは端的に言えば、既述の通り、「倫理」とはまず共同体をそもそも可能ならしめる可能根柢（存在根拠）だからであって、共同体の「成立の後に」なってから要求されてくるようなものではないからだ。その意味で、ある共同体の内に住まう「われわれ」が、その可能根柢としての倫理を改めて問おうとする時点で、倫理はその共同体においてつねにすでに何らかの形で実現されて（しまって）いる、ということがここでは極めて重要な意味を持つ。「倫理」は、共同体においてその可能根柢としてすでに実現されているという点で、通常は「これから実現されるべきもの」と位置づけられる「当為」よりも、決定的に先行している。

「倫理はつねにすでに実現されて（しまって）いる」という先行的な事態は、より具体的には次のような事例を考えればよい。例えば、目上の人にしかるべき敬意を示すような仕方で挨拶をするといった種々の社会的慣習が現に成立していることであったり、ある社会では父権的な家族制度が支配的であることであったり、はたまた個人的・主観的な道徳《モラリテート》意識を基軸として人間個人の自由を最大限尊重すべきとする考え方が、ある特定の時代や地域に特異な倫理思想として形をとっていることであったり、等々はいずれも、ある特定の「われわれ」自身にとってはあらかじめすでに実現されてしまっている具体的な倫理なのだと言ってよいだろう。

この点に関連して、和辻は特に「人倫五常の思想」（儒教において恒常不変の道とされる仁・義・礼・智・信の五つの徳）という倫理思想を例に挙げている。彼はそれを「歴史的風土的なる特殊制約にもとづく」ような「共同態の把捉の仕方」の一つとして位置づけ［9: 10］、それが倫理の歴史的・文化的に特殊な実現形態である点を強調する。まただからこそ逆に、そうした特殊な倫理思想を、例えば「古代シナにおける社会構造」［9: 10］（つまり当時の共同体を可能にしていた可能根柢のありよう）の一つの表現として解釈することも可能になるのだとする。

そして「倫理の先行性とその特殊な実現形態」という以上の議論から、次のことが帰結する。すなわち「倫理」とは、時代や地域に応じて果てしなく多様かつ特殊な形態（表現）をとりつつ、共同体においてつねにすでに実現されているものであり、そのように実現されたものが総体として、いわゆる「歴史」や「文化」や「伝統」を構成していることになる。まただからこそ、そこでの倫理の特殊な実現形態である種々の「表現」が、「倫理」を問うためにまず手がかりとされねばならない（要するに倫理学の方法として解釈学的方法を採るべき）、と要求されてくるのだ。

――ただしその一方で、先の一節では、倫理は「当為としての意味をも帯び得る」とされていた点にも、注意を払う必要がある。そこでは、「朋友」という共同体は「信」という倫理（可能根柢）において成立するが、その共同体は「信の欠如態においても存立し得る」ともいう。つまり「朋友」という共同体（人間関係）は、例えば「友情に厚く友を欺かない」や「互いにその人格や力量を認め、高め合う」といった様々な形で、可能根柢としての「信」が種々の形態に実現されることにおいて具体的に成立することになるが、その種々の実現形態の次元では、「信」という倫理に相応しい友人関係が成り立っていないという可能性もある（「友人であったはずなのに、裏切ってしまった」など）。その意味で「信」という倫理は、可能根柢としては友人共同体をそもそも成立させるものでありながらも、その実現形態の次元での具体的な共同体のありようにおいては、「信の欠如態」といった事態に陥ることもあり得る。

そしてこのようなときにこそ逆に、その「信」という倫理は、友人共同体が本来いかにあるべきかを示すような「当為」としても機能することになる、というのがここでの和辻の考えだろう。「つねにすでに実現されている」ものとしての倫理は、その点では「これから実現されるべき」ものとしての当為そのものではないが、「ある共同性においてある人間の日常的な行為を導く」という点では、当為のような機能を担い得るものとしてあることになる。

この両者の関係について、主著『倫理学』の序論では、さらに次のように説明されている。

> しかし団体〔＝共同体〕は静的なる有ではなくして、動的に、行為的連関〔事〕において存在するものである。前に一定の仕方〔言〕によって行為せられたということは、後にこの仕方をはずれることを不可能にするものではない。従って共同存在はあらゆる瞬間にその破滅の危険を蔵している。しかも人間存在は、人間存在であるがゆえに、無限に共同存在の実現に向かっている。そこからしてすでに実現せられた行為的連関の仕方〔根柢的な倫理〕が、それにもかかわらずなお当《まさ》に為《な》さるべき仕方〔当為・規範としての言〕としても働くのである。だから倫理は単なる当

為でなくしてすでに有るとともに、また単なる有の法則ではなくして無限に実現せらるべきものなのである。[10:14]

ここには、和辻の考える「倫理の実現構造」が結局いかなるものだったのかが集約的に書き込まれている。まず重要なのは、ここでの倫理の実現構造が、上述の通り、前章で見た「事と言の間での実現‐自覚構造」からそのまま理解可能だという点だ。倫理とは、一方では「行為的連関」（事）においてつねにすでに実現されているが、他方では、これから実現されるべき「行為的連関の仕方」（規範としての言）として、人間の行為を導くような当為としても働いているのだという。

また、倫理の実現構造がいわゆる「存在と当為」という対比から、さらに捉え返されている点も重要だ。つまり、倫理はつねに何らかの仕方で実現されているという意味で「すでに有る」（存在する）が、他方でそれは「無限に実現せらるべき」当為でもある。ここにおいては、先に指摘した「倫理は当為そのものではない」という論点が、「倫理とは存在（有）でありかつ当為でもある」として、より積極的に規定され直されているとも解釈できよう。そして、この倫理の二重性（存在かつ当為であること）が何に基づくのかと言えば、それは倫理（ひいては人間存在自身）の持つ「無限に実現せらるべき」という性格に拠って、ということになる。だからこそ、「倫理」はつねにすでに実現されたもの（存在）でありながらも、実現され尽くすということがあり得ず、それゆえ、これから実現されるべきもの（当為）としてもあり続けることになる。

3　倫理の「無限に実現せらるべき」性格と、共同存在の破滅の可能性

こうした倫理の「無限に実現せらるべき」「実現され尽くし得ない」という性格に関しては、引用の前半部分でも

説明されている。和辻の「倫理」解釈に基づく「共同体」（「団体」的組織）は、決して「静的なる有」ではなく、そこに住まう人々のごく日常的な諸実践（「行為的連関」・事）を通じて、倫理が絶えず「動的」に実現されていくことにおいて存立するものとされる。倫理の「実現され尽くし得ない」性格は、まず、この具体的な諸行為（事）において絶えず実現され続けてきたもの（存在）である、ということに基づいて説明される。

またそれに加えて、共同体内での人間の行為を導く当為（「行為的連関の仕方」・言）の方も、その具体的内容においてつねに一定ではないという意味で、絶えず変化するものであることが指摘されている。ある共同体内での一定の行為の仕方（当為）が、これからも、様々に変転していくであろう共同体のそれであり続けるという保証はどこにもない。「われわれ」はこれからもずっと同じ挨拶の仕方に則って日々生活していくとは限らないし、「われわれ」はもはや家父長制的ではない家族のあり方の下で暮らしているのかもしれず、あるいは個人的な道徳意識だけに基づくのではない倫理学を構想することができるかもしれないのだ。つねにすでに実現されている「倫理」は、しかしこれからも改めて、しかも「これまでとは違った形において」という可能性をつねにはらみつつ、実現され続けていくようなものとしてある。

以上からして、「倫理が共同体に実現する」そのありようは、そこでの「行為的連関の仕方」（言）が絶えず変化することにおいても、またそれによって方向づけられる人々の「行為的連関」（事）がそのつど倫理を改めて実現してきたということにおいても（つまり「言・当為」の側面においても、「事・存在」の側面においても）、絶えず変化し続けてきたし、これからも変化し続けるということになる（これは上述の「倫理の実現形態の特殊性・多様性」という論点とも符合する）。先の引用中にあった「共同存在はあらゆる瞬間にその破滅の危険を蔵している」という記述は、ここに確認したような、絶えざる変化の内にある「倫理の実現構造」に本質的にはらまれている、その最も極端な可能性の一つとして解釈することができる。

ただしこうした「共同存在の破滅の危険」とは、あくまでも存在者（「物」）の次元における、具体的な共同体（人倫）のあり方に関する可能性として捉えるべきだろう。破滅の可能性をも含む絶えざる変化とは、「共同体としての倫理」の次元における問題であって、「共同体の可能根柢としての倫理」（根柢的な「者」）の次元では、倫理は「無限に実現せらるべき」ものとしてあり続けるはずだ。われわれは様々な人々と種々の具体的な共同存在（家族、友人、隣人、同僚、同胞、等々）を実現させることにおいて日常性を現に成り立たせているが、それらはつねに変化し続けているという点で、それぞれに絶えず「破滅の危険」を抱えており、またそれが実際に失われてしまうことも珍しくない。しかし、こうした個別の共同存在の破滅の可能性は、引用中で「無限に共同存在の実現に向かっている」と言われる人間の存在構造とは、あくまで別次元の問題だ。倫理の可能根柢（「者」）の次元で見れば、人間は「倫理の実現構造」に基づいて、絶えず何らかの共同存在を形成し実現しつつあるという仕方で存在している。

つまり、こうした倫理の「無限に実現せらるべき」性格を理解する上で最も重要なのは、人間存在論が提示していた「もの－こと－もの」構造における、「者」と「物」の次元の存在論的な区別に他ならない。共同体の破滅の可能性が避けがたく存するにもかかわらず、なお倫理が実現され尽くし得ず「無限に実現せらるべき」ものであるのは、「倫理」の二重の含意の内に示されていた、「共同体」とその「可能根柢」との間での存在論的な区別からこそ理解可能になる。

――以上の検討からも明白だと思われるが、和辻の倫理学における「倫理」概念は、彼の人間存在論を徹底して踏まえることのなかで彫琢されていたと言ってよいだろう。人間存在論に基づいてこそ、「倫理」は、「存在と当為」（事と言）をそもそも可能ならしめ、また「もの－こと－もの」構造全体を貫くような「実現」構造そのものとして概念化されるにいたった。またそれと密接に関連する事柄だが、この人間存在論に基づく「倫理」解釈では、その「倫理」自体が、本書における意味での「主体的なもの」と同様の存在体制をとるものと把握されている点にも注意したい。つまり倫理とは、「共同体の可能根柢」として、自らを種々多様な「共同体」において、また同時に「共同体」として実現しているような、主体的な「実現」の働き・構造そのものとして把握されている。こうした「倫理」のあり方は、前章の最後で見た「本質のようなもの」としての「規範的なもの」のあり方とも、正確に対応している。

第三節　「倫理学」とは何か？——「自覚」構造から

以上では、和辻の倫理学の最初の問いである「倫理とは何か？」という問題が、彼の人間存在論に基づいて、特にその「人間存在の主体性の構造」の主軸をなす「実現‐自覚構造」に基づいて回答されていたことが確かめられた。そこでは「倫理の実現構造」という形で、特に「実現」の側面が注目されていたが、ではもう一方の「自覚」の側面は、それとの関わりでいかに捉え直されてくるだろうか。そこで本節では「倫理」に関する自覚構造の検討に移ることにするが、それはまさに「倫理学」という理論的実践の位置づけに関わる問題として問われることになる。

1　「自覚」構造に基づく「倫理学」という反省的営為

まず、人間存在論における「自覚」の位置づけについて再確認しておこう。「実現‐自覚構造」における「自覚」とは「事が言として自覚される」過程であり、それは、人間の主体的・実践的・行為的な連関（事）を可能にする「実践的了解」が意味的連関（言）として自覚されるという過程だった。また、この自覚の過程をそもそも成り立たせているのが、「者」の次元における「自己了解性」であったことも指摘したが、興味深いことに、和辻は以上のような人間存在の「自覚」構造を、ハイデガーの議論のなかに次のような形で読み取っていた。

> 人のみは、他の「有る物」［存在者］と異なって、己れ自身の有［存在］を問う。すなわち己れの有において己れの有に係わっている。それは何らかの仕方で己れ自身をその有において了解しているということである。このような人の有り方が特に存在（Existenz）［実存］と呼ばれる。だから存在は自覚有である。［9: 159］（＊括弧内はハイデガーの術語の通常の訳語）

和辻はこの『人間の学としての倫理学』からの一節で、『存在と時間』での現存在の存在の仕方としての「実存」（和辻の訳語では「存在」）の要点をまとめているが、その「実存（存在）」が最後の一文で「自覚有」と言い直されている点がここでは重要だ。

まず、和辻がハイデガーの術語をどう翻訳したかという問題について、簡単に補足しておこう。既述の通り、和辻は「存在」という日本語表現を「人間存在」そのものを意味する言葉として解釈しており、それをハイデガーの“Sein”の訳語として用いることに反対する。例えば『倫理学』序論では次のように述べていた。

> 以上のごとく「存」が主体の自己把持であり、「在」が人間関係においてあることにほかならぬとすれば、「存在」とはまさに間柄としての主体の自己把持、すなわち「人間」が己れ自身を有つことである。我々はさらに簡単に、存在とは「人間の行為的連関」であると言い得るであろう。従って存在とは厳密な意味においてはただ「人間存在」である。物の存在は人間存在から派生して来る「物の有」を擬人的に言い現わしたに過ぎない。［10: 25］

和辻の語義解釈によれば「存在」とは、主体としての人間が自分自身を「有つ」ことを意味している。この「主体の自己把持」構造は、前章でも見た通り、「所有の人間存在論」を人間自身に適用することで導出されたものだ。そこでは人間は、自分自身を「或る有ち方」で所有することにおいて自らを表現し、それによって自身を「或る有り方」をした存在者たらしめるような主体的存在だとされていた。こうした意味での「自分自身を有つ」こととしての「存在」は、「人間存在」以外においてはあり得ない、というのが和辻の「存在」解釈の要点となる。

　こうした人間存在の自己所有的・自己関与的な存在構造の特徴づけが、先の一節で略述されていたハイデガー的な「実存」（Existenz）という人間（現存在）に特異な存在様式を踏まえて論じられていたことは、言うまでもない。そこでは、「実存」という存在様式の特徴が、自分の存在を自ら問うこと、自分の存在において自分の存在に係わっていること、さらに、自身をその存在において了解していることにあるとされるが、[2] 和辻はこれらを、自身について何らかの了解を持ちつつ存在すること（それこそが「自己了解性」の内実となる）、つまり自分の存在を自覚し得るような存在としての「自覚有」として読み替えていたのだ。――要するに、人間存在の主体性の構造の一端をなす「自覚」構造は、ハイデガーの「実存」概念を踏まえた「人間の自己把持的構造」に基づいており、人間のこの自己関与的なあり方こそが、自己了解性に基づいて自分自身の存在に関与し、その意味を問うという「自覚」の過程をそもそも成り立たせていることになる。

　そして、人間存在がこうした「自覚的な存在」であること（単に「表現的な存在」であるだけでなく）こそが、「倫理学」なる営為が可能となるそもそもの根拠となっている。この点に関して和辻は、『人間の学としての倫理学』および初稿「倫理学」で、それぞれ次のように述べていた。

> 倫理学とは「倫理とは何であるか」と問うことである。そうしてこの「問うこと」は、一般的に言って、人間の一つの行為的な存在の仕方である。しかるに我々は倫理学が人間存在の学にほかならぬことを見て来た。しからば倫理学は、倫理とは何であるかと問うことにおいて、すでにそれ自身人間の存在であり、従って「問われているこ

と」になる。［9: 130］

人間の学とは『人間とは何であるか』と問うことである。そうしてこの『問うこと』は、一般的に云って、人間の一つの存在の仕方に他ならぬ。然らばこの際問うこと自身がすでに問われていることであり、問うもの自身が同時に問われているものである。ここに人間の学の本質的な特徴が存する。それは人間がおのれ自身を問題にするということである。即ち人間が自覚的に存在するということである。人間の学とは人間の自覚的な存在の仕方に他ならぬ。［SR: 102］

これらは、二つの文献のほぼ対応し合う箇所からの引用だが、両者を併せて読むことで、和辻自身にとっての「倫理学」の位置づけがよりよく見えてくるだろう。

まず両者から、和辻にとっての「倫理学」が「人間とは何であるか」を問う「人間存在の学」、つまり人間存在論そのものであり、またそれがそのまま「倫理とは何か」を問うことにもつながる、と把握されている点がわかる。彼の倫理学が「人間の学としての倫理学」と自称されるのは、それが人間存在論そのものであるという意味においてのことだ。またさらに、「人間とは何か」「倫理とは何か」と問うこと自体が（つまり「倫理学的に問うこと」自体が）、「人間の一つの存在の仕方」だと強調されている点も重要だ。というのも、まさにこの点が、上で「実存」概念を踏まえて述べた「人間存在が自覚的な存在であること」と密接に関わるからだ。

先述の通り、人間は自身の存在を了解しそれを自ら問うという「自覚的な存在の仕方」をしている。ここで「人間存在とは何か」「倫理とは何か」と問う倫理学は、そうした人間自身の「自覚的な存在の仕方」そのものを問うような自覚的な営為であることになる。つまり、「自分の存在を問う」という自覚的な存在の仕方こそが、人間の存在様式を特徴づけるわけだが、「倫理学」とは、まさにそうした人間の自覚的な存在構造に基づいて可能になる一つの行為・実践であり、かつまた、この自覚的な存在構造それ自体を（主題的に）あらわに開示するような自覚的な行為なのだ。先の引用での「問うこと〔という自覚的な行為のありよう〕自身がすでに〔倫理学的に〕問われていることであり、問うもの〔という自覚的な人間存在〕自身が同時に〔倫理学的に〕問われているものである」という記述が、こうした事情を述べたものであることは、いまや明らかだろう。

2　倫理学の「理論的」性格について——陳述を通じての自覚の徹底

以上から、人間の学（人間存在論）としての倫理学の基本的特徴が、人間の自覚的な存在様式（自己了解性）に基づき、かつ、それをあらわに開示するという点にあることが明らかとなった。ただしこの規定だけでは、「倫理学とは何か」という問いに対する回答としては不十分だろう。というのも、前章の「開示」機能に関する検討の際にも見た通り、そもそも人間が行なうあらゆる日常的行為が、「自己了解性に基づき、かつ自己了解性をあらわに開示する」ふるまいであり、このこと自体は「倫理学」という営為に限ったことではないからだ。むしろ、以上の「倫理学」の規定は、それを日常的行為と隔絶した単なる理論的観照としてではなく、日常性の延長線上にある一つの行為・実践として位置づけることの方に焦点があった、と捉えておくべきだろう。

しかし、だからといって倫理学的営為と人間の日常的行為とが全く同一である、ということにもならないはずだ。この両者の違いに関しては、まず初稿「倫理学」の次の一節を参照しよう。

実践は主体の直接的な自己規定として主体が何であるかをすでに暗々裏に知っている。ただそれが何々であるとして明白に意識されていないだけである。人間とは何であるかとの問〔人間存在論〕が目ざしているのは右の如き直

接の把捉の理論的解明である。［SR: 128］

ここでは、「人間とは何であるか」と問う人間存在論（に基づく倫理学）が課題とすべきは、その問いに関する「直接の把捉」を理論的に解明することにあるという。ごく当然の指摘ではあるが、倫理学は学として「理論的」な営為であることが、日常的実践とは区別される特徴となる。ただ、ここでさらなる検討を要するのは、その「理論的」ということ自体が、和辻の人間存在論の枠組の内にいかに位置づけられ、また日常的実践といかなる相互関係にあるのか、という点だ。

その重要な手がかりは、この一節で理論的に解明されるべきものとされる「直接の把捉」だろう。それは、引用前半では、われわれの日常的な種々の「実践」においてあらかじめすでに「暗々裏に」（つまり、それとして主題化されてはいないような仕方で）知られ把握されている、「主体が何であるか」（つまり「人間とは何か」）に関する自己理解だという。この「直接の把捉」は、人間存在論の枠組から言えば、人間の日常的行為をそもそも可能にしている「規範全体性の了解」のことであり、より正確に言えば、その「自己了解性」の側面に対応している。

ここで決定的に重要なのは、倫理学が問うべき「人間とは何か」について、人間自身が、それを倫理学的（つまり学的・理論的）に問うよりも前に「暗々裏に知っている」（了解している）という点だ（この先行理解は、前節で見た「倫理の実現の先行性」と表裏一体の関係にある）。ただしそこでのわかり方は、「了解」という認知様式の特徴からしても、「何々であるとして明白に意識されてはいない」ような非主題的な仕方でのわかり方であり、倫理学という学的営為がなすべき仕事は、そうしたすでに「直接的」にわかっていることを、「…である」という命題的陳述の形にもたらし、それとして主題化し明示化することにある。それこそが、倫理学の課題としての「直接の把捉の理論的解明」に他ならない。「理論的」であることのポイントは、まずは「暗々裏に了解されている事柄を主題化し明示化すること」

にある。

こうした明示化の構造は、次の一節でさらに詳しく説明されている。

かくして人間の学は人間存在の存在論〔＝人間存在論〕として確定せられる。それの目ざすのは人間の存在構造の分析である。間柄としての実践的な『わけ』〔＝実践的了解〕の内にすでに潜勢的に含まれている『ことのわけ』〔＝規範全体性の潜在的な分節構造〕を理論的に『である』〔＝陳述・「言」〕としてあらわにすることである。一言にして云えば『存在』が『である』に現わされるという〔人間が自覚的存在であることに基づく存在論的〕傾向を徹底的に押し進めるのである。〔SR: 141–2〕

引用中にかなりの補足を施したが、そこで援用した諸概念からもわかる通り、この一節は、人間存在論の枠組からそのまま解釈できる。ここではまず自身の倫理学が、「人間の存在構造の分析」を課題とする普遍的な倫理学理論を目指すものであることが確認された上で、さらにその倫理学が、「実践的な『わけ』の内にすでに潜勢的に含まれている『ことのわけ』を理論的に『である』としてあらわにすること」だと特徴づけられていることが重要だ。これは、先の引用箇所にあった「直接の把捉の理論的解明」の内実をより詳しく説明したものだと捉えることができそうだが、人間存在論を踏まえることで、さらに次のように読み直せるだろう。

まず「実践的なわけ」を「規範全体性の了解」「実践的了解」と解するならば、そこに「すでに潜勢的に含まれている」とされる「ことのわけ」とは、われわれの日常的行為をそもそも有意味なものにしている背景的文脈としての「規範全体性の分節構造」（ないし指示関係の網の目）のことであり、その潜在性に関しては前章で指摘した通りだ。そしてここではさらに、その「ことのわけ」を「理論的に「である」としてあらわにする」ことこそが、倫理学の課題だとされている。

この「である」は、「陳述」や「言」と一体的な構造をなすものだ。「陳述」とは、物事を「…である」という命題的な形で言い現わすことだが、特に重要なのは、この「陳述」（言・である）の構造が、「潜勢的な理解」としての了解との関係から説明される点だ。そこでは、了解の次元で「潜勢的に」分かっている事柄（規範全体性の分節構造、「ことのわけ」）が、「…である」という命題的陳述として「あらわに」されてくる。この「あらわにする」という言い方からも明らかだが、要するに「陳述」とは、言語的・命題的な仕方で了解内容をあらわに開示することであり、それは「もの－こと－もの」構造の「こと」の次元における、「実践的了解の自覚」としての「言・いうこと」の働きに他ならない。そしてこのことは、倫理学的営為が、人間の存在構造における「言としての開示」の働きに基づくものとしてここで明確に位置づけられた、ということを意味する。

――以上より、和辻が取り組み始めていた「倫理学」は、（主題化し明示化することとしての）理論的な形態での「言としての開示」「陳述」であることが、彼自身の人間存在論の枠組内で自覚的・自己言及的に規定されていたことが確かめられた。ただし、ここでさらに注意しておきたいのは、先の引用箇所の最後の一文で、こうした倫理学的営為が「『存在』が『である』に現わされるという傾向を徹底的に押し進める」ことだとされていた点だ。

ここで言う「存在」とは、文脈からして、日常的実践を存在論的に可能にするものとしての「規範全体性の了解」（実践的了解）と読み替えてよいだろう。また、そこでの了解内容を陳述（「である」）へと理論的に開示するという「傾向」は、人間自身が「自覚的な存在」であることに基づく、言わば存在論的な傾向として捉えられよう。このとき倫理学的営為は、「自身の日常的実践を可能にする諸前提を、自分自身に対してそれとして主題化して示す」という、人間存在に備わる「自覚」的な傾向（存在構造）を、「徹底的に推し進める」ことだということになる。この「自覚の徹底」こそが、和辻が考える「理論的」であることのもう一つの要点をなす。

では、その「徹底」性はいかに確保され得るのか。その手がかりとしたいのは、以前にも援用した「存在論的認識」と「存在的認識」の区別であり、さらには倫理学のための学的方法として要請されていた「解釈学的方法」である。

3　「解釈学的な存在の学」としての倫理学

ここまでの検討からも明らかなように、和辻の倫理学の課題が、近現代の他の多くの倫理学が取り組んできたような「普遍的な道徳原理の探求」（つまり、いつでもどこでも誰にでも妥当するような、あらゆる具体的行為に先行する「…すべし」という当為の探求）とはかなりその趣を異にしている、ということが明らかとなってきた。和辻からすれば、われわれは倫理学を始めるよりも前に、すでに何らかの規範を前提として一定の日常性を現に成立させて（しまって）いる。このとき倫理学がまずなすべき課題は、そこでわれわれ自身にあらかじめすでに了解されている事柄（「直接の把握」）が一体何であるのかを自覚的に問うことで、それを自己主題化し、特に理論的な陳述の形へと明示化することにある。

ただし、そうしたある時代や地域に特異な規範を自覚的に明示化することだけが、和辻の倫理学の課題なのではない。従来の和辻研究では、この側面が注目されてしまうことで、その倫理学が「日本に特殊な倫理」の探求としてのみ捉えられがちだったことは否めない。しかし彼は、時代や地域によってそれぞれに特殊な人間のあり方に関する「存在的認識」を重視する一方で、それをそもそも成り立たせている人間存在の普遍的な存在構造に関する「存在論的認識」も同時に目指していたのだった。それは彼の場合、前者は個別的な文化的現象を取り扱う日本文化史・精神史・思想史研究として、また後者は理論的な倫理学研究としてそれぞれ行なわれていた、というのが本書の基本的な見立てだった。そして、先に問題とした和辻にとっての「理論的」の意味を考えるには、以上のような、存在的認識の水準での自覚と、存在論的認識の水準での自覚との区別が肝要となる。和辻の倫理学的営為が「自覚の徹底」として「理論的」たり得るのは、それが存在論的認識であることによってこそ、根本的に担保されることになるはずだ。

そこで改めて、存在的認識であれ存在論的認識であれ（つまり思想史研究であれ倫理学研究であれ）、和辻においてその認識のための学的方法として採用されていたのが「解釈学的方法」であったことを、想起しよう。両者が共有する解釈学的方法の適用のあり方に関して、その相違点を確かめることが、「理論的」の意味を考えるためのさらなる手がかりとなるだろう。

『倫理学』序論では、両者の解釈学的方法の適用の仕方が次のように対比されている。

> そこで倫理学の方法としての解釈学的方法は、最も日常的なる人間存在の表現を通じて人間存在の動的構造を把捉するにある。［…］かかる人間存在の理解の上に初めて歴史的認識というごときこともその正しい基礎を持つことができる。さまざまの優れた文化産物が特に代表的な表現として選ばれ、それを媒介としてある時代の精神が把捉せられるというようなことは、右のごとき解釈学的な方法を特殊の実証的材料に適用し、従って人間存在の特殊形態を把捉することにほかならない。我々はかかることのなされ得る地盤としての、最も基礎的な表現から出発しようとするのである。［10: 47–8］

ここでは両者の相違点が、どんな表現（表現的存在者）を手がかりにするかの違いに着目して説明されている。倫理学研究の場合、その手がかりが「最も日常的なる人間存在の表現」であるのに対し、「歴史的認識」としての文化史・精神史・思想史研究の場合は、「優れた文化産物」が「代表的な表現」として選択的にその研究の対象となる。そして解釈学的方法は、それぞれの表現の特性に応じた形で、倫理学研究では「人間存在の動的構造」を捉える存在論的認識のために、思想史研究ではそれが「人間存在の特殊形態」やそこに表わされた「時代の精神」を捉える存在的認識のために、適用されることになる。さらに、後者の「地盤」として位置づけられる倫理学は、「最も基礎的な」（つまりごくありふれた）日常的表現を出発点とする研究だと規定される。

では、こうした存在論的認識の水準での解釈学的方法の「理論的」な適用とは、より具体的にはどのようなものなのか。ここには、第二章で見た「解釈学的方法と所有の人間存在論の一体性」という論点が関わってくる。『人間の学としての倫理学』での次の一節を見てみよう。

> ［ハイデガー的な意味での］隠されたる現象［＝現象学的現象］とは実は有る物の有［＝存在者の存在］であり、そうしてこの有は根源的には人の存在であるとせられる。従ってここでは人の存在が通俗的現象（すなわち有る物［＝存在者］）から解釈し出されるのである。解釈学的方法は本来表現を通じて理解する道であるが、ここではまさに「有るところの物」［＝存在者一般］がその表現の位置を占めている。「有るもの」がすでに「有ること」を表現しているがゆえに、それを手引きとして有を把捉し、その地盤としての存在［＝人間存在］にまでさかのぼって行く。これまさに解釈学的な存在の学である。［9: 181–2］

まず前後の文脈から補足しておくと、ここでの和辻は、ハイデガーの「現象」概念への批判を通じて、存在論は（現象学的方法ではなく）「表現」の理解に基づく解釈学的方法によってこそ探求されるべきだと主張している。その点でまさにこの一節は、存在論的認識のためにいかに解釈学的方法が適用されるべきかを論じたものとなっている。

ハイデガー自身は「現象」概念を、まず「自らを自ら自身に即して示すもの」［SZ: 28］として規定していたが、和辻の解するところでは、ハイデガーはさらにその「現象」を、「日常的にあらわな現象」（通俗的な現象概念）と「隠されたる現象」（現象学的な現象概念）とに区別し、またこの区別を、存在者（「有る物」）とそれを可能にする存在（「有」）との間での、いわゆる存在論的差異（「有論的差別」[9: 181]）にも対応させていたという。しかし和辻は、そのような存在者と決定的に区別されるべき「存在」を、「現象」という観点から捉えようとしたせいで、ハイデガーの存在論には混乱が生じてしまっているのではないか、と批判する。

その混乱はハイデガーの「現象学的現象」という概念の規定に表われているという。――彼自身の説明によれば「現象学的現象」とは、まず「さしあたりたいてい自らをまさに示さないもの」[SZ: 35]であり、その意味ではわれわれにとって「隠されたる現象」である。しかし他方でそれは、「さしあたりたいてい自らを示すもの［＝通俗的現象］に本質的に属している何かであり、しかもその意味と根拠をなしているもの」[SZ: 35]だとも規定されており、つまりこの現象学的現象とは、通俗的現象（存在者）の可能根拠となるようなハイデガー的な意味での「存在」を意味する。

しかし、現象学的現象の「自らを示さない」という側面は、当初の「現象」概念の規定（「自らを自ら自身に即して示すもの」）とうまく整合しないのではないか、と和辻は指摘する。彼はその対案として、上述した現象学的現象に関する二重の規定を、「「己れを示さざるもの」がそれにもかかわらず他者として己れを示している」[9: 179]ことと捉え直す。つまり、己れを示さないという意味では「存在」それ自身は決して現象しないが、他方で、その存在論上の「他者」である「存在者」として己れを示すという意味では現象しているのであり、このような存在と存在者との関係は、「現象」という観点からよりも「表現」的な関係として捉えた方がよい、と主張される。

そこでの表現的な関係に関しては、次のように端的に述べられている。

それ自身において己れを示さないもの（すなわち非現象）が、他者において（すなわち現象において）己れを示す、

それが表現作用にほかならない。[9: 177]

要するに、自らはそれとして現象しないがゆえに対象化し得ない「存在」（非現象）は、しかし、自らを「存在者」（現象）という形で表現しているという。この、存在者を「存在の表現」として捉えるという根本的な発想は、第二章で見た「解釈学的方法と所有の人間存在論の一体性」という議論においてより明確に理論化されていた。所有の人間存在論とは、人間存在が自らを「或る有ち方」で所有することにおいて自身を「有る所の物」へと表現し存在者にもたらしているという議論だったが、こうした存在論的発想を前提としてこそ、日常的な存在者を「人間存在の表現」として位置づけることがそもそも可能になるのであり、またその表現の解釈を通じて（それ自身は現象しない）「存在」そのものに遡ろうとする倫理学研究も可能となる。

そしてまさにこれこそが、解釈学的方法が存在論的認識のために理論的に適用される仕方に他ならない。このことは、二つの前の引用の後半部でも同様の説明がなされていた。そこでの「「有るもの」がすでに「有ること」を表現しているがゆえに、それを手引きとして有を把捉し、その地盤としての存在にさかのぼって行く」という記述は、その前半は「所有の人間存在論」の基本構図を簡潔に述べたものであり、また後半は、この基本構図を前提とした上で、表現（としての存在者）の解釈を通じて人間存在自身の存在構造に迫ろうとするときの、その学的方法としての「解釈学的方法」について述べたものだと捉え直せるだろう。

以上を踏まえれば、先の一節の最後にあった「解釈学的な存在の学」という規定は、解釈学的方法を存在論的認識のために適用することにおいて人間の存在構造（「人間存在の動的構造」）を学的に解明しようとする、和辻の「解釈学的倫理学」と呼ばれるべき理論的営為を端的に特徴づけるものだと理解できるだろう。先に問題とした「自覚の徹底」も、こうした解釈学的倫理学という存在論的・理論的な問いかけに基づいてこそ、可能となる。

第四節　倫理学の出発点としての「間柄」概念

和辻の倫理学理論の検討に着手するにあたり、本章ではここまで、彼自身が「倫理」および「倫理学」をどう捉えていたのかを見てきた。一方の「倫理」は、その二重の含意を踏まえ、共同体とその可能根柢の間での動的な「実現」構造として概念化された。また他方の「倫理学」は、人間の自覚的な存在（自己了解性）に基づくと同時にその存在構造を開示し、それを陳述の形で理論的に明示化する「自覚」的な営為として位置づけられた。要するに和辻の倫理学研究は、人間存在論での「実現と自覚の往還運動」という理論的モデルの内に、「倫理」の動的な実現構造や「倫理学」という自覚的な理論的実践自体をも位置づけ直すことから、その探求が開始されていた。

また、このように自己言及的・自覚的な性格が強い和辻の倫理学理論は、「自覚の徹底」のために解釈学的方法を存在論的に適用するという学的・理論的態度を採る点で、「解釈学的倫理学」と呼称されるべきものであることも確認した。つまりそれは、解釈学的方法を存在的に適用して、自身の特殊な存在了解内容を主題化するだけでなく、その存在論的な適用によって、存在了解（規範全体性の了解）それ自体の構造をも理論的に主題化しようとするような、「解釈学的な存在の学」としての解釈学的倫理学として位置づけられるにいたった。

――ただし以上で確かめたのは、解釈学的倫理学のもっぱら外形的・形式的な特徴に限られており、より実質的な特徴の検討にさらに進まねばならない。そこで次に問うべきは、解釈学的方法の存在論的な適用を通じて明るみに出されるべき当のもの、つまりわれわれの身の回りに満ち充ちている存在者（「最も日常的なる人間存在の表現」）に表現されているはずの何かが、より具体的には一体何なのかという問題だ。それは人間存在論からすれば、「あらゆる存在者は、その可能根拠たる主体的な人間存在自身のありようを表現している」はずだが、以下では、解釈学的倫理学が解明すべきその人間存在自身のありようについて、より実質的な検討を加えていきたい。

まず、この問題に対する和辻の端的な回答を『人間の学としての倫理学』から引いておこう。

> 生が実は人間存在であることを把捉するとともに、生を生自身から理解しようとする努力はたちまち倫理学としての面目を示して来る。生の表現とは間柄としての存在の表現であり、この表現の理解はおのずから人を倫理に導く。逆に言えばあらゆる間柄の表現は、すなわち社会的な形成物は、ことごとく倫理の表現である。従って倫理学の方法は解釈学的方法たらざるを得ない。[9: 175]

ここでは、「存在者」を「存在の表現」と捉えて解釈するという解釈学的方法の存在論的な適用において、倫理学はその表現の内に何を読み取るのかが、端的に回答されている。われわれの身の回りにあってわれわれの世界を構成する社会的産物としてのあらゆる日常的な存在者は、「間柄としての存在の表現」（間柄の表現）であるというのがその回答だ（このことはすでに第一章でも言及した）。

あらゆる日常的存在者は人間存在自身のありようを表現するものとして解釈可能であり、そうした自己解釈の試み（「生を生自身から理解しようとする努力」）自体も人間の自覚的な存在構造に基づく。そして、その試みが「たちまち倫理学としての面目を示してくる」のがなぜかと言えば、それは、日常的表現の解釈によって「間柄」という「人と人の関係」のありようが自ずと自己主題化されてくるからだという。つまり、自覚的存在たる「われわれ」が、日常的表現を手がかりに「われわれ」自身のあり方を問うことにおいて、「われわれが間柄として存在している」という倫理的な事実が自ずと主題化され問題化されてくるゆえに、日常的表現を介しての自己解釈の試みは必然的に「倫理学」という性格を帯びてくるのだとされる。

では、解釈学的方法の存在論的適用によって倫理学的に主題化されてくる「間柄」とは、そもそも何を言い当てようとする概念だったのか。間柄という言葉自体はすでに一九三一年の初稿「倫理学」に認められるが、それは例えば次のような「主体」に関する記述のなかに登場していた。

　我々が理論的に思惟を始める時には、すでに実践的な間柄の表現が与えられている。〔…〕だから理論的に把捉する思惟が現実的な主体なのではなくして、かかる思惟を一つの態度として職業的習慣的に固定せしめる実践的な間柄こそ真に現実的な主体である。［SR: 161］

「真に現実的な主体とは何か」と問うことで、和辻の倫理学における範型的な「主体」像が論じられている。それは「思惟」する観照的主体では決してなく（それは主体の派生的な様態に過ぎない）、まずもって実践的でなければならないとされる。このこと自体は、前章で繰り返し指摘した「事（行為的連関）の先行性」にも合致するが、ここでさらに注目したいのは、そうした「真に現実的な主体」とはすなわち「実践的な間柄」だと述べられている点だ。

　その範例的な「主体」の規定においてまさに、和辻の倫理学理論における根本的着想としての「間柄」概念が登場している。「間柄」概念が、和辻の思想的関心にとって中核的な問題であった「主体とは何か」という説明の最中に導入されていた、という点は極めて重要だ。つまり「主体とは何か」という（本書でもまだ十分に解明されていない）問題への取り組みのなかで「間柄」概念は導入されていたのであり、そうであるならば、まずはこの「主体（的なもの）」と「間柄」概念との関連性について確認しておく必要があるだろう。

　では、先の一節にあった「真に現実的な主体とは実践的な間柄である」とは、より具体的には何を意味しているのだろうか。この点については、初稿「倫理学」および『人間の学としての倫理学』での、次のような対応し合う箇所を読み合わせつつ考えてみたい。

> 間柄に於ける者は先ず第一に共同的であり従って『我々』である。即ち主観客観の関係に於て対立するものではなく、すべてが主体として相関聯するものである。[SR: 119]
>
> 従って実践的に間柄が存するということは、実践的にすでに分かっている［＝実践的了解がある］ということを含意する。間柄と実践的な『わけ』とは同義である。[SR: 139]
>
> このような「我々」の立場は、すべてが主体として連関し合う立場である。それが主体的な間柄にほかならない。従って間柄は互いに相手が主体であることの実践的な了解なのである。行為的連関があるということ［＝事］と相互了解とは同義である。我れ・汝・彼というごとき関係は、この間柄を地盤として展開して来る。間柄にないものは、我れとも汝ともなることができない。[9: 139–40]

「真に現実的な主体は実践的な間柄である」という主張の第一の含意は、間柄という仕方で一定の人間関係にある「我々」は、そこでの様々な日常的な諸実践において、つねにすでにお互いに主体として関わり合っている、という点にある。この「主体的な間柄がまずある」という主張は、「すべてが主体として連関し合う」ことに先立って、個人的な主体がそれ自体として存在するのではないとする、原子論的個人主義を批判する和辻の「間柄」概念の周知の特徴でもある。

ただしここで議論されているのはそれだけではない。第二の含意として、ここでは「主体的な間柄」の構造が、さらに「了解」という観点から説明されているという点が、より重要な論点となる。「了解」に関しては何度も言及してきたが、ここで「間柄」概念との関連で指摘されるのは、その「相互了解（性）」という側面だ。[3] 引用にある通り、われわれが「間柄」においてあるとき、そこには「互いに相手が主体であることの実践的な了解」が成立しているという。実践的了解（規範全体性の了解）が日常的行為を可能にする存在論的構造に関してはすでに指摘済みだが、それがそもそも成り立つには、そうした了解が日常性を共にする人々によって（その程度に差はあれ）あらかじめ共有されていなければならないはずだ。

例えば私は、街で出会った友人に対し、この社会での友人への挨拶として相応しい仕方に則って、大抵は挨拶という有意味な行為ができているだろう。そこで「挨拶の仕方」に関する種々の規範が自他の間であらかじめ了解されているからこそ、自分もそうした有意味な行為を現に行ない、また相手もそれをそうした意味ある行為として受けとめる、という事態が成り立ち得る。「互いに相手が主体であることの実践的な了解」とは、つまりお互いがこうした「行為を有意味にする規範全体性の了解を携えた主体的存在」であることに関する相互的な了解であり、それが了解の「相互了解性」という側面として強調されている。その意味で相互了解性は、日常的行為を可能にする「了解」の構造にとって、その必要不可欠な構成契機として位置づけられるべきものだ。

またこの相互了解性という側面を踏まえることで、「了解」というものが、単に個人的主体の頭のなかで完結するような意識や心の働きではないことも、改めてはっきりとしてくる。「了解」とは規範的なもの（意味）に関する何らかの認知であり理解の働きなのだとしても、それはまず人と人との間（間柄）においてあらかじめすでに成立しているはずのものであって、個人的意識の内での命題的規則の主題的把握などといったものに決定的に先行し、むしろそれを可能にする地盤になっている。「現実的な主体は実践的な間柄である」という主張は、間柄における相互了解性を背景としてこそ、個々の主体の日常的行為も有意味なものとして存立し得る、ということでの議論を踏まえるならば、その間柄こそがまずもって（個々の主体よりもよほど）「現実的な主体」として把握されるべきだという主張として解釈可能になる。

和辻は以上のような意味において、「間柄がある」ことと「実践的了解・相互了解性がある」ことを同義だとするが、先の引用ではさらに「行為的連関があるということ〔事〕と相互了解とは同義である」としている点も注意を惹く。つまり、間柄において相互了解性が成立していることと、その間柄で現に何らかの有意味な諸行為がなされているということ（事）が、同じ事柄を指し示していると主張されている。

――以上より、和辻の倫理学の根本的着想である「間柄」に関して、次の二点が確認された。

まず「間柄」は、彼の倫理学における範例的な「主体」像の説明のために導入された概念であり、そこでは、日常性における「われわれ」が「主体的な間柄」として一定の人間関係のなかで諸々の日常的行為を織り成していること自体が、最も「現実的な主体」のあり方なのだとされていた。まただからこそ、和辻はこの間柄に関する様々な事実を「最も日常的なる人間存在の表現」として捉え、その表現の存在論的解釈から倫理学研究を出発させるべきだとしたのである。

第二に、範例的な主体としての「間柄」は、さらに「了解」に基づいてその構造が説明されるべきものとして提示されていた。間柄とは、「われわれが互いに主体である」という相互了解が成り立っていることと同義であり、それはさらに、実践的了解に基づいて日常的行為が現になされていること、つまり「実践的行為的連関（事）がある」こととも同義だとされていた。次章以降で見ていく通り、この「間柄における日常的行為を可能にする実践的了解」のより詳細な仕組みは、和辻の倫理学理論が解明すべき一つの重要課題となる。

さて、最後に本章全体での確認事項を簡単に振り返っておこう。特に注目しておきたいのは、最後に確認した「間柄」が、「実践的行為的連関としての事」と同義だとされていた点だ。それは和辻の倫理学理論にとって、どんな意味を持つだろうか。

間柄が行為的連関（事）と同義であるとは、要するに、人間存在論の「実現‐自覚構造」における「事」と、「間柄」とが対応関係にあることを意味する。つまり、人間存在論が倫理学へと展開する際に、実践的行為的連関としての「事」が、日常性における主体的な「間柄」として、より具体的なイメージにおいて捉え返されたことになる。またここで、他方の「言」が倫理学的にどう捉え直されるのかと言えば、それは前述の通り、行為を導く「当為」の働きとしてだった。

このとき「間柄としての事」と「当為としての言」との間には、人間存在論からして、さらに次のような「実現‐自覚構造」が成り立つはずだ。すなわち、実践的行為的連関（事）としての「間柄」は、そこでの行為の仕方が、意味的連関（言）たる「当為」として自覚され得る一方、そのように自覚された「当為」は「間柄」において実現されるべき規範として、日常的行為を導き得ることになる。このように「間柄」と「当為」の間には、人間存在論での「実現‐自覚構造」に基づく形で、再帰的なフィードバック・ループを形成するような往還的構造が認められるだろう。

本章では、和辻の人間存在論がいかに倫理学へと展開していたのかを検討してきたが、それは特に「人間存在の主体性の構造」が「間柄（事）と当為（言）との間での実現‐自覚構造」として具体化されていた、という点に見て取られた。そして、和辻の解釈学的倫理学のより実質的な特徴を探るという当面の課題にとってとりわけ重要な手がかりとなるのは、本章の最後で主題化した「間柄」概念であるだろう。「間柄」概念は、すでに本章でも「表現」および「了解」という二つの観点から論じられていたことを見たが、次章では、この二様の「間柄」の問題化を手引きとしながら、解釈学的倫理学が取り組むこととなる二つの主要問題を明らかにしていきたい。

第五章　解釈学的倫理学の二つの主要問題

――間柄をめぐる行為論と共同体論

前章では、和辻自身の「倫理」概念、「倫理学」なる理論的営為の位置づけ、そして彼の倫理学の根本発想となる「間柄」概念が、まさに人間存在論に基づく形で考え出されていたことを確かめた。そこで続く本章では、この「間柄」から出発して「倫理」を問う「倫理学」理論が、より具体的にはどんな問題に取り組むものであったのかについて検討したい。それは、主著『倫理学』本論の執筆開始時点での、彼の倫理学上の理論的到達点を見定める作業にもなるはずだ。

和辻の解釈学的倫理学の主要問題を明らかにするために、「間柄」概念を手引きとしよう。「間柄」に関しては、先の検討ですでに次の二つの論点が見えていた。すなわち「間柄」とはまず、身の回りにある諸々の存在者の内にすでにそのありようが表現されているものであり、われわれはこうした日常的な存在者（典型的には道具的存在者）を、「間柄の表現」（表現的存在者）として改めて捉え、そこに間柄自身のありようを解釈学的に探ることができる。ここでは間柄が「表現」概念との関係から問題化されている。他方、われわれは「間柄」において様々な日常的行為を実際に行なっていくことのなかで一定の実践的行為的連関を絶えず作りなしているが、こうした間柄における日常的行為の成立構造は了解という観点から説明される。つまりその場合には、間柄が「了解」概念との関係から問題化されていることになる。

この「間柄」をめぐる二論点は、和辻の解釈学的倫理学がその課題としていた二つの主要問題にそのままつながっていく。すなわち（順序は前後するが）、間柄における日常的行為の成立構造を「了解」という観点から考察することは、この倫理学に行為論上のさらなる理論的展開や具体化を要求するはずであり、また、間柄が種々の日常的な存在者として「表現」されているという事実に注目することから、この倫理学は共同体論的な考察へと導かれることになるはずだ。つまり「間柄」の問題に「了解」および「表現」という解釈学的観点からアプローチすることにおいて、和辻の倫理学は「行為論」と「共同体論」という二つの大きな課題に取り組むことになる。

前者の行為論は、基本的には第三章で見た人間存在論での行為論を踏襲するものであり、それが倫理学的な問いの場面で、より具体的な形で展開されることになるだろう。本章では、その中心概念となる「了解」に注目し、こうした発想が和辻の議論にどのように導入されていたのかを確かめたい。そこで確認される「了解に基づく行為論」は、第七章で検討する和辻の主著『倫理学』での行為論的な議論（信頼の行為論）へと直結する。

また後者の共同体論に関しては、「間柄の表現」の問題がなぜ「共同体」の問題につながるのか、いま少し補足が必要だろう。——何度も述べた通り、和辻の人間存在論では、世界内のあらゆる存在者は、人間存在自身のありようを表現するものであり、さらに言い換えれば、ある人間関係において進展していく実践的行為的連関のありようを表現するような「間柄の表現」だとされる。その意味では、身の回りにあるどの存在者を手がかりにしようとも、それが「間柄の表現」である以上、そこから自ずと間柄自身のありようが見えてくるはずだ。

しかし和辻は次の一節で、そうした「間柄の表現」たるあらゆる存在者がみな同じだけの重要性をもって、倫理学研究での存在論的認識のための手がかりになるわけではない、と述べていた。

我々は人間の存在を『間柄に於て生きていること』として規定して来た。存在を表現するものはすべてかかる間柄を表現するのである。商品は社会関係を表現する。電車は『交通』の道具として同じく間柄の表現である。山でさえも例えば東山は『名勝』『保護林』等として社会的存在を表現する。然し間柄の表現は先ず第一には家族・朋友・町・組合・会社・政党・国民・国家・国際聯盟等々の如き人の間の結合形態に認められなくてはならぬ。だから我々は日常生活に於て無限に豊富な存在への通路から、特にこれらの人間結合形態を択び出し、それを優越なる意味に於て存在への通路とすることが出来る。[SR: 158]

ここでの「人の間の結合形態」「人間結合形態」とは、共同体のことだと言ってよい。この家族から国家や国際連盟にいたるまでの様々な規模の共同体という存在者こそが、倫理学が特に手がかり（「存在への通路」）とすべき「間柄の表現」であるという。無数にある「間柄の表現」のなかでも、「人と人の関係」のその関係性のありようを、言わばそのまま具現化し表現した「共同体」という存在者は、人間の間柄的な存在様式を探求しようとする解釈学的倫理学にとっては、特権的な意味を持った表現的存在者として位置づけられる。「間柄の表現」という観点を採ることは、こうした方法論上の要請として、「共同体」という存在者への特別な注意を惹起することになる。

またそれとは別に、前章で「倫理」の実現構造を検討した際に、人間存在の可能根拠としての倫理がそのつど実現してくる場としての「人倫共同体」が、倫理学の取り組むべき実質的な対象として主題化されていたことも、ここで併せて想起すべきだろう。

こうした事情から、「間柄の表現」を出発点とする解釈学的倫理学は、とりわけ「共同体」という存在者を重要視することになる。そしてそれは自ずと、共同体自体に関する理論的考察、つまり共同体論という課題に取り組むことにつながる。そこで確認される「主体的全体性としての共同体論」は、第八章で見る『倫理学』での共同体論（歴史―文化―共同体論）に直結するだろう。

第一節　手がかりとしての西洋倫理学史

1　倫理学の基礎理論論考群——その構成の異同から

上述の通り、「間柄」から出発する和辻の解釈学的倫理学は、間柄を可能にする実践的了解に着目することにおいて行為論を、また間柄の典型的・範例的な表現としての共同体に着目することにおいて共同体論を、その課題として主題化するにいたるはずだ。本章では以下、この二つの主要問題に和辻がいかに取り組み始めていたのかについて確認するが、その主な手がかりとして、次の三つの論考を取り上げたい。これらは本書ですでに個々に参照してきた文献だが、ここで改めて一つの文献群として位置づけ直しておこう（序論に示した「表」の⑥の文献群に該当）。

・「倫理学——人間の学としての倫理学の意義及び方法」[1]（一九三一年）
・『人間の学としての倫理学』[2]（一九三四年）
・『倫理学』序論[3]（一九三七年）

いずれも和辻の倫理学の「基礎理論」の部分が展開されているという点で、基本的には同趣旨・同内容の文献である（以下「基礎理論論考」と呼ぶ）。もちろんそれぞれの成立過程において、そのつど前の論考が踏まえられつつ書き直され、また全体の構成も再編されるといった作業が積み重ねられていくなかで、論述自体の成熟度・洗練度が増していっていると見てよい。したがって、これら三編の論考が書き継がれていく経緯に注目することで、和辻の倫理学の基礎理論がいかに形成されていったのかについて、一つの見通しを得ることができるだろう。

内容面から言えば、三つの論考はいずれも大別して次の三種の議論から構成されている。

論点①　「人間の学としての倫理学」の構想

種々の日本語表現（「人間」「倫理」「世間」「存在」等）の解釈学的分析に基づいて、自身の構想する倫理学理論の基本概念を提示する。

論点②　西洋倫理学史

取り上げられる対象は、文献により多少異なるが、アリストテレス、カント、ヘーゲル、フォイエルバッハ、マルクス、コーエンらである。なおこの西洋倫理学史の部分は『倫理学』序論では省略され、一部の記述が本論中に組み込まれている。

論点③　方法論的考察

「倫理学」とはどんな学問的営為であるかに関する反省的考察から、倫理学の基礎的方法論となるべき「解釈学的方法」を提示する。特にディルタイとハイデガーの議論が援用される。

これらの論点のうち、「人間の学としての倫理学」の構想（①）と方法論的考察（③）に関しては、すでに本書でも様々な検討を重ね、「解釈学的方法」および「人間存在論」という形で包括的に提示してきた箇所だ。それに対し本章で特に注目したいのは、西洋倫理学史（②）の部分である。なぜそこに着目するかと言えば、和辻が西洋倫理学史をどのように叙述していたかを検討することで、彼が自身の倫理学理論をそのなかにどう位置づけていたかが見えてくるからだ。冒頭で示した二つの主要問題への取り組みも、まさにこの倫理学史の叙述の内で始まっていたのだった。ただしその検討に取り掛かる前に、三つの基礎理論論考の成立過程を簡単に見ておきたい。それを辿る上で重要なのは、上記の三つの論点が各論考でどんな順序で構成されているのか、という三編の間での構成の異同である。ここでは第二の論考『人間の学としての倫理学』を基準として置いてみて、三編の構成上の違いを確かめておこう。

『人間の学としての倫理学』の全体構成をごく簡単にまとめれば、次のようになる。

第一章の前半では、「倫理」「人間」「世間」「世の中」「存在」という日本語表現が、それぞれの語源にまで遡って解釈を施され、概念化される。それを踏まえて、和辻自身の「人間の学としての倫理学」の構想（論点①）が表明される。

続く第一章の後半は、アリストテレスから始まって、カントおよび新カント派のヘルマン・コーエンを経て、ヘーゲル、そしてその批判的継承者としてのフォイエルバッハおよびマルクスにいたるまでの西洋倫理学史（論点②）となっている。そこでは特に、各人の「人間」観がどんなものだったのかを基軸にして叙述が展開される。和辻自身は、こうした作業において「代表的な数人の哲学者を捕えて、彼らの言説の核心に、人間の学としての倫理学の構想を見いだそうと試み」ており、それを通じて自身の倫理学の構想が「歴史的な支持を受けることができる」と考えている[9: 37]。つまり彼自身が構想する「人間の学としての倫理学」という研究プログラムは、アリストテレスからマルクスにいたるまでの西洋の「人間の学」（倫理学）の系譜のなかに、最も包括的・根本的な倫理学理論として、自ら位置づけられることになる。

また第二章では、倫理学の学問上の独自性と、そのあるべき方法論が議論される（論点③）。そこでは、第一章前半の日本語表現の語義解釈ですでに適用されていた「解釈学的方法」が、「人間の学としての倫理学」の構築の上で、

「主体的なるもの」を学的に捉えるために最も有効な方法であることが説かれ、その和辻なりの解釈学的方法が、ディルタイの解釈学やハイデガーの解釈学的現象学などの批判的受容を通じて考察されている。

第二の論考『人間の学としての倫理学』は、以上のように、①「人間の学としての倫理学」の構想、②西洋倫理学史、③方法論的考察、の順序で論述が展開されていたが、次にこれとの対比から、他の二つの論考の構成を見ておこう。

第三の論考『倫理学』序論に関しては、上述の通り②西洋倫理学史が省略され、最初に①「人間の学としての倫理学」の構想が示され、それに③方法論的考察が続くという構成になっている。なぜ倫理学史が省かれたかと言えば、序論の目的が、『倫理学』本論の前置きとして、その時点での理論的到達点を簡潔に示すことにあったからだと考えれば、十分に理解可能な措置だと言える。

それに対しここで特に注目したいのは、『人間の学としての倫理学』の前身たる、第一の論考の初稿「倫理学」の方だ。この論文は、『人間の学としての倫理学』とほぼ同趣旨の議論を含むが、その論述の順序が二重に異なっている点が注意を惹く。

初稿「倫理学」では、第一章でまず②西洋倫理学史が叙述されており、続く第二章の前半で①「人間の学としての倫理学」の構想が示され、その後半および第三章で③方法論的考察が示されるという構成になっている。つまり西洋倫理学史の構成上の位置づけが、初稿「倫理学」と『人間の学としての倫理学』では異なっている。また倫理学史の叙述内でも、初稿「倫理学」では、マルクスとフォイエルバッハから始まり、コーエン、カントを経て、最後にアリストテレスにまで遡る、という全く逆の順序になっている。さらにこの時点ではヘーゲルに関する論述は存在せず、それは『人間の学としての倫理学』執筆の段階で新たに加筆されたものであることがわかる。

では、この二つの論考の間での構成上の相違二点（西洋倫理学史の位置づけ、その叙述の順序の相違）には、一体どんな意味があると解釈できるだろうか[4]。

前者の西洋倫理学史の構成上での位置づけの変化に関しては、さしあたり次のような外在的な経緯が指摘できるだろう。――初稿「倫理学」では、まだ、西洋倫理学史を自ら辿り直してみることを通じて、自身の倫理学の採るべき立ち位置を模索するという段階にあったため、構成上も倫理学史（②）が最初に置かれ、それを受けて自身の倫理学の構想（①）が示されるという順序になっていたと思われる。そして、次の『人間の学としての倫理学』では、先の初稿「倫理学」全体を通じてほぼ固まりつつあった自身の倫理学の構想（①）が最初に示され、その立場を裏づけ補強するという位置づけでもって、西洋倫理学史（②）および方法論的考察（③）が示される、というように論考内部での西洋倫理学史の担う役割が微妙に変わっていたのではないか。また、さらに『倫理学』序論になると、すでに確立された自身の基礎理論の到達点を簡潔に示すという目的のために、倫理学史は省略されたのだと考えられよう。

ただし、もう一つの相違（倫理学史の叙述の順序）に関しては、こうした外的な事情だけでは説明がつかない。こちらにも一定の回答を与えるには、二つの論考を対比させながら内在的に読み解く必要がある。以下では、この順序の違いの問題も念頭に置きながら、和辻の西洋倫理学史の叙述について、初稿「倫理学」を基軸としつつ、それとの対比で『人間の学としての倫理学』も参照しながら、その内容を検討していくことにしたい。

2　倫理学が「人間の学」であることの含意――人間と自然の存在論的区別

以下では、主に初稿「倫理学」での西洋倫理学史の叙述に即しながら、そこで解釈学的倫理学の二つの主要課題がいかに問われ始めていたのかを探っていく。ただしその前に、初稿「倫理学」の冒頭部分（第一節「倫理学は自然の学ではなくして人間の学である」）で、和辻の倫理学理論の基本的な方針が端的に表明されている箇所があるので、まずはその点について確認しておこう。

その基本方針とは、節の標題にもある通り、倫理学は「自然の学」ではなく「人間の学」であるというものだが、この基本方針自体に確認を要する二つの論点が含まれている。

第一に、「倫理学は人間の学である」という和辻の立論の仕方自体に、特に近代的な倫理学理論に対する批判が込められている。彼の立場からすれば、倫理学は（例えば）普遍的な道徳原理の探求などに取り組むよりも先に、そもそも「人間とはいかなる存在であるか」を根本的に問い直すような「人間の学」でなければならない（基本方針①）。そしてそれは基本的に、近代的な倫理学が自明視して疑うことのない、「人間を孤立せる人として把捉し社会を孤立人の形成する物と見る近代個人主義の立場」［SR: 159］を問い直すという形で論じられていくものであり、こうした方針の下でこそ、先述した「間柄」概念が主題化されてくるのでもある。

また第二の論点として、そのようにして「人間」を問い直す際に、それが「自然」との対比において考察されている点が挙げられる。ただしこの対比でもって和辻が「人間」をどう問題化したのかについては、さらなる注意が必要だ。例えば次のような一節では一見、自然と人間の対比において、どちらか一方が他方に還元可能なのか、もしくは互いに独立した存在領域をなすものなのか、といったことが問われているかに見える。

> もし人間が自然の一部分に過ぎないならば、従って人間の学が自然の学の一部分に過ぎないならば、自然の学ではなくしてしかも人間の学たる倫理学は不可能である。倫理学が可能なるためには人間は自然でないと云うことが確立されねばならぬ。［SR: 31］

ここで構想されている倫理学は、「人間」的な諸現象（特に倫理）を「自然」の領域の問題に還元可能とする自然主義的な立場とは異なった、反自然主義的なものとして、単純な対立関係の内に位置づけられているかに見える。[5] しかしこれに続く箇所を見てみると、「自然」と「人間」は、単に同じ次元で対立する存在領域の対比として考えられているわけではないことが見えてくる。

だから人間は、そこから〔例えば生理学の対象となるような〕自然物としての肉体が取り出され得るような、具体的な地盤でなくてはならぬ。かかる具体的な地盤はそこから抽出された肉体と同じではない。その意味で人間は自然ではないのである。即ち人間は自然と独立な存在者として自然でないのではなく、自然を内に含める存在者として、或は自然を自然として対象化せしめる根柢的な地盤として、自然ではないのである。［SR: 32］

ここでの自然と人間の差異は、言わばハイデガーが言う意味での存在論的な差異だ。つまり「人間」は、「自然」という存在者をもそもそも可能にしているような「根柢的な地盤」として捉えられている。和辻にとって「人間が自然でない」ことの含意は、人間が自然と区別されるべき存在者であることよりも、自然をかくなる存在者としてそもそも可能にし、かつそれをも自身の内に含むようなものとして人間の存在を考える、というものだ。つまり彼の倫理学は、その当初から「人間の存在を問う学」だと明確に位置づけられていた（基本方針②）。

以上の通り、和辻の「倫理学は人間の学である」という基本方針には、近代的な個人主義的人間観に対抗しつつ（①）、「人間」を存在論的に考察し直す（②）という方向性が含まれており、それは要するに本書で見てきた「人間存在論」を踏まえるということに他ならない。そして彼は、この意味での「人間の存在」が、一見したところ個人主義的人間観が支配的だった西洋倫理学史においていかに把握されてきたのか（というよりは、その問題に触れてはいながらもきちんと把握されてこなかったこと）について、彼自身の人間観を予料しつつ検討していくことになる。

3　初稿「倫理学」での西洋倫理学史の概要

こうした基本方針に基づく初稿「倫理学」第一章での西洋倫理学史の叙述は、ごく大まかには次のような構成をとっている。――取り上げられる順序としては、まずマルクスとフォイエルバッハの唯物論的立場、次にコーエンの観念論的立場、そしてカントの経験的人間学と道徳形而上学の関係に関する議論を経て、最後にアリストテレスの倫理学と政治学の相互関係が論じられていく。そしてそのいずれにおいても、実際には（つまり、よく読めば一般的な理解とは異なって）、本来問われるべき「人間の存在」が（不十分ながらも）問題化されていたのだとすることにおいて、和辻は自身の構想する「人間の存在の学」の正統性を跡づけようとしている。

そこで最初に論じられるのは、執筆当時の一九三〇年前後の日本で喧しく議論されていた唯物論と観念論との対立（より具体的には、社会科学・歴史学やジャーナリズム周辺で台頭しつつあったマルクス主義[6]と、大学の講壇哲学ですでに受容されていた新カント派[7]との対立）である。和辻によれば、この両者の対立は、「人間」という存在のその根拠を、物質的なもの（自然）に還元可能とする唯物論か、概念的なもの（観念や精神）に還元可能とする観念論か、という対立として一般的には整理されているという。しかし彼はこの両者の対立を、自身の「人間の存在の学」（人間存在論）という観点から、次のように捉え直す。

しからば人間存在の学は人間存在をすべて観念的なるものの地盤たるとともにまた自然的なる有の地盤たるものとして把捉しなくてはならない。かくのごとき存在において人間は、個として現われつつ全体を実現する。[9: 35]

これは『人間の学としての倫理学』からの一節だが、和辻はここで唯物論と観念論の対立を、上述した彼の倫理学の基本方針に忠実な仕方で捉え返している。すなわち、人間の存在を、「観念的なもの」や「自然的なる有」をそもそも可能にするような「地盤」と捉えることにおいて、人間を存在論的に問い直している（②）。また、その存在論的問い直しによって、ここでは人間は「個として現われつつ全体を実現する」ような主体的存在として捉え直されているが、それはまさに個人主義的人間観に対する代替案として提示されている（①）。こうした存在論的地盤としての人間の存在は、個人の「肉体」（自然的なもの）や「主観的自我」（観念的なもの）のみならず、また個人の共同による「客観的な形成物としての社会」（自然的なもの）や「主観的自我の間の相互作用」（観念的なもの）をも可能にするという意味で［9: 35］、個別的でありかつ全体的でもあるような何かとして把握されようとしている。言うまでもなくこれが「間柄」的な人間観に直結していくわけだが、それは初稿「倫理学」の段階では、さしあたり「人間の個人的・社会的な二重性格」［SR: 75］として言及され始めていた。

和辻は、倫理学史の叙述で最初に取り上げた唯物論と観念論のいずれにおいても、実際にはこうした「間柄」的な人間観が（それとして主題化されてはいなくとも）それとなく気づかれてはいたのだと解釈する。その意味では、個人主義的人間観を自明視する西洋倫理学でも、間柄的な人間観が萌芽的にではあれ問われていたのだとして、和辻はこうした観点から、マルクスの「社会的存在の学」やフォイエルバッハの「精神と物質との統一としての人間」観［SR: 34］、そしてコーエンの「人間の概念の学」[8]について、それぞれ検討していくことになる。

また続くカントの検討では（改稿後の『人間の学としての倫理学』に顕著だが）、いわゆる「超越論的人格性」が、個々の認識主観とその認識対象（客観）との間での主客対立（もしくは志向的関係）自体をそもそも成り立たせるような、アプリオリないし存在論的な「地盤」として解釈されており［SR: 114］、これもまた和辻の倫理学の基本方針（②）に沿ったものだと言えよう[9]。

そしてこの西洋倫理学史は、最後にアリストテレスの倫理学および政治学にまで遡る。そこでは、和辻自身が提起しようとする間柄的な人間観（つまり人間存在の個人性と社会性の二重構造）が最も正当に取り扱われているとして、次のように高く評価される。

> かくして我々はアリストテレースの『ポリティケー』即ち社会的人間の学に於て、我々の目ざすところの倫理学のイデーを見出すのである。［…］自然の存在から人間の存在を区別し［基本方針②］、そうしてその人間の存在を個人的・社会的なる人間の存在として把捉する［基本方針①］と云う方法そのものは、我々にとっても導きとならねばならぬ。『倫理学は人間の学である』というテーゼの真意は、ここに認められると云ってよいであろう。［SR: 78］

和辻が論文冒頭で示していた「倫理学は人間の学である」という基本方針は、まさにここでのアリストテレスの「ポリス的人間の学（社会的人間の学）」を範としたものであることが明らかとなる。すなわちアリストテレスは、自然とは質的に区別される人間存在の独自性（後述する通り、それは特に、言語および道徳的規範の共同を可能にする「ロゴス」に求められる）を主張したという点で、人間を存在論的に問う視点を開きつつあったのであり（基本方針②）、他方、その人間が個人的かつ社会的な存在（つまりポリスに生まれ育ちその個性を開花させるような存在）であると主張していた点では、間柄的な人間観を先取りしていた（基本方針①）、という解釈が示される。要するにここでの和辻は、アリストテレスを言わばその頂点ないし理想（「イデー」）として西洋倫理学史を遡っていくことにおいて、自身の間柄的な人間観を、その系譜のなかで十分な正統性を持った立場として位置づけようとしていたのだった。

——以上が、初稿「倫理学」の第一章で叙述される西洋倫理学史の、その表向きの基本線である。しかしそこでは、単に自説の学説史上の正統性・正当性が説かれていただけでなく、以後展開されていく和辻自身の倫理学理論に直接関わってくる諸論点が先取りされ論じられていた。以下では、こうした観点から彼の西洋倫理学史の叙述をより詳細に読解していくが、そこで特に焦点を当てたいのは次の三つの論点だ。まず、マルクスの「人間の社会的存在」の説明のなかで、すでに「了解」概念が先行的に導入されていた点を取り上げる（第二節）。次に、アリストテレスの社会有機体論に対する和辻の評価の変化を追跡し（第三節）、最後に、ヘーゲルの「人倫の学」に関する記述が『人間の学としての倫理学』の段階で追加されていたことの意味について検討したい（第四節）。これらの論点から、その倫理学史の叙述においてすでに、解釈学的倫理学が取り組むべき二つの主要問題（行為論と共同体論）が実質的に論じられ始めていたことが見えてくるだろう。

第二節　了解に基づく行為論——マルクスの「社会的存在の学」

和辻の叙述する西洋倫理学史について、以下では三つの論点を順に検討する。まず取り上げるのは、カール・マルクス（一八一八～八三年）の唯物論（マテリアリスムス）に看取される「人間の社会的存在」の問題だ。特に注目したいのは、和辻がその説明にあたり、自身の倫理学にとっても極めて重要な「了解」概念に関する議論を先行的に導入していた点である。(10)

1　マルクスの「社会的存在の学」から——「了解」概念の導入経緯

和辻の「間柄」概念にとって重要な発想となる「了解」概念（に相当するもの）が、初稿「倫理学」のなかで最初に登場するのは、マルクスの「人間の社会的存在」に関する議論においてだった。まずそれが、マルクス解釈のどんな文脈のなかで現われていたのか、確認しておこう。

そこでの和辻は『ドイツ・イデオロギー』（一八四五～四六年執筆）における初期マルクスの思想を高く評価するが、

その最大のポイントは、マルクスが「人間を自然対象とする［抽象的自然科学的］唯物論を斥け、活動実践としての人間の主体的存在を強調した」［SR: 33］という点にあった。つまりマルクスの唯物論は、決して人間を自然に還元可能な「自然対象」として捉えようとするものではなく、あくまでも実践的な主体として把握しようとしていたことが評価のポイントになっている。

また人間は、客体的な自然でないだけでなく、さらに「抽象的孤立的な人間的個体」［SR: 37］でもないとされていたことが、和辻にとってはより重要な意味を持つ。マルクスが「人間の本質は個々の個人に内在する抽象的なものではなくして社会的関係の総体である」［SR: 37］と主張して、人間の個別性や観照的な理性の働きよりもその社会性を強調した点に彼は注目し、そこに自身の間柄的な人間観と相通ずるものを見て取って、高く評価している（あるいはこの社会性の強調という点で、和辻はマルクスから大きな影響を受けていると言ってもよいだろう）。

また、以上のように人間の実践性・主体性、および社会性を重視することから、「人間の社会的存在」という発想が次のように主題化されてくると説明される。

> ［フォイエルバッハの規定によって］抽象的な自我や精神に対抗して肉体を獲得した人間は、更にマルクスに於て社会的及び実践的という規定を受けたのである。だからフォイエルバッハに於て『思惟が存在から出るのであって存在が思惟から出るのではない』と云われたことは、マルクスに於て、『人間の意識が人間の存在を規定するのではなく、反対に人間の社会的存在が人間の意識を規定する』と云い換えられた。［SR: 38］

和辻の解釈では、いわゆる「存在が思惟（意識）を規定する」という唯物論のテーゼは、その「存在」を、自然科学によって対象化・客体化された単なる「自然」として理解してはならず、特にマルクスにおいては、それは「人間の社会的存在」として捉えられているのだという。

では、その「人間の社会的存在」とは一体何なのか。和辻はそれを、「人間の生活の社会的生産」「人間の実質的生産力の一定の発展段階に相応する生産関係」［SR: 38］といったマルクスの用語で言い換えた上で、さらにその「社会的存在」の構造を次のような形でより具体的に記述してみせている。まさにその記述のなかで、「理解（了解）」という発想が援用されることに注意しよう。

> そこ［＝人間の社会的存在］には人間の自他の間の理解、組織の理解、共働の理解等々は云うまでもなく生活生産のための自然物の利用に於ける自然の技術的理解も亦含まれている［①］。もとよりこの理解は意識以前の実践的な理解であって、意識的或は理論的な理解とは同視せらるべきでない［②］。しかし実践的に『関係』を結び得るような、直接の理解がすでにそこにある［③］。かかる意味に於て人間の社会的存在は、人間と自然とに対するあらゆる実践的理解に充たされたる存在である［①］。意識以前にすでに相互理解的に共同の生活を生産する存在である［④］。かかる人間の存在の仕方はいかなる意味でも自然の存在の仕方と混同されてはならない。［SR: 38］

少々意外な感もあるが、和辻の倫理学にとって極めて重要な「了解（理解）」という解釈学的概念は、初稿「倫理学」では、マルクスの「人間の社会的存在」の説明のために初めて登場していたのだった。しかもそこではすでに、「了解」の基本構造があらかた取り出されて素描されている。

2　了解に基づく間柄の行為論

（1）「了解」の基本構造について――その行為論にとっての意義

「了解（理解）」の構造に関して、引用中に付した番号と対応させる形で、以下の四点をその重要な構成契機として挙げることができる（もう一つの契機は後述する）。

契機①　了解内容の包括性・全体論的構造

そこでは自己・他者・世界に関するあらゆることが全体論的な意味のつながりにおいて了解されている。

契機②　了解の非主題的な認知様式

意識化・理論化以前の実践的な了解であり、何かをそれとして主題化するような仕方での理解ではない。

契機③　実践的了解

了解は、何らかの主題化的な解釈を介することなく、直接的に日常的実践を可能にしている。

契機④　相互了解性

自他の間にはあらかじめすでに共同的な理解が成立している。

これらは、本書の様々な箇所でそのつど論じられてきた、「了解」の構造に関する主要論点でもある。そして驚くべきことに、それらはこの引用内で、非常に端的な形で一挙に書き込まれている。以下、その各論点について、（復習も兼ねつつ）簡単に確認してみることにしよう。

了解内容の包括性・全体論的構造（①）に関しては、序論ですでに、了解の非主題的な認知様式（②）と併せて、「規範全体性の了解」の基本構図を示す際に確認した論点だ。特に前者は、ある日常的実践をなすに先立ち、それをそもそも有意味にするような背景的文脈を構成している事柄の全体があらかじめ把握されていなければならない、という論点に関するものだった。

ただしここに引用した一節では、マルクスの議論の説明という文脈であることもあってか、そこで了解されている事柄（了解内容）がどんなものなのかに関して、より具体的に記述されている点が目を惹く。すなわちそれは、一方では「人間の自他の間の理解、組織の理解、共働の理解」といった様々な次元での人間関係に関する了解であり、また他方では「生活生産のための自然物の利用に於ける自然の技術的理解」といった、われわれの周囲にある自然（もの）についての了解（より踏み込んで言えば、われわれがそのなかに住み込んでいる「世界」全体に関する了解）だとされている。それは「人間と自然とに対するあらゆる実践的理解」だとも言われているが、こうした人間と自然（言い換えれば、自己と他者と世界）に関する事柄全体についての了解をあらかじめ携えているからこそ、われわれはそれを背景とした何らかの有意味な行為を現になすことができているのだ、ということになる。[11]

また、この自他および世界に関する包括的・全体論的な了解内容（規範全体性）は、しかし、それとして主題化され意識化されてしまっていては、われわれの日常的行為の方向性を導くことがそもそもできないのだった。というのも、これも序論で示した論点だが、人間の有限の認知能力によっては、物事の全体を表象的・命題的な仕方でそれとして余すことなく主題化し把握し尽くすことが不可能だからだ。またたからこそ、「了解」という非主題的な認知様式の可能性（②）が探求されねばならないわけだが、それはこの段階では、「意識的或は理論的な理解」ではなく「意識以前の実践的な理解」であるとして、さしあたっては消極的な仕方でのみ規定されている。[12]

そしてこの二つの側面を考え合わせるとき、自己・他者・世界に関する事柄全体が（①）、非主題的な仕方であらかじめすでに了解されていること（②）においてこそ、すなわち包括的・全体論的かつ非主題的な認知のあり方としての「規範全体性の了解」によってこそ、われわれの日常的実践は可能になっている、ということになる。これこそは上で挙げた「実践的了解」という論点（③）に関わる。すなわち了解とは、何らかの主題化的な解釈を介することなく、直接的に日常的実践を可能にするものであり、また、そうした日常的実践が、（和辻の「間柄」という発想からして）自他の間での相互的な行為的連関であるという意味では、その了解は、われわれが「実践的に『関係』を結ぶことをそもそも可能にしているような、先行的な「直接の理解」なのだ。本書で「規範全体性の了解」として概念化してきた、人間の日常的実践を現に成立させている存在論的構造を、和辻は三編の基礎理論論考の執筆を通じて「実践的了解」という概念として彫琢し、自身の倫理学理論（特に行為論）の中枢に据えることになる。

ところで、前章最後で「間柄」が「了解」概念から説明されていたことを見た際にも指摘した通り、和辻は「了解」の構造を主に「実践的了解」「相互了解性」「自己了解性」という三つの側面から考察していた。そして先の引用では、上述した「実践的了解」の側面に加えて、「相互了解性」の側面（④）に関しても言及があったと解釈できる。そこでは、人間は社会的存在であることにおいて、「意識以前にすでに相互理解的に共同の生活を生産する存在である」とされていたが、その相互理解とはまさに、前章で確認した、間柄において「互いに相手が主体であることの実践的な了解」が成立していることとしての相互了解性に他ならない。

以上のような「了解」の構造に基づく「人間の社会的存在」は、「無意識的・実践理解的な生活過程」［SR: 39］であるとも要約されている。その点に注意するならば、和辻は日常的行為の成立構造を考えるにあたり、それが通常「無意識的」な（ないし「意識以前」の）過程であることを強調するような行為論を構想していたことが、より明瞭になってきたと言えるだろう。

ではそもそも、和辻はなぜそうした「意識以前」「無意識的」なもののわかり方（認知様式）を重視したのだろうか。――それは、和辻の行為論、ひいてはそもそもの倫理学理論が、その探求の出発点としての「日常性」というものを、殊更に重要視していたからなのではないか(13)。

特にごく日常的な行為に関して言えば、それがどこまで意識的になされているかは、一つの大きな問題だ。例えば「食事」という行為をなす際に、それをいつも通りの仕方で行なっている場合には、特に「食事をしよう」といった明確な形での意志や意図（といった意識や心的状態）を持つことなく、われわれは端的な仕方で現にそうふるまっているだけであるように思われる。またその「食事」という行為は、箸や茶碗といった様々な道具を同時に用いつつなされていくが、そのとき、そのそれぞれの使い方をいちいち意識的に考えながらでなければその使用も覚束ない、というわけでは決してない（使い慣れないものでない限り）。またさらに、そうした「食事」を日常的に共にしている人々の間では、それがどんな意味を持つふるまいなのかはあらかじめすでに相互に了解されているはずであり（よほど想定外の事態が起こらない限り）、その食事の最中にそのことの意味がことさらに問われ意識化されるようなことも基本的にはないだろう。

もしそうだとするならば、行為の成立の条件に、意志や意図、また信念と欲求のペアといった、何らかの意識的な心的状態を想定するような行為論は（それは現代の行為論でも標準的な考え方だと思われるが）、われわれのごく日常的なふるまいの大半を、「行為」（少なくとも「意図的行為」）たる要件を満たさないものと見なすことになってしまうのではないか。このことが意味するのは、そうした意識・心中心の行為論には、われわれの生活の大部分を占めているはずの日常的実践を、正当な「行為」として取り扱うための理論的な道具立てが欠けている、ということだ。――和辻が「意識以前の実践的な理解」としての「了解」という概念を自分の議論に導入していたその最大の理由は、そうした意識・心を中心とする行為論とは別の、「日常性」（要するに「間柄の事実」）を正当に扱い得るような行為論の基礎を求めていたからだと思われる。

（2）「了解」のもう一つの構成契機としての自己了解性――人間と動物の区別

ところで、先の引用箇所の最後で、和辻は「かかる人間の存在の仕方はいかなる意味でも自然の存在の仕方と混同されてはならない」と、その両者の区別を繰り返し強調していた。しかし、上述した「了解」に依拠して行為の「意識以前」「無意識的」な成立過程に注目する解釈学的な行為論は、行為にとっての「意識」の重要性をより低く見積もろうとする点で、むしろ人間と自然（特に動物）の区別を曖昧にしてしまうのではないか。そこで、それでもなおその区別を堅持すべく和辻が指摘するのが、「了解」のもう一つの重要な構成契機としての「自己了解性」（⑤）だ。

契機⑤　自己了解性

人間は、自身の行為を導く規範全体性について何らかの先行的理解を持っており、またそれについて自己主題化（自覚）することができる。

彼は「人間の社会的存在」を引き続き説明するなかで、マルクスが重視した「生産」という行為の、その社会性に注目する。そこではまず、『ドイツ・イデオロギー』から「人間自身は、生活資料を生産し始めるや否や、己れを動物から区別し始める」のだと引用した上で、その「生産」行為が初めから社会的であることを強調して、次のように述べる。

> しかもかく人間を動物より区別する生産は、初めより社会的であって個人的ではない。孤立的に存在する人間が或発展段階に於て社会を結成するのではなく、人間が人間となったときにすでに社会的なのである。従って自他の交通が意識を産み言語を産む。［SR: 39］

人間は「生産」という行為を（大抵は誰かと共に）現になしているという時点ですでに、単なる動物（自然的存在）でないだけでなく、個人として孤立しているのでもなく、初めから「社会的」なのだという。[14]　さらに、この社会性に基づく自他の間での様々な具体的交渉を通じてこそ、（通常はこれこそが「人間的である」ことの第一の標識とされる）「意識」や「言語」も初めて成立すると主張される。そして、まさにこの「意識や言語が産まれ得る」ことこそが、「人間の社会的存在」と「動物の自然的存在」とが決定的に区別されるポイントであるという。

> 人間の自他の交通、従ってその間柄は、動物例えば犬の親子の関係とは本質的に区別される。人間の間柄はそれが意識や言語として発展するところの間柄であり、従って分肢されることによって言葉となるべき直接の理解を本来すでに含んでいるのである［⑤］。然るに動物の自他の関係は、その本能的な鋭い理解（と云えるならば）にも拘わらず、意識や言語に発展すべき性格を具えて居らない。即ち人間の存在は自覚的であり、動物の存在は無自覚的である。[15] [SR: 40]

ここで、人間の間柄には「分肢されることによって言葉となるべき直接の理解」がすでに含まれている、とされる点が「了解」の構造を考える上でも極めて重要だ。了解が日常的行為を可能にするその仕方は、非主題的で「意識以前」「無意識的」であるにしても、そこには自己・他者・世界に関する何らかの理解が（第三章での議論を踏まえれば）潜在的・潜勢的には含まれているのであり、必要とあらばそれを「意識や言語として」主題化し分節化することも、人間には可能である。つまり、行為を端的に可能にする「直接の理解」ではあっても、そこには「分肢されることによって言葉となるべき」ような分節化可能性があらかじめ潜んでいるのであり、まさにその点こそが人間と動物との決定的な違いとして強調される。

そしてこの、自分があらかじめすでに了解している事柄を自ら主題化して「自覚」することができる、ということこそ、了解の「自己了解性」の側面（⑤）として本書で強調してきたものに他ならない。実践的了解（規範全体性の了解）は、非主題的な仕方での認知である一方で、その了解内容を事後的に「意識や言葉として」主題化可能であるという点では、そこに「分肢」構造があらかじめ備わっているとも言える。自己了解性とは、こうした了解内容の分肢構造（分節化可能性）を前提とし、それに基づいてこそ「意識や言語として発展する」という人間の「自覚的」な存在の仕方も可能になる。和辻は、こうした自覚を可能にする自己了解性に、「無自覚的」な動物との決定的な違いを求めたのだった。

――以上の通り、マルクスの「人間の社会的存在」を説明するなかで先行的に導入されていた「了解（理解）」概念は、しかしこの段階ですでに、その基本的構造がほぼ一通り取り出されていた。その意味では、「了解に基づく行為論」はこの時点ですでに実質的に成立していたのであり、以後の和辻の倫理学理論では、それが倫理学的な問題圏のなかでより具体的な形で展開されていくことになる。ただしこの点については、主著『倫理学』での行為論を取り扱う第七章で改めて検討することとし、本章では引き続き和辻による西洋倫理学史の検討を進める。そこで次の論点となるのは、行為論に並ぶ和辻の倫理学の主要問題であるとした、共同体論についてである。

第三節　行為論から共同体論へ――アリストテレスの「社会的人間の学」

前節で見た「間柄をめぐる行為論」は、本書で指摘してきた「了解」の諸構造を、マルクスに関する説明にこと寄せて改めて整理し直す、という作業でもあった。それに対し、本節以降で検討するアリストテレスとヘーゲルに関する議論は、上述の通り、和辻の解釈学的倫理学のもう一つの主要問題であった「間柄をめぐる共同体論」の成立経緯に関する説明となる。

1　人間の本性をめぐる二つの規定——ロゴスとポリス的動物

初稿「倫理学」での西洋倫理学史は、先にも指摘の通り、その叙述の最後に置かれたアリストテレスの倫理学が、言わば倫理学史の頂点に位置づけられる形で語られていた。繰り返しの引用になるが、この点について述べた一節を改めて引いておこう。

かくして我々はアリストテレースの『ポリティケー』即ち社会的人間の学に於て、我々の目ざすところの倫理学のイデーを見出すのである。我々はその体系的な内容に必ずしも執着するのではない。しかし自然の存在から人間の存在を区別し［①エティカ］、そうしてその人間の存在を個人的・社会的なる人間の存在として把捉する［②ポリティカ］と云う方法そのものは、我々にとっても導きとならねばならぬ。『倫理学は人間の学である』というテーゼの真意は、ここに認められると云ってよいであろう。［SR: 78］

ここで明確に述べられているように、アリストテレスの「社会的人間の学」（ポリティケー、広義の倫理学）は、和辻の構想する「人間の学」にとって一つの理想・模範（「イデー」）となる。[16]

また、より重要な論点として指摘したいのは、和辻がここでアリストテレスの「社会的人間の学」の方法を、二つに分けて整理する点だ。すなわち、①「自然の存在から人間の存在を区別」することと、②「その人間の存在を個人的・社会的なる人間の存在として把捉する」ことだが、これらはアリストテレスの著作で言えばそれぞれ『エティカ』（『ニコマコス倫理学』）と『ポリティカ』（『政治学』）での課題に対応するという。そして、『エティカ』と『ポリティカ』は別個の著作だとはいえ、両者が相俟ってこそ一つの「社会的人間の学」（和辻にとっての「人間の学としての倫理学」）を構成するものとして解釈されるべきだと主張される［SR: 68–70］。

さらに和辻の解釈によれば、このエティカとポリティカは、両者一体となって一つの「人間の学」をなす一方で、両者はそれぞれの仕方で「人間の本性（ピュシス）」を探求しているという。そこで以下ではまず、この「人間の本性」に関する二通りの説明を和辻がどう説明していたのかについて、上述した二つの著作での方法も念頭に置きながら、順に確認していこう。

（1）エティカでの「人間の本性」——徳を可能にするロゴス

まず、狭義の倫理学としてのエティカに関して和辻が概括するところでは、そこで問われているのは「『人間の善』（人間にとってのよきこと）が如何にして実現されるか」であり、それに対しては、「統治が性格を作り出す手段であり、この性格によって人間の善をなす活動が可能になる」という回答が示されていたという［SR: 69］。つまりアリストテレスはエティカにおいて、「善をなす活動」を可能にするような人間の「性格」（要するに「徳」）を問題にしており、また、その「性格」のありようはかなりの程度まで「統治」（国制）の形態によって左右されると考えていた[17]。

さて、このように人間の「性格」（徳）が主題化されるエティカでは、明らかに「人間」が個人主義的な観点から問われている。この点をどう評価すべきかは、アリストテレスの「人間の学」を模範とする和辻にとって一つの大きな問題となる。彼の解釈によれば、アリストテレス自身の「思想内容」に個人主義的傾向がある点は否定できないとしつつも[18]、それ以上に「考察上の便宜の処置」という事情が大きいとして［SR: 71］、その事情を次のように説明する。

> そこ［＝エティカ］では人間の社会的存在は捨象せられ、ただ動植物からの区別に於てあらわになるような人間的存在のみが問題とせられている。人間の存在が自然の存在と異るのは、ロゴスによる実践としての人間の働き（er-

gon）・活動（praxis）の故である。道徳はちょうどこの場所に存する。［SR: 72］

先に第一の方法として挙げた「自然の存在から人間の存在を区別する」というエティカでの方法的立場からしても、そこでは人間の「社会的存在」の側面はさしあたり捨象した上で、自然から区別される限りでの「人間の本性」が問題化されていたのだという。要するに、エティカにおいて個人としての人間を問うという問題の枠組自体が、アリストテレスの「社会的人間の学（ポリティケー）」全体の構想のなかでの部分的な課題を担うものだった、という解釈が示される。

さらにこの一節では、人間を自然から決定的に区別する「人間の本性」が、「ロゴスによる実践」にあり、それこそが道徳の存立する「場所」だと論じられている。ではこの「ロゴス」は、より具体的にはどんな仕方で「善をなす」活動・実践としての道徳を可能にしているのか。――興味深いことに、そこで和辻が示す解釈は、「ロゴス」を自身の「了解（理解）」概念に引きつけて捉え直す、というものだった。彼は、ロゴスに「言葉」と「理性」の二面性があることを指摘した上で、後者の「理性」の側面に関して次のように述べていた。

しかし他方でロゴスは理性となる。何故なら自他の関係は自他の間の直接の理解的交通であり、この理解はすでに善悪正不正の弁別を含んでいるからである。例えば男女が他なくしては存在し得ぬのは、すでにその合一を理解しているからであり、合一の理解はすでにこの合一の『のり』『かた』の理解を含むのである。かくして人間の社会的存在は同時に理解的存在であり、言葉を持つことは同時に道徳的なのりを持つことになる。云いかえればロゴスは人間に言葉を与えると共にまた道徳的規範を与える。［SR: 76］

理性としてのロゴスが道徳を可能にするのは、それが一種の概念能力として「善悪正不正の弁別」を与えるからだ。この規範の弁別は人間関係（例えば男女関係）においてあらかじめすでに「理解」されているという。この一節で、一定の人間関係が成立していることと、そこに先行的な実践的了解・相互了解性（「自他の間の直接の理解的交通」）が成立していることとが等置されている点は、前章で見た「実践的な間柄があることと相互了解性は同義」だとする「間柄」の基本構図と全く同様だと言ってよいだろう。

つまり和辻は、マルクスだけでなくアリストテレス解釈においても、これから彫琢されるべき自身の「了解」概念を先取り的に援用して、「ロゴス」概念の一側面を説明していたのだった。そこではロゴスが、「道徳的なのり」「道徳的規範」の「理解」だと明確に位置づけられている点が重要だ。ロゴスが道徳を可能にするのは、それが規範的弁別に関する先行理解を与えているからであり、道徳は人間がそのような「理解的存在」であることに基づくという。またさらに言えば、（エティカでの主題だとされた）人間を「善をなす活動」へと方向づける「性格」としての「徳」も、人間がロゴスを持った理解的存在であることに基づくことになる。

このロゴスに基づく「徳」について、和辻は次のようにも説明している。

> ロゴスに基づく徳は、一方では知的（dianoētika）であり、他方では道徳的（ēthika）であるが、この道徳的（ēthika）という特性に於てまさに人間が自然から区別せられる。何故なら ēthika は ethos（習慣）から導出せられたのであり、そうしてその習慣なるものが丁度自然物に欠けているところだからである。自然物は習慣によってその本性を変えはしない。石を幾千度投げ上げても上へ動く習慣はつかぬ。然るに人間は習慣によってその本性を変える。習慣（ethos）の結果として道徳的（ēthika）の徳を作り出す。かくして道徳は、先ず初めに、社会的存在から引き離された個人としての人間の存在を、自然の存在に対して区別することの上に築かれるのである。[SR: 72-3]

ここでは、徳に備わる「道徳的」という特性が「習慣」によって作りだされるという点が特に強調され、そこにこそ人間を自然から区別する最大のポイントがあるとされる。徳は、ロゴスに基づくという点からしても人間にとって本質的な「本性」だが、習慣の結果として形成されてくるという点では変化し得るものでもあり（「人間は習慣によってその本性を変える」）、そこが決して変化することのない自然の本性とは決定的に異なるという。こうした「変わり得る本性」としての「徳」もまた、人間を自然から区別する「人間の本性」として重要視されている。

（2）ポリティカでの「人間の本性」――ポリス的動物であること

エティカではまず「道徳」が、「個人としての人間の存在を、自然の存在に対して区別すること」のなかで問われており、そこでは「人間の本性」が「ロゴスによる実践」とそれに基づく「徳」に求められた。ただしこれは、あくまでもエティカでの限定的な問題設定の範囲内での回答であり、「人間の本性」の問題に関してはさらにポリティカでの検討をも踏まえる必要があるのだった。この点について、和辻は次のように述べている。

〔エティカでは〕自然より区別せられた人間の個人的存在に於て、人間の全体性に規定せらるることなく、人間にとっての善が規定せられた。然るにこの善の根柢たるロゴスによる実践は、実は決して個人的なものではなかったのである。個人はその実践のために必ず社会を必要とする。社会はまた個人に於てその実践を実現するのである。〔…〕だから『エティカ』と呼ばるる部分に於て自然の存在から区別せられた人間の存在は、更に『ポリティカ』と呼ばるる部分に於て個人的・社会的なる存在として明かにせられると云ってよいのである。[SR: 74–5]

「人間の善はいかに実現されるか」という問題に対し、まずエティカでは個人主義的アプローチから、人間個人を「善をなす活動」へと方向づけるような性格としての「徳」が、「ロゴス」（という認知と動機づけを一体的に可能にするような一種の概念能力）に基づくものだと規定されており、またそこにこそ人間と自然との決定的区別があるとされた。ただし、このロゴスに基づく実践は、個々の人間が現に遂行していくものである一方で、「個人はその実践のために必ず社会を必要とする」のでもある。まさにこの、個々人の諸実践の背景にある人間の「社会性」や「全体性」の側面を主題化することこそが、ポリティカでの課題となる。

和辻はこのようにエティカからポリティカへの問題の移行を説明した上で、後者で明らかにされるべき第二の「人間の本性」を、「ポリス的動物であること」として次のように説明する。

> 『エティカ』の部分に於ては人間の本性はロゴスによる実践・活動に認められた。今や『ポリティカ』に於ては人間の本性が社会的生活に認められる。男女は互に他なくしては存在し得ぬものである。だからそれは本性上家族として結合する。家族の全体性が夫・妻・子と云う如き個人よりも先である。[…] しかし日常生活の需要充足よりも高い目的が目ざされる時には、家族が相寄って部落をなす。[…] 更に多くの部落が、殆んど或は全く自足し得るほどに大きい一つの完全な社会に結合するとき、ポリスが現出する。それは生活の必要に基き、善き生活のために存続する。家族や部落が人間の本性《ピュシス》に基いているように、ポリスも亦人間の本性に基いている。何故ならポリスは家族や部落の目的《テロス》であり、そうして事物の本性《ピュシス》はその目的《テロス》に他ならぬからである。かくしてポリスは人間の本性にもとづくものであり、人間は本性上ポリス的動物である。[SR: 75]

ここでは、人間の社会性・全体性を問うに際し、その「社会的生活」の場としての共同体に着目し、「家族」「部族」

「ポリス」という三形態を取り上げている。これらは一見、家族から部族を経てポリスへと次第に拡大・発展していくものであるように思われるが、他方で引用後半部では、ポリスが「家族や部落の目的《テロス》」だとされている点が注意を惹く。すなわち、当時の古代ギリシア世界では最大規模の共同体であったポリスこそが、人間の存在にとっても最大の目的なのであり、このことが、事物の本性をその目的に求める目的論的発想から捉え直されることによって、ポリスは「人間の本性」に密接に関連するものとして位置づけられるにいたる。ポリティカではこのような理路で、人間の「人間らしさ」の中核としての「人間の本性」が、「ポリス的動物（社会的存在）であること」に求められることになる。

2　人間の本性の二重規定の統一――ロゴスの二面性から

以上に見た通り、アリストテレスは「人間の本性《ピュシス》」を、エティカではまず「ロゴスによる実践」に求め、またポリティカでは「ポリス的動物であること」に求めていたことが確認された。ただし和辻の解釈では、この両者が相俟ってこそ「社会的人間の学」（ポリティケー）が構成されるのであり、そうだとすれば、ここでの二つの「人間の本性」の規定に関しても、それらを統一的に捉えるような視点が求められることになるはずだ。

しかし初稿「倫理学」の段階では、この「二つの規定の統一」という論点はさほど強調されておらず、それは『人間の学としての倫理学』の段階になって初めて、「この二つの規定の統一こそ、人間の学の本来の問題でなくてはならない」[9: 44] と明示的に論じられるようになる。しかもそこでは、人間本性の二重の規定が、「アリストテレス自身によっては」、単に「並べ掲げ」られているだけで「統一にもたらされていないように見える」として、幾分批判的に指摘されている [9: 46]。では和辻自身は、この二重規定の統一の問題にどんな回答を示していただろうか。そこで彼が改めて注目するのが、先にも言及した「ロゴス」だ。

まず和辻は、第二の規定の「ポリス的動物であること」に関して、そこには人間に限らず、蜂や蟻などの「集団的動物」も含まれてしまう問題があるという。そこでその両者をさらに区別するものとして、改めて第一の規定である「ロゴス」が注目されることになる。

上述の通りロゴスには「理性」と「言葉」の側面があるが、和辻はこの二面性のある「ロゴス」（本性①）と、「ポリス的動物（社会的存在）であること」（本性②）の間の関係を、以下で見ていくように、二重の相互制約的な関係として論じている。まず、ロゴスの「理性（弁別）」の面と「社会的存在」との相互関係が、次のように説明される。

> 一面においてはロゴスによる実践［本性①］が社会［本性②］を形成する。人が動物と異なって言葉を持つことは、弁別すなわち理性を持つことにほかならない。そうして言葉すなわち理性［①］による自他の合一関係が人間共同態［②］の根柢なのである。このことは人間関係が自他の間の理解的交通であり、そうしてこの理解がすでに善悪正不正の弁別を含む、という意味に解し得られるであろう。［…］だから人間存在は同時に理解的存在であり、この相互理解においてのみ総じて人間関係が存立し得るということができる。［9: 46］

これは、先にロゴスの「理性」の面を説明する際に引用した初稿「倫理学」の一節とほぼ同趣旨の、『人間の学としての倫理学』での対応箇所だ。ここでは行為を可能にする実践的了解と同様の機能を持つロゴスこそが、人間関係や共同体をそもそも成立せしめるものだとされ、その関係性が「ロゴス（理性）が社会的存在を形成する」と端的に表現されている。

そしてこの一節に続けて、『人間の学としての倫理学』では、初稿「倫理学」には見られない次のような記述がさらに追加されていることが注目される。

しかるに他面においては社会的存在〔本性②〕がロゴス〔本性①〕を形成する。言葉〔①〕は人間関係〔②〕なきところには生起しない。話す相手のないところに言葉が生ずるということは無意義である。従って言葉は人間存在に根ざしている。言葉の表現する弁別〔①〕もまた人間存在〔②〕の自覚である。正不正として弁別せられること〔＝潜在的な分節構造〕は、存在自身の構造として弁別に先立って存するのである。〔…〕かく見れば言葉すなわち弁別〔①〕の基盤は人が本性上ポリス的動物であること〔②〕にほかならぬ。[9: 46–7]

ここでは主に、ロゴスの「言葉」の面と「社会的存在」との相互関係が論じられている。先に、規範の弁別的理解（理性）としてのロゴスは、人間の社会的存在（人間関係）を可能にするものとされていたが、ここでは逆に、言葉としてのロゴスは、何らかの人間関係がないところでは生じ得ないとされる。つまり、ロゴスの「言葉」の面に着目するならば、それは言葉を共有する人々の存在（人間関係や共同体）があって初めて成立し得るものであることが強調されている。この関係は端的には「社会的存在がロゴス（言葉）を形成する」と記述される。

以上をまとめれば、次のようになる。

かくしてロゴスによる実践は人間存在〔社会的存在〕を地盤とし、人間存在はロゴスによる実践において可能となる。この相互制約によって二つの規定は統一に達するのである。[9: 47]

ロゴスは、実践を可能にする弁別的「理性」（実践的了解）としては、社会的存在（ポリス的存在）を可能にする一方、人々に共有される「言葉」としては、社会的存在を前提とする。『人間の学としての倫理学』での和辻は、このようにロゴスの二面性に着目することで、「人間の本性」の二重規定の問題を、両者の相互制約的な二重の関係性において統一的に把握するにいたっていた。

そして彼自身の人間観でもある、人間の「個人的・社会的」な性格も、まさにこのロゴスの二面性に基づく相互制約関係からこそ、よりよく理解可能となる。すなわちロゴスは、弁別的「理性」として個々人の行為を導き可能にするという点では個人の水準で働いているが、他方、ある共同体において共有される「言葉」としては社会の水準で働いている。こうした二つの水準で働くロゴスを所持するものである点において、人間の存在は「個人的・社会的」な二重性格を帯びているということになるだろう。和辻が「人間」という存在を個人的かつ社会的なものとして提示するその一つの重大な背景には、このようなアリストテレス解釈が控えていたのだった。

また和辻は、ロゴスの「言葉」の面をさらに分析することで、人間の二重性格の問題を、次のように「共同体」の問題にまで展開させていた点も注目に値する。

> 右のごとき相互制約は畢竟人間の個人的・社会的なる二重性格にもとづくと言ってよい。アリストテレスはそれを明白に捕えているとは言えない。しかし彼がちょうどこの個所に言葉を持ち出したことは、きわめて暗示するところが多いのである。言葉は彼が説くところの全体と部分の関係を、彼の意図したよりも一層明白に示している。言葉の共同が共同態の根柢となる側面から言えば、言葉は個人のものとして、しかも自他の間に共通なのである。しかし何人も言葉を自ら作りはしない。言葉は社会的産物として個人に与えられるのである。だから我々は共同のものとしての言葉を個人のものとして用い、しかもその個人のものの内にある共同性のゆえに我々は言葉によって共同態に帰り行くのである。[9: 47]

ここでは、ロゴスの一面としての「言葉」自体もまた、個人的かつ社会的なものだと論じられている。人々の「言葉の共同」が共同体の成立根拠になるという点では、言葉は社会的なものだが、他方で言葉は個々人の具体的な発話において現に生みだされていくものだという点では、個人的なものでもある。このように言葉には、「共同のものとしての言葉を個人のものとして用い」、また、個人的発話を通じてその背景にある「共同性」に参与していく、という二つの側面があり、この点において言葉は、人間の個人性と社会性の相互関係（言い換えれば、個人と共同体、部分と全体の関係）を媒介するような働きを担っていることになる。

先にその弁別的「理性」の面に注目した際には、アリストテレスの「ロゴス」概念を、日常的行為を可能にする「実践的了解」と同様の機能を果たすものと解釈することで、和辻自身の行為論につながるものとして位置づけたわけだが、ここでロゴスの「言葉」の面に注目することによって、今度は、言葉を媒介とすることで可能となる「個人と共同体との相互関係」が問題化されてきたと言えよう。そしてそれは、まさに共同体論が取り組むべき問題に他ならない。

――以上の検討より、和辻の倫理学における行為論と共同体論という二つの主要問題が、アリストテレスの「ロゴス」解釈において交錯しているありようが見届けられたことになる。そこで続いては、和辻がアリストテレスの共同体論をめぐって、さらにどんな議論を展開していたのかを確認しておきたい。特に注目すべきは、アリストテレスの社会有機体論的な共同体観に対する和辻の評価がいかに変化していたか、である。

3　社会有機体論に対する態度変更をめぐって

アリストテレスの共同体論は一般的に言って、共同体を有機体のイメージで捉える社会有機体論だった。和辻は初稿「倫理学」の段階では、それをかなり肯定的に受けとめており、個人と共同体との関係を、次のような「有機体における全体と部分の関係」に基づいて説明していた。

> この全体［＝ポリス］と部分［＝家族や個人］の関係は、身体と手足との例によって明かなように、弁証法的に把捉せられている。全体が部分に現われることによって部分は初めて部分たり得るのであり、全体の破壊は同時に部分の破壊である。個人が社会に先立って存し、それが結合して社会をなすのではなく、社会が個人に先立ち、個人を個人たらしめるのである。従って個人とポリスとの対立なるものは、ここでは弁証法的に克服せられる。［SR: 77］

ここでは、共同体（ポリス・社会）と個人の関係が、有機体における「全体－部分」関係に類比的なものとして説明されている。一つの有機体としての人間が持つ「手足」は、その身体全体の一部であることにおいて初めて何らかの意味ある機能を担い得るのであり、また物理的にも身体全体が存続することなくしては部分である手足も存続し得ないという点からして、有機体においては「全体が部分よりも先」だとされる。そしてそれとの類比から、共同体と個人の関係においても同様に、「社会が個人に先立ち、個人を個人たらしめる」とされる。

このように、初稿「倫理学」の段階での和辻は、アリストテレスの議論に看取される社会有機体論に対し、基本的には肯定的な立場から説明を行なっていた。しかし『人間の学としての倫理学』の段階になると、彼はその社会有機体論のある論点に関して明確な批判を提示するようになる。以下では、この態度変更の内実を確認した上で、その意味を考えてみることにするが、それは和辻の倫理学理論の基本的特徴を考えるためにも重要なポイントとなるだろう。

アリストテレスの社会有機体論に関する説明は、『人間の学としての倫理学』でも、以下の通り、基本的には初稿「倫理学」と同様の記述となっている。

> アリストテレスの説く全体と部分との関係は、身体と手足との例によっても明らかなように、部分が全体を現わすことにおいて部分であるという点を強調したものである。個人の言葉は社会的産物であるがゆえに初めてその個人の言葉であり得るごとく、個人は社会を現わすことにおいて初めて個人である。[9: 48]

ここでは有機体的な「全体－部分」関係が、社会・共同体だけでなく「言葉」に関しても適用されている。それは上で確認した、ロゴスの一側面としての「言葉」自体が個人的・社会的な二重性格を帯びている、という議論の延長線上にある。「人間は個人として言葉を話すが、それは必ずある言語共同体を背景とする」という言葉・言語の特質の内に、個人性と社会性・共同性（もしくは個別性と全体性）の交錯を見て取る論法が、ここではそのまま人間の存在に対しても適用されている、という理路を見て取ることができるだろう。

しかし、それに続く一節では、「全体が部分よりも先」という有機体的な「全体－部分」関係に基づく社会・共同体把握は一面的に過ぎるのではないか、という批判が提起される。

> が、この考えは、部分の集成によって全体が成り立つのではなく逆に全体によって部分が規定せられるという一面のみを捕えて、部分の独立という点を看過していると思う。手足は全体を現わすことにおいて手足であるが、しかし手足として独立することはできぬ。しかるに個人は、社会において初めて個人たらしめられるにかかわらず、しかもその社会にそむき得るものである。この点において個人がそれ自身に根拠を持つという彼の他の考え［＝エティカでの個人主義的人間観］がここに結合せられなくてはならぬ。[9: 48]

初稿「倫理学」の時点では、和辻はアリストテレスの（特にポリティカでの）社会有機体論にそのまま従っているかに見えたが、『人間の学としての倫理学』では、人間の個別性と全体性（個人性と社会性）の問題を、単純に有機体モデルで捉えることに対し、明確に批判的な態度を示している。そしてその批判の最大の根拠は、（ある意味、非常に単純かつ当たり前のことだが）個人には共同体からの「独立」の可能性があるという点に求められる。和辻は、共同体の一員（つまり全体の一部）であることにおいて初めて、個人はかくなる個人たり得るという主張を基本的には維持した上で、にもかかわらず個人は（有機体を構成する諸部分とは違って）その全体からの「独立」可能性を持つという一点において、社会有機体論の一面性を批判するのだ。

この「個人の独立可能性」において、個人と共同体の相互関係は、社会有機体論の枠組をはみ出してしまうことになる。では、和辻はその関係をどのように捉え直していたか。

アリストテレスがプラトンの理想国の主要欠陥として指摘したのは、私有財産及び家族の廃棄が、ポリスによる個性の滅却を意味する、という点であった。個性が滅却せられれば、個人が全体に従うという関係は不可能になる。従って社会において個人が個人たらしめられることは、個人の社会よりの独立をも含意せねばならぬのである。この独立ゆえに、個人の結合によって社会が実現せられるという他の契機も生かされてくる。かく見ればアリストテレスにおける全体主義と個人主義との結合は、彼自身それを充分に試みていないにかかわらず、きわめて豊饒な思想を示唆するのである。［9: 48］

ここでの和辻はアリストテレスのプラトン批判(19)を踏まえて、「全体が部分よりも先」であることは、必ずしも「個性の滅却」を意味するものではない、という方向性を示そうとしている。つまり「共同体が個人よりも先」であることはあくまで前提としつつも、この「全体－部分」関係が成り立つためには、個人も確固たる個として存在している必要がある、と考え直している。

こうした、人間の個別性（個人）と全体性（共同体）の相互関係にまつわる問題は、既述の通り、初稿「倫理学」の段階ですでに「人間の個人的・社会的な二重性格」として主題化されていたが、ここで見た『人間の学としての倫理学』での検討を経て、後の主著『倫理学』第一章では、その個別性と全体性の「矛盾的統一」［10: 61］こそが、「間柄」としての人間存在の基本的構造として捉え返されるにいたる。それは和辻の「空の存在論」として知られる議論とも深く関わってくるが、それについては次節で見るヘーゲル論も踏まえた上で、次章で改めて考察したい。

以上では、和辻の西洋倫理学史におけるアリストテレスの位置づけについて、二つの基礎理論論考の間での違いにも注目しつつ検討した。そこで明らかとなったのは次の二点である。

第一に、「ロゴス」の二面性（弁別的「理性」と「言葉」）に関する和辻の解釈をめぐって、二つの論考を比べることで、その議論の深化のありようが確認された。特に重要なのは、『人間の学としての倫理学』で「言葉」の側面により焦点が当てられることで、後の「共同体論」につながる観点が切り開かれていた点だ（初稿「倫理学」の段階では、主に弁別的「理性」としてのロゴスが、「了解に基づく行為論」の観点から論じられるのみだった）。

また第二に、（それは上述の共同体論的な問題意識の前景化とともに起こっていたと思われるが）アリストテレスの社会有機体論的な共同体観が、『人間の学としての倫理学』の段階では、個人の独立可能性という論点の重要性が気づかれることにおいて、批判的に見直されるようになっていた点だ。その意味では和辻のアリストテレス評価は、倫理学の一つの理想像とされていた初稿「倫理学」の時点での評価に比べると、一歩後退した、と見なすこともできるだろう。

そして、こうした評価の変化が、以前に問題にしておいた、二つの基礎理論論考の間で西洋倫理学史の叙述の順序が全く逆転してしまっていることの、一つの大きな内在的理由として考えられる。ここで見た社会有機体論に対する和辻の態度変更があったからこそ、アリストテレスをその頂点かつ終極とするかのような初稿「倫理学」での西洋倫理学史の構成も、『人間の学としての倫理学』で変更されたと考えられるのだ。ただしこの構成の変更には、もう一つ大きな理由があると思われる。それは、『人間の学としての倫理学』で初めて西洋倫理学史の叙述に組み込まれることになった、ヘーゲルの「人倫の学」の存在である。この点は節を改め検討することにしよう。

第四節　主体的全体性としての共同体論——ヘーゲルの「人倫の学」

1　西洋倫理学史にヘーゲル論が追加されたことの背景的事情

上述の通り、和辻の西洋倫理学史にG・W・F・ヘーゲル（一七七〇〜一八三一年）が本格的に登場するのは、『人間の学としての倫理学』（一九三四年）でのことだ[20]。そこでのヘーゲルに関する記述は、その前身である初稿「倫理学」を単行本化するにあたり、全く新たに起稿された部分である。

まず、このようにヘーゲル論が追加された外在的な事情を指摘しておくと[21]、一九三一年にヘーゲル歿後百年を迎えるなかでドイツを中心にいわゆる「ヘーゲル・ルネサンス」が起こり、その影響もあってヘーゲル哲学が日本でも改めて注目されつつあったという時代背景がある[22]。また当時のヘーゲル研究の動向として、『精神現象学』の刊行（一八〇七年）以前のイェーナ時代（一八〇一〜〇六年頃）のヘーゲルの体系構想に関する研究が進みつつあり、その流れで和辻もその時代の文献（特に共同体論に関連するもの）の読解に取り組んでいたという事情がある。こうした経緯もあって一九三〇年頃より以降、和辻はヘーゲルの共同体論（人倫の学）に本格的に取り組み始め、『人間の学としての倫理学』の西洋倫理学史に追加された「ヘーゲルの人倫の学」と題された一節は、その最初の研究成果を示すものとなった。

このヘーゲル論を一読してまず気づくのは、分量のアンバランスなまでの多さである。和辻は、六名の哲学者を論じる西洋倫理学史の記述の、その約四割弱の紙幅をヘーゲルの説明に費やしていた。この分量が何を物語るのかと言えば、もちろん、当時の和辻にとってのヘーゲル思想（特に共同体論）の重要性を示すものとして解釈できる（まただからこそ、アリストテレスを頂点とする西洋倫理学史の叙述の順序が、ヘーゲルの重要性も踏まえて変更されたのだと言ってもよい）。だがその一方で、和辻のヘーゲル理解はこの時点では未だ成熟しておらず、[23]その説明が、ヘーゲルの各著作の単なる祖述の積み重ねのようなものになってしまっているために、分量が必要以上に膨らんでしまっていると見ることもできるだろう。

実際、そこでのヘーゲルに関する記述は、彼の「人倫」に関する著作群を、イェーナ期から体系期にいたるまで時代順に逐一検討していくという体裁をとっている。まずイェーナ期前期の『人倫の体系』と「自然法」論文（ともに一八〇二～〇三年）での「人倫の学」が、和辻の考える意味での「人間の学」に極めて近しいものとして詳しく検討される。次いでイェーナ期の最後に書かれた『精神現象学』（一八〇七年）では、その「人倫の学」が（和辻には思弁的・観念論的と評価される）「精神の哲学」に変化し始めている点が指摘された上で、そこでなお「人倫」がいかに論じられていたかが検討される。そして「精神の哲学」の側面が、体系期の『エンチクロペディー』（一八一七、二七、三〇年）で完成にもたらされた一方で、「人倫の学」の問題意識もなお維持されていたために『法の哲学』（一八二一年）が著された、といった指摘がなされている。

以下で行なう作業としては、こうした事情も鑑みて、和辻のヘーゲルに関する説明をそのまま追跡することは避け、それよりもむしろ、そこで論じられている諸論点のなかから、後の和辻の共同体論に直接つながっていくような重要な発想をピックアップして検討することにしたい。――そこで最重要の論点として指摘したいのは、「生ける主体的な全体性」という発想だ。

2　主体的全体性としての共同体——「間柄」概念の更新

結論から言えば、西洋倫理学史でのヘーゲル解釈にあたり和辻が特に強調していたのは、共同体を主体的なものとして捉えるという観点であり、また、こうした主体としての共同体は（部分の単なる総和である以上の）有機的に組織化された全体性をなすものだという観点である。

前者に関しては、ここまでに見た和辻自身の「主体」観からしても、さほど無理なく理解可能だろう。「表現を媒介として自覚的に自己形成する存在」という主体の規定はごく形式的なもので、その要件を満たし得るのは個々の人間に限らない（例えば「日本語」が主体的存在としても捉えられていたことは、第一章で指摘した）。そしてこの「共同体を主体として捉える」という発想に加えて、「主体（としての共同体）はある全体性をなすものとして存在する」という重要な発想（以下これを「主体的全体性」と呼ぶ）を、和辻はヘーゲルの共同体論に読み取っている。

この「主体的全体性としての共同体」というヘーゲルの考えに関してまず指摘すべきは、それが（特にアリストテレスを代表とした）古代ギリシアの精神に由来すると見なされる点だ。そこでの「有機的全体性」「生ける全体」[9: 74]という発想は、それを改めて発見したドイツ・ロマン主義者たちから、シェリングの自然哲学を経由して、ヘーゲルへと受け継がれていったという。この経緯については、和辻による次のような説明を見ておこう。

> 〔…〕シェリングの関心は自然であって人間ではなかった。従って有機的全体性は彼においては「生ける自然」として現われて来る。このような自然が「生ける」自然であるがゆえに実は自然ではなくして精神であることを、すなわち「主体」であることを、ヘーゲルはシェリングを通じて悟ったのである。〔…〕彼はシェリングの思弁的自

然学（Spekulative Physik）を広義の倫理学に移すことによってその精神哲学を仕上げた。［…］そこでアリストテレスの全体主義的な立場は旺然としてヘーゲルの内によみがえって来る。生ける全体性はまさに人倫的な実体である。が、この実体はまさに主体であり、しかも実践的な主体であって、認識主観にながめられ得る客体ではない。［9: 75］

ここではヘーゲルの共同体論を考える上で、二つの重要な指摘がなされている。第一に、（自己組織化していく全体論的構造を持った有機的存在者としての）生命をモデルとした「有機的全体性」という発想を、ヘーゲルが「精神」という主体的なものとして捉え直していたという点であり、第二に、この主体としての有機的全体性（主体的全体性）はさらに「人倫的な実体」だとされる点だ。すなわち主体的全体性は、ある具体的な共同体として実現されていてこそ、最も本来的な形で実在している（つまり実体としてある）ことになる。そして、こうした洞察においてこそ、上述した「主体的全体性としての共同体」という発想が成立してくる。

こうしたヘーゲルの共同体観（具体的な共同体こそが、生きた全体性をなす実践的主体として、真に実在する実体だとする考え方）を見るとき、前章で和辻の「間柄」概念を検討する際に考察した、「真に現実的な主体は実践的な間柄だ」という規定が改めて想起されるだろう。この規定では、人々が実践的な相互関係のなかで日常的諸行為を現に行なっている、という「主体的な間柄」が成立していることそれ自体が、最も「現実的な主体」のあり方だとされていた。この「間柄」の規定は、和辻の倫理学における範例的・典型的な「主体」像を説明するものだったが、それはここで見たヘーゲルの「主体的全体性としての共同体」という発想と、かなりのところまで一致していると見ることができる。

あるいは、ことの事情をいま少し正確に言えば、和辻の「間柄」的な主体観は、ヘーゲルの共同体論を踏まえることで、その主体がある全体性をなすものだという考え、すなわち「主体的全体性」という発想を獲得していたということになるのではないか。その意味では、「人倫的共同体こそが、生ける有機的全体性であり、真に実在するものとしての実体であり、実践的な主体である」というヘーゲルの共同体論は、和辻の共同体論だけでなく、そのそもそもの「間柄」概念にまで決定的な影響を与えていたことになる。

ただしこの「主体的全体性」という発想が、和辻の倫理学理論にいかに組み込まれていたのかは、次章以降で主著『倫理学』を検討するなかで具体的に確かめることにしたい（それは最終的には、「和辻における主体とは何か」という、結論で考察されるべき問題につながるだろう）。ここではそれに先立ち、いま提示した「主体的全体性としての共同体」という発想に関して、和辻のヘーゲル解釈に即しつつ、いま少し検討しておきたい論点がある。それは、先に最も「現実的な主体」だとされた共同体において、では、そこでの「個人と共同体の関係」はいかに捉え直されるのか、という問題だ。それを考える上で鍵となるのが、ヘーゲルの弁証法的な考え方である。

3　個人と共同体の弁証法的関係——個別性と全体性の相互否定

（1）「媒介された全体性」というあり方——社会有機体論への批判から

この「個人と共同体の関係」という問題に関しては、まず次のような一節を見ておきたい。

浪曼主義は［…］根本においてはギリシア精神への憧憬にほかならない。そこで浪曼主義者は再び有機的全体性への眼を開いてくる。もっとも彼らはそれを極端な個性尊重を通じて自覚したのである。［…］個人はその唯一的な個性のゆえに個人なのであって、我れも汝も彼も皆等しいアトムのようなものではない。そこで全体は、アトムの集合のようなものではなく、一つの有機的な体系になる。共同態は生ける全体である。個々の成員があくまでも独自的でありつつ、しかもその特殊性において全体を現わすという、普遍と特殊との弁証法的関係は、すでにここに把捉せられている。[9: 74]

ここで指摘されているのは、ヘーゲルの問題意識にも強い影響を与えたドイツ・ロマン主義が、古代ギリシアの精神から「有機的全体性」という発想を受け継ごうとしていた点だ。ただし、この一節での「有機的全体性」「生ける全体としての共同体（共同態）」に関する和辻の説明は、ロマン主義者たちの考えというよりは、むしろヘーゲルその人の共同体論の、まさにその核心部分の説明になっていると言った方がよい(24)。それは「普遍と特殊との弁証法的関係」というヘーゲル的な言葉遣いからしてもそうであり、特に重要なのは、個人の個別性を共同体という全体性との関係においていかに位置づけるべきか、という問題だ。

これは、前節で見たアリストテレスの社会有機体論への批判にどう答えるかという問題にも関わる。そこでは「個人の共同体からの独立可能性」に基づいて、社会・共同体を単純な有機体モデルで捉えることが批判されていたが、ここでの「有機的全体・生ける全体としての共同体」という把握においては、個人の存在が共同体との関係から次のように捉え直されている。

まず、「個人」の存在を、他に依存せずそれ自体で存立し得る「アトム」的実体と捉える原子論的個人主義は、当然ながら否定される。それは同時に、「共同体」の存在を、独立した個々人の単なる寄せ集めと捉えるような、個人主義に基づく共同体観への批判も含意している。そしてそれに対置される形で、共同体を「一つの有機的な体系」として把握する共同体観が提示される（全体のなかでそれぞれに一定の位置を占める諸部分が、相互に必要不可欠なものとして有機的に組織化されることにおいて存立するような全体的・統一的な存在、という共同体観）。ここまでであれば先述の社会有機体論と同じだが、ヘーゲルはそうした有機的全体性としての共同体に対する「個人」の存在をどう位置づけ直すか、という点で社会有機体論を更新していたのだという。

すなわちそこでの「個人」は、有機的全体性の一部としてありつつも、なおあくまでも「独自的」であり続ける、という点が極めて重要だ。個人は全体（共同体）という背景があってこそかくなる個人たり得ること（「その特殊性において全体を現わす」こと）は大前提だとしても、そこでの個人がいやしくも「個人」であるならば、その「唯一的な個性」を保持し続けていなければならないという（先に見た和辻の社会有機体論批判でも、「個性の滅却」が批判されていた）。そして、こうした本来は矛盾するはずの人間の個別性と全体性（もしくは個人と共同体）の対立的な相互関係を、社会有機体論のように全体性の方へと一方的に解消してしまうのではなく、より高い次元での両者の綜合の可能性を探究したという点（つまり「人間の存在を個別と普遍との統一において把捉しようとする意図」［9: 88］が当初からあったこと）こそが、ヘーゲルの共同体論が和辻によって高く評価されるポイントになっている。

では、そうした綜合ないし統一はいかにして可能なのか。まさにそこでヘーゲルの「弁証法」的な発想が参照されることになる[25]。この弁証法的発想について、ここでその仔細を検討する余裕はないが、上述のロマン主義との対比で言えば、さしあたり次のようなことが言えるだろう[26]。

まずロマン主義では、上掲引用で和辻も指摘する通り、特に芸術的な想像力・創造力の奔放な発揮に見られるような「極端な個性尊重」と、理想化された古代ギリシアに見いだされた「有機的全体性」「生ける全体」への憧憬という、二つの矛盾する理想が同居していた。この二つの理想はヘーゲルの共同体論から見れば、特に近代化という時代の趨勢のなかでいまとなってはバラバラな個人として生きるより他ない「われわれ」の分断されたあり方と（それゆえに個人の内面的な想像力が注目されたのでもある）、その分裂以前にあり得たはずの、有機的全体性（特にポリスという理想的な政治共同体）の一部として確固たる意味を持った存在たり得たかつての「われわれ」のあり方との対比という形で、両者の関係が「われわれ」の共同性の歴史的変化として捉え返される。ロマン主義にとっては、本来その原初的な統一は、現在の分断された個としての「われわれ」には回復不可能な、「憧憬」のみが許されるような対象としてあった(27)。

それに対してヘーゲルがその弁証法的発想によって示そうとしていたのは、このように分裂し個別化してしまった人間は、しかし、未分化な原初的統一へ単純に回帰するのとは別の仕方で、「より高次の統一」を実現することができるはずだ、という点にある。ここでチャールズ・テイラーの解釈を参照すれば、ヘーゲルは「究極的綜合は統一のみならず分裂も取り入れなければならない(28)」として、次のように考えていたという。

原初的な同一性［統一］は分裂に譲歩しなければならないが、これは主体が自分自身のなかに分裂の種子を含まざるをえないがゆえに、不可避的に起こる。［改行］しかし、この時間形式における［「原初的統一」とその「分裂・対立」に続く］第三の段階である和解についてはどう考えたらよいか。［…］人間は思考と生命、理性と自然との対立の段階に、永久に留まりはしない。それどころか、その両項とも変容して、より高い統一に達する(29)。

ここでは「思惟と生命、理性と自然」の対立が論じられているが、（それ自体があらゆる存在の構造でもあるという）ヘーゲルの弁証法的な論理においては、その事情は「個人と共同体」の対立に関しても同様に当てはまる。いずれにおいても、未分化な原初的統一が分裂して生じた対立は、人間的主体の弁証法的な存在構造に基づいて起こるべくして起こったものである以上、それによって生じた個別的なものは来たるべき統一において抹消されてよいものではなく、そのような対立関係や個別性も含めた「より高い統一」が目指されるべきだとされる。

つまりヘーゲルが「より高次の統一」が可能だとするときのその「統一」とは、他との関係を前提とすることなくそれ自体で存立可能という意味での「直接的・無媒介的な（unmittelbar）」全体性ではない。その統一は、分化・分裂した個別的なもの同士の間での矛盾・対立的な関係をも、それ自身にとって必然的な契機として内に含むという意味で、「媒介された（vermittelt）」全体性だとされる(30)。

（2）自分自身を限定し表現することとしての「否定」

では以上のような、未分化の原初的統一からその分裂による個別化と対立へ、さらにはその対立を克服したより高次の統一（和解）へ、という三段階の弁証法的運動を可能にする原動力とは一体何なのか。それは通常のヘーゲル解釈では、原初的統一とより高次の統一との間を媒介する位置にある、個別化されたもの同士の間での相互前提的な対立関係としての「矛盾」にあるとされるところだが、それに対して和辻がそのヘーゲル解釈で特に注目するのは、（当然この「矛盾」とも関連するが）弁証法的な運動全体を貫徹する働きとしての「否定」という契機だ。

例えば、ヘーゲルの「自然法」論文を解釈するなかで、彼は次のように述べていた。

> ところで絶対的人倫［＝民族共同体(31)］の全体性が個人において己れを表現するのは、全体性が己れを限定すること、すなわち否定することである。ここで全体性は可能性となる。だから個人に属する人倫的性質［＝徳］、たとえば勇気、節制、倹約、寛大等は、否定的すなわち消極的人倫である。その意味は、個別性が［…］普遍的人倫となる可能性として、消極的に全体性を示しているということである。言いかえれば個人の［消極的］人倫［としての徳］は、普遍的人倫ではない形によって、普遍的人倫を現わしているのである。［9: 94-5］

ここでは個人と共同体の関係が、普遍性と個別性の間での「否定」の働きに基づく、一種の「表現」的な関係として語られている。すなわち個人とは、共同体が自らの全体性を「限定」し「否定」することにおいて自身を「表現」したものだ、と捉えられている点が注目される。

「限定」と「表現」の関係については、和辻の人間存在論から次のように説明できる。人間は、自分自身を「或る有ち方」で所有し限定することにおいて、自らを「或る限定された有り方」をした存在者にもたらしている。そしてこの存在者は、その「或る有たれ方」において、有つ主体である人間自身のありようを何らかの仕方で表現しているのだった。つまり人間的主体は、自らを「或る有ち方」で所有し限定することにおいて、何らかの存在者として自らを「表現」している。先の一節では、こうした「己れを表現する」ことや「己れを限定する」ことが、さらに「己れを否定する」こととしても捉え返されていたのだった。

そこで否定されているのは、「全体性」であるという。すなわち、ある全体性をなす主体としての人倫（主体的全体性としての共同体）が、その自らの全体性を限定し否定することにおいて、個人という存在者を成立せしめ、かつその個人において自らの全体性のありようの一端を表現していることになる（ここで「主体的全体性としての共同体」が表現的主体として論じられている点にも注意したい）。そして、この全体性の自己限定・否定によって成立する個人に関して、特にその「人倫的性質」（つまり「徳」）が、「否定的すなわち消極的人倫」（ないし「可能性」としての全体性）として位置づけられている。これは一体何を意味しているだろうか。

先にアリストテレスについて検討した際、「徳」とは、習慣の結果として獲得される道徳的本性だとされていた。つまり徳は、それを備えた個人にとっては「その人らしさ」の中核をなすような「本性」であるという点で、極めて個人的なものである一方、それは生まれつき備わっている自然的本性とは異なり、ある一定の社会的な習慣や制度を背景として、そこでのしつけや訓育を通じて初めて獲得され得るという点で、社会的なものだ。それを踏まえれば、個人に備わる徳は、社会的・人倫的な全体性を背景としてこそ形成され得るのであり、その意味で「徳」には、その背景としての人倫的全体性自身のありようが、たとえ消極的・否定的な仕方ではあれ（それを和辻は「否定態における

人倫」と呼ぶ)、表現されているということになる。(32)

(3) 絶えざる否定の運動において自己展開する主体的全体性

和辻はこのようにヘーゲルの共同体論における「否定」の契機に注目して、主体的全体性は自らを否定することで、自身を種々の個別的な形態へと限定し表現しているとする。ただしこの「否定」の働きは、全体性が否定されて個別性が生みだされることのみに関わるのではなく、その種々の個別性をさらに否定しているのだという。

この点について、和辻はイェーナ期のヘーゲルの共同体論の立場を総括するという形で、次のように論じている。

> 人倫の統一〔=全体性〕は個々の限定〔=個別性〕が固定的たり得ないがゆえに絶対的でありまた生ける統一なのである。個々の限定は全体性において絶えず打倒され廃棄される。なぜなら、個々の限定の内的生命は全体性であり不可分割的であるがゆえに、一の限定は他の限定によって破却され、あるいは後者が全然前者に移り行いて後者自身を破却する、というごとき〔否定の〕運動が行なわれるからである。全体自身はこの運動を通じてすべてが止揚せられた絶対的静止へ帰って行く。人倫の哲学はこのような生ける全体性を捕えなくてはならぬのである。〔9: 96〕

生ける主体的全体性としての「人倫」は、自身を絶えず「個々の限定」へと否定することで、無数の「個々の限定」(個別性)を生みだし続けている。このことは、そこでの個別性が決して「固定的」ではありえず、他の個別性によって絶えず「破却」され否定されていくものであることも意味する。つまり、全体性の否定として生じる個別性が、絶えず他の個別性によってさらに否定されているという点で、ある主体的全体性の内部では終始「否定」の運動が起こり続けていることになる。そして、個別性が生みだされては破却されるという不断の「否定」運動を通じて、全体性自身のありようも絶えず再帰的に更新され続けているという。[33] 和辻はこうした「否定」の働きの内にこそ、「主体的全体性としての共同体」の自己展開運動の駆動力を読み取っていたのだった。

さらに彼はこの「否定」に関して、自分とヘーゲルの見解の違いを次のように説明する。

> しかし彼〔＝ヘーゲル〕の到達した絶対的全体性はあくまでも形態を持つ人倫的組織であって、真に絶対者ではなかった。だから彼は不断の否定的運動を本質とする生ける全体性を説きつつも、民族以上に出ることはできなかったのである。〔…〕そこでもしヘーゲルが、差別的限定の無差別〔＝個別性の否定〕たる絶対者を絶対否定的全体性として人倫的組織の背後に認めたならば、そこにこそ真に人倫の究極の根柢が見いだせたであろう。そうして彼の説く人倫的全体性のそれぞれの形態は、かかる絶対否定的全体性の自己限定的表現として、初めて生ける全体性としての根柢を得来たるであろう。[9: 108]

ここで問われているのは、「不断の否定的運動」としての「絶対（否定）的全体性」をどう捉えるべきかという問題だ。和辻からすれば、種々の人倫的組織（共同体）と絶対的全体性とは、その存在論的な次元を異にするものと把握されねばならない。しかしヘーゲルの「人倫の学」は、結局、絶対的全体性を「民族」という具体的形態を持った共同体の次元で考えていた、という点に決定的な限界があると評価される。個々の共同体は、たとえ「民族」規模であっても、例えば歴史や文化や風土などにおける「個性」や「形態」といった「特殊的限定」[9: 97] を必ず含むのであり、まさにその点で共同体は、絶対的全体性の何らかの限定的・否定的表現ではあっても、それそのものではあり得ず、あくまでも相対的かつ有限な全体性として現存するに過ぎない。

それに対して和辻の考える絶対的全体性は、個々の有限な共同体の「背後」にあって、それをそもそも成り立たせるような「否定」運動としての「絶対否定的全体性」である。それは、具体的存在者としての共同体を存在論的に可能にするような「人倫の究極の根拠」であり、各共同体はその「自己限定的表現」として実現されてくるという点では、この絶対否定的全体性それ自体が一種の自己表現的な主体として把握されているとも見なせるだろう。

こうした「絶対否定的全体性」としての絶対的全体性については、後の主著『倫理学』の第一章で明確に提示される「空」の概念が先取りされつつ、さらに以下のように説明されている。

> かく見れば［ヘーゲルの］人倫の哲学は、絶対的全体性を「空」とするところの［和辻自身の意味での］人間の哲学としても発展し得るのである。ヘーゲルが力説するところの差別即無差別［＝「原初的統一」とその「分裂」との間での「より高次の統一」］は、あらゆる人倫的組織の構造であるとともに、またその絶対性においては「空」であるほかはない。かかる地盤において初めて人間の構造が、あくまでも個人であるとともにまた社会である［…間柄］として明らかにせられ、従って人間の存在が、自他の行為として常に人倫的組織の形成であること［…行為の根源的な方向性］も明らかになる。［…］かかる意味においてヘーゲルの人倫の学は、倫理学にとっての最も偉大な典型の一と呼ばれてよい。［9: 108］

ここでの和辻は、絶対的全体性を「空」として捉え直すことで、ヘーゲルの共同体論を自身の人間存在論と接続させて解釈し直そうとしている。そこでは絶対的全体性が、個々の有限な共同体（および間柄としての人間、さらにはその行為）をそもそも可能にしているような存在論的な「地盤」として位置づけられるが、それはまさに、人間存在論における「もの－こと－もの」構造から、絶対的全体性（「者」の次元）と有限な全体性としての人倫共同体（「物」の次元）の相互関係を捉え返すことに他ならない。

詳細は次章以降で再確認するが、和辻はこのようにヘーゲルの共同体論を人間存在論から解釈し直すことにおいて、それを自身の倫理学理論の内に積極的に導入していたのだった。そして以上のような脈絡を背景として、ヘーゲルの「人倫の学」は（アリストテレスに代わって）、和辻の「人間の学」の立場にとって「最も偉大な典型の一」として最大限の評価が与えられるにいたる。

本節では、和辻の西洋倫理学史に新たに追加されていたヘーゲル論を検討してきた。そこでは、その後の彼の倫理学理論にとって非常に重要な意味を持つことになる二つの論点が確認された。

第一に、そのヘーゲル解釈において、「主体的全体性としての共同体」という発想が主題化されていた点に注目した。そこには「共同体を主体として捉える」ことと、「主体的なものはある全体性をなすものである」という二つの考え方が含まれていることを指摘したが、こうした発想は、和辻が主著『倫理学』の後半部分（第三章、第四章）で展開することになる共同体論を考える上で重要な手がかりとなる（それのみならず、「主体的全体性」という発想は、彼のそもそもの「主体」観を考える上でも、非常に重要な手がかりとなるだろう）。

また第二に、ヘーゲルの共同体論における「個人と共同体の弁証法的関係」という議論を、和辻が特に「否定」という契機に着目しつつ、自分の議論に導入していた点も確認した。それは、『倫理学』第一章での「個別性と全体性の関係」を考察する箇所へと、そのままつながっていく論点だが（次章）、そこで本格的に登場する「絶対的否定性としての空」という発想が、ヘーゲル論のなかですでに登場していたことは、和辻の倫理学理論にとってのヘーゲルの共同体論の重要性を如実に物語るものとして位置づけることができるだろう。

4　基礎理論論考群から主著『倫理学』へ

以上では「基礎理論論考群」と呼称した文献に依拠して、和辻の解釈学的倫理学が取り組む二つの主要問題について検討してきた。最後に、次章以降の議論とのつながりという観点から、本章での確認事項を簡単に整理しておこう。

本章では和辻の倫理学理論の最重要概念たる「間柄」をめぐり、そこに二つの倫理学的問題（行為論と共同体論）が託されている点に注目した。そして、それらが問われるにいたる経緯を探るべく、その手がかりとしたのが、基礎理論論考群における西洋倫理学史の叙述だった。和辻はその倫理学史の辿り直しを通じてこそ、自身の「人間の学としての倫理学」の構想を確たるものにしていたのであり、その検討を終えたいまから振り返れば、その倫理学史の叙述の内には、単なる内容紹介にとどまらない先行する諸議論との理論的格闘の過程、また、そこからこそ形をとってくる彼自身の立場の理論的彫琢の過程が、刻み込まれていたと言ってよいだろう。

そこでまず、解釈学的倫理学の第一の課題たる行為論について確認した。それはマルクスの「社会的存在の学」をめぐって問題化されていたが、特に注目したのは、和辻がマルクスの思想の説明のなかで、本書でも繰り返し言及してきた、日常的行為を可能にするものとしての「了解」概念を先行的に導入していた点だ。そこから見えてきたのは、基礎理論論考群が書かれる時点ですでに、「了解」の基本構造に関する主要論点が一通り提示されていたことだった。

また解釈学的倫理学の第二の課題たる共同体論との関連で取り上げたのは、アリストテレスとヘーゲルの解釈である。まず前者に関しては、エティカとポリティカでそれぞれに「人間の本性」（「ロゴスによる実践」および「ポリス的動物であること」）が問われており、和辻はこの「人間の本性」の二重規定を統一的に解釈しようとする試みを通じて、実質的には、自分自身の「個人的かつ社会的な存在としての人間」という「間柄」的な人間観を提示するにいたっていたことを見た。またこの二重規定の統一的把握の問題において、行為論と共同体論とが交錯していたことも見たが、それを受けてアリストテレスの社会有機体論的な共同体観も取り上げ、それに対する和辻の評価が二つの基礎理論論考の間で決定的に変化していた点も指摘した。

この評価の変化は、「個人と共同体の関係」を考える共同体論において、和辻の立場が、全体性の方を一方的に優先させる社会有機体論から一歩距離を置き、個別性の意義を見直す方向に向かっていたことを示すものだった。そして、この「個人と共同体の関係」をまた別様に考えるために和辻が新たに参照していたのが、ヘーゲルの共同体論での「主体的全体性としての共同体」という発想であり、またその主体的全体性の弁証法的な自己展開運動を駆動させる「否定」という契機だった。そこでは主体的全体性は、自らの全体性を否定することで個別性を生みだしており、またそのようにして絶えず個別性が生みだされ続けることにおいて、個々の個別性がまた別の個別性によって不断に否定されていくことで、全体性自身のありようが絶えず更新されていくといった、絶えざる「否定」運動に基づく個人と共同体の相互否定的な構造が理論化されていた。こうしたヘーゲル的な弁証法の批判的受容を通じ、和辻は続く主著『倫理学』で、彼自身の「空の存在論」という立場を積極的に打ち出していくことになる。

――本章では以上に整理した通り、和辻の解釈学的倫理学の主要問題を、「間柄」という根本概念から派生してくる二つの課題、すなわち「了解に基づく行為論」および「主体的全体性としての共同体論」として提示した。これらこそが、基礎理論論考群が著された一九三〇年代前半の段階での、和辻の解釈学的倫理学の理論的到達点なのだった。次章からはこの到達点を踏まえた上で、和辻の主著『倫理学』の全体像を「間柄をめぐる行為論と共同体論」という観点から総体的に捉え直すべく、具体的な読解に取り組んでいくことにしたい。

第三部　『倫理学』における解釈学的倫理学の展開

第六章　空の存在論

――間柄における個別性と全体性の関係

以下の三つの章での課題は、ここまでに確認した和辻の人間存在論、そしてそれに基づく解釈学的倫理学が、三巻本として刊行された彼の主著『倫理学』（上巻一九三七年、中巻一九四二年、下巻一九四九年）において、いかにより具体的な形で展開されていたのかを確認し、それによって『倫理学』の全体像を明瞭に描き出すことにある。

ただしこの書物は、単にその分量が大部であるだけでなく、実に多種多様な論点が注ぎ込まれているという点で、その総体的・統一的な把握には大きな困難があった。例えばそこでは、プラトン、アリストテレスに始まり、カント、フィヒテ、ヘーゲル、ディルタイ、また新カント派や生の哲学、そしてブレンターノ、フッサール、ハイデガー、シェーラーらにいたるまでの、古今の哲学・倫理学上の議論が縦横無尽に参照されており、またそれだけにとどまらず、哲学・倫理学以外の、社会学や歴史学、文化人類学などの、他の人文社会諸科学における当時の最新の成果をも貪欲に取り入れつつ、自身の倫理学理論の具体化が図られようとしていた。

こうした事情もあって、『倫理学』に関する先行研究はすでに数多くあるものの、多くはその一部を取り上げて議論するにとどまっているように見受けられる。例えば、「人間」「間柄」「空」といった倫理学の根本的な諸着想について議論されるとしても、そこでは主に『倫理学』の前半部分が参照されるだけで、それらの着想が『倫理学』という著作全体（ひいては和辻の思想全体）において、どんな意味で根本的なのか（あるいはそうでないのか）は、実際にはさほど明らかにされていない。また逆に、共同体論・世界史論として展開される『倫理学』の後半部分に関しては、先行研究ではそのほんの一部である「国家論」が、もっぱらそのイデオロギー性を批判するという文脈で取り上げられることが多く、後半部分（特に第四章）に理論的な観点から取り組んだ研究自体がほぼ存在しないという状況だ。[1]そしてこれもまた、後半部分の議論を『倫理学』全体のなかに位置づけ、その意義を理解しようとしてこなかったためであるだろう。

本書ではこうした研究状況も踏まえて、和辻の『倫理学』を一つのまとまりある全体として体系的に解釈することを目指す。ただし、多種多様な論点からなる大著である『倫理学』を総体として捉えるには、その全体を貫く主軸となるような、何らかの視点の設定が必要と思われる。そしてその「視点」となるべきものこそが、ここまでに検討した和辻の人間存在論であり、またそれに基づく解釈学的倫理学の基本構図である。具体的には、前者に関しては、所有の人間存在論（第二章）および「もの‐こと‐もの」構造に基づく哲学的行為論（第三章）であり、後者に関しては、解釈学的倫理学が取り組むべき二つの課題として掲げた、「間柄」概念（第四章）をめぐって問題化される行為論および共同体論（第五章）である。さらにまた、前章でヘーゲルの共同体論の内に確認した「主体的全体性」や「否定」の弁証法といった発想が、特に重要なものとして参照されるだろう。その点を特に強調するならば、本書での『倫理学』解釈は、「全体性」という問題を主軸にして、その全体像を包括的に捉え直そうとする読解の試みだと言ってもよい。

そこで『倫理学』の具体的な読解に取り掛かる前に、その全体の構成が、上記のような視点からいかに整理できるのか、簡単な見通しを示すことから始めたい。[2]『倫理学』全体の目次は次のようになっている（「節」の番号を丸囲みの数字で示した）。

序論

①人間の学としての倫理学の意義　②人間の学としての倫理学の方法

第一章　人間存在の根本構造

①出発点としての日常的事実　②人間存在における個人的契機　③人間存在における全体的契機

④人間存在の否定的構造　⑤人間存在の根本理法（倫理学の根本原理）

第二章　人間存在の空間的・時間的構造

①私的存在と公共的存在　②人間存在の空間性　③人間存在の時間性　④空間性時間性の相即

⑤人間の行為　⑥信頼と真実　⑦人間の善悪　罪責と良心

第三章　人倫的組織

①公共性の欠如態としての私的存在　②家族　③親族　④地縁共同体（隣人共同体より郷土共同体へ）

⑤経済的組織　⑥文化共同体（友人共同体より民族へ）　⑦国家

第四章　人間存在の歴史的風土的構造

①人間存在の歴史性　②人間存在の風土性　③歴史性風土性の相即（国民的存在）

④世界史における諸国民の業績　⑤国民的当為の問題

刊行経緯とも関連づけて言えば、一九三七年刊行の上巻には序論から第二章まで、一九四二年刊行の中巻には第三章、そして一九四九年刊行の下巻に第四章がそれぞれ収められている。なお中巻は終戦後の一九四八年に、主に「文化共同体」と「国家」の議論（第六節と第七節）に、時代状況の変化も踏まえた修正が施された上で、改訂版が刊行されている(3)。

また内容上の区分で見ると、まず「序論」は、前述した基礎理論論考群に属する一編であり、人間存在論に基づく倫理学が採るべき問題設定と方法論が改めて簡潔に論じられている。そして全四章からなる「本論」では、前章の確認事項を踏まえれば、「間柄」をめぐる二つの問題化、すなわち「了解に基づく行為論」と「主体的全体性としての共同体論」が展開されている。こうした視点から見るとき、その各章の内容はそれぞれ次のように概括できる。

「第一章　人間存在の根本構造」では、和辻の倫理学の中心概念である「間柄」の構造が、「個別性と全体性の関係」として考察されており、その両者がいわゆる「空」の弁証法的運動に基づく動的な構造として分析される。そして、ここで「空の存在論」に拠って改めて確立される「間柄」概念に基づく形で、以後、行為論と共同体論が順に議論されていく。

「第二章　人間存在の空間的・時間的構造」では、その表題からすると空間性と時間性が主題化されているが、そこで実質的に論じられているのは「間柄」概念に基づく行為論である。ここでの空間性とは、人間関係という行為が生起する場面のことであり、また時間性とは、人間の現在の行為が、過去の人間関係のありように制約されつつ未来のあるべき人間関係を形成していく、といった行為の時間的構造に関わる。第二章では、こうした人間関係（間柄）を背景的文脈として可能になる人間の日常的行為の構造が、倫理学的に理論化されることになる。特にそこで要となる「信頼」概念は、本書で検討してきた「了解」概念が、倫理学的な問題圏のなかで具体化されることで成立したものであることが確かめられるはずだ。

「第三章　人倫的組織」では、間柄という主体的な共同存在が、家族から国家にいたるまでの種々の人倫的組織（共同体）として、いかに自らを段階的に実現していくのか、という社会哲学・共同体論が論じられる。そこでは、様々な次元で実現されている諸共同体を、一つのまとまりある全体として包摂し秩序づけるような枠組として、「国家」共同体に特権的な地位が付与されるが、それは「主体的全体性としての共同体」という問題を考える上でも重要な論点となる。

最後の「第四章　人間存在の歴史的風土的構造」では、上述した人間存在の時間性と空間性が、特に国民国家をその主体とする世界史の場面（「超国家的場面」）で、歴史性および風土性として具体化される、という歴史哲学・世界史論が展開される。そこで注目されるのは世界史の主体としての国民国家であり、この主体的全体性としての国民的な共同体は、自らの歴史的・風土的な特性の自覚を通じて自らをさらに展開・発展させていく、というような自己形成的な主体として把握されている点が、極めて重要な論点になるだろう。

――以上の簡単な説明だけでも、主著『倫理学』が、その根本概念たる「間柄」から出発して（第一章）、一方では「了解に基づく行為論」をさらに展開させ（第二章）、また他方では「主体的全体性の共同体論・世界史論」を考察していた（第三章、第四章）、という全体構成の大まかなイメージを描くことができたのではないか。以下ではこうした見通しの下で『倫理学』の具体的読解に取り組んでいくが、それによって『倫理学』全体がなし得た理論的達成を確かめ、その上で最終的には、彼の解釈学的倫理学が持ち得た理論的可能性について総括することにしたい。

第一節　「間柄」の構造分析と「空」の存在論――個人と共同体の関係から

まず、和辻の解釈学的倫理学の根本概念たる「間柄」の構造について、主に『倫理学』第一章を参照しながら検討しよう。この間柄の根柢には「空」なるものが見いだされてくるはずだが、それが単なる独断的・神秘的な形而上学の産物でないとすれば一体何を意味し得るのか、そのことをできるだけ理解可能な形で明晰に解釈し直すことが、ここでの最大の課題となる。

1 「間柄」の構造——「資格」を媒介とした個と全体の相依関係

先にも見た「間柄」とは、和辻の倫理学における最も根源的な事実だとされていた。それゆえ倫理学の探求はまさにこの間柄を出発点にすべきだとして、序論では次のように説かれている。

> カントは個人における直接意識の事実から出発してそこに実践的にあらわになっている主体の自己規定を求めた。しかし実践的行為的連関［＝間柄としての事］は個人の義務意識というごときものよりもさらに根源的に主体間の相互了解を含んでいる。義務意識の生ずるのはかかる主体的連関の地盤においてである。しかもそれは一定の間柄すなわち人倫関係が形成せられていることに基づきこの間柄における行為の仕方［＝当為としての言］の自覚として生じて来るのである。だから個人の当為意識から出発するということはその地盤たる人間関係を閑却して倫理学を主観的意識の学に堕せしめるという危険を伴なっている。［10: 35–6］

和辻はカント倫理学について、それが人間の実践的な主体性を単純に対象化・客体化してしまわず、その主体性をあくまでも主体的かつ学的に把握しようとしていた点で、自分と同様の立場に立つ倫理学として高く評価していた(4)。ただしこの一節では、倫理学が何を出発点とすべきかという点で、カントがそれを「個人の義務意識・当為意識の事実」に求めた点が批判されている。和辻からすれば、個人的な義務や当為の意識に先行し、そもそもそれを生みだすような「地盤」として、「主体間の相互了解」を含む主体的・実践的・行為的連関（事）としての「間柄」の事実がまずあり、それこそが倫理学的探求の出発点とされねばならない。そして、その間柄における「行為の仕方」としての倫理が、何らかの当為（言）として「自覚」されてくることによって、個人の義務意識もまた、初めてそれとして生じてくるのだという[5]。

「間柄」概念はこのように、孤立的な個人の道徳意識に依拠する倫理学への批判、という形で導入される。それに対し「間柄」を出発点とする倫理学の基本方針は、次のように宣言される。

> 倫理問題の場所は孤立的個人の意識にではなくしてまさに人と人との間柄にある。だから倫理学は人間の学なのである。人と人との間柄の問題としてでなくては行為の善悪も義務も責任も徳も真に解くことができない。[10: 12]

第四章で見た通り、「間柄」概念は、言わば和辻の人間存在論からの理論的帰結として提示されていたが、それは『倫理学』では、本論が始まる最初の段階ですでに、倫理学の中心問題であることが明確化されており、初めからそれを前提とした上で議論が開始されるという体裁になっている。このことからも、彼の主著『倫理学』での倫理学理論は、もともとは精神史・思想史研究の一環として始まっていた人間存在論に全面的に依拠するものであり、その延長線上に展開されていったものだと、改めて位置づけることができるだろう。そしてそれを受けて『倫理学』第一章では、まずこの「間柄」の構造がより詳細に検討されることになる。

「間柄」の構造分析にあたり、和辻はそれを「個と全体の関係」ないし「個別性と全体性の関係」という観点から考察している。こうした観点は、前章の最後で見たヘーゲル的な共同体論の枠組を踏襲したものだとも解釈できよう。そして、この「個と全体の関係」の検討に際して前もって注意しておく必要があると思われるのは、その間柄の「全体性」の側面として、具体的には「何」が念頭に置かれているのか、という点だ。

すなわち、そこでの「全体」が、例えば家族や学校や会社組織といった、ある具体的な人間集団としての共同体（人倫的全体）として捉えられているという点は、以後の議論において注意しておくべきポイントとなる。このことがさしあたり何を意味するかと言えば、間柄の（「個」と対になる）一側面としての「全体」は、それ自身は決して「絶対的な全体性」ではなく、それとは明確に区別された「有限な全体性」だということだ[6]。前もって指摘しておけば、以下で確認していく「個と全体の関係」に関する和辻の考察は、実際には、「個人」と「共同体（有限な全体性）」と「絶対的全体性」の三者関係として展開されていくことになる（前章で見たように、イェーナ期のヘーゲルが「絶対的全体性」を、実際には有限であるはずの「民族」という人倫共同体として捉えていたことが和辻に批判されていたことを、ここで想起されたい）。この三者関係も念頭に置いて、以下「間柄」の構造分析を見ていくことにしよう。

和辻は、間柄における「有限な全体性」としての共同体と、その成員としての各個人との相互関係について、そこにさらに「資格」という概念を導入して、次のように分析している。

> そこで我々は、わかり切った日常の事実として、我々が常に何らかの資格において動いていること、その資格は何らか全体的なるものに規定せられていること〔…関係①〕、しかもその全体的なるものは一定の資格における我々が作り出すところの間柄であること〔…関係②〕、などを確定することができる。簡単に言えば、我々は日常的に間柄的存在においてあるのである。［10: 61］

ここでは間柄における「個と全体の関係」が二通りに説明されている。まず個人としてのわれわれは共同体から何らかの「資格」を付与されているという点で、全体性から規定されて存在している（関係①）。他方、そのわれわれを規定する全体性としての共同体は、個人としてのわれわれ自身が「相寄って」［10: 55］作りだしたものでもある（関係②）。

しかしこの二様の相互関係は互いに矛盾する。前者（①）では、「間柄を作る個々の成員が間柄自身からその成員として限定せられる」のであり、資格を付与する全体性の方が個々の成員に先行するが、後者（②）では逆に、「間柄が個々の人々の「間」「仲」において形成せられる」のであり、間柄を構成する個々の成員たちの方が全体性に先行しなければならない［10: 61］。つまりこれら二様の相互関係は、個別性と全体性の先後関係が正反対になっているわけだが、和辻はこの二つの関係の「矛盾的統一」［10: 61］において、「間柄」の構造を捉えるべきだという。

この「間柄における個と全体の矛盾的統一」の構造は、「資格」という概念を援用して、次のようにより具体的に説明される。——資格とは、ある具体的な共同体がその各成員に付与するものだが、そこでの成員は「その資格を必ず一定の態度によって表示する」［10: 58］という。つまり資格とは、その共同体内において相応しいような個々人の「行為の仕方」を規定するものであり、「人がある共同体のなかで生きている」ことは、すなわち「全体性から課せられた資格に相応しい仕方で現にふるまい行為している」ことに他ならない。例えば「家族」という共同体（全体性）における成員は、その種々の資格の下で、次のような仕方で行為しているという。

> 息子として両親に対し、兄として弟妹に対し、弟として兄姉に対する場合、諸君はその関係に応じて表情、口のきき方、配慮の仕方を異にする。諸君がそのような態度を意識的に定めたのでないにかかわらず、それぞれの態度は明白に区別され、決して混同せられることがない。だから一方においては、諸君は初めより家族に規定せられた資格において動いている。［10: 58–9］

資格とは、個人が意識的に何らかの態度をとろうとするよりも先に、その人のふるまい方（行為の仕方）をその資格に相応しいものへと方向づけていくような何かであり（それは「規範全体性の了解」に基づくものだが、この点は次章で検討する）、このように、個は全体から何らかの資格を付与されるという仕方において、全体性からの規定を受けている（関係①）。しかし他方、個々人が各自の資格に相応しく現に行為していくことに基づいてこそ、家族という共同体（有限な全体性）はそれとして実現され得る（関係②）。「もし親が親として、子が子として、妻が妻として、夫が夫としてふるまわなくなれば、家族は解消」［10: 95］してしまうのであり、その意味では、家族の成員たちはその各自のふるまいにおいて、家族という共同体を共に形成し維持している。

以上をまとめれば、個人は共同体から資格を与えられるという仕方でそのふるまい方を規定される一方、その個人が資格に相応しく現に行為していくことによってこそ共同体は存立し得る、ということになる。和辻は、こうした「資格」を媒介とした個人と共同体の関係を、互いが互いを前提にし合うような相互依存的な関係として捉えており、両者の間には時間的な先後関係はなく、同時に成立すると考えるより他ないとする。先に指摘した「矛盾的統一としての間柄」の構造とは、「資格」概念を手がかりとすることで、以上のような「関係と関係を作る成員との間の相依関係」［10: 60］として、より具体的に記述される。

以上を踏まえてさらに和辻は、「そうしてみると家族の全体性はただその成員にのみ依存し、それ自身においては存しない」［10: 94］と述べている。ここで言う「それ自身において存する」ものとは、すなわち他の存在を前提とせずそれ自身で独立して存立し得るような「実体」に他ならない。つまりここでの和辻は、一方の個人の個別性に関しては当然予想されることだが、他方の共同体としての全体性に関しても、それが「それ自体において存する」ような実体であることを認めないのだ。そしてこの主張は、和辻の「間柄」概念を考えるためだけでなく、その共同体論を考える上でも非常に重大な意義を持つことになる。

2　全体性もまた実体ではない——「空」の存在論へ

前章の西洋倫理学史の検討でも見た通り、和辻の倫理学は、アリストテレスやヘーゲルに代表される、人倫共同体における社会的・政治的実践の意義を重視するような倫理学的立場と親近性があり、和辻自身もまた自身の倫理学をそうした方向性で構想していた。ただし、その人倫的共同体の「実体」性をめぐって、和辻の倫理学はそれらと袂を分かつことになる。

例えばヘーゲルは『法の哲学』で、「国家」という全体性・人倫共同体のみが本当の実在であり、個人はその実在の抽象的な要素に過ぎないと論じていた。そこでは、全体的なものこそが具体的であり、個体的なものは抽象的である。つまり、人間が形成し得る最大の共同体としての「国家」という全体的な存在こそが、真の意味で他に依存せず「それ自身において」存在している実体なのだと考えられている[7]（それに対しイェーナ期のヘーゲルは、先述の通り、民族を絶対的人倫と考えていた）。

アリストテレスに関しては、その社会有機体論に対する和辻の評価が、二つの文献（初稿「倫理学」と『人間の学としての倫理学』）の間で大きく変化していたことを前章で見たが、彼は『倫理学』本論を執筆する現段階では、その問題点をより明快に指摘している。

和辻はアリストテレスの社会有機体論を論じるにあたり、まず「アリストテレスが身体の比喩をもって語ったように、個々の Glied（肢、成員）をそれとして生かしているのは全体」であると述べていた［10: 94］。ある全体性をなす共同体は、外部に依存することなく存立し得るような内的に完結した有機的実体であり、その内部に属する個々の成員は、全体のなかで一定の役割を担うべき一部分として位置づけられる（つまり、何らかの「資格」を付与される）ことにおいて初めて存在するような、その全体を離れては存立し得ないものと考えられている。

しかし先述の通り、ここでの和辻は、かくなる共同体・全体性もまた「それ自身において」存在する有機的実体としては認めない。その理由は（前章で見たのと同様）いたって単純なものであり、引き続き「家族」の例で言えば、「家族の成員は［…］家族からの独立の可能性を持っている」［10: 95］からだ。この「全体性からの個人の独立可能性」は、次のように説明される。

なるほど家族の成員は全体を現わすことにおいて成員となるには違いない。しかしその全体の現わし方は、身体の部分たる手が全体を現わすことにおいて手であるという場合とは全然異なっている。手は手であって手以外のものであることはできぬが、家族の成員は他の者でもあることのできる人がこの特定の資格に限定せられているのである。［10: 95］

ここで重要なのは、共同体の成員たる個人は、しかし「他の者でもあることができる」という可能性を持つゆえに全体性からの独立可能性がある、と根拠づけられている点だ。もちろん和辻は、その「間柄」の立場からして、個人があらゆる共同体から離れても存立し得るような自己完結的な「実体」だと考えているわけでは決してないが、例えば、現在所属しているある共同体を離れて、また別の共同体に所属するという意味での「独立可能性」であれば、十分に認められ得る。また、「たとえば「父」は父でない他の者、すなわち会社員、官吏、商人、軍人、遊蕩児、詐欺師等々であり得る」［10: 95］という点では、個人は同時に複数の共同体に所属して複数の資格を持ち得るのであり、(8) そこからしても、そのいずれかの共同体からの独立可能性を持っている。「個人の独立可能性」の論点は、すでに『人間の学としての倫理学』の段階でも指摘されていたが、『倫理学』では以上のような形でより詳細に考察されている。

和辻の立場からすれば、共同体を有機的実体として捉える見方の誤りは、「個人は共同体を背景としてのみ存立し得る」という側面に注目するあまり（上述の関係①）、他方の「共同体は諸個人の実際のふるまいを通じてこそ存立し得る」という側面（関係②）を軽視し、また個人が同時に複数の共同体に所属する可能性を度外視してしまっている点にある。だとすれば、共同体とは、ただ端的に（ヘーゲル的に言えば「即自的に」）それとして自存し得る有機的実体なのではなく、別様にもあり得た諸個人が、あえてその共同体で特定の資格を担う者として、自らの諸可能性を否定し限定することを通じてこそ、それとして成立し実現され得るものだということになる。

さて、西洋の個人主義的人間観への批判をその出発点とする和辻の倫理学において、「個人」がそれ自身において存立する実体と把握されないのは当然だとも言えるが、以上から、他方の「共同体」（有限な全体性）の方もまた実体ではない、と把握されていたことが確認された。つまり個別性と全体性はそのいずれも、それ自身においては存在せず、「実体」ではないことになる。――そして以上の議論から、『倫理学』における一つの重大な存在観が、次のように帰結してくる。

> 以上の結果は、人間におけるすべての全体的なるものの究極の真相が「空」であること、従って全体的なるものはそれ自身においては存しないこと、ただ個別的なるものの制限、否定としてのみ己れを現わすこと、などを示している。個人に先立ち、個人を個人として規定する全体者、「大きい全体」というごときものは、真実には存しない。社会的団体の独立の存在を主張することは正しいとは言えぬ。［10: 106］

ここでは、それ自体において存在する「実体」なるものは一切想定できず、この世界にあるあらゆるもの（存在者）のその存在の根柢にはただ「空」があるのみ、という存在観が帰結している。

なお「空」の存在論が、こうした「実体」概念との関係から導出されてくる理路を辿ってみることで、逆に次のことが見えてくるだろう。つまりここでの「空」という概念は、さしあたり「実体でない」あるいは「実体がない」ということを言わんとするための表現だと解釈可能であり、その限りであるならば、この「空」概念を、例えば原始仏教思想にまで立ち戻ってその含意を問い直す必要性はさほどなく、それはかなりの程度まで西洋哲学的なボキャブラリーでもって理解可能な概念である、という点はここで指摘しておきたい。

3　空と絶対的否定性と絶対的全体性

「間柄」の構造分析を通じて、和辻の倫理学理論は人間存在の実相として「空」なるものを開示させるにいたっていた。そしてこの「空」自体の構造は、さらに次のように説明される。

> だから人間存在においては、まず個人を立ててその間に社会関係の成立を説くこともできなければ〔…個の実体性の否定〕、またまず社会を立ててそこから個人の生成を説くこともできない〔…全体の実体性の否定〕。いずれも「先」であることはできぬのである。一を見いだした時、それはすでに他を否定し、また他からの否定を受けたものとして、立っている。だから先なるものはただこの否定のみであると言ってよい。〔10: 107〕

「間柄」は、人間の個別性と全体性という二つの側面が相互に前提し合い、かつ相互に否定し合うことにおいて存立している。先にはその両側面の「矛盾的統一」として捉えられていた「間柄」の構造は、ここではさらに、個人と共同体（社会）の相互否定関係として、「否定」という契機が強調されて捉え返されている。個人と共同体のいずれにしても、それが「実体」ではない以上、どちらも「先」ではあり得ず、このとき、その両者の相依関係をそもそも成り立たせる働きとしての「否定」こそが「先」なのだと位置づけられることになる（――まさにここで、前章で見た和辻のヘーゲル論において、個と全体の間での弁証法的運動を駆動させる「否定」の契機が注目されていたことが想起されてくるだろう）。

そして和辻は、この人間存在の根柢に見いだされた「空」および「否定」こそが、（有限な全体性とは区別される）

「絶対的全体性」に他ならないとして、さらに次のような説明を試みる。

全体性が以上のごとく差別［＝個別性］の否定にほかならぬとすれば、有限相対の全体性［＝有限な全体性としての人倫共同体］を越えた「絶対的全体性」は絶対的なる差別の否定である。それは絶対的であるがゆえに、差別［＝個別性］と無差別［＝全体性］との差別をも否定する無差別［＝絶対的な全体性］でなくてはならぬ。従って絶対的全体性は絶対的否定性であり、絶対空である。すべての有限なる全体性の根柢に存する無限なるものはかかる絶対空でなくてはならぬ。［10: 105］

和辻において、個人に対置される限りでの社会や共同体は、あくまで「有限な全体性」に過ぎないと位置づけられる点は前もって指摘したが、この一節では、その両者の対立をそもそも可能にする根柢として「絶対的全体性」なるものが示唆される。そしてこの「絶対的全体性」は直ちに「空」や「絶対的否定性」でもあると言い直されるが、それらを等置するその根拠は、絶対的全体性が、「差別」（諸個人への分裂）と「無差別」（ある共同体における合一）との間での対立的な関係をも絶対的に否定するような全体性（絶対的な無差別）である、という点に求められる。

――以上に見た通り、和辻の解釈学的倫理学は「間柄」の構造分析を通じて、人間存在の根柢に「空」「絶対的否定性」「絶対的全体性」を見いだすにいたった。したがって「間柄」の構造の解明自体も、単なる「個と全体の関係」という観点からではなく、存在の根柢としての「絶対的全体性（空・絶対的否定性）」と「個別性」および「有限な全体性」との間での三者関係という観点から、考察する必要がある。以下ではこの点にも留意しつつ、「間柄」の構造の核心にある「空の存在論」についてさらに検討を加えていくことにしたい。

第二節　空の存在論における「主体的なもの」とは何か？

そこでひとまず考えておきたいのは、『倫理学』第一章で提示された「空の存在論」と、本書でここまでに確認した「人間存在論」との関係をどう位置づけるべきかだ。特に重大な問題になると思われるのは、和辻の思想全体を通じて問われていたはずの「主体的なもの」が、この「空の存在論」からはいかに捉え直されることになるのか、という点である。

和辻の人間存在論は、第一の問題の「存在者の成立構造」に関しては、存在の根柢に人間存在という主体的なものを見いだし、さらに第二の問題として「人間存在の主体性の構造」を問うていたことからも明らかな通り、もっぱら「主体的なものとしての人間存在」の存在構造を問うための議論だという点で、一貫していた。――しかし上述の通り、『倫理学』第一章の「間柄」の構造分析では、その本来主体たるべき人間存在の根柢には、ただ空・絶対的否定性の運動のみがあるとする「空の存在論」が帰結していた。そこでは人間の主体性といったものも、結局のところは、空や否定の運動なるものに還元ないし解消されてしまっていることは、否定し難く見える。つまりこの空の存在論には、一見するところ、和辻にとってつねに問われるべきものとしてあったはずの「主体的なもの」を、もはや主体とは呼びがたい何かへと解消してしまうような、「非主体的な存在論」とでも呼ぶべきものになってしまっている、という問題がある。

これは和辻の倫理学理論にとって、さらなる説明が必要な重大問題だと思われる。というのも、一般に倫理学なる学的営為が、（その問い方は様々であれ）人間の「行為」のあるべきありようやその善し悪しを問うものであり、その行為が何らかの「主体」によって担われる以上、そこでの主体的存在が「何」なのかという問題は、どんな倫理学であれ何らかの回答を示すよう求められているはずだからだ。したがって以下で検討すべきは、この非主体的に見える「空の存在論」と、人間の主体性を問う「人間存在論」とを、一体どう考え合わせれば整合的に解釈できるのか、という問題である。そしてそれは結局、「主体とはそもそも何か」を考え直すことにつながるだろう。

1　倫理学における「主体」の問題——カント主義的な主体像から

和辻自身の「主体」観に取り組む前に、現代の日本社会に生きる「われわれ」にとってより身近だと思われる典型的な「主体」観をまず見ておきたい。「行為とその主体」をめぐる倫理学上の問題に関して、われわれに最も馴染みのある考え方として思いつくものの一つは、カント主義的な倫理学での「主体」像だろう。カントその人の倫理学自体について立ち入った検討をする余裕はないが、ここでは「自由と責任」という観点に注目しつつ、その概略を確認しておこう。

カント主義的な倫理学で問題とされる「行為」は、その善し悪しが問い得るような「道徳的」なものでなくてはならない。そして、ある人のふるまいが「道徳的な行為」であるかどうかに関する基準とは、大まかには次のようなものだ。すなわち、「普遍的な道徳法則のその普遍性のみを理由としてなされる行為、つまり、自分の欲求やその場の状況といった偶然的な理由は一切捨象してなされる行為のみが、道徳的である」という基準が示される（これは有名な定言命法と仮言命法の区別に基づく）。この道徳的行為の基準は一見するに非常に形式的で、われわれの常識的な発想には奇妙にすら見えるかもしれないが、すぐ後で見るように、この行為観・主体観には、近代的な社会に暮らす「われわれ」にとって大前提となっているような発想が含まれている。

また、その基準を満たした「道徳的な行為」をなし得る存在こそが、カント主義的な倫理学では「自律」的な主体だと見なされる。「自律」とは、要するに「自分のことは自分で決められる」といった自己決定的自由を（特に道徳法則に適った仕方で）発揮し得ることであり、こうした「自律」ないし「自由」こそが、人間という存在にとって最も重要な（もしくはその「人間らしさ」の中核にある）ものと位置づけられる。先に示した道徳的行為の基準も、煎じ詰めれば、それが「自由」になされた行為であるのかどうか、という点にかかってくる。

では、そこで言う「自由」とは何かと言えば、それはさしあたり「選択ができること」だ。人間は他の存在者（例えば動物）とは違って、自分の意志に従って、自分が何をなすかについて自由に選択できるという点で、「自由」なのだとされる。それに対し、人間以外の存在者たち（動植物をはじめとする自然的な諸々の存在者）は、因果性の法則が支配する自然界の住人であるために、彼らにとっては物事はただひたすら必然的に生起し継起していくものであって、そこに選択の余地はない。人間は、こうした因果法則による決定論的な世界のみに生きるのではなく、「選択の自由」を発揮し得るという点においてまさに「人間的」だとされる。

そして、そもそもこの「選択の自由」がなければ、「善悪」という道徳的価値も存在しない。なぜなら、誤ったものを選ぶことも可能でなければ、正しいものを選ぶことにも価値はないからだ。だからこそ、人間のあるふるまいが（その善し悪しを問い得る）道徳的行為であるかどうかは、まずそれが「自由な選択」（つまり自由意志）によってなされた行為であるかどうかにかかってくる。例えば、どんなに高貴で素晴らしい結果をもたらす行動であっても、それが自由な選択によってではなく、自分の自由意志以外の外的な理由（自分のコントロールの範囲外にある、自然的欲求や他者の意志やその場の状況など）によって自ずとなされたものであるならば、その行動はそもそも道徳的行為ではなく、したがってそこにはいかなる道徳的価値も認められない（つまり道徳的には善くも悪くもない）[9]。そしてその意味では「自由」こそが、ある行為が道徳的に価値ある（もしくは道徳的に非難されるべき）ものであるというときの、その価値の源泉となる。つまり、「人間の行為が自由な意志に基づいてなされている」ないし「人間が自由である」ことは、その「行為」の善し悪しを判断することの、そもそもの前提条件になっている。

そしてカント主義的な倫理学では、こうした「自由」を前提としてこそ「責任」も問われ得る。そこでの「責任」の基本構図は、「人は自分の自由な行為に対してのみ、(善かれ悪しかれ)その道徳的な責任を問われる」となる。つまり逆に言えば、自由に行為を選択できない場合には、人はその行為の道徳的な責任を問われない。例えば、近代的な社会での法的責任に関して言えば、そこで未成年(子供)とされる人が、法律上の諸責任を負うことをある程度免除され(例えば違法行為に対する刑事責任を問われずに、矯正の対象になることなど)、またある種の権利の行使を認められていない(例えば投票できず、親の同意なく結婚できない、など)のは、要するに、「自由に行為を選択し得る主体」と見なされていないからだ。「子供」は精神が未発達で、欲求といった感性的なものに支配されていて、一人前の「大人」のように自由意志を十全に発揮することができないと見なされているために、一定の責任免除と権利制限を受けるべきだとされる。

それに対し、自由な行為をなし得る「大人」に対しては、例えば、「きちんと考えて行動していたなら、そんなことをするべきでなかったことは当然わかっていたはずなのに」という仕方で、その行為の「責任」が問われる(つまり、その行為の道徳的な善し悪し、ひいてはその行為者の人格の善し悪しが評価される)。そこでは、行為や行為主体の「責任を問い得ること」(帰責可能性)の前提として、「他の可能性もあったのに、他ならぬその行為を選択した」という「自由に行為できること」がなくてはならない。要するに、ここで行為や責任の前提とされている「自由」とは、自分の行為を自分で(理性的に)コントロールし得るということであり、またそれに対する「不自由」とは、自分でコントロールできない外的な要因(自然的欲求、他者の意志、その場の状況などといった偶然的な諸要因)に左右されてしまうことだと整理できよう。

そうしてここまで見てくれば、「自由な選択によって行為をなし、それに責任を負い得るような自律的な道徳的主体」というカント主義的な倫理学における「主体」像が、近代的な社会に住まう「われわれ」が前提としている人間像について、一つの非常に明瞭な描像を与えてくれるものであることが見えてくる。そこでは、「自由に行為できる」ことと、「その行為の責任を問い得る」こととが表裏一体のものと捉えられており、カント主義的な意味での「道徳性《モラリテート》」とは、こうした「自由＝責任」体制においてこそ成り立つものだと把握される。

2　「真に主体的なもの」と「主体的存在者」の存在論的区別

「われわれ」に馴染みのある主体観・人間観の一例として、カント主義的な倫理学での「主体」像を以上のように略述したが、例えばこうした「主体」把握は、和辻の倫理学理論からはどう位置づけられることになるだろうか。――繰り返し指摘したように、彼が個人主義的人間観に終始批判的だったことを考えれば、当然こうした「自律的な個人」を大前提とする倫理学は、単純に誤りだと切って捨てられてしまうのではないか、とも思える。しかし次のような記述をよく読んでみると、事情はそう単純なものではないことが見えてくるだろう。

> だから先なるものは〔個人でも社会でもなく〕ただこの否定のみであると言ってよい。しかしその否定は常に個人と社会との成立において見られるのであって、両者を離れたものではない。いわばこの否定その者が個人及び社会として己れを現わしてくるのである。〔…〕だから社会を〔諸個人の〕相互作用あるいは人間関係と見るのも、あるいは個人を超えた主体的な団体と見るのも、それぞれ人間の間柄的存在の一面を捕えたものと言ってよい。それらがおのおのの立場において間柄的存在を根源的に捕えたと主張しさえしなければ、すべて是認せられてよいのである。根源的にはこれらの両面はすべて否定において成り立っている。[10: 107]

この一節は、前節の最後の方で引用した箇所（そこでは、個と全体の実体性がともに退けられ、その根柢に「否定」の運動が見いだされていた）の続きであり、存在の根柢としての「否定」と、「個人」および「社会」（共同体）との相互関係が論じられている。

まずその三者関係が、否定そのものが「己れを現わしてくる」ことにおいて個人や社会も成立してくる、と説明されている点に注目したい。この関係性は、まさに人間存在論における「もの‐こと‐もの」構造に重ねて解釈できるだろう。すなわち、存在の根柢としての「者」の次元にある「否定」（「否定その者」）が、その「己れを現わす」という「こと」の次元での開示の運動を通じて、「物」の次元での個人や社会という存在者として自らを表現し実現する、という構造として捉え返せる。その意味では、存在の根柢に否定を見いだす「空の存在論」もまた、人間存在論の延長線上にある議論として理解可能であり、そこでは「者」の次元に属するはずの「空」や「否定」こそが真に「主体的なもの」だと把握されている、とさしあたり位置づけられるだろう。

ただし、ここで導き出した「空や否定こそが真に主体的なものである」という存在論的な主張は、一見するに奇妙で、われわれにとって相当の違和感がある。――この主張がより具体的には一体何を言わんとするものなのかは後でさらに考えるが、ここでまず一つ指摘するならば、そこに「違和感」を抱いてしまう一つの大きな理由として、上で略述した「自由な選択をなす能動的主体としての自律的な個人」といった近代的な人間観・主体観に、「われわれ」があまりにも慣れ親しんでいるから、という事情が関わってはいないだろうか。

しかし和辻からすれば、そうした人間観・主体観は、あくまで近代的な社会に特異な一つの倫理思想における「主体の捉え方・枠組」なのであって、倫理学理論が問おうとする存在論的な意味での「主体的なもの」が、そこでの主体像に引きずられる形で把握されてはならない、とするだろう。ここで改めて存在論的認識と存在的認識の対比を用いて言うと、彼の「空の存在論」からすれば、個人的主体に実体性を認める個人主義的人間観にせよ、共同体を実体として捉えてそこに主体性を見出す社会有機体論にせよ、それらは「間柄的存在を根源的に捕えた」と言い得るような存在論的認識では決してあり得ない。個人や社会の実体性を大前提とした倫理学理論は、存在論的認識の水準で見れば、理論的には完全に誤りだと評価されるはずだ。

ただし和辻は先の一節で、さらに一定の留保を示していた。すなわち、そうした種々の人間観・主体観が、「人間の間柄的存在の一面を捕え」ていることまでは否定していなかった。個人や社会の実体性を説く立場も、それが存在論的認識としての「根源」性を主張するものでさえなければ、「すべて是認せられてよい」とまで言われている。これは要するに、それらの存在論的認識の次元での妥当性が否定されるとしても、だからといってその存在的認識の次元での妥当性は必ずしも否定されない、ということを意味するのではないか(10)。

このことは、上述したカント主義的な人間観・主体観に即して言えば、次のように捉え直せる。当の和辻自身にとっても、例えば「自律的な個人」を範型的な主体と想定し、それを前提とした諸制度によって運営される近代的な社会が現に存在している、という事実を殊更に否定はできないし、またその必要もない。そこでの人間観・主体観は、ある時代・地域に生きる人々が、自身のある特殊な存在の仕方を一定の形態へと自ら表現したものと位置づけられ得るのであり（例えば、近代社会を生きる人々のその生き方の自己表現としての、カント主義や功利主義といった倫理思想）、そうした「存在の表現」であることだけでもってすでに、それらには「是認」されるべき十分な存在意義（和辻の言い方では「人倫的意義」）が認められるべきだということになる。こうした視点から見れば、先のカント主義的な主体観・人間観もまた、近代ヨーロッパに端を発し、そこからいまや「近代的」と呼び得るあらゆる社会において徐々に共有されつつあるような一つの特殊な倫理思想として、和辻の倫理学理論の枠組の内に包摂し位置づけることが可能だ。

――以上の考察を、「主体をどう捉えるか」という点を中心に整理し直せば、次のようになる。和辻はその存在論的認識の次元では、根柢的な「主体的なもの」を空ないし絶対的否定性として把握するという「空の存在論」を提示する一方、他方の存在的認識の次元では、例えば、個人を主体として捉えるのであれ、社会や共同体を主体として捉えるのであれ、いずれにせよそれぞれにそれなりの存在意義があるとして許容することになるだろう。[11] それはつまり、「者」の次元における存在の根柢としての真に「主体的なもの」と、「物」の次元において主体として把握され表現されてくる「主体的存在者」、という二つの次元での「主体」を区別していたことを意味する。

例えば「自律的な個人」を範例的な主体として捉える個人主義的な考え方（倫理思想）は、近代社会に生きる人々にとって、すでに自身の生き方をあらかじめ規定する背景的枠組となってしまっているのであり、当人たちからすればこの事実自体が自身の存在根拠をなすものとして重要性を持つ。ただし和辻の立場から言えば、それはあくまでも「われわれ」がある特殊な仕方で存在することの背景をなす（言わば）存在的条件であり、それはもっぱら存在的認識としての精神史・思想史研究において、その特殊な諸形態が探求されるべきものとしてある。しかし、「われわれ」が現にそのように存在することの存在論的条件がまた別にあるのであって、それこそが、存在論的認識としての倫理学理論で探求されるべき「真に主体的なもの」の構造なのだ。

3　動的な実現構造としての「真に主体的なもの」

「空の存在論」とは、あらゆる存在者のその実体性を否定し、存在の根柢にはただ絶えず流動する否定の運動があるのみとする形而上学的発想だった。そしてこの「空の存在論」を踏まえることで、本章での中心問題であった「間柄」の構造が、次のように捉え返されてくることになる。

前節ではさしあたり「間柄」の構造が、個別性（個人）と全体性（社会・共同体）の相互前提的・相互否定的な関係として把握されていたが、その両者の対立の根柢に「空」が見いだされることから、「空の存在論」が帰結していた。そこで「間柄」の構造を、この「空の存在論」からさらに捉え直す必要が出てきたわけだが、その際に改めて援用したのが人間存在論（特に「もの－こと－もの」構造）だった。それによれば、「空」や「絶対的否定性」こそが、根柢的な「者」の次元における真に「主体的なもの」だということになり、「間柄」の二側面として考えられていた個別性（個人）と全体性（社会・共同体）は、いずれも根源的な主体ではなく、「否定」の働きを通じてそのつど実現されてくるような、「物」の次元に属する（主体として表現されてくる）「主体的存在者」として位置づけられるべきものとされた。

このとき、個人や社会・共同体といった主体的存在者は、「者」（真に「主体的なもの」）の次元の「空」「絶対的否定性」が、その絶えざる否定の運動を通じて、自身をある具体的な形姿を持つものへと限定することで作りだされてくる表現だということになる。そして、こうした存在者・表現は、絶えず流動しつつある人間の存在にとっては、そのつどの暫定的な統一を与えてくれるようなものだという点で、われわれの日常的な諸実践のためのそのつどの枠組となり得る。例えば、「自律的な個人」だという自己理解を与えてくれるような背景的枠組（存在的条件）があってこそ、そうした諸個人の間でなされる「誰を行為の主体として認定し、その責任を帰属させるか」といった社会的な帰責のゲームも可能になる。しかし、そこで問題になっている「主体」とは、あくまでも存在的次元（「物」）での主体的存在者であり、それは存在の根柢にあるとされる真に「主体的なもの」とは存在論的に区別されるべきものとしてある、ということになるだろう。

以上のような三者関係（「空・絶対的否定性・絶対的全体性」と、「個人の個別性」および「共同体の有限な全体性」）に関して、和辻自身は次のように要約的に説明している。

否定の運動として動的に統一せられた三つの契機、すなわち根源的なる空［…「者」の次元］とその否定的展開たる個人存在及び社会存在［…「物」の次元］は実践的現実においては相即して離すことのできないものである。なぜなら、それらは実践的行為的連関［…「こと」の次元での「間柄としての事」］において絶えず働いているものであって、どこにも静止固定することはできないからである。たとえば一定の結合が作られたとき、それは固定せる形成物として静的に存立するのではない。不断に否定の否定の運動を実現し続けるところに、人間の結合は成立するのである。だからこの運動が何らかの仕方で停止したとき、結合そのものは崩れてしまう。〔…〕かかる点から言えば、絶対的否定性の否定の運動は、人間存在における不断の創造なのである。［10: 124-5］

この一節は、適宜補足した通り、「根源的なる空」と「個人存在」および「社会存在」という三者関係が、「もの－こと－もの」構造から捉え直されていると読める。この「三つの契機」が絶えず一体となって作動することにおいて、「否定の運動」が実現し続けているという。要するに「空の存在論」における真に「主体的なもの」とは、こうした絶えざる否定の運動を通じて、何らかの人間関係（「人間の結合」）が絶え間なく形成され維持され展開し続けていく、というその動的な実現構造全体のことを指し示していると解釈できるだろう[12]。そしてこれこそが、「空の存在論」から捉え返されたときの、人間の「間柄」の構造なのだ。また、こうした動的な実現構造それ自体を「主体的なもの」として把握しようとする発想は、第四章で見た「倫理の実現構造」に正確に対応している。すなわち、人間存在の根柢に見いだされた「空」や「絶対的否定性」とは、和辻の倫理学における「倫理」そのものに他ならないということになる。

――以上の検討から、当初は「個と全体の関係」という観点から問われ始めていた「間柄」の構造が、「空の存在論」に基づく三者関係（空・個・全体）として捉え返されるなかで、それらが一体として作動する動的な実現構造そのものとして把握されていることが明らかとなった。またそれによって、本節の冒頭で問題化した、「空の存在論」において真に「主体的なもの」とされていた「空」や「否定」が、一体いかなる意味で主体たり得ているのかという点に関しても、一定の回答が示されたことになる。すなわち、和辻における「主体的なもの」とは、自らを何らかの主体（的存在者）として絶えず実現しつつあるような何かであり、その自己実現の動的構造それ自体が、まさに真に「主体的なもの」として捉えられていたのだった。したがって彼にとっては、自律的な個人という主体にせよ、有機的に組織された共同体としての主体にせよ、それらはこの主体的な実現構造に基づくものであり、それを部分的に体現し表現する存在者ではあったとしても、それ自身が真に「主体的なもの」であるわけでない、ということになる。

第三節　空の存在論に基づく善悪観

以上より「空の存在論」とそれに基づく「間柄」の構造が確認されたが、その上でさらに検討しておきたいのは、これらの議論から、特に倫理学が問うべき「善悪」の問題に関して、いかなる理論的帰結がもたらされるのか、についてだ。

1　「否定の運動」の方向性について

「空の存在論」に基づく倫理学では一体何が「善」で何が「悪」となるのか。そこでは「空ないし絶対的否定性の運動には、ある一定の方向がある」ことが重要な論点となる。先に「間柄」は、個別性と全体性の間での相互否定運動において存立すると構造化されていたが、そこでの「否定の運動」がいかに進展していくのかについては、次のように説明されている。

だから個人は何らかの結合［＝有限な全体性としての共同体］から背き出るということを媒介として「空」そのものから背き出るにほかならない。［…］してみると、個人は、己れの本源たる空（すなわち本来空）の否定として、個人となるのである。それは絶対的否定性の自己否定にほかならない。しかもこのような個人は、いかなる仕方にもしろ、とにかく己れを空じて社会に服属しなくてはならぬ。それはさまざまの種類の結合〔＝家族から国家にいたるまでの種々の共同体〕においてそれぞれの程度に空を実現することである。だから個人は何らかの結合を実現するということを媒介として「空」そのものの方向に帰る。〔…〕かく見れば、強制を含意する人間結合は、絶対的否定性が自己否定を通じて己れに還るところの否定の否定の運動そのものなのである。〔10: 124〕

ここでの「否定」の働きに関してまず注意すべきは、「有限な否定」〔10: 127〕と「空・絶対的否定性の否定」が明確に区別される点だ。前者の「有限な否定」は、一方では、個人がある共同体から「背き出る」（独立する）ことにおいてその有限な全体性を否定することを指し、他方では、個人が自らの個別性を否定して「何らかの有限な人倫的全体」〔10: 127〕を実現することを指す。そして、こうした個々の「有限な否定」自体は、（ここまでの議論からしても）存在の根柢たる「空ないし絶対的否定性の否定の運動」に基づくとされる。

また、この「空の否定」に基づく二様の「有限な否定」が、言わば時間的な継起という観点から捉え直されている点が注目される。すなわち「空の否定の運動」の進展の仕方が、まず、個人がある共同体から背き出るという形で「空」からの背反が起こり（第一の否定）、次いで、そうした諸個人が今度は逆に相寄ってある共同体（人倫的全体）を実現するという形で「空」への還帰が起こる（第二の否定）、という二重の否定の過程（「否定の否定の運動」）として捉えられている。そして、この「否定の運動」の一連の過程は、言わば空を主体とした「絶対的否定性の否定を通ずる自己還帰の運動」〔10: 124〕として定式化されるにいたる。

このような「空から出て空に帰る」という「否定の運動」の方向性は、先に空・絶対的否定性が「絶対的全体性」と等置されていたことからしても、「全体性が一度は個へと分裂して、再び統一へ向かう」という方向性として考えられているはずだ。そして、この「空・否定の自己背反・自己還帰的運動」という和辻の考え方が、前章で見た和辻のヘーゲル論で注目されていた、「未分化の原初的統一（全体性）から、その分裂による個別化と対立へ、さらにはその対立を克服したより高次の統一へ」という弁証法的発想を踏まえていることは確実だろう。

ただし、その時点でもすでに指摘されていた論点だが、ヘーゲルの共同体論において弁証法的な実現が目指されている「より高次の統一ないし全体性」とは、あくまでも存在者（物）の次元での具体的な共同体（つまり有限な全体性）であり、それは和辻の言う「空・絶対的否定性・絶対的全体性」とは、その存在論的な次元が異なっている。この目指されるべき「全体性」をめぐる次元の相違をめぐって、和辻は自身の立場を次のように説明している。

> 否定の否定としての個人の独立性の止揚は、必ず何らかの人倫的な全体への帰属として行なわれるのであり、個人が没入するのはその人倫的な全体である。〔…〕しかもこのような有限的全体の実現が、まさに絶対的否定性の自己への還帰である。絶対者の自己還帰は無限に実現される方向であって、静的な絶対境というごときものではない。そうしてこの方向の示される場所は、何らかの有限な人倫的全体なのである。ここに絶対的否定性の否定の運動が人間存在の理法すなわち倫理たるゆえんが存するのである。〔10: 127〕

この一節の眼目は、「個人が共同体に帰属する」ことが、「空の存在論」にとって一体何を意味するのかという点にある。まず、諸個人が共同体（人倫的全体）に帰属することによる「有限的な全体の実現」が、「絶対的否定性の自己への還帰」だとされており、そこだけを見れば、和辻の倫理学では結局のところ、ある特定の共同体への「没入」的な帰属こそが最終的に目指されるべきものとして位置づけられているかに見える。そしてこのように解釈する限りでは、和辻の倫理学理論は全体主義的な傾向が強い、と結論づけられることになるだろう。

しかし、「有限な否定を除いては、どこにも絶対的否定性が己れを現わす場所は存しない」〔10: 127〕ともあるように、空（絶対的否定性・全体性）は、ある具体的な個人や共同体として自らを絶えず実現することを通じてのみ、その「否定の運動」を進展させ、ひいては空自身に還帰し得るという。つまり、「人倫的全体を形成することなしには絶対者への還帰の運動は行なわれ得ない」〔10: 129–30〕のだとしても、ある究極的な人倫的全体なるものがあって、そこへの帰属でもって還帰の運動が終わり「静的な絶対境」に達するわけでは決してない。引用にもある通り、「絶対者の自己還帰は無限に実現される方向」であり、その自己還帰の運動に終極はない。

そうであるならば、こうした「空の存在論」自体からは、「個人の共同体への一方的な没入的帰属」を求める規範的主張は、決して帰結しない。そこで主張されているのはただ、人間の間柄的な諸実践が「空の自己背反・自己還帰的運動」という根源的な方向性に規定されている、ということに限られる。そのなかで個人および共同体という存在者が絶えず実現されていくのではあっても、この自己還帰の運動自体は（第四章で見た「倫理」の動的な実現構造と同様に）実現され尽くすということがあり得ず、それはあくまでも「無限に実現される方向」として、極めて概括的な仕方で人間の行為の方向性を制約し導き続ける、ということになる。

2　空の存在論に基づく二つの善悪観をめぐって

前置きの説明が長くなったが、こうした「空の存在論」における「空の自己背反・自己還帰的運動」という根源的な方向性こそが、和辻の倫理学における善悪観を規定している。

人間存在の理法は絶対的否定性の否定の運動である。人は何らかの共同性〔＝有限な全体性〕から背き出ることにおいて己れの根源〔＝空・絶対的全体性〕から背き出る。この背き出る運動は行為として共同性の破壊であり自己の根

> 源への背反である。だからそれは共同性にあずかる他の人々からヨシとせられぬのみならず、自己の最奥の本質からもヨシとせられぬ。それが「悪」と呼ばれるのである。〔10: 140〕

この一節だけを読むと、和辻は、具体的には「共同体からの背反」として実現される「空からの背反」こそが「悪」だと規定しており、逆に言えば、「共同体への帰属」として実現される「空への還帰」を「善」とするような見解を採っているように見える。つまり、「空」がまず自己背反して個人を実現させることが「悪」であり、その個人をさらに否定して共同体を実現させることでもって自己還帰することが「善」である、と規定されているかに見える。

ただし彼は他方で、「絶対的否定性の自己還帰の運動は、自己背反の契機なしにはあり得ない」〔10: 142〕とも述べており、善である「空の自己還帰」が成り立つには、その前提として「空の自己背反」が必要だとする（「善があり得るためにはまず個人の独立化すなわち悪がなくてはならぬ」〔10: 142〕）。その意味では「悪は善を可能にする契機」〔10: 142〕であり、ここでは上述の善悪の基準が相対化されてしまっている。例えば、悪とされる行為も、大局的な視点から見ればより大きな善の実現のために必要だった、として肯定され得ることになってしまう。

この点について、和辻自身は次のように説明する。

> 〔…〕個人の独立なくしては人倫的合一も実現され得ない。個人の独立が強度に敢行されればされるほど、人倫的合一もまた高度に実現される。その限り個人の自覚は善であり、全体性よりの離脱も善である。否定の運動が動的に進展して停滞しない限り、善に転化しない悪はないのである。〔10: 142〕

先に「悪」と規定された「全体性からの背反」も、「否定の運動が動的に進展して停滞しない限り」は、善に転化し得るという。つまりここではもう一つ別の「善悪」の基準が提示されている。その基準とは、「否定の運動が動的に進展して停滞しない限り」という条件に関わるものであり、簡単に言えば、「空」が自己背反および自己還帰という方向へと絶えず運動しているということ自体が「善」であり、逆にこの運動を「停滞」させることが「悪」だということになる。[13]

　つまり「空の存在論」には二つの善悪観が同居していることが見えてきた。一つは、ある共同体からの離反・背反を悪とする善悪観であり、もう一つは、空の自己背反・自己還帰の運動そのものが進展し続けることを善とする善悪観だ。そしてこれら二つの善悪観は、人間存在論も踏まえて言えば、それぞれ、存在的な次元（「物」の次元）での善悪、存在論的な次元（「者」の次元）での善悪、としても捉えることができるのではないか。

　前者に関しては、ある共同体のなかで、そこでの共同性を損なうような個人のふるまいは、その共同体に内在した視点からすれば、当然「悪」と見なされるだろう。ただし、そこで具体的に何が悪い行為と見なされるのかは、当然ながら時代や地域によって様々であり得る。その意味でこの第一の善悪観は相対的で文脈依存的であり、それゆえ和辻の倫理学理論は、ある特定の歴史的・文化的背景を前提とした個別的な善悪観（またそれに基づく規範的主張）に理論的にコミットすることはないはずだ（他方、和辻自身が帰属意識を持つと自覚する、ある特定の共同体に特有の善悪観に対し、彼が何らかの実践的なコミットを持つことは当然だ）。それに対し第二の善悪観は存在論的な次元でのものであり、それは和辻の倫理学が理論的にコミットする善悪観だと言えよう。そこでは、「空の自己背反・自己還帰運動」を促進するか停滞させるかに、ことの善し悪しがかかっており、そうした運動が生起し続けること自体を善とする発想が認められる。

　——以上に見た「空の存在論」に基づく善悪観は、「もの－こと－もの」構造における「者」（存在の根柢）と「物」（存在者）という二つの次元の区別を踏まえれば、次のように整理できるだろう。一方では、ある特定の文化的背景や個別的状況に応じて多様であり得る文脈依存的な種々の善悪観がある（「物」・存在的次元の善悪観）。また他方では、そうした個別的な善悪観（とそれに応じた主体像）を存在論的にそもそも可能にするような、真に主体的な動的実現構造としての「空」の絶えざる否定の運動がある。そして和辻は、その空の運動に「自己背反および自己還帰」という根源的な方向性があるとした上で、「その運動を停滞させてはならない」という、言わば存在論的な次元での規範的主張を提示していたのだった（「者」・存在論的次元の善悪観）。

これは和辻の倫理学理論の特質を考える上でも極めて重要なポイントだと思われる。「空の絶えざる運動を停滞させてはならない」という存在論的主張は、彼の倫理学においてその理論的帰結として提示される、唯一の規範的主張（つまり存在論的次元での善悪観）なのだ。

和辻の理論的枠組からすると、ある時代や地域に特異な個別的な善悪観は、例えば「この共同体では、こうしたことはしてはならない」という形で記述可能な、存在的な次元での種々の規範的主張から成り立つという点で文脈依存的であり、それゆえに、彼がある特定の善悪観に理論的にコミットすることはあり得ない（逆に、種々の個別的な善悪観には、それぞれに特異な背景的文脈があるということだけで、それぞれに存在意義が認められてよいのだった）。

他方、彼の人間存在論で行なわれていたのは、基本的に、人間存在のその存在論的な構造を解釈学的に記述することであって、そこから（近代的な倫理学が追究してきたような意味での）行為を導く何らかの普遍的な規範的原理を導出しようとするものではなかった。つまり、和辻の倫理学理論のもっぱらの課題は「人間の存在構造の記述」にあるのであり、そこで解明されてくる存在構造からしても、単なる普遍的原理の追究（つまり、何の文脈も前提としないようなある特定の善悪観を理論的に正当化しようとすること）は、基本的に不可能だとされるはずだ。

ただし、空の存在論での「空の絶えざる運動を停滞させてはならない」という規範的主張は、どこの誰にでも妥当すべきような普遍的原理の提示になってしまっている、と言えなくもない。このことをどう理解したらよいだろうか。

そこで注意したいのは、この存在論的な次元での規範的主張が、空の自己背反と自己還帰の運動を是認するものではあっても、それ自体が何か特定の行為を命じたり促したり禁止したり抑止したりするような類のものではない、という点だ。その意味で、それは実質的内容に乏しいごく形式的な主張であって、「構造の記述」との明確な区別がそもそも困難であるような、極めて特異な形態・内容を持った規範的主張として位置づけるのが妥当なのではないか。そう言ってもよいのであれば、和辻の倫理学理論はやはり基本的には、特定の行為を推奨したり非難したりするような個別的な規範的主張を提示するものではない、と理解してよいように思われる。(14) このことは、彼の「空の存在論」に基づく倫理学理論に特異な理論的特徴として明記しておくべきだろう。

さて以上の検討を通じて、『倫理学』第一章で示されていた「空の存在論」に基づく「間柄」の存在論的構造が一通り確認され、またそれにまつわる、われわれの常識的な発想からは疑問に思われてくるであろう諸論点にも、一定の回答を示したと言ってよいだろう。本章の締め括りとして、この間柄の構造が、『倫理学』第二章以降の議論において、いかに具体的に展開され問われていくのかについて、その見通しを簡単に提示しておきたい。

そこで重要なポイントになるのは、間柄の構造が、空(絶対的否定性・絶対的全体性)と、個人の個別性および共同体の有限な全体性という、三者関係において考えられていた点だ。第二章以降の議論は、基本的にこの間柄をめぐる三者関係を大前提として、「個人と共同体の関係」「個と全体の関係」を、次のように三様に問い直すという形で進行していくと整理できる。

まず第二章では「間柄」概念に基づく行為論が展開される。それは特に、共同体(人間関係)という全体性を背景として、諸個人がいかに日常的行為を実際に行なっているか、という問題として問われる。つまり、間柄における「全体によって規定される個」の側面が問われている。また第三章では、「間柄」概念に基づく社会哲学・共同体論が展開される。そこでは、諸個人がいかに種々の共同体（人倫的組織）を段階的に形成し実現させているのかを問題化することで、間柄における「個と個とが相寄って形成する全体」の側面が問われている。最後の第四章では、第三章の共同体論を前提とした歴史哲学・世界史論が展開される。そこでは世界史の主体としての「国民国家」という共同体が注目されるが、それはつまり、「間柄」における「主体としての全体」（主体的全体性）という側面が問われていることになるだろう。

『倫理学』第一章で提示された「間柄」の構造は、以上のように「個と全体の関係」をめぐる三つの問題としてより具体的に問われていくことになる。いずれにおいても、その関係自体をそもそも成り立たせる「空・絶対的否定性・絶対的全体性」に関する議論が、それぞれの要所でそのつど主題化されてくるはずだ。その意味で、本章で見た間柄の構造を構成する三者関係は、『倫理学』全体の統一的な解釈にとっても極めて重要なポイントになるだろう。次章ではまず、本書でこれまでも検討を重ねてきた和辻の「了解に基づく行為論」が、以上の「間柄」の構造を踏まえることで、倫理学的な議論としてどのように具体化されていたのかを検討したい。

第七章　信頼の行為論

——規範的行為の共時的・通時的構造

本章では『倫理学』第二章の読解に取り組む。そこでは、「間柄」をめぐる第一の主要問題「了解に基づく行為論」が、倫理学的な問題圏のなかでより具体的に展開されている。この検討を通じて、日常性における人間の有意味な規範的行為の構造がより詳細に解明されてくるだろう。

第一節　主体的空間性に基づく行為の構造

『倫理学』第二章は「人間存在の空間的・時間的構造」と題される通り、人間の存在構造を空間性および時間性という観点から考察している。ただしそれによって実質的に問われているのは「人間の行為」であり、行為論こそがその真の主題だと言ってよい。そこでまず、空間性・時間性という観点から、いかに「人間の行為」の構造が問われているのかを順に確認していこう。

1　主体的なひろがりとしての空間性

空間性に関する和辻の基本的な見解は、「客体的な物のひろがり」としての物理的空間よりも根源的な空間性として、人間同士の間で成立している「主体的なひろがり」を「主体的空間性」として位置づけるというものだ。そこで言う「主体的なひろがり」とは、「人間がその主体的な存在において、多くの主体に分離しつつしかもそれらの主体の間に結合を作り出そうとしている」[10: 173] ことだと説明される。これは、彼の「間柄」概念に含意される「個人的かつ社会的」という人間の二重性格を、主体間の分離・結合という「実践的な動き」[10: 173] において捉え直したものだと言えよう（分離へ動けば個人の側面が、結合へ動けば社会の側面がそれぞれ際立つことになる）。つまり和辻の「空間」概念は、客体的な物の並在としての静的な空間ではなく、人間主体の間で成り立つ二方向の運動性を持った動的な空間であることに、その要点がある。

そして、この主体的空間性における分離・結合の「動き」こそが、人間の行為に他ならない。

もし主体が一つであって分裂し得ないものであるならば、交通通信によって連絡しようとするごとき実践的な動きは起こるはずがない。が、また主体が多であるにとどまって一となることのないものであるならば、そこにも連絡の動きは起こり得ない。本来一である主体が、多なる主体に分裂することを通じて一に還ろうとするがゆえに、主体の間に動きが生じ、従って「人間」の存在が実践的行為的連関として成り立つのである。かく見れば主体的な空間性は畢竟人間存在の根本構造そのものにほかならない。[10: 173]

この一節の趣旨は、主体が分離しかつ結合しているという間柄の「矛盾的統一」の構造（「人間存在の根本構造」）を、主体間を連絡する「実践的な動き」（つまり行為）が現に生じている、という事実に基づいて論証しようとする点にある。

すなわち、一方で、もし「主体が一つであって分裂し得ない」ならば（つまり人間の結合が一つの有機体のように分離不可能ならば）、人々の間での「交通通信によって連絡しようとするごとき実践的な動き」（行為）が生じる必要性自体がそもそもない。また他方で、もし「主体が多であるにとどまって一となること」がないならば（つまり人々がバラバラに分離した個人のままならば）、そこでも結合を作りだす「連絡の動き」（行為）自体が生じてこないことになる。しかし、主体間を連絡しようとする「実践的な動き」としての行為は、われわれの日常性において現に生起しているのであり、そうであるとするならば、そうした行為の連なり（「実践的行為的連関」）において絶えず分離・結合している「主体的なひろがり」は、静的ではなく動的な空間性であるはずだ、ということになる。——要するに和辻はこの論証において、「主体的なひろがり」が動的な空間性であることを示すために、そこでの動的な運動を担う「人間の行為」が現になされているという事実を、一つの重大な証拠とするのだ。

以上を踏まえれば、人々は互いに分離した個々の主体（「多」）として存在しつつも、そのつど何らかの行為（実践的な動き）をなすことで、一定の結合（「一」）を作りだしていることになる。つまり和辻は、「一」と「多」を媒介する二方向の運動性として人間の行為を位置づけ、そうした行為が絶えず生起する場として空間性を捉えていたことになるが、まさにこの「主体的空間性」の概念化において、同時に「人間の行為」も主題化され問われ始める。

2　行為を有意味化する背景的文脈としての「人間関係」

では、この主体的空間性という観点から、人間の行為の構造がいかに捉え返されてくるだろうか。和辻はさしあたり二つの主張を掲げる。第一に、行為は単なる「独立的な個人の行動」ではなく、第二に、行為は単なる「客体的な物への働きかけ」ではない、という［10: 247］。これらは実質的には表裏一体の主張だが、彼はそれに基づいて、行為を個人の意識や心から根拠づけようとする行為論的立場を批判していく。

まず第一の主張に関しては、間柄的な人間観からしても当然の主張だと思われるが、先の主体的空間性の議論も踏まえてさらに次のように説明される。

個人の独立性がそれ自身においては存せず、ただ何らかの共同性の否定としてのみ成立することを我々はすでに見て来た。そうして共同性の否定は多数の個人の対立にほかならなかった。だから個人の行動は対立的な個人の行動として必ず他の個人との連関の上に立つものである。そうしてその限り個人の行動は行為としての意味を持つ。［10: 247］

ここでは、個人存在の実体性を否定する「空の存在論」に基づいて、共同性（有限な全体性）の否定として存立する諸個人は、分離はしていても全く無関係なのではなく、互いに「対立」するという空間的な関係にある、とされる。そこで重要なのは、行為は「独立的な個人の行動」ではなく、「対立的な個人の行動」として「必ず他の個人との連関の上に」あってこそ意味あるものとして成立する、という指摘だ。その点で「行為は、まず第一に主体の間の働き合い」［10: 246］であり、この主体的空間性において有意味な「実践的な動き」こそが、人間の行為に他ならない。行為が「意味を持つ」という点で「他の主体との連関」を必ず前提とすることに関して、和辻は「手づかみで食べる」といった行為を例に挙げて、次のように述べている。

そうしてこの［ものを食べるという］動作にとっては、手づかみで食おうと口で音を立てようと、何ら意味の上に相違はない。しかし、我々の日常の食事は、何らかの作法に従ったものであって、単に動作であることはできない。そうしてその作法は我々自身の恣意を超えて社会的に定まったものである。［10: 247-8］

ここでの議論のポイントは、有意味な「行為」と単なる「動作」との区別にある。箸を使って食べるか手づかみで食べるかは、細かな身体動作としては異なるが、「食欲を満たすために何かを食べる」という側面だけを見れば、その意味にさしたる違いはない。しかしこの二様のふるまい方は、例えば家庭の食卓や宴席といった特定の場面において見れば、それぞれ全く異なる意味を持った行為になるだろう。「手づかみで食べる」ことは、席を共にする相手から、故意に無礼なふるまいをするといった何らかの悪意の表現として受けとられるかもしれないし、仲間内でなら許容される範囲のちょっとした悪ふざけと受けとられるかもしれない。その点で「手づかみで食べる」ことは、「他の主体に対する何らかの態度の表示」[10: 248] として、否応なく一定の意味を持った行為になってしまう。要するに人間の行為は、自分のふるまいが相手からどんな「態度の表示」として受けとられるかも含めて初めて、ある一定の意味を持った行為として成立するのであり、まさにその意味で、行為成立には「他の主体との連関」が不可欠の前提となっている。

では、そうした行為の意味自体は、何に基づくのか。上述の通り、行為の意味は「相手（他の主体）からどう受けとられるか」次第でもあるが、それに加えて先の引用では、行為は何らかの「作法」に従ったものだともされていた。作法とは、「我々自身の恣意を超えて社会的に定まったもの」だという点で、本書で言う「規範」「行為の仕方」に相当するものであり、自他の間で従うべきものとして前提されている何らかの基準である。「手づかみで食べる」行為は、その場面で当然前提とされるべき作法・規範に照らしてみても、何か他意のある「態度の表示」として他の主体に受けとられてしまうだろう。引用中にもある通り、「行為」はこうした作法・規範に従ったものであることにおいて有意味・理解可能になるという点で、単なる「動作」とは異なるのだ。

また、この「行為と動作の区別」という論点は、先の「行為は単なる客体的な物への働きかけではない」という第二の主張にも直結する。その要点は、行為の基本的・典型的なイメージを、「人とものの関係」ではなく「人と人の関係」において捉えるべきだとすることにある。

前者で言う行為は、「客体的な物のひろがり」という物理的空間性を前提とし、その空間内の物体に人間が何らかの意識や心的状態を持って働きかける、とイメージされているだろう。しかし、こうした物理的空間内で何らかの身体動作が起こるというだけでは、それは有意味な行為たり得ない。和辻が挙げる例で言えば、塀の上を越えて実っている果物を取って食べるという動作が「盗み」の行為になるのは、果物を盗まれる「他の主体との連関」があるからで、主体間のひろがり・主体的空間性がまずあってこそ、行為もそこで一定の意味を持つものとして成立し得る。

以上のような、「人とものの関係」ではなく「人と人の関係」においてこそ、人間のふるまいは有意味な行為になるという行為観について、端的には次のように主張されている。

> そうなれば、客体的な物との関係にのみ視点を定めて、意志の選択決定であるとか、意識的・意志的・知能的であるとかいうごとき特徴によって行為を規定しようとする試みは、すべて見当違いであると言わねばならない。たといこのような条件に合する動作であっても、そこに人間関係という契機を欠けば、行為とはならない。[10: 249]

要するに、人間の行為を有意味なものとしてそもそも成り立たせているのは、行為者個人の内にあるとされる意識的・心的な諸契機（例えば、意志や意図、信念と欲求のペア、目的意識、等々）なのではなく、ある一定の「人間関係」（人と人の関係、そのつどの間柄）という主体的なひろがり・空間性なのだ。この人間関係という契機は、個々の行為にとって背景的な文脈をなす（つまり、通常それとして意識されない）ものであり、そうした「人間関係にはめ込まれた限りにおいて」[10: 249]、行為はその文脈で一定の位置を持ったものとして有意味化されてくる。

再び和辻の示す例で言えば、「火を起こす」ことは、その人間関係次第で「火遊び」という危険な行為にもなれば、「料理する」というよりマクロな行為の一部にもなり得る。また「新聞を読む」ことは、文脈次第では「目の前の人を無視する」という行為にもなり得る。つまり、同じような動作であってもその文脈次第では全く異なる意味合いの行為になる可能性があり、そのことは、行為を「物との意志的関係」のみから捉えようとする立場では上手く説明ができない(1)。われわれが何らかの有意味な行為を現に行ない、またそれをそうした行為として受けとめ理解できるのは、一定の人間関係・間柄という主体的なひろがりが背景的文脈として成立しているからこそだ(2)。

3　文脈主義的な責任論と、規範的な「持ち場」の有意味化機能

和辻はその空間性概念から、「行為を成り立たしめるもの」は「個人意識の諸契機ではなく人間存在の空間性〔人間関係・間柄〕である」と結論づけていた〔10: 251〕。このように、行為の意味を最重要視し、それは行為がなされる人間関係のあり方次第だと考える彼の行為論は、「文脈主義的」と呼んでよいだろう。そしてこの文脈主義的行為論が、彼の倫理学に独自の「責任」論を展開させている点についても、ここで注目しておきたい。

責任の問題を考えるにあたり和辻が事例に挙げるのは、「過失」や「不作為」といった、通常の行為論からすれば行為とは見なされない事柄に対する責任だ。人間の行為を個人の意識や心に基づかせる立場にとっては、故意ではない過失や不作為は通常の意図的行為とは見なされず、したがってその責任をいかに問い得るのかは一つの倫理学的な問題となる。それに対し和辻は、文脈主義的行為論に基づいて、「意識的・意志的・知能的というごとき規定を持たない動作であっても、それが人間関係の契機である限り、行為となる」〔10: 250〕という見解を示す。つまり、たとえ自由な選択に基づく意図的行為とは見なせない動作であっても、もしくは何の動作も起こらなかったとしても、そのこと自体がある人間関係という背景的文脈のなかで一定の意味を持つならば、それは自他の間で一つの行為として見なされ、その責任が問われ得るのだとする。

この点に関しては、さらに次のように論じられている。

> しからば我々は、己れの意志の選択決定によるものでないにかかわらず、ただ注意の欠如のゆえに、すなわち不作為のゆえに、この過失を己れの行為として責めを取るのである。しかし、不作為が何ゆえに行為としての意義を持つのであろうか。それはただ人間関係における一定の「持ち場」［＝資格］からのみ理解せられる。［10: 250］

例えば、前章で見たカント主義的な主体観（および行為観）からすれば、「己れの意志の選択決定による」ものこそが行為と見なされ、そうした自由な行為（およびその予見可能な結果）に対して責任が問われ得るとされる。和辻の行為論でも「責任は行為に対して問われる」という基本構図は同様だが、そこで「何が行為として認められるのか」が異なる。

　和辻の示す事例では、電車内で不注意ゆえに誰かの足を踏んでしまったことは、自由意志によるふるまいではないため、それ自体は意図的行為ではないとされるだろう。しかし普通の人であれば、そのことを詫びるという形で「この過失を己れの行為として責めを取る」。つまりこの意図せぬ過失を、にもかかわらず自分の行為とし、その責任を認めることになる。それは文脈主義的行為論からすれば、電車の乗客同士という人間関係（背景的文脈）において、その過失が詫びるべき（という意味を持つ）行為として相互に理解されていることに基づく、とされるはずだ。

　またさらに注目したいのは、先の引用で、ある人間関係のなかで何を帰責可能な行為と見なすか、というその基準を担保するものとして「人間関係における一定の持ち場」が示唆される点だ。上の事例の「電車の乗客」も一つの「持ち場」であり、人は乗客という「持ち場」に立つことにおいて、例えば「他の乗客の迷惑になる動作をしてはならぬ」といった「行為の仕方を背負わされている」［10: 250–1］。つまり、電車に乗り合わせたという人間関係においては、「乗客」という「持ち場」に相応しい仕方でふるまうべきだという規範（「行為の仕方」）が実際に拘束力を持ち得ているのであり、そこでは持ち場という形で相互に了解されている規範が、その場の人々のふるまい方を制約し導くという仕方で、言わば行為の有意味性の基準として機能している。

このように行為を方向づける「人間関係における一定の持ち場」とは、前章で見た「資格」と実質的には同一のものだと解釈してよいだろう。資格とは、ある共同体（有限な全体性）がその成員に付与してくるものであり、その共同体（という背景的文脈）において相応しいような個々人の「行為の仕方」を規定するものだった。例に挙げたのは、「家族」という共同体（人間関係）での「親」「子」といった資格だが、それはここで取り上げた「電車に乗り合わせた人々」という人間関係での「乗客」という持ち場と同様、「その場の成員にとって何が意味ある行為か」に関する相互理解をあらかじめ担保するような、行為の有意味性の基準となっている。つまり日常性における人間は、ある人間関係（共同体）を背景的文脈とした「資格」ないし「持ち場」を負う者としてさしあたって存在しており、その下で各自に相応しい「行為の仕方」（先述した「社会的に定まった作法」）をおおよそ把握し得ている。そしてこの資格・持ち場が一種の規範的基準となって、その場においてどんなふるまいがどんな意味を持つ行為となるのか（そしてそれにどんな責任が問われ得るのか）について、人々にあらかじめ何らかの見通しを与えているのだ。

さらにこの文脈主義的責任論を踏まえると、先に見たカント主義的な主体観も、「近代的な社会」という文脈（人間関係・共同体）に特異な一つの資格・持ち場として位置づけ直すことができる。そこで前提にされている「自由な選択をなし得る自律的主体としての個人」という主体像は、近代的な社会における標準的な成員としての「成人」という資格・持ち場の内実をなすものとして理解可能だ（なお、標準的でない成員として「未成年者」や「被後見人」といった資格があり、また「外国人」という資格では正式な成員として認められない）。

近代的な社会において「成人」という資格・持ち場を負っている「われわれ」は、（能力という点でそれが実際に可能かどうかは別問題として）「自由な選択によって自ら行為できる」ような人間としてみな等しく扱われている。それはつまり、われわれのふるまいはすべて、この「成人」という資格・持ち場に相応しい行為であるかどうかという基準から、その行為の意味が問われる（ないし一定の行為として有意味化される）、ということだ。大して何も考えずにやってしまったこと（その意味では、カント主義的な意味で自由な行為であるかどうかが疑わしいふるまい）が、しかしわれわれの社会では責任を問われるべき行為として位置づけられ非難されることがあるのは、「成人という持ち場にある者ならば、そうした結果を招いてしまうことを本来は見通し得たはずなのに」という仕方で、その資格に相応しい「行為の仕方」の基準から、各ふるまいの意味が規定され評価されるからだろう。こう捉え返すならば、カント主義的な行為論・責任論も、ここで見た和辻の文脈主義的行為論・責任論の枠組の内に十分に位置づけ直すことが可能だ。

——以上の検討では、和辻独自の空間性概念から出発して、そこから帰結する彼の文脈主義的行為論および責任論を確認した。それは、行為をそもそも有意味にする背景的文脈としての「人間関係」という契機（主体的空間性、間柄）を最重要視する行為論であり、また、その行為の帰責可能性を「人間関係における一定の持ち場（資格）」の帯びる規範性に基づかせるような責任論だったとまとめられよう。特にこの「資格・持ち場」という概念は、『倫理学』第二章で展開される行為論と、本書でこれまでに確認した「了解に基づく行為論」とを接続させて読解していく上で、極めて重要な役割を果たすはずだ。ただしその考察に進む前にまだ確認すべき問題が残っている。すなわち、「空間性」と対をなすべき人間の「時間性」の観点からは、行為の構造がどう捉え返されてくるのか、という点について先に検討を済ませておかねばならない。

第二節　主体的時間性に基づく行為の構造

1　行為はいかに事前に規定されているか？――浸透的な方向づけ

時間性に関する和辻の見解は、空間性の議論と基本的に同型である。すなわち「可分的、可測的」[10: 202] な時間といった、特に自然科学における抽象的・客観的な「時間」概念は、「人間関係と無関係に等質的に流れていく時間」[10: 201] であり、それよりも根源的な時間性として「主体的時間性」[10: 202] が主張される（「人間が「時間の中に」存在するのではなく、逆に時間が人間存在から出て来る」[10: 199] とも言われる）。そしてこの主体的時間性に関してもやはり、行為の時間的構造の分析として考察が展開されることになる。

そこで和辻は特に、人間の行為が「あらかじめすでに」という仕方で事前に規定され方向づけられている、という点に着目する。例えば、どこかに向かって歩いて行く人のその「歩行」という行為について、次のような分析が示される。

> 我々は道を歩いて行く時、その方向、速度等をいかようにも自由に変えることができる。しかもそれは単に非決定的なのではない。我々が歩き始めた時、この歩行はすでに一定の「往《ゆ》く方《え》」によって規定せられている。すなわち働き場所、友人の家等がすでにあらかじめ方向として歩行行動の内に存するのである。従ってまた歩行の一歩一歩の内にいまだ達せられざる場所があらかじめすでに存している。が、それは目的の場所の表象が意識内容として持続的に存しているということではないのである。[10: 190]

本書では、「実践的了解（規範全体性の了解）が行為のありようを事前に規定している」という行為の構造（序論で述べた「事前の規整」の側面）について繰り返し論じてきたが、この一節では、その事前の行為規定のありようがより具体的に論じられている。

「事前の規整」を論ずる際の難点として、どう歩くか（「その方向、速度等」）自体にそのつど自由の余地があるだけでなく、その途上で対処を要する不確定要因（雨で路面が濡れていたり、工事で迂回が必要になったり、等）が無数にあり得るという点でも、その歩行行為が事前に決定され尽くしているとは言い難い。その意味で行為の詳細は、事前にはかなりの部分が「非決定的」であるはずだが、それでもなお和辻は、行為はあらかじめすでに規定を受けている、と主張する。

歩行の例で言えば、その行為を事前に規定する「往く方」とは、まさに現在の歩みに一定の「方向」を与えるものだという。つまり行為が事前に規定される仕方とは、その詳細を決定し尽くすような仕方ではなく、あくまでも一定の方向づけを与えるという仕方にとどまる。しかし、「往く方」という方向づけは、一歩一歩の歩みの内に「あらかじめすでに存する」ものであり、その行為全体に言わば浸透している。だからこそ和辻は引用の最後で、歩行行為においては、「目的の場所の表象が意識内容として持続的に存している」わけではないと述べていたのだった。

この点はさらに次のようにも説明されている。

> すなわち歩行者は目前の事象に気を取られて目的の場所のことを全然考えていなくてもよい。それでも彼の歩行の仕方はあらかじめすでに決定せられている。かかる「あらかじめすでに」は歩行者の現前の意識を超えて彼の存在の仕方としての意義を持つのである。［10: 190–1］

重要なのは、行為が事前に方向づけられる仕方が、目的の表象といった形で絶えず意識されている必要はない、という点だ。われわれは普段、絶えず「目的の場所の表象」を意識しながら歩いているわけではない。そこへ現に歩きながらも、「信号が早く変わらないか」と思ったり、路傍に咲く花に季節の変化を感じたりなど、周囲の事象に「気を取られ」ることもあるだろう。また、着いた目的地でやらねばならない仕事の段取りに「気を取られ」ていることもあるかもしれない。

つまり、われわれの行為の方向性が事前に規定される仕方は、ある明確な目的や意図や動機をつねに意識するという仕方ではないが、にもかかわらず行為がなされている間、終始それを目立たない非主題的な仕方でそれとなく導き続けている。まさにその意味でこの方向づけの仕方は、単なる「現前の意識」を超えた「存在の仕方」だと説明されるのだ。上で行為の方向づけが「行為全体に浸透している」という言い方をしたのは、こうした非表象的・非主題的な仕方でこそ日常的行為の方向性は規定され得る、という点を言い当てようとしてのことだ。

2　「あらかじめ」「すでに」という行為の時間的構造

先の引用箇所では、以上のような「存在の仕方」としての行為の事前の方向づけが、「あらかじめすでに」という時間的な構造を持つ点が特に強調されていた。そして、行為があらかじめすでに方向づけられていることこそが、ここで問題としている主体的時間性の基本構造に他ならない。和辻はその時間的構造を、「あらかじめ」と「すでに」の二側面に分けながら考察を進める。

まず「あらかじめ」の側面の方は、「未来への方向」に関わるという。引き続き「歩行」を例にして、次のように説明される。

> そうすれば行く先において起こるべき人間関係は、いまだ全然未発であるにかかわらず、「あらかじめ」現在の歩行の内に存していたのである。言いかえればこの歩行の本質は可能的なる人間関係である。歩行はこの可能性によ

って決定せられている。〔…〕かく現在の歩行をあらかじめ規定するものとしての人間関係が、本来の「未来」、すなわち「行く末」にほかならぬ。〔…〕かく見れば「未来」とは、あらゆる実践的行動において、それに方向を与えるところの可能的なる間柄、すなわち可能的人間存在であるということができる。［10: 191］

主体的空間性でも重要な契機だった人間関係（個別的な間柄）が、ここでも再び重要な説明項として登場している点が注目される。すなわち、歩行行為をあらかじめ規定しているのは、その歩いて行った「行く先」で起こるはずの「可能的なる人間関係・間柄」であるという。例えば、友人のところへ行くという行為は、その行った先で語らうことなどにおいて何らかの人間関係を取り結ぶべくなされるという意味で、一定の可能的な人間関係によってあらかじめ方向づけられている。あるいは人が誰かに話しかけるのは、その人との間に何か関係を作ろうとしているからであり、これもまた一定の可能的な人間関係によってあらかじめ方向づけられた行為だと言える。

つまり主体的時間性に関しても「人間関係」という契機が、そこでの行為をそもそも方向づけるものとして位置づけられている。和辻の言い方によれば、「主体の間の働き合い」としての行為は、分離か結合かという方向性はどうあれ、「とにかくいまだ存せざる〔人間〕関係をあらかじめ含んでいるのでなくては」そもそも行為たり得ない［10: 253］。こうした可能的な人間関係にあらかじめ方向づけられてこそ、人間の行為は一定の方向性を持った行為として成り立ち得る。

そして、もう一方の「すでに」の側面に関して言えば、すでに予想される通り、「過去からの方向」に関わる。和辻はこれも「歩行」を例にして次のように述べる。

現在の歩行の内に「あらかじめ」存している人間関係は、「すでに」何らかの意味において存立しているのでなければ、現在の歩行を規定することはできない。働き場所へ出勤し友人を訪ねるということは、一定の労働関係あるいは友人関係が「すでに」存立しているがゆえに可能なのである。従って昨日までの過去の間柄は、過ぎ去って消えてしまったのではなく、現前の出勤や訪問において存在し、将《まさ》に起こるべき今日の関係として現在の歩行を規定しているのである。［10: 191–2］

ここでもやはり、人間関係・間柄という契機から「すでに」の側面が説明される。先に行為は、「可能的な人間関係」によってあらかじめ方向づけられているとされたが、それと同時に、行為は「既存の人間関係」（過去の間柄）によってすでに方向づけられているとも説明される。

例えば、友人のところへ行くという行為は、（さらに交誼を深めるためであれ、絶交を告げるためであれ）新たな人間関係を実現すべくなされる行為だったが、他方でそれは、すでに（友人同士といった）一定の人間関係があることを前提としてこそ、なされ得るはずだ。われわれはすでに友人同士だったからこそ、いまの私は友人としてその相手のところへと向かっている。

また、そこでの私の足どりや行った先での口のきき方は、その時点までの相手との人間関係のありように決定的に規定されているだろう。それは例えば、走り出さんばかりの軽快な歩みであったり、俯きがちな重い足どりであったり、あるいは気安い親しげな口調であったり、妙に神妙な口ぶりであったり、といった行為の形で端的に表現される。そうした意味で、既存の人間関係（過去の間柄）もまた、現在の私の行為全体（つまり一歩一歩の歩行や一言一言の語りかけの内）にすでに浸透的に「存在」しており、それによって現在の行為の方向性を規定しているのだ（「過去において作られた人間関係は必ず精密に現在の働きかけに反映する」［10: 253］）。

以上より、「あらかじめすでに」という行為の時間的構造は、次のようにまとめられる。

> してみれば、動機・目的などとして個人意識の立場からのみ論ぜられていることは、それだけでは行為の契機ではない。意志の心理学によって規定せられる行為は、主として物との連関における未来的な契機を抽象したものに過ぎない。行為を具体的に把握するためには、それを人間関係の場面において過去的な間柄に規定されつつ未来的な間柄に動き行く運動として捕えねばならぬ。〔10: 255〕

引用前半にもある通り、「あらかじめすでに方向づけられている」という行為の時間的な規定性は、個人の内なる意識や心的なものから規定される、といったことなのではない。ここでも空間性の議論と同様、行為を意識や心のみから根拠づける行為論的立場が明確に批判されている。

　主体的時間性における行為の方向性は、主体的空間性における行為の有意味性と同様、「人間関係・間柄」という契機によって決定的に規定されるのであり、そのことは「個人意識の立場」では適切に捉えることができない。人間の行為は、その時間的構造から見れば、すでに存在する「過去の間柄」から否応なく規定される一方、これから実現されるべき「未来的な間柄」からもあらかじめ規定される、という仕方で事前に方向づけられている。

　要するに、行為は「必ず既存の人間関係を背負いつつ可能的な人間関係への方向として働く」〔10: 246〕のであり、このように過去と未来から同時に方向づけられた現在の行為において、「既存の間柄と可能的な間柄との統一」〔10: 193〕が示されるのだという。この「過去と未来の現前における統一」〔10: 192〕こそが、和辻の言う「主体的時間性」の根本構造に他ならない。「あらかじめすでに」という行為の方向づけの問題も、それに基づいて初めて理解可能になる。

3　「空の存在論」に基づく空間性と時間性の相即

人間存在の空間性および時間性という観点から、行為の構造がいかに捉え返されてくるかを順に確認してきたが、いずれにおいても「人間関係」という契機が最重要視されていた。空間性から見れば、主体的なひろがりとしての人間関係はそこでの個々の行為の有意味性を担保する背景的文脈として機能するものであり、また時間性から見れば、人間の行為は可能的な人間関係および既存の人間関係から「あらかじめすでに」という仕方で規定されることにおいて、一定の方向づけが与えられているとされた。つまり人間の行為は、何らかの人間関係においてなされるということに基づいてこそ、空間的には自他の間で一定の意味を持ち、かつ、時間的には過去を背負いつつ可能的な未来へという一定の方向性を持った行為たり得る、と整理できよう。

――こうした「人間関係において空間的に有意味化され、時間的に方向づけられるもの」という行為観を踏まえて、さらに和辻が主張するのは、人間存在の空間性と時間性とが「相即」している、という論点だ。彼はこのことを、前章で見た「空の存在論」に基づいて論じていた。

まず、行為の時間的構造における「方向づけ」が、空の存在論での「否定の運動」との関係から、次のように捉え直される。『倫理学』第一章での議論を踏まえれば、人間存在は、「何らか共同的なるものから分離し出ることによって個別的となり、個別性を否定して何らかの共同性を実現することによりその本来性［＝空］に還り行くという不断の運動」［10: 195］であり、この否定の運動は、自己背反・自己還帰という根源的な方向性を持つとされていた。それに対し、ここで見た行為の時間的構造に関しては、「既存の間柄から可能的な間柄への不断の動き」［10: 195］という方向性があるとした上で、次のように述べられている。

> 既存の間柄とは［個人が］そこから分離し出た共同性であり、可能的な間柄とはまさに実現さるべき共同性である。そうすれば前に人間存在における「否定の運動」として把捉せられたものがちょうどここでは時間的構造として己れを現わして来たことになる。そこでこの否定の運動が究極において絶対的否定性の自己活動にほかならなかったように、時間性もまた絶対的否定性が己れを展示する仕方にほかならぬのである。［10: 195］

ここでは、行為の時間的構造に見いだされた方向性が、すでに空の存在論で論じられていた「否定の運動」の根源的方向性にそもそも基づく、という形で両者が重ね合わせて論じられている。すなわち、「既存の間柄と可能的な間柄が、現在の行為をあらかじめすでに規定している」という時間的構造が、個人と共同体の関係という観点から、「過去の共同性から分離して存在する個人が、未来の共同性における統一の実現に向けて、現在において行為する」という構図へと読み替えられることで、主体的時間性が絶対的否定性（空）の運動の一つの現われだと位置づけられる。

またさらに、主体的時間性に基づく行為が、「本来的統一から自他の対立が起こり、そこでの主体同士の間でなされる行為を通じて、再び本来的統一が実現される」という、空の自己背反・自己還帰的な運動から捉え返されるとき、そこに空間性の観点が入り込んでいる点にも注意したい。そこでの時間性と空間性の相互関係を、和辻は次のように表裏一体のものだと説く。

> 主体が空間的に対立することなしには自他対立はあり得ない。が、その自他対立は主体が時間的に分裂することにおいてのみ可能なのである。かつて一つであったものでなければ自他対立することはできない。また一つとなり得るもののみが自他対立するのである。そこで自他を対立せしめる地盤は、空間的対立の地盤としての空間的な全体性でありつつ、しかも帰来的に自他を展開せしめる可能的な［＝時間的に展開する］全体性にほかならぬ。［…］かか

る全体性は、その究極の根柢においては、主体的なる「空」であるほかはない。[10: 235–6]

人間はその主体的空間性において、主体同士の「自他対立」という形でそのつど人間関係を形成しているが、それは「かつて一つであった」ものが「時間的に分裂する」ことにおいて成り立つという点で、空間性は時間性に基づくという。しかし他方、こうした主体の自他対立や統一という空間的な関係なくしては、「統一から分裂へ、分裂から再び統一へ」という行為の根源的方向性は理解不可能であり、その点では逆に時間性が空間性に基づくという。つまり『倫理学』第一章の「空の存在論」で説かれていた、主体としての空の動的な自己実現構造は、第二章の議論を通じて、以上のような行為の空間的・時間的構造としてより具体化されていたことになる。

さらに、この時間性と空間性の「相即」的な相互前提関係は、次のようにも説明される。

> 間柄としての人間存在の構造は、静的に見らるる時、空間性である。人間存在は物事の現われる主体的な場面として、主体的に張っている。ところでかかる張りは、本来的統一が否定せられて自他対立となり、さらに否定せられて自他不二的統一となるという否定の運動にほかならない。だからその同じ人間存在の構造は、動的に見られる時、時間性なのである。現前の自他対立的行動〔現在の行為〕において、既有の本来性〔過去〕が、自他不二的に将来せられる〔未来〕。空間的なる対立や統一は実は時間を成立せしめる動性にほかならない。両者は同一の構造の二種の把捉の仕方なのであって、それぞれ独立せるものではない。[10: 235]

自他の対立関係にある人々が、何らかの人間関係を取り結ぶべく行為している、という側面に着目するならば、そこでは「主体的な張り・ひろがり」としての空間性が見て取られる。それは人間の存在構造を「静的に」見たときにそう把握されてくるとも言われているが、また別の言い方をすれば、それは共時的な観点から行為の構造を捉えることでもある。ある行為がなされたその瞬間を一断面として捉えて、そこに、その行為を有意味化する背景的な全体論的構造としての主体的空間性を看取するという点で、行為の構造が共時的に主題化されている。

それに対し、人間の存在構造を時間性において「動的に」捉えるというのは、言い換えれば、通時的な観点から行為の構造を捉えることだ。既存の人間関係と可能的な人間関係から「あらかじめすでに」規定されるという仕方で現在の行為が方向づけられているという、「過去・現在・未来の統一的構造」[10: 198] として人間の主体的時間性が見て取られるとき、そこでは行為の構造が通時的に主題化されていることになる。

そして以上を踏まえてこそ、引用の最後にあったように、人間の空間性と時間性（すなわち行為の共時的構造と通時的構造）が「同一の構造の二種の把捉の仕方」だと理解できるようになる。両者が「相即」していると言われていたことの内実は、このことに他ならない。

4　行為の全体論的構造

行為の空間的・時間的構造を、空の存在論に基づいて以上のように統一的に捉え直した上で、さらに和辻は「我々は日常的に行為の海の中にいる」[10: 255] と述べている。この「行為の海」という言い方で言い当てられようとしているのは、行為の全体論的な構造だと思われる。

この点に関して彼はまず、行為とは「重々無尽に相連関するものであって、ただ一つの行為であることができない」[10: 255] という。つまり、ここまでの検討からも明らかだと思われるが、空間的にも時間的にも、それ自体で存立する一つの独立した行為というものはあり得ない。空間的に見れば、行為は必ず一定の人間関係を背景とするという意味で他の主体との行為的連関の内にある。また時間的に見れば、現在の行為は過去の人間関係に規定され、かつ未来の何らかの人間関係を目指すものだという点で、それ単独で理解可能なものではない。人間の行為は、ある一つの行為だけを取り上げてみるだけではその意味や方向性は十全には理解できず、それは空間的にも時間的にも「重々無尽に相連関する」ような諸行為の全体論的構造のなかで一定の位置を占めることにおいてこそ、「一つの有意味な、ある方向づけを持った行為」として理解可能となる。[3] こうした行為の全体論的構造について、和辻自身は「通勤」を例に次のように説明している。

> たとえば働き場所に出勤するということは、なまけて出勤しないということと明らかに区別せらるる一つの行為である。が、この行為は、道の左側を歩くとか、電車のなかで他の客の迷惑にならぬようにふるまうとか、信号灯に従って交叉点を横切るとかというごとき、無数の行為から成り立っている。そうしてそれ自身また彼の持ち場における社会的行動の内の単なる一契機に過ぎない。[10: 255-6]

ここではその全体論的構造の説明のために、様々な水準の行為を「全体‐部分」関係から捉えるという視点が導入されている点が、（それとして明示されてはいないが）極めて重要だ。

例えば、「きちんと出勤する」ことと「怠けて出勤しない」ことは、いずれかを選んだり、また昨日は一方を選択し今日は他方を選択したりするといった意味で、互いに対立ないし連接関係にある同水準の行為の可能性である。それに対し、「道の左側を歩く」「電車のなかで他の客の迷惑にならぬようにふるまう」等々の諸行為は、「通勤する」という一つの行為（全体）を構成する、よりミクロな水準の行為（部分）である。またさらに、この「通勤する」という行為自体は、「会議で報告する」「同僚とプロジェクトを進行させる」「取引先の相手と交渉する」等々のその他の同水準の諸行為と一緒になって、「会社員として勤務する」（「持ち場における社会的行動」）というよりマクロな水準、の行為（全体）を構成する「一契機」（部分）にもなっている。

こうした様々な水準にある諸行為は、そのどれ一つを取ってみても、それ自身のみで存立する独立した行為ではあり得ない。われわれの行為は何であれ、それ自身よりミクロな水準の諸行為から構成され、また同水準にある他の諸行為との対立・連接関係のなかで一定の意味を持ち、さらには他の同水準の諸行為とともによりマクロな水準の何らかの行為を構成すべく方向づけられている。その意味で行為とは、「重々無尽に相連関するものであって、ただ一つの行為であることができない」ようなものとして、「体系的連関」[10: 256] をなしているのだ。

こうした行為の全体論的構造に照らして考えれば、ある断片的なふるまいを一つの独立した行為として取り上げて、それと個人の意識・心との関係を問うような（今日でも主流と言える）行為論的立場は次のように批判されることになる。


もちろん我々はこのような行為の体系的連関の中から、一つの断片を切り取って考察することはできる。動機、意図、決意、遂行などを一つの連続的な意識作用として問題にするのは、通例このような断片に即してである。しかし、それは行為の抽象的な取り扱いであって、行為の具体的な姿ではない。出勤の途上人に逢って挨拶をする時には、ただその人との交渉のみが意識の表面に現われ、出勤の意図は意識の面から消え去っていてもよい。信号灯に注意し車の往来に気を配りつつ、今だと決意して道を横ぎる時などは、通例この行為に意識の全面を覆われているものである。にもかかわらず、これらの行為系列を通じて出勤の行為が行なわれている。途中で停電とか交通遮断とかに逢えば、出勤の意図はたちまち意識の表面に現われてくる。[10: 256]

ここでは「行為が事前に方向づけられる」仕方が改めて問題化されている。先にも指摘した通り、和辻が批判する夕イプの行為論では、行為のありようを事前に規定するものとして何か心的なもの（「意識作用」）が想定されているが、それが行為の取り扱い方としては抽象的で不十分なことは、ここで見た行為の全体論的構造を踏まえてこそ、よりよく理解可能となる。

個人の内側にある心的なものが行為を事前に規定するという発想の前提には、行為を「一つの断片」に切り取って、一個人が行なった一つの完結した出来事として考察可能だとする考え方が（暗黙裏にせよ）控えている。しかし、本来は全体論的構造を持つ行為は、ある体系的連関のなかにあって初めて、有意味で一定の方向づけを持った一行為として存立し理解可能となるのであり、そうした行為の成立構造を、個人の意識や心の状態から説明し尽くすことは不可能なはずだ。

和辻はそのことを示すために、日常的行為を事前に規定していると想定される心的なもの（意志、意図、動機、目的の表象）が、その行為の最中につねに意識の俎上にあるわけではない点を、重ねて指摘する。通勤という行為の最中に、われわれはつねにその「出勤の意図」を主題的に意識しているわけではない。その途上では、知人に出会えば挨拶し、周囲を注意しつつ横断歩道を渡り、必要があれば定期券を更新するというように、通勤行為を構成するよりミクロな水準の諸行為（「行為系列」）の方がよほど意識的になされているのであって、それらの目的の位置にある「出勤の意図」は背景に退いている。ただしその「出勤の意図」（として事後的に主題化され得る、行為を事前に規定する浸透的な方向づけ）は、その下で順次遂行される行為系列を、背景的・非主題的な仕方で終始規定し続けているはずで、そうした仕方でミクロの諸行為を導くことにおいてこそ、通勤というよりマクロな水準での行為を成り立たせている。

なお、こうした方向づけが行為系列を終始規定し続けていたこと自体は、その進展が妨げられ行為が停滞してしまったときに、行為者当人にも主題化され意識されてくるのだという（「途中で停電とか交通遮断とかに逢えば、出勤の意図はたちまち意識の表面に現われてくる」）。つまり、それまでスムーズに進行していた行為が、何か障害に遭うことで一種の故障状態に陥るとき、むしろ背景に退いていることでこそ本来の機能を発揮し得ていた浸透的な方向づけが、例えば「時間までに会社に着くにはどうすればいいか？」といった形で「出勤の意図」として、あたかもあらかじめ心中にあったものとして、しかしあくまでも事後的に、主題化されてくるのだ(4)。

ただし繰り返しの指摘となるが、この、行為を目立たない仕方で終始規定する「浸透的な方向づけ」は、和辻の考える「行為の全体論的構造」からしても、個人の心的なものには決して還元できないはずだ。——では彼は、この浸透的な方向づけが行為を導くその仕方を、より具体的にはどのようなものとして分析していただろうか。まさにこの問いにおいて、本書で繰り返し言及してきた、日常的行為をそもそも可能にするものとしての「実践的了解」「規範的全体性の了解」という議論が直接関わってくることになる。次節以降で、「了解に基づく行為論」が主著『倫理学』でいかに展開されていたのかについて、詳しく考察していくことにしよう。

第三節　ハイデガーの現存在分析における行為論的議論

以上では、人間の空間性および時間性を論じた『倫理学』第二章の前半部分（第一節から第五節）に依拠して、そこで展開されていた和辻の行為論を検討した。

そこで明らかとなった最大の理論的特徴は、行為に一定の意味と方向性を与える背景的文脈としての「人間関係」という契機こそが、行為成立の要とされる点にあった。人間の行為は、空間的には、相手からの理解や社会的規範（作法・持ち場）との相互関係において有意味化され、時間的には、可能的な人間関係および既存の人間関係から「あらかじめすでに」という仕方で事前に方向づけられている。本書の序論で提起した「事前の規整」問題に対し、和辻の行為論は「人間関係」という契機を最重要視するという理論的な方向性を示したことになるが、それは彼の人間観の根幹をなす「間柄」概念からの当然の帰結だと見ることもできよう。

また他の立場との関係で言えば、この「人間関係の行為論」とも呼称すべき立場は、もっぱら行為者個人の内側にあるとされる心的なもの（意志や意図、欲求と信念のペア、信念体系など）から行為成立を説明しようとする、現代でもなお主流の行為論的立場に対し、真正面からの批判と代替案を提示する議論になっている。そしてその理論的根拠となるのが、「行為の全体論的構造」と「浸透的な方向づけ」なのだった。

「人間の行為を事前に規定するのは、意識・心ではなく人間関係だ」という一見大胆な主張を支えているのは、「意味」を行為の成立要件と捉える行為観である。単なる身体的動作であれば、意識や心との関係から考え得ることもあるはずだが、そもそも意味という現象が他者や社会との相互関係を前提としたものである以上、行為の意味を個人の内面へと還元することはもとより不可能だ。「行為の全体論的構造」を踏まえれば、こうした和辻の立場は「それ単独で有意味となる行為はあり得ない」というテーゼとして要約できる。――そして、その上で改めて問題となるのが、意識や心に拠るのではない、行為の事前の規定のされ方である。本書ではそれをさしあたり「浸透的な方向づけ」と呼んでおいたが、その内実のさらなる解明が必要だろう。

この「浸透的な方向づけ」と呼んだ行為の事前の規定の仕方を考察するにあたり、当然踏まえるべきだと思われるのは、本書でここまでに相当の検討を重ねてきた「了解」概念である。「人間存在論から『倫理学』を読み解く」という本書の基本方針からしても、「了解」概念が主著『倫理学』でどう展開されているのかを見ることこそが、以下で果たされるべき課題となるはずだ。

実際、『倫理学』序論では、例えば「実践的了解」が次のように提示されていた。

行為は個人的意識の種々の作用から組み立てられるものではなく、自と他とに別るる主体が自他不二において間柄を形成するという運動そのものなのである。従って行為には自他の間の実践的連関、実践的了解が初めより含まれている。このような自他連関的な行為は個人的意識からではなくして実践的行為的連関そのもの〔＝間柄としての事〕から理解せられねばならぬ。〔10: 36–7〕

この一節は、先に検討した『倫理学』第二章での人間の行為の空間的・時間的構造に関する議論を、先取り的に、かつ端的な形で要約したものであることが、いまや容易に読み取れる。行為は「個人的意識」からでは十全に理解できないとした上で、それが空間的には「自と他とに別るる」主体同士の間で為されるものであること、また時間的には自他対立から「自他不二」的な共同性の形成に向けた「運動」であることが指摘されている。そして、こうした「間柄を形成する運動そのもの」としての行為には、「自他の間」に関する「実践的了解が初めより含まれている」と規定されている点が目を惹く。この記述は、人間存在論で論じられていた、日常的行為を存在論的に可能にする「実践的了解」や「相互了解性」に関する議論を、確実に踏まえている。

しかし、本書での「人間存在論から『倫理学』を読み解く」という解釈方針にとって一見大きな問題となるのは、『倫理学』序論では言及されていた「了解」概念自体が、行為論が本格的に展開される『倫理学』第二章では表立っては登場しない、という点だ。――これは本書の成否を左右しかねない大きな問題であるかに見えるが、それに対し以下で示す回答を前もって示せば、「第二章の行為論では、実質的に「了解」と同等の概念がより具体的な形で登場している」というものだ。それこそが、前章の冒頭で予告した「信頼」概念に他ならない。そしてその十全な説明のために、まず本節では、和辻の行為論に決定的な影響を与えていたハイデガーの『存在と時間』での行為論的な議論について確認したい。そこで特に重要なのが、「主旨・目的であるもの（Worum-willen）」という概念である。

1　日常的行為を方向づける存在・行為可能性としての「主旨」

『存在と時間』前半部で展開される、日常性における現存在の存在構造の分析（基礎的存在論）において、日常的行為の典型例として主に取り扱われるのは、何らかの道具を用いつつの行為である。ハイデガーは、そうした行為が可能になるその存在論的な前提として、それは「世界了解」と「自己了解」とが同時に起こっていることに基づく、[5]として次のように述べる。

了解は、現存在のそのときどきの世界の世界性としての有意義性をめがけて、現存在の存在を根源的に企投するのだが、それと同様、現存在の主旨をめがけて、現存在の存在を根源的に企投する。了解の企投性格は、世界内存在の現が存在しうることの現として開示されているということに関して、その世界内存在を構成しているのである。［SZ: 145］

現存在（人間）は「了解」において、「世界の世界性としての有意義性」および「現存在の主旨」をめがけて、自分自身の存在（可能性）を「企投」するとされる。[6]ここでは「有意義性への企投」が世界了解に、「主旨への企投」が自己了解に対応するが、この二様の企投（世界了解と自己了解）が相俟つことで、「世界内存在」という現存在の根本機構の一端を構成するのだという。以下では、この世界了解と自己了解に基づく世界内存在の構造において、人間の日常的行為がいかに成立すると分析されているのか、いま少し詳しく見ておこう。

まず前者の「有意義性への企投」としての世界了解は、単純に言えば、人間ともの（特に道具的存在者）との交渉関係の根拠に関わる。ハイデガーによれば、われわれが道具という存在者に出会うことができるのは、道具とその用途に関する「適所性」(すなわち、道具使用に関する規範性)の全体をあらかじめ了解しているからだという。例えば「電車で通勤する」という日常的行為において、われわれは定期券や自動改札機や電光掲示板、ホームや電車、等々の道具と現に交渉しているが、その各道具の用途はそれぞれ相互に連関し合っており(――定期券を自動改札機に通して改札内に入り、電光掲示板に示された発車時間を見遣りつつホームに急ぎ、そこに到着した電車に乗り込む、というように)、そうした相互指示連関において示されている道具使用の諸規範の網の目は、その総体において一つの全体性(適所全体性)をなすものと分析される。

つまりわれわれは、この道具使用に関する規範の全体(適所全体性)をあらかじめ了解している(世界了解がある)からこそ、諸々の道具との「交渉」を通じた日常的行為を現になすことができている。――ただしこの世界了解だけでは、適所全体性の成立には不十分だ。例えば、先の定期券や改札機、電車等々の道具が、使用者にそれぞれ有意味なものとして現われてくるには、それら道具同士の間での相互関係の網の目だけでなく、「電車で通勤するため」といったその当人にとっての目的(のようなもの)が、同時に前提とされねばならない。道具を用いて実際に何ごとかをなしつつある行為者は、道具使用の規範性に関する先行了解(世界了解)だけでなく、その道具を自分が何のために使おうとしているのかに関する「自己了解」も所持していなくては、自身の行為を有意味なものとして行なうことが、そもそもできないはずだ。

この自己了解は、先の一節で言う「主旨への企投」において成り立っている。「主旨への企投」とは、自分の何らかの存在・行為可能性としての「主旨」(例えば「会社員として勤務する」という可能性)に向けて、自身の諸々の行為を組織化していくことだ。先の例で続ければ、「会社員として勤務する」という存在・行為の可能性(主旨)によって行為に一定の方向づけが与えられてこそ、「電車で通勤する」といった個々の行為もその主旨に適った有意味なものとして遂行され得るのであり、また同時に、そうした主旨適合的な行為のために利用可能なものとして、定期券や電車などの、世界内に存在する諸々の道具の相互連関が意味あるものとなる。こうした「主旨」という何らかの存在・行為可能性を中心として、そこから諸々の行為および道具が相互に関連づけられ有意味なものとなること（世界了解と自己了解の同時成立）において、人間の日常的行為をそもそも可能にする適所全体性（ないし「有意義性」）は成り立っているのだと説明される。――ここでは「了解」という能動的な側面に関して示したのみだが、現存在は基本的にこのような体制において「世界内存在」している。

2　目的のようなものとしての「主旨」――準目的論的行為論

以上のように、『存在と時間』に読み取れる行為論では、日常的行為を可能にする適所全体性の先行的了解（つまり規範全体性の了解）にとって、「主旨」なるものが極めて重要な役割を果たしている。特に強調したいのは、人間があらかじめ規範（意味的連関）の全体を了解しているというときに、主旨がいわゆる「目的」が果たすような機能を担っているという点だ(7)。すなわち、われわれは存在・行為可能性としての「主旨」を目的の位置に置く（つまり「企投する」）ことでもって、そこから自身の行為や道具の全体的な連関（規範全体性）を把握し得ているという意味で、「主旨」の機能を「目的」との類比から捉えることができる（ただし後述するように、それは「目的意識」のような心中に抱かれるものではない）。ハイデガーの現存在分析における行為論には、ごく単純化すれば（和辻の文脈主義的行為論と同様）「人間の存在・行為可能性としての主旨に適っているかどうかが、諸々の行為や道具の有意味性を測る目処・目安になる」といった、「主旨を目処・目安とした行為の合目的性」とも言うべき発想が含まれている。

ただし、ここで有意味性の「基準そのもの」ではなく「目処・目安」という言い方をしたのは、ある行為が状況に相応しいかどうかを決定づける本来の基準は、（ある時代や地域に特異な世界観・人間観から、社会的な諸規範、そして個別的な人間関係の履歴までをも含むような）規範全体性そのものであって、主旨はあくまでもその全体性のありように一定の見通しを与える目処・目安・符牒に過ぎないからだ。またそもそも（序論で述べた通り）、有限な認知能力しか持たないわれわれにとっては、規範全体性をそれ自体として直観的に把握することも、命題の部分的解釈を積み重ねていってその全体を論証的に把握し尽くすことも、いずれも不可能なのだった。そのことを踏まえれば、われわれはむしろハイデガーが言う「主旨」を介してこそ、規範全体性という、それ自体としては直観・論証不可能な全体性のありようについて、何らかの把握を持つこと（つまり「全体の理解」）が可能になっている、ということになるはずだ。要するに「規範全体性の了解」は、「主旨」が目的の位置へ企投されていることに基づいていることになる。

逆に言うと「主旨」は、（行為の合目的性の基準となるべき）規範全体性の何たるかについて一定の見当や見通しを与えるような目処・目安となることにおいて、「規範全体性の了解」を現に可能にしている。そして、この主旨を介した「全体の理解」に照らしてこそ、個々の行為や道具がわれわれ自身にとって有意味なものとなり（つまり「部分の理解」が可能となり）、それを通じて行為全体の方向性が規定されていくという意味で、主旨はわれわれの日常的行為にとって「目的」と非常に似かよった機能を果たしている、と解釈することができる。

ただし、そこで直ちに注意しなければならないのは、この「主旨」という目的の位置にあるものと、そこから組織化・有意味化されていく人間の諸行為との相互関係は、単なる「目的－手段」連関としてではなく、むしろ「全体－部分」関係において把握されるべきだという点だ。この点に関しては、前節で和辻に即して指摘した「行為の全体論的構造」という論点を踏まえることで、「主旨」が機能する仕方を、次のようにより具体的な形で捉え返すことができる。

「行為の全体論的構造」からすれば、（引き続き同じ事例で考えれば）「会社員として勤務する」ことも一つの行為として捉えられる。この行為は、「通勤する」「会議で報告する」「同僚と共にあるプロジェクトを進行させる」「取引先の相手と交渉する」等々のよりミクロな諸行為（部分）から構成される、よりマクロな行為（全体）として分析可能だ。

また、その一部分としての「通勤する」という行為自体は、「駅まで歩く」「定期券を自動改札機に入れる」「電光掲示板で電車の発車時間を確認する」「ホームに行って電車に乗る」等々の、さらによりミクロな諸行為から構成されていると分析できる。このように、ある水準において一つの全体をなすと見なされる行為も、その水準の取り方を変えれば、よりマクロな行為を構成する一部分になっており、様々な水準でそれぞれに「行為」として把握可能であるような、こうした諸行為の相互関係は、「目的‐手段」連関ではなく「全体‐部分」関係から把握されるべきものとしてある、と考えた方がよいだろう。

そうして、（ハイデガーが明示的にそう述べているわけではないが）その最もマクロな水準から見たときの行為の可能性こそが、「主旨」であることになるはずだ。主旨とは、「行為の全体論的構造」という観点から見れば、あらゆる諸行為（部分）にとって「目的」の位置にあるような、「全体把握のための目処」として機能するものだということになる。

またその意味では、ここで主旨の一例として挙げていた「会社員として勤務する」ことは、それよりもさらにマクロな水準での人間の存在・行為可能性（例えば「出世して高い社会的地位を得る」「幸福に生きる」等々）の一部になり得るという点では、主旨としては幾分明示的で確定的なものであり過ぎることになる。逆に言えば、主旨とは、人間の存在・行為可能性の究極的な全体に位置するものであり、その全体把握のための目処となるものである以上、それはその当人にとっては、当初から明示的・確定的な形で見通せるようなものではそもそもないはずだ。むしろ、その当人にとって自分の「主旨」が何であるのかは、それを目処とした諸行為が現になされていくことを通じてしか、明瞭になってこないようなものなのではないか。つまりハイデガー的な行為論において、日常的な諸行為をそもそも有意味化し方向づけるものとしての「主旨」は、しかし、心中に描き出される「目的の表象」といった明示的・確定的な形で、その当人にとって初めから保持されているものでは決してあり得ない。

この点に関しては、ハイデガー自身の議論に即してもう少し確認しておこう。彼は「主旨への企投」を説明するなかで、企投とは（ある明示的な目標を立てその実現を意志的に目指すといった）「計画」とは何の関係もなく、人間はつねにすでに自分の可能性を企投してしまっている、という［SZ: 145］。ここまでの議論からしてその「企投」とは、何らかの存在・行為可能性を目的の位置に投げかけることでもって、それを「主旨」にすることだと言ってよいと思われるが、われわれはこうした「主旨への企投」において（つまり、主旨を日常的諸行為を方向づける何らかの目処とすることにおいて）、たとえおぼろげで大まかな形ではあれ、規範全体性をその全体性において了解し得ていることになる。ただしそこでの、主旨を目的の位置に企投しての「規範全体性の了解」は、当然ながら、それを命題的な形で主題的に把握することではない。

さらにハイデガーは、そこでの可能性としての主旨自体がそれとして主題化されてしまっては、日常的行為に方向性を与えるというその本来の機能をそもそも発揮し得ない、と述べていた。

了解の企投性格が意味するところは、さらに、了解がそれを目がけて企投する当のもの、つまり諸可能性を、了解はそれ自身主題的に捕捉してはいないということ、このことである。そうした［主題的］捕捉は、企投されたものからまさしく可能性というその性格を奪い、そのものを、与えられ思い描かれた事態［…心的表象の類］にまで引き下げるのだが、他方、企投は、投げることにおいて、可能性を可能性としておのれのためにまえもって投げ、それを可能性として存在させるのである。［SZ: 145］

ここで問題になっているのは、単に、規範全体性の完全な命題的記述（表象化）が不可能だということなのではない。そうではなく、主旨を「前もって投げ」、それを目的の位置に置くことで規範全体性を了解するという認知の仕方においては、その可能性としての主旨がそれとして表象されて（「思い描かれ」て）しまっていては、そもそもその機能を果たし得ないということが問題なのだ。すなわち主旨は、人間の諸行為全体の方向性を（それとなく）指し示す目的の位置にあるものではあれ、それは「それとして主題化され表象されることがない」という目立たない仕方でこそ、諸行為を方向づけ導くという機能（それがハイデガー的な意味での「可能性」に固有の機能だ）を発揮し得るような、言わば「目的のようなもの」なのだ。主旨がこうした意味で「目的」に準ずる機能を果たしている点に着目すれば、ハイデガーの現存在分析の内に看取し得る行為論は、「準目的論的」と特徴づけることができるだろう（本書の結論で再検討する）。

以上から、規範全体性が「主旨」という目的の位置にあるものを目処としてそこから了解されていること、また、人間の諸行為が「全体－部分」関係から把握されるべきものであり、その最もマクロな水準から見た（つまり最も全体的な）存在・行為可能性であるということが、「主旨が目的の位置にある」ことの内実として確認された。さらに、主旨がそもそも行為の方向づけ機能を発揮し得るのは、それが人間の存在構造において「目的（究極的な全体）の位置にある」ことに基づくものである以上、その主旨の何たるかは構造上決してそれとして主題化され得ない。その意味で「主旨」とは、行為者当人にとっても、その内実が本質的に不明瞭・不確定的であるような「目的のようなもの」なのだった。――そして、こうした「全体把握のための目処としての主旨」「目的のようなものとしての主旨」という発想を踏まえてこそ、和辻の行為論をめぐってさらなる検討を要する問題として先に掲げた、「浸透的な方向づけ」という行為の事前の規定のあり方に関しても、その仕組みがよりよく理解可能となるはずだ。

第四節　信頼の行為論

ハイデガーから和辻への影響関係に関しては何度か言及したが、ここで改めて確認しておこう。和辻は『存在と時間』が刊行された当時（一九二七年）、文部省からの派遣という形でちょうどドイツに留学しており、滞在先のベルリンで実際に本を入手し、同時代の哲学者の著作として読んでいた（なお、田邊元や三木清、九鬼周造らとは違い、ハイデガーから直接教えを受けたり会ったりはしていない）。そしてこの『存在と時間』から、和辻の倫理学理論は様々な面で甚大な影響を受けることになるが、[8] 本書でその最も重要なポイントだと位置づけてきたのは、人間の日常的行為の成立構造を、「規範性」および「了解」という点に注目して考察する、という観点だ。

ハイデガーの現存在分析では、主に「道具を用いつつの行為」（人とものの関係）という場面で、道具使用に関わる規範性の構造が問われていた。そこでは、道具との交渉に関する無数の指示関係・意味的連関の全体（規範全体性）が、人間の日常的行為を方向づける存在・行為可能性としての「主旨」を目処とすることにおいて、非主題的に了解されていると分析されていた。ハイデガーでは行為の規範性が、主にこうした道具使用の場面で議論されていたのに対し、[9] 和辻はその基本構図を踏襲しつつも、規範性問題を「人間同士の間での行為」（人と人の関係）という場面で主題化し、倫理学的に考察し直していた。本章で見た通り、彼は行為の成立構造を「個々の行為は、人間関係という空間的・時間的な背景的文脈に基づいて有意味化され方向づけられている」と分析しており、規範性問題を、行為の規範的な意味や方向性の問題として分析していた。

では、和辻がハイデガー的な行為論から受け継いでいたはずの、「規範性」に並ぶもう一つの論点の「了解」という契機に関しては、『倫理学』第二章の行為論でいかに展開されていただろうか。その前半部分では、主体的空間性・時間性に基づいて人間の日常的行為の「規範性」の構造が理論化されていたが、それに対し、これから検討を加えていく第二章の後半部分（第六節・第七節）では、ハイデガーに由来する「了解」の契機が、「信頼」という概念を中心に、倫理学的な問題圏のなかで理論化されている。以下では、ここまでに見てきた規範的行為の構造を、さらに「了解」という観点から捉え直していくが、それはより具体的には、「資格」「信頼」「表現」という三つの契機からなる「間柄における行為の構造」として分析されることになる。

1　「資格」の契機――規範性の「価値」的側面と「事実」的側面

前節では、ハイデガーの現存在分析に読み取り得る行為論について、特に「主旨」という概念に注目してその概略を示したが、それを踏まえることで、先に問題化した和辻の行為論における「浸透的な方向づけ」の仕組みをどう捉え返せるだろうか。そこで改めて注目したいのは、すでに何度か取り上げて検討した「資格」（ないし「持ち場」）という概念だ。

既述の通り『倫理学』第一章では、「間柄」の構造が、個と全体の間での資格付与構造として分析されていた。和辻はこの「資格」に関して、一方では、「我々が常に何らかの資格において動いていること、その資格は何らか全体的なるものに規定せられていること」[10: 61] という特徴を挙げていた。すなわち、個人はある有限な全体（共同体）から一定の資格を付与されることにおいて、その成員として相応しいような「行為の仕方」に則ったふるまいをとるよう規定され方向づけられている。例えば「家族」という共同体の成員は、その全体から「夫婦」「親子」「兄弟姉妹」といった資格を与えられており、彼・彼女らはそうした資格を負うことにおいて、各自に相応しいと期待されるふるまいをとるよう求めてくる、ある規範的な圧力のもとに身を置くことになる。それは、「家族の全体性とは個々人のさまざまの可能性を否定して一定のふるまい方に制限する力である」[10: 95] とも説明されるが、このように共同体（全体）がその成員（個）に対して「一定のふるまい方に制限する力」を発揮し得るのは、まさに「資格」という媒介を通じて、その諸個人の「行為の仕方」に一定の方向づけが付与されることにおいてである。

この行為を方向づけるものとしての「資格」は、それを目処とすることによって個々人が「この場（人間関係）でどんなふるまいが期待されているか」を自ら理解し、その資格了解から自身の行為を組織化していくようなものだという点で、先述したハイデガーの現存在分析での、現存在の存在・行為可能性としての「主旨」と、かなり似通った機能を果たしている[10]。つまり、われわれは何らかの「資格」を目処とする（目的の位置に置く）という形で、その資格に相応しい「行為の仕方」の全体（規範全体性）をおおよそ把握し得ているのであり、そうした「資格」の下で規範全体性をその全体において非主題的に把握することができているということこそが、先述した「浸透的な方向づけ」の仕方のその内実をなしている（後でさらに詳述する）。

さて、和辻はまずこのように、「資格を介して全体が個を規定する」という側面（関係①）を指摘するが、他方、この間柄における全体と個の関係に関して、それとは逆に、「しかもその全体的なるものは一定の資格における我々が作り出すところの間柄である」[10: 61] と述べることで、「資格を介して個が全体を形成する」という側面（関係②）も同時に指摘していた。つまりわれわれは、その成員として資格を付与されることにおいて全体から「行為の仕方」を規定されるが（①）、他方、われわれを規定するその全体は、成員であるわれわれ自身が形成したものでもある（②）。例えば、家族の個々の成員をそれとして規定するのは家族の全体性だが、逆に、各自がその資格に相応しい仕方でふるまってこそ、家族という全体性が形成され実現され得る。和辻によれば、「間柄における個と全体の関係」を説明するこの二重の関係は、（すでに指摘した通り）両者の「矛盾的統一」[10: 61] において把握されるべきものだが、それは以下のように、資格（持ち場）の規範性が帯びる二面性として受けとることが、より生産的な解釈につながるだろう。

一方では、人がどう行為すべきかに関する規範的な方向づけの目処となる資格は、それがある共同体から付与されたものだという点で、個々人にとっては（一種の）超越的な強制力・拘束力を持ったものとして作用している（これを「資格の規範性の価値的側面」と呼んでおく）。他方で逆に共同体は、その成員たちによって資格に相応しい行為が現になされることを通じて形成・維持されてきたのであり、また、この共同体で通用している種々の資格自体も、人々によって作りだされ選び取られ担われてきたからこそ現に存立し得ているはずのものだ（「資格の規範性の事実的側面」）。つまり全体が個人に付与する資格は、通時的な視点からすれば歴史的・特殊的・偶然的な経緯のなかで成立した一つの事実に過ぎないにもかかわらず、しかし共時的な視点からすると、ある超越的・普遍的・客観的な価値（であるかのようなもの）として現に人々のふるまいを拘束し方向づけているという形で、和辻は「資格」という規範的なものの二面性（それが事実でありかつ価値であること）を言い当てようとしていたのだと思われる。

では彼は、こうした資格の規範性に認められる「事実的なものが価値的なものとして作用する」といった事態が、どんな構造において成り立つと分析していただろうか。それを考える上で重要なのは、人間の諸行為を方向づけるその根本的な仕方としての「信頼」の構造（規範が価値として働く共時的構造）であり、またその方向づけ自体を行為者自身に対して自ら主題化させ事実化する「表現」の構造（規範が事実として成立していく通時的構造）である。

2　「信頼」の契機——全体性の非主題的な了解

（1）資格という非人格的なものへの信頼

先に空間性の議論で確認した通り、和辻が人間の「行為」を単なる身体的な「動作」から区別するポイントは、行為が一定の人間関係という背景的文脈のなかで意味を持つものだという点にある。例えば「手づかみで食べる」か「箸で食べる」かは、空腹を満たすために食べ物を口に運び咀嚼し飲み込むという側面だけを見れば、さして違いのないふるまいかもしれないが、「ある日本の家庭の食卓」という文脈では、両者は全く異なる意味を持った行為になるだろう。人間のふるまいが有意味な行為となるその根拠は、「物との意志的関係」ではなく、有意味性の基準となる背景的文脈としての「人間関係」という契機に求めねばならないのだった［10: 248］。和辻の倫理学が、上述したハイデガーの現存在分析とは異なり、道具使用に関する規範性（道具的存在者の適所全体性）の問題をさほど主題化しなかった理由は、こうした彼の「人間関係の行為論」とも大いに関係があるだろう。彼からすれば、「人ともの（道具）との関係」も、あくまで「人と人の関係」（間柄）を前提としたものであって、前者は派生的な問題に過ぎないと見なされる。

　ところで、日本の普通の家庭の食卓で「手づかみで食べる」ふるまいは、大抵の場合は、その人間関係（食卓という文脈）において期待される「行為の仕方」としては相応しくなく、それは何らかの悪ふざけや悪意を表現する行為（態度の表示）として、同席している人々に受けとられ理解される可能性が高い。――こうした事態に関してここでさらに注目したいのは、そこでは、その資格から期待されていたふるまいがなされなかったという形で、人間関係が一種の故障状態に陥っているという点だ。つまり、食卓を共にする人々の間には、当然従われるべきものと（特に意識するまでもなく）期待されている「社会的に定まった作法」があって、われわれはその作法（行為の仕方、規範全体性）を、「食卓を共にする人」という「資格・持ち場」から先行的に了解していることになるわけだが、ここで起こっているのは、そうした相互の資格了解において半ば自明のものとして期待されている作法が裏切られた、という事態だ。

　こうした「期待が裏切られた」という故障状態から逆に見えてくるのは、人間のあらゆる行為の背景には、様々な期待のそもそもの拠り所となる、何らかの「信頼」というものがあらかじめすでに潜んでいたという事実だ。例えば、われわれが日常生活で何の懸念もなく街の人混みを歩いたりタクシーに乗ったりできるのは、街行く見知らぬ人々が互いに特に害意を持っておらず、また見ず知らずの運転手は（その資格からして）無謀な運転をしないだろう、等々の無数の事柄が、われわれの実際の行為に先立ってあらかじめ信頼されているからだ。人間の行為は一般にこうした「信頼」の上にこそ成り立ち得ているのであり、和辻はこのことを、信頼は「最も日常的に、何らかの人間交渉の行なわれるところには必ず存している」[10: 280]と述べている。

ただしここで直ちに注意すべきは、こうした、行為をそもそも可能にするような根拠という意味での、和辻の行為論における「信頼」は、例えば「あの人は頼りになる信頼できる人だ」といった、ある個人の人格に対して抱く心理的な信頼感のようなものではない、という点だ。むしろ和辻が「信頼」現象を説明するにあたり取り上げる事例は、非人格的なものへの信頼の方に重心がある。それは特に、種々の資格・持ち場への信頼として、次のように語られている。

> ちょうど家族において親は子を愛護するものとして期待されておりその限り親としての資格が承認せられるように、人が会社員、官吏、教師、学生、運転手、農夫、商人、職工等々として行為する時には、あらかじめすでにその持ち場［=資格］に応じての行為の仕方が期待されているのである。もちろん信頼の度合いは、一々の持ち場をきめる社会的全体者［=共同体］の種類に応じて異なるのではあるが、しかし何らかの程度に信頼のあるところでなければ人間の行為は行なわれない。[10: 281]

先述の通り、日常性におけるわれわれは種々の「資格・持ち場」を負っており、その各場面で大抵は自分の資格に相応しい「行為の仕方」に則って現に行為し得ているはずだ。そして、少なくともそれと同程度には、われわれの周囲の人々もまた、各自の資格に相応しい仕方で現に行為しているはずであり、この「皆が各自の資格に相応しい行為の仕方に則ってふるまうだろう」ということ自体が、われわれが自ら行為をしていく際の前提としてあらかじめ期待され、「信頼」されている。つまりこうした信頼があってこそ、「人間の行為」もそもそも可能になっている。

このように和辻は、行為を可能にするものとしての「信頼」に関して、それを特に共同体（全体）からその成員（個人）に付与されてくる資格への信頼として説明する。こうした意味での「信頼」は、上述の通り、「誰かが誰かのことを信頼する」といった個人間での心理的な信頼感（人格への信頼）なのではない。ここで注目した「資格への信頼」は、突き詰めれば、その資格を付与してくる一定の共同体といった全体性への信頼であり、より具体的には、われわれの日常生活を成り立たせる前提として運営されている社会システム全体への信頼（システムへの信頼）だと言ってよいだろう。そして、特定の人格への信頼よりも、資格やシステムへの信頼の方を、われわれの日常的行為をそもそも可能にするものとして重視する和辻の行為論は、その点に限って言えば、他の倫理学理論よりもよほど「近代的」なものだと特徴づけられる。

例えば、「前近代的な社会」と「近代的な社会」の間での、その社会のあり方の顕著な違いとして一つ挙げられるのは、そこでの人間関係の基本的な成り立ち方の相違だ。前者の社会では、顔見知り同士の間での人間関係が基本であり、そこでは「人格への信頼」が日常的行為の基礎になっているはずだ。それに対し後者の場合、特に都市といった空間における人間関係は、基本的に見知らぬ人同士の間でのものであり（例えば、店員と客、乗員と乗客たち、大企業の社員同士の関係など）、そこでは顔見知り同士であることを前提とした「人格への信頼」に基づくのみでは、日々の社会生活は到底成り立ち得ない。もし「人格への信頼」に基づかなければ行為や人間関係（間柄）が成り立ち得ないのだとすれば、われわれは例えば、安心して街を歩くことも、電車やタクシーに乗ることも、買い物をすることも、何もできないことになってしまうだろう。

そして、『倫理学』での和辻が強調する「資格」というものの存在意義は、まさにこの点に関わってくる。近代的な社会に住まう「われわれ」は、一定の「資格」を負っている人に対しては、その人が実際にどんな人なのかを知らずとも（つまり「人格への信頼」がなくとも）、その資格に期待可能とされる範囲内で、基本的にその人のことを特に疑うこともなく現に「信頼」してしまっている。数多の人々が共に社会生活を送っているような近代的な社会では、その人たちの間で相互にあらかじめ無数の「人格への信頼」を形成しておくことは不可能だが、実際にはわれわれは上述したような「資格への信頼」によって、そうした過程をスキップすることができ、それによって見知らぬ人同士の間でもスムーズな人間関係が現に成立し得るようになっている。まさにこの点で、社会的に一般化された種々の「資格」は、その社会がつつがなく運営されていくことにとって、必要不可欠な機能を果たしていると言えるだろう。（なお、「主旨」概念との対比で言えば、和辻の言う「資格」は、日常的行為を方向づける「主旨」のような機能が、そもそも何に基づいて可能になっているのかも含んでの概念化になっている。すなわち「資格」は、それがある特定の社会や共同体といった全体性から付与されることに基づいてこそ、そうした行為の方向づけ機能を発揮し得ているのだという説明も含めて、概念化されている。[11]）

以上に見たように、「資格への信頼」に注目する和辻の行為論は、個人の行為の成立構造に関する理論化であるのみならず、近代的な社会がいかに存立し維持されるのか、というその仕組みに関する理論化にもなり得ている。こうした議論を含む彼の倫理学は、その意味では、近代的な社会に生きる人々に特異な共生のあり方をも視野に入れて考察しているという点で、（個人主義的人間観に基づいて普遍的な道徳原理を探求するような）他の近現代の倫理学理論よりも、よほど「近代的」な問題意識を反映させた倫理学理論として位置づけることもできるだろう[12]。そして、こうした和辻の問題関心のあり方（つまり、個人の行為の構造だけでなく、その諸個人からなる社会の構造をも視野に収めたような問題意識）は、『倫理学』で積極的に参照されている社会学的な諸理論からの影響が、最も色濃く現われている箇所だと思われる。

（2）規範全体性の非主題的な認知様式としての信頼

ただし和辻は、こうした「資格への信頼」という現象に関して、そこで人間が「信頼」という仕方で何ごとかを理解し把握しているという事態を考察するにあたっては、むしろ先に略述したハイデガーの議論と近しい仕方で、「信頼」現象を存在論的に考察している。この「信頼」（特に資格への信頼）という現象は、人間の日常的な諸行為をそもそも可能にする「浸透的な方向づけ」の様式として、存在論的な観点から考察されるべきものと位置づけられているのだ。

この存在論的な意味での「信頼」の構造は、「親密性（Vertrautheit）」という了解様式に関するハイデガーの議論を踏まえると、よりよく理解可能になるだろう。「親密性」とは、直訳すれば（奇しくも）「信頼されてあること」とも訳せるような概念だが、それは先に見た、日常性においてわれわれが主旨を目処として規範全体性を了解している、というときのその了解の仕方（わかり方）を特徴づけるために、『存在と時間』の現存在分析の内に導入されていた概念だった。

前節で略述した通り、ハイデガーの存在論的な観点からすれば、われわれの日常的行為は、「世界了解」と「自己了解」とが相俟つことで成り立つ「世界内存在」という根本的な存在体制に、次のような仕方で基づいている。――われわれは一方では世界了解という形で、世界内に存在する諸々の道具的存在者に関して、それらとどのように交渉すればよいのかという諸規範の全体を先行的に把握している。他方でわれわれは、そうした道具的存在者とも交渉しつつ様々な行為をなしていくにあたり、その諸行為が全体として向かっていくべき方向性を自己了解という形で、つまり（目的の位置に企投されることにおいて、自分に固有の何らかの存在・行為可能性を開示するような）「主旨」を目処とすることで、先行的に把握しているのだった。そしてこの世界了解と自己了解が相俟つことによってこそ、われわれは身の回りの種々の道具を適切に用いての、一定の方向性を持った一連の有意味な行為を現になしていくことが可能になると分析されるわけだが、その二様の了解が相俟つ仕方こそが「親密性」として特徴づけられる。

すなわち親密性とは、われわれが道具使用に関する規範全体性（世界了解の側面）を、自分の主旨の方（自己了解の側面）から先行的に了解している、という事態を言い当てようとするための概念であり、ハイデガーはそれを「現存在が世界（有意義性）と親密であること」といった言い方で表現している［SZ: 76, 87］。われわれが親密性という仕方で、規範全体性（世界の世界性としての有意義性）に慣れ親しみ了解しているその仕方は、さらに次のように説明される。

> 世界内存在とは、これまでの学的解釈にしたがえば、道具全体の道具的存在性にとって構成的な諸指示のうちに、非主題的・配視的に没入しているということ、このことにほかならない。配慮的な気遣いは、世界との或る親密性を根拠として、そのつどすでに、おのれが存在しているとおりに存在している。［SZ: 76］（＊傍点は引用者による強調）

人間は「世界との親密性」という仕方において、道具使用に関する諸規範（「諸指示」）の全体を非主題的な仕方であらかじめ了解している（「配慮的な気遣い」）とされ、それに基づいてこそ、（例えば）ある道具をそれに相応しい仕方で用いるといったことが可能になるのだという。つまりこの一節では、「親密性」という了解様式の特徴として、それが有意義性という規範的な全体の把握であり、かつ、非主題的な仕方での認知であるという点が指摘されている。この親密性という了解様式に基づいてこそ、何ごとかをなすために種々の道具を用いつつ何らかの有意味な実践に没入している、といった日常性での人間の基本的なあり方（ハイデガー的に言えば、現存在が「さしあたりたいてい」とっているような存在の仕方）も、現に可能になっている。

——そして、『倫理学』での和辻が言う「信頼」も、このハイデガーの「親密性」と同様、規範全体性を非主題的な仕方で先行的に了解している、という認知様式（わかり方）を特徴づけるための概念化として解釈可能だと思われる。そこで「信頼」という認知様式において了解されている規範性とは、和辻の場合は、何らかの人間関係を背景として日常的行為を方向づけているような「行為の仕方」だとされていたが、それはまず、ある全体性をなすものだという点に留意すべきだ。というのも、もし「行為の仕方」の全体があらかじめ了解され把握されているのでなかったならば、人間は自身の行為がそこでの背景的文脈（人間関係）に相応しいかどうかもわかっていないままに行為している、ということになってしまうからだ。

しかしわれわれの日常性は、明らかにそうなっていない。日常的行為を現になしつつある人は、それがスムーズに進行している限りは、自分のふるまいがそこでの文脈に相応しいかどうかを（つまりその行為の意味を）、大抵は特に反省するまでもなく把握して（しまって）いるだろう。それが可能であるのは、則るべき「行為の仕方」の全体があらかじめすでに了解されているからだ。

例えば、「挨拶」という日常的行為を実際に行なう際に、そこには無数の行為の仕方（規範）が関わるはずだが（それは、誰に対しては何をどう言うべきか、声の出し方やどう体を動かすか、この場合にはどう応えるか、またあの場合には…、というように記述し尽くせない）、その規範の全体があらかじめ了解されているからこそ、「挨拶」という行為も可能になっている。こうした「規範全体性の了解」が現に存在し機能しているという事実は、われわれが「規範からの逸脱」に極めて敏感であることからも明らかだろう。誰かの挨拶のふるまいがその場にそぐわない不適切なものであることを、何らの考慮もなく直ちに識別し察知できるのは、その挨拶に関わる規範の全体があらかじめ把握され、それに照らしつつの知覚が絶えずなされている（はずだ）からだ。

そして、そこで先行的に了解されている諸規範は、記述し尽くせない無数の行為の仕方が一つの全体性をなすという形でこそ、行為を方向づけるものたり得ている以上、それらを直観的ないし論証的な仕方で認知し把握し保持することは人間には不可能であって、それは非主題的で浸透的な仕方で了解されていると見なさざるを得ない。こうした非主題的な仕方での規範全体性の把握がどうやって可能になっているのかと言えば、それは「親密性」と同様の了解様式として特徴づけられる「資格への信頼」に基づいているはずだ。

「資格」が、形式的に見ればハイデガーの「主旨」とほぼ同様の機能を果たしている点はすでに指摘したが、その主旨の主たる機能は「全体把握のための目処となる」ことにあった。有限な認知能力しか持たない人間にとっては、規範全体性をそれ自体として端的に直観することは不可能であり、またその論証的な主題的把握によっては「行為の方向づけ」という機能をそもそも発揮させられない。それに対し、また別の全体把握の仕方として提示されたのが「主旨を介した全体性の把握」なのだった。そこでは、主旨という目的の位置にある存在・行為可能性を目処とすることにおいて、そこから規範全体性を（おおよそのところで）了解することが可能になるとされていた。――そして和辻の「信頼の行為論」においても、こうした「主旨」と同様の機能を担う「資格」を目処として、その資格に相応しい仕方での「行為の仕方」の全体が非主題的に了解され、つまりは「信頼」されている、と解釈できるのではないか。(13)

またここで、ハイデガーとの対比という点でも、さらに次の点に注意を促しておきたい。和辻が「資格への信頼」

という論点でより強調しようとしているのは、「信頼」という了解様式によって、自分の「行為の方向づけ」がその全体において把握可能になるという側面よりも、むしろ自分と何らかの人間関係（間柄）においてある他者たちが、いかなる行為の方向づけの下でふるまうと期待されるのかが、種々の「資格」を目処とすることであらかじめ把握可能になるという側面の方だろう。つまり、ハイデガーの「主旨」概念では、自分の存在・行為可能性という側面が強調されていたのに対し、和辻の「資格」概念では、ある社会や共同体（全体性）において共に生きる自他が共有しているような行為の方向づけという側面が強調されているのだ。

こうした他者の行為可能性も含めたより包括的な了解であるからこそ、和辻はそれを「信頼」という、相手の存在をも含意する言葉でもって概念化していたのだ、とも解釈できる。要するに、日常的行為の「浸透的な方向づけ」の仕組みが、「信頼」という了解様式においてより具体的に概念化されていたことの最大の理由は、人間の行為が、必ず何らかの人間関係（間柄）を背景としてなされるものだからに他ならない。行為は、その全体論的構造からしてそれ単独では成り立ち得ず、またその背後には必ず人間関係という空間的・時間的なひろがりが控えている以上、その行為の方向づけの仕組みは、単に個人の内側から（例えば心的なものに基づいて）説明するだけでは十分でなく、自他の間に成り立つ相互理解のあり方が考慮されねばならない。和辻はハイデガーの「了解」概念を、個人の心的なものに依拠する行為論から脱却するための梃子として受け入れた上で、それをさらに自他の間に成り立つ「信頼」という相互了解の様式として拡張し読み替えていくことで、彼なりの「信頼の行為論」を提示するにいたっていた。――和辻の「信頼の行為論」はこうした点において、先に問題化した「人間の行為はいかに事前に方向づけられているのか」という行為論的問題への、一つの理論的回答となり得ているだろう[14]。

以上では、人間の日常的諸行為を方向づける基本的な仕組みとして、「信頼」という了解様式の基本構図が一通り確認された。われわれは「資格への信頼」という仕方において、それぞれの資格に相応しい行為の仕方の全体（規範全体性）を、その資格を目処としつつ非主題的な仕方であらかじめ了解することができており、こうした「信頼」に基づいてこそ、自他の間での日常的実践、ひいては「われわれ」の日常性そのものの存立が可能になっている。「信頼」概念はその意味で、和辻の行為論において存在論的なものとして提示され議論されていたと言えよう。

ところで、この日常的行為を可能にする「信頼」という了解様式は、先に問題にした「資格」の規範性の二面性（価値として働く一方で、事実として成立してくること）における、「資格が価値として作用する」側面を説明するものと位置づけられる。つまり、ある特定の人間関係において行為する人々がいかにふるまうかに関しては、各人の資格に相応しい行為の仕方（規範的な方向づけ）に則るものとさしあたり信頼できるし、また、そうした人間関係で成立する信頼に基づいてこそ、人間のふるまいは一定の意味を持った行為たり得るのだった。そこで信頼されているのは、「自他が互いにその資格に相応しい行為の仕方においてふるまうだろう」ということであり、そこでの資格は「あらかじめすでに信頼されている」という仕方で、個々の行為にとってはその方向性・有意味性を規定するアプリオリな規範的次元を構成するものとして機能している。その意味で、資格は一種の「価値」として作用している、と言えるだろう。

資格の規範性の「価値」的側面は、「信頼」の構造において以上のように捉え返された。ではもう一方の、資格の「事実」としての側面の方はいかに把握可能だろうか。この「事実」的側面を考える手がかりとしたいのは、間柄を構成する第三の契機としての「表現」だ。——この点に関しては、和辻が「資格への信頼」を論ずる際に、「信頼の社会的な表現が行為者の持つそれぞれの社会的な持ち場〔＝資格〕である」［10: 281］と述べていた点に特に注目したい。そこではつまり、「信頼は資格として社会的に表現される」と説明されている。以下では、これら三契機（資格・信頼・表現）の相互関係にも注意しつつ、「表現」の構造について検討することにしよう。

3　「表現」の契機——資格の自己主題化と事実化の過程

(1)　資格という表現の下での「自己主題化」の過程

「表現」の契機を考えるにあたり、まず解釈学的方法について再確認しておこう。和辻の倫理学は、実践の主体たる人間の存在構造をあくまでも主体的かつ学的に把握しようとする試み（人間の学としての倫理学）だと自己規定されており、その人間の主体性を単純に客体化してしまわずに把握するための方法として要請されたのが、解釈学的方法だった。彼はこの方法に基づいて、日常生活におけるごくありふれた言葉遣いや仕草、また道具や芸術作品、社会制度、そして資格、等々のありとあらゆる「表現」を手がかりとして、そこにすでに表現されているはずの人間存在の主体性の構造を読み取り、理論的な自覚・自己解釈へともたらそうとしていた。

それは『倫理学』序論では、ディルタイが批判的に参照されつつ、次のように説明されている。

> ［ディルタイにとって］表現とはまず何よりも偉大な芸術家・哲学者の作品であり、理解とはこれらの表現の追体験における生の深みの把捉であった。しかし表現はそのような偉大な作品として結晶する以前にすでに日常的なる人間存在の欠くべからざる契機であり、また理解はかかる作品による生の深みの把捉であるよりもさらに直接に日常的なる身ぶりや会話の了解である。すなわちそれは芸術的哲学的等の表現と理解とであるよりも前に実践的行為的連関の契機としての表現と了解である。［10: 46］

このように、「実践的行為的連関」（間柄）をそもそも可能にする「了解」を「表現」したものだという点で、和辻の「表現」概念は、「個人の内面の外化」といった「主観‐客観」図式に基づく伝統的な「表現」概念とは一線を画している。むしろ表現とは、ある人間関係（間柄）においてそのつど作りだされることにおいて、そこからの何らかの刻印を受けているようなものであり、われわれがそれに対し「表現的存在者」として関わるならば、それが作りだされた人間関係自体のありようやその意味・了解内容に、何らかの光をあてて（つまりその文脈のありようを示唆して）くれるようなものなのだ。ここでハイデガーの「存在了解の解釈学」と対比するならば、和辻の「表現の解釈学」は、物的・固定的な表現が主体の自己解釈・自覚を媒介するという、「表現」が人間の存在構造において果たす役割・機能を、より重要視する立場だとも言えるだろう[15]。

では、こうした間柄のあり方からの刻印を受けた日常的表現とは、より具体的にはどんなものだろうか。例えば、教室という場所やそこにある様々な道具（机、椅子、黒板、チョーク、等）は、そこで授業を営む教師と学生との間での間柄のありようをそれぞれに表現するもの（表現的存在者）として受けとめ解釈することができる。[16] またこの間柄は、学校内の諸制度としても表現されているし、そこでの「教師」や「生徒」といった資格として、さらには（他校や社会に対しての学校と言うときの）一つの主体としての学校共同体としても表現されているだろう。つまり和辻の倫理学では、「所有の人間存在論」からしても、こうしたありとあらゆる存在者がみな何らかの仕方で、そこでの間柄のありようを示唆する表現的存在者として把握され得る。[17]

——そこで特に、従前より問題にしている「資格」という表現に焦点を絞って考えてみよう。

資格とは、「その資格に相応しい行為の仕方でふるまうことが期待され得る」という信頼が表現されたものだとされていた（「信頼の社会的な表現が行為者の持つそれぞれの社会的な持ち場［＝資格］である」［10: 281］とあったように）。こうした「われわれの間での信頼が、資格として社会的に表現されている」という事態については、さらに次のように分析できるだろう。

既述の通り、われわれは各自が負う「資格」（例えば「学生」「教師」「会社員」）を目処とすることで、そうした資格に相応しいと期待される「行為の仕方」の全体をあらかじめ互いに了解できており、この資格を介した相互了解のあり方が「信頼」という了解様式として特徴づけられていた。では、この「資格への信頼」の構造に、さらに「表現」がどう関わってくるのか。それはまず、上述した「自覚・自己解釈を媒介する」という表現の働きにおいて見出せるだろう。

例えば「会社員」という資格を負う人は、一方では、その資格を目処としてそれに相応しい「行為の仕方」をあらかじめすでに実践的に了解しており、またその了解に基づいてそれなりに適切な仕方で現に行為できている（…実践を媒介する側面）。しかし他方、その資格が「信頼の社会的な表現」でもあるという点に注目すれば、その人は会社員という資格を、ある社会での自身の立ち位置や、そこでの会社員としての然るべきあり方などを示唆する表現としても、解釈しているはずだ（…自覚を媒介する側面）。われわれは、ある一定の資格という社会的表現の下で、その社会での自身のありようを自分に対して自ら主題化し、それを自己解釈・自覚することもできる。

こうした「資格」という表現を媒介とした自己解釈・自覚は、さらにハイデガーの議論も踏まえれば[18]、「信頼」という仕方で先行的に了解されている規範全体性が、一定の「資格」として社会的に表現され、さらにその表現の下で自己解釈されることを通じて、改めて自分のものにされ完成されるという過程として捉え直せるだろう。ここで「完成」や「自分のものにする」という言い方で言わんとするのは、次のような事態だ。――われわれは自分に付与された資格を目処とすることで、規範全体性をそれとなく非主題的に了解し得ているが、そうした資格をそれとして主題的に解釈することで、さらに「その資格の下で行為する自分が一体どんな存在なのか」といったことが自身にもよりよくわかってくるという過程が、「資格の表現」を介して進展し得る。われわれは、自分が負う資格をそれとして意識せずとも現に自身の行為の前提として（しまって）いるが、それを改めて主題的に解釈することで、その資格を、それまで以上に分節化され明瞭化され「完成」された自身の存在・行為可能性を示唆するものとして、改めて自分のものにしていく。

例えば、Aという会社の新入社員は、入社と同時にA社社員という資格を持つことになるが、当初は「A社社員である」ことが一体どういうことであるのか（「社風」などとも呼ばれる何か）は、当然ながら漠然としかわかっていない。A社社員としての自分が一体何者であり得るのか（という資格を目処とした自己了解）は、その資格の下で様々な実践を現に行ないながら、その自覚を確たるものにしていくことでのみ、より明瞭に把握されてくるような事柄であるはずだ。

つまりこの一連の過程は、ある資格を負った個人において、その行為の前提となっている規範全体性が、当初は漠然としたものとしてのみ把握されている段階から、その資格の下での諸実践（実践も一つの解釈なのだった）や主題的な自己解釈を経るなかで、次第により確定的で明瞭な輪郭を持ったものとして把握される段階へ、という仕方で自己了解がより深められ定着していく過程として捉えることができる（これは視点を変えれば、規範全体性自体が、資格的表現を媒介として自覚的に自身を分節化し完成させていく過程としても、捉え返すことができるだろう）。

（2）信頼が資格として社会的に表現されてくる「事実化」の過程

以上では、「資格」という規範的なものは、「信頼」の構造において規範全体性の了解のための目処として機能するだけでなく（…資格の「価値」としての側面）、その下での実践と自己解釈を通じて、当の主体自身がその資格により相応しいあり方をした存在として完成されていく、という側面が確認された。資格のこの側面が、主体自身の自覚を促し媒介する「表現」の構造に基づくことは言うまでもない。ではここに見た「表現」の構造は、先に問題化した「資格」の規範性の二側面の、「事実」としての側面に関して、いかなる説明となり得るだろうか。

そこで注意したいのは、この一連の過程で生じている事態は、単に資格という表現の下で何らかの自己解釈が進展していくこと（それを表現による「自己主題化」の過程と呼んでおく）に限らない、という点だ。自己主題化の過程は個人の次元で起こっている事態だが、「表現」の構造は他方で、間柄的な人間関係（ひいては社会・共同体）の次元でも何らかの事態を生起させているのではないか。それは前に述べたように、資格が単に個人の内面ではなく、ある人間関係においてこそ価値的に作用するものであった点からしても、そうであるはずだ。

ではそこで何が起こっているかと言えば、それは先に引いた通り、「われわれの間で現に成立している信頼が、資格として社会的に表現されてくる」という事態だ。——「われわれ個々人が、資格という表現の下で自己解釈している」という事態が成り立ち得るには、「その「資格」自体がそもそもいかに形成されてきたものなのか」という問題も併せて考えねばならないが、それに対し、「信頼の社会的表現としての資格」という規定は一つの回答となり得ている。社会で現に通用している種々の資格は、それを目処としての無数の実践と自己解釈を通じて表現されることにおいて、かくなる一定の資格として存在にもたらされ成立してきたものだということになるはずだ。

引き続き同じ事例で考えれば、A社社員という「資格」は、単にそれを満たせばその資格が認められるといった、一定の形式的な要件（命題的ルールとして記述可能なもの）に尽くされるわけではない。そうではなく、「A社社員であればこうした行動様式・エートスを身に付けているだろう」といった「A社社員らしさ」なども含めた、行為の仕方・方向づけ全体を示唆する規範的な「資格」が問題になっているのであり[19]、こうした資格がいかに成立してくるのかが、ここでは問われている。そして、その意味での（「らしさ」も含む）「A社社員」という資格は、これまでの社員たちがその資格の下で現に為してきた無数の諸実践の上に成り立つものだろう。つまり、形式的な意味での資格ならば、それはA社設立とともに成立したとも言えるが、その時点では、資格に相応しい規範的な方向づけの内実はいまだ空虚で乏しく、それは社員たちの実際の活動を通じて次第にその実質が獲得されてきたようなものとしてあるはずだ[20]。

要するに「資格」をめぐる「表現」の構造に関しては、一方の個人の次元では、「資格の下での自己解釈」という自己主題化の過程が進行しており、また他方の社会・共同体の次元では、一定の行為の仕方・方向づけを示唆するものとしての「資格」が、ある人間関係のなかで、次第にその内実を充実させながらそれとして成立してくるという過程が進行しつつあることになる。そして、この後者の意味での「表現」の過程は、ある「資格」が人間関係（間柄）における一つの社会的な事実として成立してくるという意味で、「事実化」の過程と呼ぶことができるだろう。

つまり「表現」の構造においては、自己主題化および事実化という二重の事態が同時並行的に生起している。個人の次元では、信頼という様式で先行的に了解されている規範的な方向づけの内実が、一定の資格という表現の下での自己解釈を通じて、より明瞭なものとして「自己主題化」されてくる一方、社会・共同体の次元では、そうした信頼が一定の資格として社会的に表現されることで、人々の共通了解を担保するものとして「事実化」されてくる、と考えることができる。

また、自己主題化と事実化という二つの過程は、次のような連続的な関係としても捉えられるだろう。――引き続き同じ事例で言えば、A社社員である人はその資格の下での自己解釈において、それに相応しい規範的な「行為の方向づけ」を（あくまで部分的にだが）自己主題化することが可能だ。そしてこの自己主題化によって、「A社社員たることの内実」が当人にとってもより明瞭になってくるということは、言い換えれば、そうした「A社社員」という資格により相応しくふるまうべく動機づけられる、ということも意味し得る。[21]

また、こうした「A社社員」という資格の自己主題化とそれによる動機づけの強化・変容という一連の過程は、さらにその社員たちによって共同的に展開され得る。それを通じてこの資格は、社員たちの間でより実質のある社会的表現として次第に確立されていくことになるだろう。このようにして「A社社員」という資格は、その社員同士という人間関係（間柄）における一つの意味ある事実として成立してくるのであり、それを上で「事実化」の過程と呼んだのだった。またさらに、A社の活動が社会的により広く認知されることになれば、その「A社社員」という資格は、より広い人間関係（社会・共同体の全体）における事実としても成立していくことになる。

そして、こうした「表現」の過程を通じて事実化されることで初めて、「A社社員」という資格は、ある社会での信頼の対象となり得る（「その資格を負う人であれば、このように行為するだろう」といった形で）。また同時に、その資格を負う社員たち自身にとっても、一定の行為の方向づけを与えるという仕方で規範的な力を発揮し、つまりは価値として作用することが可能になる。

以上から見えてくるのは、「あらかじめすでに信頼されている」という仕方で価値的に作用していた資格の規範性が、ここで見た「自己主題化」と「事実化」という二重の過程を通じて、個人および社会・共同体の両方の次元で、より明瞭な意味を持ったものとして表現されてくることで、人間関係（間柄）における一つの事実として形成されてくる、という「表現」の構造だ。またさらに、この事実化された資格は、それがある社会内でより一般化していくことで、種々の人間関係のあり方を典型化したり（例えば、一般的な親子関係や友人関係、雇用関係や師弟関係、市民・国民、等として）、ときには制度化したりすることで、ある社会内での人間の共同性の事実それ自体を支えるようなものとしても機能し得る。また逆に、資格はこのように事実化されてこそ、ある人間関係（間柄）という全体性から付与されてくるものとして、人々の行為の仕方を規定し方向づけるものとして価値的に作用することも可能になる。

「資格」の規範性に見いだされた価値的側面と事実的側面という問題は、以上に見た「信頼」および「表現」の構造を踏まえることで、次のように整理することができる。

和辻はまず「資格」の規範性の価値的側面について、それが共時的な観点から見ていかに行為を方向づける価値的なものとして作用しているのか、という行為の共時的構造（ないし人間の空間性）の問題として問うていた。そしてそれに対する回答として、「資格」を目処とすることで規範全体性を非主題的に把握し得ている、という「信頼」なる了解様式に基づいて行為の構造を理論化していたのだった。この「信頼」は、和辻の人間存在論における核心的な発想であった「実践的了解」の延長線上にあるものであり、それが日常性に即した倫理学的な問題圏へと展開されることで具体化された概念である。その意味でこの「信頼の行為論」は、和辻の「人間存在論に基づく解釈学的倫理学」の一つの理論的達成として位置づけられるだろう。

また「表現」の構造に関しては、共時的観点から見れば行為を方向づけるという仕方で規範力を発揮し得ている

「資格」が、そもそも「われわれ」の間でいかにかくなるものとして形成されてきたのか、という側面が問われていた。それは、規範性が通時的観点から見ていかに一つの事実として成立してくるのか、という行為の通時的構造（ないし人間の時間性）の問題に関わる。それを和辻は、資格の下での信頼内容の自己主題化および事実化、という同時並行的に進行する二重の過程として捉え、それを通じて資格がより「あてにできる」信頼の対象として社会的に表現され共有されていく、という「表現」の構造として理論化していた。

——要するに和辻の「信頼の行為論」は、人間の日常的行為が、「資格」を目処とした「信頼」という仕方での相互了解に基づいて方向づけられている、といった規範知の共時的構造（規範性の価値的側面）を理論化するのみではなかった。それに加えて、そのように信頼され行為を方向づける規範的な資格自体が、その自己主題化および事実化という二重の過程を通じて社会的に表現されることで、「われわれ」にとっての一つの事実として成立してくる、という規範成立の通時的構造（規範性の事実的側面）をも理論化していたのだった。そして、日常性における規範的行為の共時的構造および通時的構造を一体的に理論化しようとするこの「信頼の行為論」は、先に指摘した「人間の空間性と時間性の相即」という論点（すなわち、両者が「同一の構造の二種の把捉の仕方」であること）をまさに踏まえたものだった、と位置づけ直すことができるだろう。

4　表現の構成的機能について再び——行為論から共同体論へ

以上の検討より、和辻の人間存在論に端を発する「了解に基づく行為論」が、主著『倫理学』で「信頼の行為論」という形でより具体的に考察されることで、さらなる理論的展開が果たされていたことが明らかとなった。この行為論では、間柄における日常的行為の構造が、「資格・信頼・表現」という三契機から成るものと分析されていたが、最後の「表現」の契機に関して、ここでもう少し立ち入って検討しておきたい論点がある。

「表現」に関する議論では、「資格」の持つ規範性がそもそもいかに形成・構成されてくるのか（規範成立の通時的構造）が理論化されていた。そこでは特に、「了解」や「自己解釈」などの人間の認知的活動を媒介する「表現」の働きが重視されており、自己主題化および事実化という過程において「表現」が発揮する構成的な機能に基づいて、「資格」やそれを目処として了解される「規範全体性」自体がいかに形成され展開していくのかという、その通時的な形成構造が理論化されていた。――「信頼の行為論」での「表現」の構造をこのように捉え返すとき、本書の第一章で和辻の基本的発想の一つとして示した「表現の構成的機能」という考え方が、ここで改めて想起されてくるはずだ。本章の締め括りとして、この「表現の構成的機能」に関して、和辻とも相通ずる見解に立つチャールズ・テイラーの表現主義的な人間観・言語観を再び参照して、もう一歩考察を進めておきたい。それによって、以上に見た和辻の「行為論」的な議論が、彼の解釈学的倫理学を構成するもう一つの主要問題であるとした「共同体論」的な問題圏へと、どんな形で接続可能なのかも見えてくるだろう。

まず表現主義的発想について再確認しておくと、例えば「思考と言語（的表現）の関係」は次のように捉えられる。人間の思考が何らかの言葉として表現されるというとき、それは単に、すでに頭のなかに一定の「考え」（思考内容）が存在していて、それが言語的表現という形にそのまま写し取られる、といった過程なのではない。表現主義的発想からすれば、表現されるべきその「考え」自体は、しかし表現されることにおいて初めて、それ自身に相応しい具体的な内容を持って存在し始めるのだった。その意味で「言語は人間の思考にとって構成的」であり、そこでの「表現されることなくしては、思考はその具体的内容を獲得できない」という表現主義的発想の基本構図は、本書で注目してきた「表現の構成的機能」の中核をなす。

この表現の構成的機能は、本節で考察した「表現」の構造の二つの過程（自己主題化と事実化）を踏まえると、さらに次のように捉え直せるだろう。すなわち、思考が言語的に表現されることでその内容が明示化されてくることにおいてこそ、「自分が一体何を考えようとしていたのか」が自身にとってもより明瞭にわかってくる（自己主題化の過程）と同時に、「自分の考え」なるものが、それに相応しいあり方で存在し始める（事実化の過程）、ということになる。

そして、ここでさらにもう一歩推し進めて考えるならば、この「表現の構成的機能」は、個人の次元（思考と言語の関係）だけでなく、社会・共同体の次元でも同様に作用していると思われる。例えば「言語」という存在者は、その話者たちの間での具体的対話を通じてそのつど育まれ形成されてきたはずのものだが、その一方で、ある人間関係のなかで話され共同的に使用されている言語は、そこでの社会的な諸関係をそのつど言挙げして表現することを通じて（自己主題化の過程）、逆にそうした社会的関係そのものを形成し展開させていく（事実化の過程）、というような構成的機能を発揮しているはずだ。

こうした「社会的関係と言語（的表現）の相互形成的な関係」に関しては、テイラーによる次のような説明が、大いに参考となるだろう。

発話は、われわれがお互いにとり合う様々な関係を表現するという働きもしている――親密な、あらたまった、公式な、くつろいだ、ふざけた、真剣なものとして。そのように関係を名づけることにおいて［＝自己主題化］、われわれは自分たちの社会的な諸関係を形成している［＝事実化］――夫妻として、親子として、共和国における平等な市民として、同じ君主の臣下として、戦争指導者の部下として。こうした観点からすれば、言語を形成し作りだすのが発話共同体であるというだけでなく、発話共同体を構成し維持するのが言語でもあるということがわかるだろう。(22)

この一節では、ある共同体における社会的諸関係が、そこで話されている言語（的表現）を媒介としてこそ形成されてくる、という側面が強調されている。つまり言語は、ある共同体に住まう人々によって作りだされてきたものであることは当然だとしても、それは一旦成立すると、逆に、その共同体における種々の人間関係自体を維持したり展開させたりするようにも働くと論じられている[23]。まさにその意味で、上述した「人間の思考」にとってと同様、「言語は人間の社会・共同体にとって構成的」だと言うことができる。

またさらに、ここでテイラーが述べるような、「ある共同体内での言語的表現による社会的関係の構成」という構造が、本節で確認した、自己主題化と事実化の二重の過程としての「表現」の構造とほぼ同じだという点は、特に注目に値する。先の引用内に補足した通り、人間関係のありようを言葉でもって表現し、「関係を名づけることにおいて〔=自己主題化〕、われわれは自分たちの社会的な諸関係を形成している〔=事実化〕」というテイラーの説明は、まさに上述してきたような、表現に基づく自己主題化・事実化の過程と重なり合うものと理解してよいだろう。

そして、まさにこの「表現」の構造において、和辻の解釈学的倫理学の二つの主要問題だとした行為論と共同体論の、その両者の接点を見出すことができる。「信頼の行為論」を構成する一契機としての「表現」の構造は、特に「表現の構成的機能」に着目すれば、単に資格や規範全体性の成立に関する通時的構造を理論化するだけでなく、（テイラーがその可能性を示唆していたように）人間の社会的諸関係、ひいては共同体自体がいかに形成・構成されていくのか、という共同体の成立構造の理論化にまでつながり得るような議論であることになる。この点において「表現」の構造は、和辻の倫理学理論における行為論と共同体論を架橋するような役割を担う議論としても位置づけ直すことができるだろう。

そこで続いては、この「表現」の構造も念頭に置きながら、解釈学的倫理学のもう一つの課題となる共同体論が『倫理学』でいかに展開されていたのかについて、検討することにしよう。

第八章　歴史−文化−共同体論
――「国家の成立」問題をめぐって

本章では、『倫理学』の第三章および第四章を、和辻の解釈学的倫理学における「共同体論」が展開される箇所として一体的に取り扱って論じる。そのためにもまず、この二つの章がどんな意味で一体的に論じるべきものなのか、前もって説明しておく必要があるだろう。

先にも指摘の通り、『倫理学』第二章以降では、第一章で示された「間柄」の構造を踏まえ、「個と全体の関係」が三様に問い直されている。第二章では、ある人間関係（社会・共同体）という全体を背景として、いかに諸個人が有意味な日常的行為を現になし得ているのかという行為の成立構造が、人間存在の空間性と時間性に基づいて論じられていた。それは、間柄における「全体によって規定される個」という側面に関わる問題として位置づけられる。

それに対し第三章では、「間柄」概念に基づく社会哲学・共同体論が展開される。そこでは、間柄における諸個人がいかに家族から文化共同体、国家にいたるまでの種々の共同体（「人倫的組織」）を段階的に形成し実現しているのかが具体的に考察されており、そうした諸共同体の間に成り立つ階層的な秩序が総体的に分析される。すなわち、間柄の「個と個が相寄って形成する全体」という側面が問われている。また第四章で展開される歴史哲学・世界史論では、世界史という場面での主体たる「国民国家」という共同体が注目される。その顕著な特徴として、国家が「自覚的」な存在である点が強調されるが（後述）、それはつまり国民国家を、和辻のヘーゲル論ですでに注目されていた「主体的全体性」として捉えることを意味する。その点で第四章は、間柄の「主体としての全体」という側面を問題化している。

以上より『倫理学』の第三章と第四章の関係は次のようになる。まず第三章では、有限な全体性としての共同体の構造が、「個と個が相寄って形成する全体」という観点から分析され、その最大規模の「国家」まで論じられていく。ただし後述するように、そこでの国家はごく形式的に論じられるのみで、その実質的なありようが具体的に議論されるのは、続く第四章である。国家は、特に文化共同体に基づく「国民国家」としてこそ実質的に存在するのであり、第四章ではそうした諸国民国家が「世界史」という場面においてどんな主体として存在するのかが問われる。——このように両者は、「主体的全体性としての共同体」の存在構造を問うという、広義の共同体論をともに構成するという点で、一体的に論じられるべきものだと位置づけられるだろう。

以下、こうした観点から『倫理学』後半部の読解に取り組んでいくことにしよう。

第一節　人倫的組織論の基本構図——公共性と私的存在の相対的関係から

1　共同体を「人倫的組織」として捉えることの意味

最初に、『倫理学』第三章で展開される共同体論の基本構図を確認することから始めよう。そこで注目したいのは、第三章の標題が「人倫的組織」とあるように、和辻は人間が作りなす社会的集団・共同体を特に「人倫的組織」という呼称で主題化している点だ。実際の論述のなかでは、「共同体」「存在共同」「共同存在」といった表現も頻出するが、それとはまた別の「人倫的組織」という言葉でもって、彼は人間の共同性を特に概念化している。この点に関する明示的な説明は見当たらないが、第三章の基本的な論述の仕方を見れば、その理由はある程度推測がつく。

第三章では、二人共同体、家族、親族、地縁共同体、経済的組織、文化共同体、国家という、人間が形成する様々な次元の共同体が段階を追って説明されていくが、その各段階の共同体・人倫的組織に関する記述は、基本的に次のような二段構えの論述になっている点が目を惹く。

まず、各共同体の構造分析として、成員同士の間での相互関係はどのようなものか、その関係を媒介するものは何か、などが論じられる。例えば成員の相互関係に関して、夫婦関係が「婚姻」という形で社会的に承認された男女関係であることや、親子関係が父と母と子からなる三者関係でありそこには代理不可能性があることなどが指摘される。また人間関係を媒介するものとして、経済的組織内で流通することで地域を超えた人間関係の形成を媒介する「経済財」や、文化共同体において人々を精神的に結び付けている「文化財」といった媒介物が取り上げられる。

また次に、この構造分析も踏まえて、各共同体の成員に相応しい「行為の仕方」がどのようなものなのかが併せて論じられる、という構成になっている。この「行為の仕方」に関しては、例えば、家族共同体における「夫婦の道」や「兄弟の道」、地縁共同体における「隣人の道」、経済的組織における「職分の道」、文化共同体における「友人の道」といった、共同体の各成員に付与されるそれぞれの資格（持ち場）に相応しい行為の仕方として、その内実が具体的に記述される[1]。こうした「行為の仕方」の具体的記述の試みは、『倫理学』第二章での文脈主義的行為論（つまり、人間の行為の仕方が、背景的文脈としての人間関係や共同性のありようとの相関関係において規定されていること）を踏まえたものだと理解できるだろう。

要するに、『倫理学』第三章で展開される共同体論では、各次元の共同体の組織のされ方や構造の分析だけでなく、その各成員の資格に相応しい「行為の仕方」（ないし「道」）が記述され探究されている。それは、単に社会科学的な観点から人間集団の構造を解明するだけでなく、さらに倫理学的な観点から、各共同体での規範的行為のあり方が問題化されているということであり、だからこそ第三章では、共同体が「人倫的組織」として主題化されているのだろう。本書第四章で見た「倫理」概念からしても、倫理と共同体（人倫）の間には切っても切れない関係があるのであり、和辻にとっての「共同体」とは、その成員たちの倫理的なあり方をも含めて問われるべきような、（彼の言葉で言う）「人倫的意義」を持った存在者として考察されようとしている。

和辻は、こうした「人倫的組織」として種々の次元で実現される共同体のあり方（その構造と成員の行為の仕方）を、階層的秩序（「層位的構造」［10: 413］）において分析する。人倫的組織は、男女の「二人共同体」に始まり、「家族」「親族」「地縁共同体」を経て、「経済的組織」「文化共同体」「国家」へ、という共同の規模の大小に応じた階層的秩序において把握される。またそこで、様々な段階にある諸共同体を統一的な観点から位置づけるために導入されるのが「公共性」と「私的存在」という対概念であり、それが彼の共同体論の重要な参照軸として機能している。続いては、この対概念を踏まえながら、共同体の階層的秩序について簡単に確認しておこう。

2　公共性の基準としての参与可能性と、その欠如態としての私的存在

「公共性」と「私的存在」という対概念は、『倫理学』第二章ですでに論じられていた。そこでは「公共性」概念が、「世間」という概念との関連でまず次のように説明される。

> 世間に知られるとか、秘密が世間に洩れるとかと言われる場合には、世間は何事かの知られる場面、何事かのあらわになる場面をさしている。［…］このような、「物事のあらわになる場所」としての世間の性格を、我々は公共性として言い現わすことができるであろう。［10: 152–3］

ここでは公共性は、「何ごとかが世間（世の中）において知られ、あらわになること」として、さしあたり規定されて

いる。そこで言う「世間」とは、主体的空間性の議論も踏まえれば、そこで何らかの人間関係が成り立っている主体的なひろがりのことだ。つまり公共性とは、そうした世間という共同的な場所で何ごとかがあらわにされ、そこにいる人々がそれを「ともに分かち合うこと（Mit-teilung）」［10: 160］において成立するものだという。

和辻はまた、この「世間にあらわになる」こととしての「公共性」を、「参与可能性」という観点から説明する。何かが「世間にあらわになる」とは、それが「世間にとって隠されていない」ということであり、さらには「それに接近しようとするすべての人に対して開放せられている」ことだと言い換えた上で［10: 157］、次のように述べる。

> 従って公共性の大いさは事実上それに参与する人の数量によってではなく、参与の可能性の大いさによって計られねばならぬ。世間にあらわにするとは、その世間に属するあらゆる人に参与の可能性を与えることにほかならない。これが公共性の主要な規定である。［10: 157］

何かが世間にあらわになっていることをもって「公共的」だと言うとき、その公共的な何かは、同じ世間に属するあらゆる人々に対して隠されることなく開放されており、それにアクセスし「参与」することが可能だとされる。公共性の大小は、その公共的な何かに参与できる人々の規模（つまり世間の範囲）に対応する。そこで和辻が注意を促すのは、こうした「公共的なものへの参与」は、実際にどれだけ多くの人が参与しているかという事実の問題ではなく、どれだけ多くの人が参与し得るかという可能性や権利の問題だという点だ。(2) 公共性の基準である「参与可能性」とは、同じ世間に住まう成員たちであればみな同様にそこでの公共的なものに参与可能だということを前提として、その成員たり得る人間の範囲がどれだけ開放的ないし閉鎖的かを測る基準なのだ。

そしてこの「公共性」概念との対比から、「私的存在」という概念が次のように規定される。――それはまず「公共性の欠如態」［10: 153］だとされる。欠如態とは「本来あるべきものが欠けている様態」のことであり、つまり公共性の欠如態としての私的存在とは「それ自身は本来は公共的だが、それが欠如した様態」である。こうした意味での「私的存在」は、それが本来は公共的（言い換えれば間柄的）である以上、人間関係から全く隔絶した「アトム的な個人」を意味するわけではない、という点が重要だ。この点に関して、和辻は『倫理学』第三章で、上述の参与可能性という観点からさらに次のように説明する。

従って絶対的に公共性を欠くもの、すなわち本質上私的なるものは存しない。内心に奥深く秘めた秘密というごときものも、他の参与を欲せずまた許さないがゆえに私的なのであって、絶対に他者が参与し得ないからではない。
［10: 333］

まず彼の「間柄」的な人間観からして、公共性を完全に欠く「本質上私的なるもの」（すなわち独立した実体としてのアトム的個人）の存在の可能性が否定され、「私的存在」の問題はアトム的個人の問題ではないことが明確にされている。ではそのとき、私的存在の「公共性の欠如態」という規定はどのように理解できるだろうか。

そこで導入されるのが、公共性の基準としての「参与可能性」という観点だ。それによって「公共性の欠如態」は、まず「参与可能性が欠如する」ことだと捉え直される。そして上述の通り、完全な私的存在があり得ない以上、参与の可能性自体が完全に消滅することもまたあり得ない。つまり、公共的に決してあらわにされ得ない秘私的なものは原理上存在せず、すべては可能性としては参与可能だということになる。では、その場合に「公共性・参与可能性の欠如」が何を意味するかと言えば、引用にもある通り「他の参与を欲せずまた許さない」ことであり、すなわち「私的存在は他の参与を拒み、顕《あら》わになることを否む点に成立する」［10: 333］と規定される。

以上から見えてくるのは、「私的存在」とは、アトム的個人といった何らかの個別的な存在者を指示する概念ではなく、「公共性」（ないしその基準としての参与可能性）がどれだけ欠如しているか、というその程度を示すための概念だということだ。何かが公共的であり、私的存在だと言うとき、それは相対的な程度の問題であり、和辻の言い方では「公共性は、人がその存在に他人の参与を欲しない程度に応じて、さまざまの形態において欠如する」[10: 158] ことになる。

この公共性・参与可能性の欠如の「程度に応じて」、間柄は「さまざまの形態」の私的存在として実現されることになる。まさにその公共性の欠如の程度に応じた形で、人々の形成する種々の共同体・人倫的組織は階層的な秩序をなす。この点に関しては、次のように説明されている。

> 家族、仲間、村落等の団体は、その成員に対しては公共的な場面であるが、しかしより大きい公共性に対しては私的存在の性格を担い得るのである。なぜなら、これらの団体もまた他の個人あるいは団体の参与を欲せず、あるいはそれを拒むことがあるからである。しかもこのような拒否はしばしばこれらの団体にとって本質的なのである。この点に着目して言えば、それぞれの団体がそれぞれの仕方において共同性を実現するに際して、それぞれ特殊な私的存在 [＝参与の拒否] を媒介として必要とするということになる。公共性がさまざまの度において欠如するのは、ちょうど共同性がさまざまの仕方で実現せられることにほかならぬのである。[10: 333–4]

『倫理学』第三章で論じられる、家族、親族、地縁共同体、経済的組織、文化共同体、国家、といった様々な次元の共同体は、いずれも各成員にとっては何かを共にする公共的な場所であり、成員にそこへの参与可能性が認められる、という点では同様だ。しかしその各共同体は、どんな範囲の人々にいかなる形での参与を認め・拒否するか、というその程度や様式の点で様々であり、それに応じて各共同体は互いにより公共的・より私的だという点で階層的秩序を形成する。引用中にもある通り、その公共性の欠如の仕方（参与の拒否の仕方）は共同体ごとに特殊であり、それこそが各共同体の構造的な特徴を本質的に決定づけるのだという。

以上をまとめれば、「私的存在」とは、「公共性の欠如態として共同存在の一つの様態」[10: 334] であり、その意味では、共同体はそのいかなる形態においても、程度の差こそあれ「公共性の欠如態」としての私的存在の側面を持つ（ただし後述する通り、「国家」はその例外とされる）。この私的存在の側面は、具体的には共同体の「閉鎖性」として現われてくる。それはつまり、「誰をその共同体の正規の成員（有資格者）として認め、誰を排除するか」という、集団の形成・維持にあたっては避けて通ることができない問題に関わる。そして、その閉鎖性のあり方（およびそれに応じた開放性のあり方）を検討していくことで、和辻は種々の人倫的組織・共同体の構造と、その成員の行為の仕方を順次論じていくことになる。そこで続いては、その人倫的組織のあり方に関する和辻の具体的分析について、ごく簡単に確認しておこう。

3　人倫的組織の諸段階——私的存在の止揚による公共性の拡大

以上に見た、参与可能性を基準とした公共性と私的存在という対概念を参照軸にして、和辻は各次元の共同体の構造分析を行なっていく。その分析にあたり特に注目されるのは、各共同体での公共性および私的存在の実現のされ方に応じた、その閉鎖性と開放性のありようだ。

例えば、愛し合う男女の二人関係（二人共同体）について、和辻はその閉鎖性と開放性を次のように説明する。——男女関係は、第三者の参与を厳密に拒むという点で極めて閉鎖的な私的存在だが、その共同体の成員である二人の間では「徹底的な相互参与」[10: 336] が求められており、そこでは「完全に「私」が消滅する」[10: 350] という事態、つまり完全な相互参与（公共性）が成立するという。この二人の間では互いに全てが隠されることなくあらわになっている、という点では公共的・開放的であって、和辻は男女関係のこうした閉鎖性と開放性のありようを、「顕著な私的存在でありながらしかもまた顕著に共同存在の実現を示している」[10: 336] と規定する。このように極端に私的ではあるが「自他の共同存在の形成」でもあるという点で、「男女の愛における共同存在は一つの人倫的組織である」として、その人倫性が説明されることになる [10: 351–2]。

以上のような閉鎖性と開放性のありようは、男女関係に特異な共同体の構造をまさに特徴づけるものになっているが、それはまた同時に、その共同体の成員に相応しい行為の仕方（「人倫の道」）がどんなものなのかも特徴づける。そうした関係にある男女には「徹底的な相互参与」と「第三者の徹底的な排除」が、従うべき行為の仕方として（全体性から）課されてくるのであり、二人がその資格に相応しい倫理的なふるまいを現になしていくことを通じてこそ、この共同体は人倫的な意義を持ったものとして実現されてくるのだという。

またこの男女関係は、婚姻という社会的な手続きを経ることで「夫婦関係」にもなり得るが、和辻はその関係を「婚姻によって世間（社会）の承認を受けた男女二人共同体」と定義する。つまり夫婦関係も「徹底的な相互参与」と「第三者の徹底的な排除」において成り立つ点では男女関係と同様だが、その関係が婚姻という形で世間（社会）からの公認を受けるという点で、その極端な私的性格が一定程度止揚され、より公共的な共同体が実現される、と位置づけられる。

『倫理学』第三章では、それに続くより規模の大きな共同体に関しても、基本的にはこれと同様の論法に従って、共同体の構造およびその成員の行為の仕方が論じられていく。

例えば「地縁共同体」とは、「隣人」同士の間での関係であり、「土地の共同」（それに基づく道具や技術の共同、そして労働の共同）を媒介として形成される、「家族共同体」や「親族共同体」よりも広い範囲での、その意味でより公共的な人倫的組織として位置づけられる。また、この地縁共同体の成員に相応しい行為の仕方として和辻が挙げるのは、「博愛」としての隣人愛である。それは具体的には慎みや遠慮、謙遜といった態度として現われてくるものであり、それによって隣人は互いに「他の私的存在に立ち入ろうとせず、また己れの私的存在を互いに他の面前において露出せしめぬ」［10: 466］という仕方でふるまうべきものとされる。こうした意味での隣人愛は、家族愛に比べその親密さや緻密さにおいて希薄だが、それは、隣人愛がより多くの人々に対して向けられ得るという点では開放的であることも意味する（それに比して家族愛は、それが親密なものであるその分だけ閉鎖的であることになる）。また、「土地の共同」を媒介とする地縁共同体がとり得る最大の規模（「可能的な広さ」）は、人々が日常的に共同し得る土地の範囲に制約されており（和辻はそれを「歩行約一日程」ないし馬で一日に往復可能な距離と見積もる）［10: 459］、その範囲の外側の人々に対する「他所者」意識という点では、地縁共同体は閉鎖的だとされる。

そして、地縁共同体のこうした地域的な制約を超えたより公共的な人間の存在共同は、一方では、「経済財」の生産・流通・消費を媒介として形成される「経済的組織」として実現され、他方では、言語や芸術・学問・宗教における共同的な「文化活動」および「文化財」の共有（「精神の共同」）を通じて形成される「文化共同体」として実現されることになる（最も公共的とされる「国家」共同体については、次節で改めて検討する）。

――以上の簡単な検討によって確認されたのは次のような事柄だ。家族、親族共同体、地縁共同体、経済的組織、文化共同体といった人間の共同存在の各種形態は、それぞれに独自の閉鎖性および開放性を帯びており、それが各共同体の構造を決定的に特徴づけること、そしてこの構造的特徴は、同時にその共同体の成員に課せられる規範的な行為の仕方（人倫の道）のあり方も規定することが、まず確認された。また、それらの諸共同体の間では、それぞれの閉鎖性と開放性に応じた一定の階層的秩序が成立しており、その各段階は基本的に「それぞれの『私』を去ることにおいて」実現され、その「去私の次元の高まること」を通じてより公共的な共同体が実現されてくる［10: 592］、という諸共同体の階層的秩序の成り立ちに関しても確認された（以上を踏まえての『倫理学』第三章の共同体論全体の概要を次頁の「表」に整理した）。

ただし前もって注意を促したことだが、『倫理学』後半部を統一的な観点から解釈するために本書で特に注目するとしたのは、「主体的全体性としての共同体」に関する議論という意味での広義の共同体論であり、それは『倫理学』第三章で展開される狭義の共同体論とは、その問題の位相が異なると言わねばならない。後者での共同体は、ある全体性をなすものとしては把握されていても、それ自身は主体的なものとしては把握されていないという点で、前者における「主体的全体性としての共同体」とはその「存在の仕方」が決定的に異なっている。

この「主体的全体性としての共同体」こそが和辻の共同体論における中心問題であることは、すでに本書第五章の最後で指摘しておいた。では『倫理学』後半部において、そうした意味での共同体は一体どこで問われているだろうか。――主体的全体性としての共同体が最初に主題化されるのは、まず『倫理学』第三章の最後にあたる「国家」の場面においてであり、それに続く第四章の議論は、そうした「国家」という主体的全体性の存在を前提として進められていくことになる。以下本章ではこうした見通しの下で、『倫理学』後半部における「主体的全体性としての共同体論」を再構成していくことになるが、そこでまず検討しておくべきは、第三章末尾で展開されていた「国家」論自体の位置づけである。

第二節　国家論の位置づけをめぐって

上述の通り『倫理学』第三章では、様々な次元の共同体（人倫的組織）のあり方が検討されるとともに、それら諸共同体の間での階層的秩序が、「公共性と私的存在」という参照軸に基づいて議論されていた。そして、第三章の最

その成員の行為の仕方

人倫の道	その特徴（行為の仕方）	具体例
男女の道		
夫婦の道	「夫婦相和」 ①徹底的な相互参与 ②徹底的に第三者の参与を排除	貞操、女の操、男の操、婦の道、夫の道
孝の道	「孝」 ＊「子の親に対する関係」が重視される	狭義の家族愛 …慈母（母の慈愛）、厳父、親孝行
兄弟の道	「友愛」（兄弟愛） ①寛容な性格 ②明朗・呑気な性格 ③開放的な性格	兄弟愛としての孝悌、悌順
家族の道	広義の家族愛 日常的な些事を媒介とした緻密・親密な存在共同を実現する点に、家族の人倫的意義がある	繊細な心づかい・いたわり
親族の道	相互扶助	冠婚葬祭（人生の大事）での存在共同において喜び・悲しみをともにする
隣人の道	「博愛」（隣人愛） 友愛の延長上にある、より開放的な人間愛 博愛による「私」の克服によって家族・親族よりも一層広範な存在共同を積極的に実現 →「公共的な世間」の実現	慎み・遠慮・謙遜等によって互いの私的存在を露出させないようにする 「郷党」（論語）への隣人愛
職分の道	自分の職分において（家族・隣人を超えた）広汎な公共的共同存在を実現	各職業における職分の自覚（…各自の職業において公共的な世間のために奉仕する）
友人の道	「信」（友情） ①最も開放的・一般的な人間の道（…信頼と真実の実現） ②生活の共同を必要としない「魂の交わり・精神の共同」	「朋友」（論語） 連歌や俳諧の共同制作 教団の信徒（…あらゆる資格を超越して人を同胞的兄弟的に扱う）
人格の道（民族の場面）	①人格＝友人たり得る人 文化的存在共同に参与し得る全ての人＝民族の成員 ②不特定多数の人々（人格＝民族の成員）に対する「信」	「学ヲ修メ業ヲ習ヒ智能ヲ啓発シ徳器ヲ成就シ」という道（教育勅語）
国家の成員の行為の仕方	国家は人倫の道の最小限度を「法」として立てており、その遵守が国家の成員（人格）には求められる ＊より実質的内容を含む「国民の道・国民道徳」とは区別される	「国憲ヲ重シ国法ニ遵ヒ一旦緩急アレハ義勇公ニ奉シ」（教育勅語） ①特に公職にある者の「滅私奉公」 ②国家の危急に対処する「義勇奉公」
国家自身の行為の仕方	主体としての国家は「万民をしておのおのその所を得しめる」ことが、その道として求められる	「正義即仁愛」の実現

表　人倫的組織のそれぞれの構造的特徴と、

人倫的組織	具体的形態	共同体の構造	その特徴（開放性・閉鎖性）
家族	男女関係	性的共同存在としての二人共同体	①二人の間では完全な相互参与 ②一方で第三者の参与は拒否 ③一つの超個人的な全体をなすという意味で、男女関係も人倫的
	夫婦関係	婚姻によって世間の承認を受けた二人共同体	①相互参与と第三者の排除は男女関係と同様 ②婚姻という形で社会からの公認を受ける点で、その私的性格を止揚
	親子関係	血縁関係による三人共同体	①厳密な相互媒介性（…三者の間での各二者関係はもう一者によって必ず媒介されている） ②代理不可能という点で閉鎖的
	兄弟姉妹関係 同胞共同体	三人共同体の複合化・立体化	①家族以外も「兄弟」と呼び得るという点で開放的（…他人の参与を拒まない） ②他方、親子関係を媒介とするため事実上の限界がある点で閉鎖的
	家族共同体	家族の三契機 ①性的存在共同 ②血縁的存在共同 ③「家」という空間	三つの存在共同（夫婦・親子・兄弟）を含む複合体
親族	親族関係	複数の家族が血縁関係・兄弟関係・婚姻関係によって媒介される	家族を超えた家族的な関係（…相互の家族生活の間に開放的な関係がある）
地縁共同体	隣人共同体としての小氏族、農村、町内、その組合、一地方としての「国」	「土地の共同」による家族を越えた共同体 →「世間」を構成	①家族・親族を越えた「隣り」との共同（土地、道具・技術、労働の共同）を実現する点で開放的 ②「可能的な広さ」に限界がある点では閉鎖的（…昔の「国」程度の広さが限界、「他所者」意識）
経済的組織	生産関係・分配関係 ＝「商品」の生産・流通における人間関係	「経済財」を媒介とした超地域的な人倫的合一 ＊本来は単なる利害関係でつながる打算社会ではない	①「財」の超地域性（…不特定の相手に対して奉仕し得る） ②財を媒介として地縁共同体を超えたより広汎な人倫的組織の実現が可能 ＊「独立した経済人」という方法上の仮説を事実と見なしてしまう近代的な錯誤への批判
文化共同体	友人共同体としての学校、芸術共同体、教団、民族	「文化・精神の共同」による家族・地縁を越えた存在共同	①「文化活動」と「文化財」の相互形成関係（…人々は共同的な文化活動を通じて文化財（言語・芸術・学問・宗教）を形成する一方、その文化財を媒介として結合する） ②地縁を超えた「友人」（…文化活動を共同で行ない、文化財において合一する者） ③文化の個性・特殊性における閉鎖性（…異端・俗物・野蛮人という発想を生む）
国家	原始国家 古代の世界帝国 封建制国家 近代国民国家 これから実現されるべき世界国家（人類の全体性の実現）	輪郭的・形式的な枠組 人倫的組織の人倫的組織、人倫の体系（…低次の諸共同体を自らの内に包摂し組織化する自覚的な統一体）	①「私を公に転ずる」という公共的な働きを担うという点で「公そのもの」（…他国との関係では閉鎖性があるにもかかわらず、国家には「私」性がないとされる） ②「私を公に転ずる」働きは、「法」の規定を通じて、国家に包摂される各種の中間団体に「それぞれその所を得させる」こととして機能する

後にあたる第七節「国家」では、「国家」という共同体がいかなるものであるのか、というその概念規定から記述が始まる。

しかし、こうした議論の始まり方は、そこまでこの第三章を読み進めてきた読者には、その議論の仕方が少々変わったという印象を与えるかもしれない。それまでであれば、例えば「家族共同体から親族共同体へ」という段階の移行にあたっては、親族という集団は、血縁関係・兄弟関係・婚姻関係によって媒介された複数の家族が相互に結合することによって形成される「家族を超えた家族的な関係」［10: 441］として、「家族」と「親族」という次元の異なる二つの共同体の相互関係を説明することから議論が始まっていた。言い換えれば、複数の「家族」が結合することにおいて家族の私的存在が止揚され、「親族」というより公共的な共同体が（言わば弁証法的に）実現されるというように、そこでは「公共性と私的存在」という観点から、人間の共同性がいかに成立・展開していくかが説明されていた。――しかし、ここで問題にしようとしている「国家」という共同体を論じる段階にいたっては、それが違ってしまっている。

第七節は、その前の節で論じられていた「文化共同体」の「私」的性格が止揚されることによって、より「公」的な「国家」が実現されてくる、といった説明としては始まっておらず、上述の通り、少々唐突な形で「国家」の概念規定（国家はいかなるものであるか）から議論が始まる。すなわち、「国家」という共同体がいかにして成立してくるのかという問題について、ここでの和辻は明確に論じることをしていない。なぜなのだろうか？

本書の解釈方針をここで前もって示しておくと、この「国家の成立」という問題は、『倫理学』第三章の国家論ではさほど主題的に論じられていないにもかかわらず、和辻の「主体的全体性としての共同体論」にとっては、極めて重要な位置を占めるものだ。その重要性の所以については以下で順次明らかにされていくはずだが、この「国家の成立」問題を考えるためにも、ここではまず、第三章の国家論での「国家」の概念規定の内実を確認することから、検討を始めよう。

1　「国家」という共同体の概念規定――「公」そのものとしての国家

「国家」の概念規定を検討するにあたり改めて想起したいのは、和辻の倫理学では共同体が「一つの有限な全体性」として把握される点だ。全体性としての共同体は、例えば家族や学校や会社組織といったある具体的な集団として存在するものであり、それは「絶対的全体性」とは明確に区別された「有限な全体性」と規定されていた(3)。そしてこの共同体の有限性という論点は、『倫理学』第三章の議論と接続させるならば、どれだけ公共的・開放的であっても「共同性は常に閉鎖性を伴なう」[10: 594]という主張につながっている。

和辻の共同体論では、こうした人間の「有限な全体性」がとり得る最大規模の形態が、基本的には「国家」という共同体だと考えられている(4)。この、人間にとって最大の公共性を実現する共同体は「国家」だとする和辻の見解は、次のように説明されている。

> 人間存在におけるさまざまの全体性はいずれも絶対的全体性の自己限定にほかならぬが、かかる有限な全体性のうちおのれの根源を自覚してこれを現実的な構成にもたらしたものは、国家としての全体性にほかならない。それは己れより低次のあらゆる全体性を己れの内に包摂するが、己れ自身はもはや他の有限全体性の内に包摂されない。
>
> [10: 605]

「空の存在論」からすれば、人々が自ら形成しその内に住み込んでいるあらゆる共同体は、いずれも「絶対的全体性(空)の自己限定」において、ある「有限な全体性」として具体化され実現されている点で同様だが、「国家」という共同体は、そのような構造自体を「自覚」しているという点で、極めて特異なものだという（その「自覚」の内実は後述する）。またここでは、「国家」が人間の実現し得る最大の共同体であるという主張の含意が、他の諸共同体との「包摂」関係から説明されている点も注目される。つまり、他のあらゆる共同体を包摂し、それ自身は他によっては包摂されることがないという意味で、国家は最大の共同体だと規定される(5)。

和辻はこうした「国家」の概念規定において、特に「自覚」および「包摂」というポイントに着目している。これらが「国家」の構造の説明にどう重要なのか、次の一節を見てみよう。

> 国家が以上に取り扱って来たさまざまの共同体と異なるところは、それがこれらの共同体すべての統一だという点にある。国家は家族より文化共同体に至るまでのそれぞれの共同体におのおのその所を与えつつ、さらにそれらの間の段階的秩序〔＝公共性の階層的秩序〕、すなわちそれら諸段階を通ずる人倫的組織の発展的連関を自覚し確保する。国家はかかる自覚的総合的な人倫的組織なのである。〔10: 595〕

ここでは「国家」の人倫的組織としての特異性が、それ以外の諸共同体との相違から、まず説明されている。和辻の倫理学では、「国家」より低次の段階にある諸共同体間での相互関係が、「より公的であるか、私的であるか」という基準に基づく公共性の階層的秩序として分析されていた点は既述の通りだ。それに対し、最高の公共性を実現するという「国家」は、単にその階層的秩序の頂点に位置するというだけでなく、そうした国家以前の諸々の「共同体すべての統一」であるという点がここでは特に強調されている。先の一節では、他の共同体を自身の内に「包摂」し、また自らの存在構造を「自覚」するものと規定されていた「国家」という共同体は、この一節ではさらに、自身の内に包摂する諸共同体を自覚的に「統一」しているような「自覚的総合的な人倫的組織」として規定されるにいたっている。

特に注目すべきは、こうした統一（つまり全体性）をなすものとして自覚的に存在することにおいて、この「国家」という共同体は、まさに本書の意味での「主体」として把握されようとしている点だ。「国家」という共同体の特異性は、それがまさに自覚的に存在する「主体的全体性」として把握可能だという点に求められる。「主体的全体性としての共同体論」を重視する本書の解釈方針からすれば、『倫理学』第三章で展開される（狭義の）共同体論での最重要の論点は、「国家」という段階にいたって初めて、人間の作りなす共同体（人倫的組織）は一つの自覚的な主体的存在者として存在し始める、という議論の内に見定められる（逆に言えば、国家以前の諸共同体は、全体性をなすものではあっても、決して自覚的・主体的な仕方で存在するものではない）。

では、こうした自覚的・主体的な全体性としての「国家」という共同体は、自身の内に包摂する種々の中間集団をいかに「組織化」［10: 596］して、その統一を形成するのか。それは先の引用では、包摂する諸共同体が構成する公共性の階層的秩序（「段階的秩序」）を「自覚・確保」し、「それぞれの共同体におのおのその所を与え」ることを通じて、と言われていた。この「おのおのその所を与える」ことこそが、「国家」という主体的存在にとって最も重要な働きだと規定されている点を、いま少し検討しておこう。

この「おのおのその所を与える」働きは、「「私」を「公」に転ずる運動」［10: 597］であるともいう。和辻の挙げる例では、国家の定める婚姻制度によって男女関係が夫婦関係として公認されるという事態は、国家が自身の内にその関係を適切に位置づけることによって、より私的な男女関係がより公的な夫婦関係へと転じた、ということを意味する。つまり国家による「おのおのその所を与える」働きを通じて、「我々は常に私的存在が公に転ぜられ、人倫の体系の一契機として生かされる」［10: 597］ことになる。

和辻の見解では、こうした国家の「私を公に転ずる運動」それ自体は「「公」そのもの」［10: 597］であって、この運動に限って言えばそこには「私」的性格が一切ない。もちろん、「他国」の存在からしても明らかなように、「国家」もまた、異国人の排除といった私的性格を帯びた有限な全体性であることは、他のより低次な共同体と同様である。しかし、にもかかわらず彼が「国家のみがその閉鎖性にもかかわらず「公」そのものと呼ばれ得る構造を持っている」[10: 594] と主張する根拠は、ここに見た国家の「私を公に転ずる運動」が帯びる、純粋な公共的性格に基づく。

さて、以上に見た「国家」の概念規定から、人間の諸共同体が構成する階層的秩序のどこに「国家」が位置づけられるのかは、いまや明白だろう。それは単に、公共性を基準とした階層的秩序の頂点に位置するだけでなく、他の共同体によっては包摂され得ない最大の（しかしなお有限な）全体性として、そして、国家以前の段階の諸共同体およびその成員を、自身の内に適切に位置づけることで、それらの間での階層的秩序自体を組織化しそもそも可能ならしめるような自覚的・主体的な全体性として、「国家」という共同体は概念規定されている。そのように規定される「国家」は、他の諸共同体がなす階層的・相対的な秩序のなかに組み込まれるものとしてではなく、むしろその諸共同体のあり方を規定しそれらの間の相互関係自体を成り立たせているような、「輪郭的・形式的」[10: 597] な枠組のようなものとして提示されている[6]。こうした形式的な枠組としての共同体である点に着目して、和辻は「国家」を「人倫的組織の人倫的組織」ないし「人倫の体系」と総括的に定義する [10: 596]。

2　「国家の成員の行為の仕方」および「国家自身の行為の仕方」について

この国家論では、『倫理学』第三章の他の共同体に関する議論と同様、共同体の構造分析だけでなく、そこに所属する成員に相応しい行為の仕方についても一緒に検討されている。

この「国家の成員の行為の仕方」は、基本的に「法・法規」によって定められているという。国家は「法」という形で、包摂する諸共同体の外形を規定することで、それらを自らの内に適切に位置づけると同時に、各共同体の成員の「行為の仕方」をも規定している。上述の婚姻制度もその一例だが、そこで国家が行為の仕方をどう規定しているかは、次のように説明される。

> しかし〔国家は〕夫婦の道としての行為の仕方を法によって強制するのではない。〔…〕国家は〔法によって〕一面においては婚姻そのものを崩壊せしめるごとき反婚姻的な行為を禁じ、他面においては婚姻を存立せしむべき最小限度の行為を命ずる。これが守られても婚姻が人倫的に実現されないということはあり得るが、しかしこれが守られなければ婚姻の人倫的な実現は全然不可能である。ちょうどその個所に国家はその力を現わしてくるのである。[10: 601]

ここで和辻が注意を促すのは、例えば夫婦関係に関して「法」が定める行為の仕方は、その関係が成立し得る「最小限度の輪郭」[10: 596]にとどまり、それはある特定の「夫婦の道」のあり方（例えば、社会的に望ましい一定の夫婦像など）を強制するものではないという点だ[7]。つまり国家の法は、その内部の各共同体が成立し得る最小限度の外形的な輪郭（言わばその必要条件）を規定するのみで、それは各共同体の「それぞれの段階の構造やそれに則した行為の仕方などを遺漏なく規定しているわけでは決してない」[10: 596]。

――さて、以上に見たのは、国家に包摂される各共同体の成員に相応しい「行為の仕方」が、国家の法によってその輪郭を規定されているという点だが、それに加えて、「国家」という共同体に所属する成員として要求される「行為の仕方」もあるはずだ。それは言わば「国民の道」とでも呼ばれるべき行為の仕方だと思われるが、不思議なことに和辻は、この『倫理学』第三章の国家論ではそうした言い方を採ることはなく、「国家において規定せられる個々の成員の行為の仕方」［10: 620］という、非常に形式的で説明的な言い回しを用いる。

そして、この国家の成員に求められる行為の仕方の中身についても、「国家は人倫の道の最小限度を法として立てた」［10: 620］とあるように、極めて外形的・形式的なものとして位置づけられる。また、さらに不思議に見えるかもしれない点だが、このように形式的なものと規定される「国家の成員の行為の仕方」の内実を説明するにあたり和辻が参照するのは、教育勅語にある「国憲ヲ重シ国法ニ遵ヒ一旦緩急アレハ義勇公ニ奉シ」という記述だった。現代のわれわれから見れば、教育勅語とは、日本のある特定の時代の道徳（ないし道徳教育）のあり方を象徴するような、その意味で強い時代的制約を負った特殊な道徳（行為の仕方）の代表例と思われるものだが、和辻自身の評価としては、教育勅語には国家の成員としての「当然の行為の仕方」［10: 620］が端的に示されているという（彼は戦後になってもこうした見解を変えていない）。

ただ、彼が教育勅語の内に読み取る「国家の成員の行為の仕方」は、実際、非常に形式的なものだ。国家の成員にとって、まず「国憲を重んじ国法に遵う」ことは最小限度の当然のことだとされる。それは、国事に携わる公職にある者（政治家や公務員）にとっては特に重要な義務であり、「公の職務が無私の態度によって法の通りに実現される」ために、特に彼・彼女らには「滅私奉公」という規範が課せられているという［10: 621］。また、国家の成員にもう一つ求められるのは、国家の危急の事態に対処するための「義勇奉公」だ。この点は、「国家が人倫的組織である限り、その危急は人倫の道の危急であり、それを救うための勇気はまさしく道義の勇気としての義勇である」［10: 622］と説明される。[8] そして現実の世界を見るに、これらの行為の仕方は、特に「平等な国民」の存在を前提とする近代国民国家では共通して、基本的・形式的な義務になっていると言えるだろう。和辻はそれを自身の倫理学の立場から理論的に記述していた、ということになる。

彼は最後にまとめとして、「国家の成員がいかにすれば忠良の臣民たり得るか」［10: 622］と問いかけ、それに対し、

「家族より地縁共同体文化共同体を通じて国家に至るまでのあらゆる人倫の道を実現しなくてはならない」［10: 623］という回答を示す。要するに、われわれは国家の一員であると同時に、国家に包摂される諸共同体の一員なのでもあって、そのそれぞれの持ち場・資格に相応しい仕方で行為していくことこそが、国家の成員に求められる行為の仕方だということになる。これは、『倫理学』第二章で提示された文脈主義的な行為論・責任論からしても当然の帰結であるように思われるが、「当然」に見えるその分だけ、それは一般的・形式的（もっと言えば実質のない空虚）な当為でしかない、と言うこともできるだろう。

――また、この「国家」共同体における「行為の仕方」をめぐっては、もう一つ確認を要するより重大な論点がある。すなわち『倫理学』第三章の国家論では、国家の成員の行為の仕方だけでなく、「国家自身の根本的な行為の仕方」［10: 623］が論じられている点がさらに注目される。

なぜ国家自身の行為の仕方が問題化されるのかと言えば、それは先述の通り、和辻が「国家」という共同体を自覚的に存在する主体的全体性として概念規定していたことに対応する。国家自身も主体である以上、それ自身に相応しい「行為の仕方」があるはずで、それは「万民をしておのおのその所を得しめると言い現わされているあの人倫の道」［10: 623］だと規定されている。この行為の仕方自体もまた、先に確認した、国家の「私を公に転ずる運動」に対応していると言えよう。そこでは国家は、自らの内に包摂する各種の中間的な共同体に「それぞれその所を得させる」ことにおいて自身を自覚的に組織化している、とその構造が分析されていたが、「国家を主体として捉える」という観点からすれば、そうした国家の構造ないし機能それ自体が、主体としての国家に求められる行為の仕方として位置づけられる。そして和辻の国家論では、その実現こそが「正義」だと規定されることになる。

さて、以上の国家論の検討から、次の二点がさらに検討されるべき問題として浮上してくる。

まず、『倫理学』第三章で展開されていた狭義の共同体論では、「国家」という段階にいたって初めて、共同体は自覚的な主体的全体性として存在し始める、と把握されていた。国家とは、自身の内に包摂する種々の中間集団を自覚的に組織化するような主体的存在であり、その点でそれ以前の段階の共同体とはその存在の仕方が全く異なってしまっている。またそこからこそ、先に提起した「国家の成立」問題は、第三章では十分な回答が示されなかったのだということにもなる。国家という共同体は、それが主体として存在するというその存在の仕方の決定的相違ゆえに、文化共同体の次元までの諸共同体とはまた別の仕方でその成立構造が説明されねばならないのであり、それこそが続く第四章で理論的に考察されるべき課題となってくる。

もう一つの問題は、この課題とも密接に関連するが、和辻における「国民」という存在の位置づけに関わる。先に指摘した通り、和辻は第三章の国家論の枠内で論じられる「国家の成員の行為の仕方」と、「国民の道」（ないし国民的当為、国民道徳）と呼ばれるべきものとを明確に区別していたと思われる。前者の「国家の成員の行為の仕方」の内実は、「国家内の種々の共同体において、それぞれの持ち場で各自がなすべきことを果たすこと」とでも要約できるような、非常に形式的な規定に尽きていた。それに対し後者の「国民の道」は、国家の成員たちが様々な歴史的経緯や風土的環境といった諸条件の下で形成してきたような特殊・特異なものだという点で、より具体的で実質的な内容を含む行為の仕方であるはずだ。しかし第三章の国家論では、「国家」が外形的・輪郭的な枠組として概念規定されていたことに対応する形で、「国家の成員の行為の仕方」もまた形式的に規定されるにとどまっており、またそもそもそこでは、「国家の成員」に関しては問われていても、「国民」という存在自体はまだきちんとした形で主題化すらされていなかった。そしてこの、歴史的・風土的な特殊性を帯びた主体的存在としての「国民」に関しては、続く第四章で積極的に問題化されるのであり、またそこでこそ「国民の道」に関しても、「国民道徳」ないし「国民的当為」の問題として論じられることになる。

第三節　民族と国家の関係から

そこで次に確認したいのは、『倫理学』第三章から第四章への問題の移行がどのようになされるのか、についてである。それは言い換えれば、第三章の国家論では単に形式的に規定されるにとどまっていた「国家の成員」が、いかにして「国民」という具体的な存在者として考察可能になるのか、という問題でもある。それを考える手がかりになると思われるのは、和辻が「国家」と「民族」の関係をどう考えていたのか、という論点だ。

1　文化共同体としての「民族」の独自性

『倫理学』第三章の狭義の共同体論では、「民族」は文化共同体がとり得る最大の形態として位置づけられている。そこで民族が文化共同体の一形態とされていることからも明らかなように、和辻は「民族」という共同体を規定するにあたり、その紐帯がもっぱら「血統的統一」ではなく「文化の共同」[10: 586] に基づく、という点を強調する[9]。

そして、「言語活動は、その最も広い輪郭においては、一つの特殊な言語体系を作ることにおいて民族を作る」[10: 534] とあるように、文化共同体が実現し得る「文化の共同」の最大の範囲は、基本的には「言語の共同」[10]が可能な範囲によって限界づけられており、その最大の範囲においてまさに「民族」共同体が形成されているという。この論点は、本書の第一章で見た、「民族の言語であること」を言語の本質的特徴と見なす和辻の表現主義的な言語観にも対応していると見なせるが、ここでの共同体論の文脈からすると、「言語の共同」の範囲に限界があることは、すなわち民族（文化共同体）の閉鎖性を意味する、という意味で重要となる[11]。

この閉鎖性からこそ、文化の特異性や文化共同体の個性も、次のように考察可能になる。

文化共同体に右のごとき閉鎖性を認めることは「開いた社会」の主張者からは強く反対せられるであろうが、しかしこれを認めなければ文化共同体の個性の問題は充分に解き得られないと思う。この個性はそれぞれの文化の特異性に基づくものであり、そうしてその特異性は人間存在の風土性、歴史性に基づくものとして改めて考察さるべきものであるが、とにかくそういう個性を持った一定の「性格共同体」としてのみ文化的共同は実現され得るという事態は明白に認めておかなくてはならない。［10: 585］

まず注目されるのは、「文化共同体の個性」は「文化の特異性」に基づき、さらにそれは「人間存在の風土性、歴史性」に基づくとされる点だ。この風土性・歴史性は、まさに『倫理学』第四章で主題化される問題であり、そこで民族共同体の個性の問題が改めて考察されることが予告されている。つまり『倫理学』第三章から第四章への移行に際しては、「民族の個性・独自性」という問題が一つの重要なポイントとなってくる。

また、この一節にはさらに注意すべき論点がある。和辻は後で見るように、「諸民族が保持する文化の独自性を最大限尊重すべき」という歴史哲学的立場を表明することになるが、その独自性が言語の共同によって限界づけられる民族の閉鎖性（その私的存在の側面）と表裏一体だと考えられていた点は、注目に値する。つまり諸民族の文化は、それが独自だというそのこと自体に価値があるとされる一方で、この一節にもある通り、その独自性は民族の閉鎖性に基づくという点では、共同体論における「公共性」という参照軸から見れば、否定的・消極的に評価される側面も同時に持っていることになる。このことが、和辻の広義の共同体論にとって持つ意味合いについては、以後の検討で重要な論点となってくる。

2　民族と国家の関係から「国民国家」の問題へ

文化共同体としての民族は、言語をはじめとする「文化の共同」において独自性（および閉鎖性）を持った集団として成立する、と説明されていた。この「民族」共同体に関して、和辻はさらに「国家」との対比から次のような興味深い規定を付け加えていた。すなわち、「文化の共同」において成り立つ「民族」共同体の段階では、「「歴史」の共同、「政治的運命」の共同、「法制」の共同」［10: 586］はまだ成立しておらず、それらは「国家」の段階で初めて成立する、と規定されている。政治や法の共同が国家の段階で実現されるという主張は比較的理解しやすいが、[12]「歴史の共同」が民族ではなく国家の段階で初めて実現されるというのは、なぜなのだろうか。

「歴史」をめぐる問題は、以下の議論で極めて重要な論点となるものであり、その詳細は次節以降で、和辻自身が『倫理学』第四章で展開する歴史哲学や世界史論も踏まえた上で、改めて検討することになる。ただし、ここで注目した「歴史の共同」の問題に関しては、『倫理学』第三章の段階でも、次のような記述を手がかりにすることである程度の考察が可能だ。

> 歴史の問題は、我々の立場においては、人間存在の時間性が人倫的組織を通じて具体化し来たった段階、すなわち人間存在の歴史性の段階において取り扱われる。従って歴史が現われるためには民族はさらに己れを国家にまで形成しておらねばならぬ。もちろん国家に己れを形成した後にも国家の実体としての民族は考察され得るのであり、従って国家において成立して来る歴史を民族の歴史として取り扱うことはできるであろう。しかし民族は国家以前にもあり得る。かかる民族における存在の時間性はいまだ歴史性となってはいない。［10: 586–7］

ここでの中心的な論点は、歴史（歴史性）が「民族」の段階ではまだ成立しておらず、それは民族が自らを「国家」として形成する段階において初めて成り立つ、という点にある。[13] その意味で民族とは自らを国家として形成し得るような共同体であり、またその形成後にも民族は「国家の実体」（つまりその内実）をなすものとして考察可能だという。こうした「民族」の規定は、「国家」が形式的・輪郭的な枠組として規定されていたことと呼応しているはずだが、そこで特に重要なのは、「歴史」という論点への注目から、「民族が自らを国家として形成することにおいて歴史が成立してくる」という形で、「民族と国家の関係」が主題化されている点だ。

ところで、「民族」（を含めた国家以前の共同体）と「国家」の間での決定的な違いとは、先述の通り、国家という段階にいたって初めて、共同体は自覚的な主体的全体性として存在し始めるという点にあった。その意味では、「民族」共同体自体は自覚的な主体的存在ではないが、その一方で和辻は「民族」を規定するにあたり、自らを自覚的主体（つまり国家）にまで形成し得るような潜在的可能性を持つ共同体として位置づけていたのだと思われる。それが最も如実に示されているのは、特に「宗教」という文化活動を念頭に置いて書かれた、次の一節だ。

> 人間が初めて神聖なるものを自覚する場面は民族であり、その自覚を通じて神あるいは神々として把捉せられるものは民族の生ける全体性である。芸術も学問も初めはすべてここに集中して活動し、宗教の共同体が同時に芸術の共同体、学問の共同体の意義を担っていた。我々はここに最も端的な、民族の全体性の姿を見ることができるであろう。[10: 588]

ここでまず注目されるのは「民族の生ける全体性」という言い方だ。「生ける全体性」という発想自体は、本書第五章の最後で和辻のヘーゲル論を見た際に言及したが、それはまさに広義の共同体論で問題化されようとしている「主体的全体性」（つまり有機的に自己組織化していく全体論的構造を持った主体的存在）としての共同体という発想に直結するものだった。

そしてこの一節で重要なのは、民族という文化共同体（特にそこでの宗教活動）において初めて、「生ける全体性」としての主体的全体性が（特に神ないし神々として）「自覚」されてくるという点だ。(14) なぜ重要かと言えば、民族の場面での生ける全体性の自覚こそが、自覚的な主体的全体性としての国家が成立してくる、その直接の端緒として位置づけられるはずだからだ。つまり「民族」という文化共同体の段階において、その各成員が「民族の生ける全体性」を種々の文化的象徴（文化財）において自覚し始めるようになることと、「国家」の段階において、その全体性自体が一つの自覚的な主体として存在し始めることとの間には、何らかのつながりがあると考えられる。和辻自身はこのつながりを、「国家として己れを形成せる民族」のことを「国民」と呼ぶ、という形でさしあたり説明していた［10: 587］。

以上に確認した、「自覚的となった民族が国家を形成して国民となる」という基本構図は、当面の問題である「国家の成立」問題を考える上でも重要な手がかりになるはずだが、こうした民族・国家・国民の関係性については、『倫理学』第三章ではそれ以上の詳しい説明は特に見当たらない。そこで補足的に参照したいのは、『倫理学』後半部の議論と同様の問題圏に属する和辻の著作『近代歴史哲学の先駆者』(15)（一九五〇年）での、次のような一節だ。彼はそこで、ヘルダーの「国家」観を批判するという形で、自身が考える「民族と国家の関係」について述べている。

［ヘルダーにとっての］国家は、人間性の実現であるよりも、むしろ激情の支配に過ぎない。［…］彼自身の本来の傾向から言えば、一つの民族がその人倫的組織の完成として国家を形成するところに国家の意義を見いだすべきはずであった。そうして実際にまた彼は、国家の最も自然的なのは、一民族が国家を形成することであり、国家の最善

の秩序は、自然的秩序である、とも言っているのである。[6: 418]

和辻の理解する限りでは、ヘルダーは国家を「人為的な契約社会」として社会契約説的に（誤って）捉えており[16]、そのような国家を非人倫的だと批判していたのだった。しかし和辻に言わせれば（そしてヘルダーの「本来の傾向」からすれば）、国家とは「一つの民族」の共同性の完成として形成されるべきものだ。和辻はこう述べることで、「最も自然的」な国家のあり方として、一民族が国家を形成する「国民国家」を重視する、という立場を鮮明にさせている[17]。

そうだとすると、このとき「国家の成立」問題は、「ある一つの民族からなる、国民国家の成立」という（ある意味ではひどく常識的な）問題として考えるべきだということになる。そして、改めて『倫理学』第三章に立ち戻って考えてみれば、そこでの「国家」は、（自覚的・主体的な存在ではあっても）形式的・輪郭的な枠組として概念規定されるにとどまっており、ある独自の文化を共同する「民族」といった具体的な人間集団が歴史的に形成していく「国民国家」としては考察されていない、という点が気づかれてくる。また当然ながらこのことは、当の和辻自身にも自覚されているのであり、第三章の末尾あたりでは次のような記述が見られる。

しかし、このような世界史がいかなる構造を持つか、その中で行なわれる国家と国家との連関や組織が具体的にはいかなる形態を持つか、などの問題は、我々にとっては次章［＝第四章］の問題である。それぞれの国民国家の特殊性の問題も、この世界史の流動の場面において、初めてその根源よりする解明を得ることができる。[10: 620]

ここで和辻が強調するのは、単なる形式的枠組としての「国家」とは別の、特殊具体的な存在者としての「国民国家」の問題は、『倫理学』第四章で検討される「世界史の流動の場面」で改めて考察しなければならない、という点だ。それは、「ある民族が自らの国家を形成して国民となる」という「国家の成立」問題は、ここで言う「世界史」の場面で問うべきだということを意味する。「国家（国民国家）」とは、他国の存在を前提とし、その他国との様々な交渉（それが世界史の内実を構成していくわけだが）のなかで初めて成立してくるような共同体として位置づけられている。そのことからしても、「国家（国民国家）」という共同体の成立構造に関しては、国家以前の段階の共同体とはまた別の仕方で考察されねばならず、和辻の国家論は、「国民国家の成立」を問うにあたって、その成立の場面としての「世界史」に関する考察を要請することになる。

――以上を踏まえれば、先に問題化した『倫理学』の第三章から第四章への移行は、次のように整理できるだろう。第三章では形式的に概念規定されるにとどまっていた「国家」という主体的な存在が、「民族」としての文化共同体を基盤として、いかに自身を「国民国家」として自覚的に形成するのかという「国民国家の自己形成構造」が、第四章での主たる理論的な問題になるはずだ。和辻はそれを特に、「世界史の場面において、民族共同体がいかに国民国家へと自覚的に自己形成するのか」という問題として考察していくことになる。続いては、こうした観点から『倫理学』第四章の読解に取り組むことにしたい。

第四節　世界史の哲学から見た「国家の成立」問題

1　『倫理学』第四章の概要――どの論点に注目すべきか？

『倫理学』の最終章にあたる第四章「人間存在の歴史的風土的構造」を検討するにあたり、まずはこの第四章全体の議論の流れを、以下に示す目次に沿って概観することから始めよう。その上で、本書の課題にとって、第四章のなかのどの論点が特に重要なのかについて、おおよその見当をつけておきたい（目次内の明朝体の箇所は、筆者による補足的な見出しである）。

二　世界史第二期（ヘブライ民族、ギリシア、ローマ、インド、中国）

三　世界史第三期（イスラムからヨーロッパへ、近代国民国家から「一つの世界」の形成へ）

第五節　国民的当為の問題（…「一つの世界」の形成という当為のために）

①対内的な国民的当為について（特に日本に関して）

②諸国民の間の連関における、対外的な国民的当為について

最初に検討されるのは、章題にもある人間存在の「歴史性」および「風土性」である（第一節、第二節）。そこではまず、『倫理学』第二章で見た人間存在の「時間性」および「空間性」が、第三章で見た種々の段階の「人倫的組織」において具体的に実現されていると位置づけられ、それらは特に「国家」の段階にいたってそれぞれ「歴史性」および「風土性」として自覚されてくる、と規定されている。

そして、この歴史性と風土性は（時間性・空間性と同様）「相即」するとされており、そうしたある特殊な歴史性・風土性を自ら体現し、かつそれを自覚した具体的存在者として、「国民的存在」が主題化されるにいたる（第三節）。この段階にいたって和辻は、自身の倫理学の最後の検討課題を、「諸国民が世界史において担うべき当為とは何か」を考察することに設定し、それを「諸国民がその「多様の統一」において「一つの世界」を実現すること」だと見定めることになる。

そこで次に、この当為が人類の歴史のなかでいかに実現されてきたのかが検討される（第四節）。それは具体的には、様々な国民的存在を登場人物とした世界史の叙述という形で提示される。この叙述を通じて和辻が改めて確認するのは、世界大戦という否定的な形ではあれ世界が一度は一つになったことにおいて、「互いに補い合う調和的」な「一つの世界」の形成という課題が、ますます「人類全体の前に今や痛切な当為の問題として」立ち現われてきている

[11: 344]、という時代認識だ（こうした議論の背景には、無論、第二次世界大戦の敗戦後間もない時期という時代状況があった）。

それを受けて最後に検討されるのが、この「一つの世界の形成」という課題の実現のために諸国民はこれから何をなすべきか、という「国民的当為の問題」である（第五節）。和辻はそれを特に、日本国民に固有の問題に即して論じており、それゆえこの箇所は倫理学の理論的考察というよりは、日本という国民国家に包摂される諸共同体のあるべき姿や、その国民性がいかに改善されるべきかといった、より実践的な問題に関する考察となっている点が特徴的だ。

――さて、『倫理学』第四章は以上のように概観できるが、そのなかで本章で特に取り上げて検討すべきは、一体どの論点だろうか。まず、「和辻の倫理学の理論的可能性を探る」という本書での基本方針からして、世界史に関する具体的な記述（第四節）や、日本の国民性の改良に関する実践的な議論（第五節）は、ここでの検討対象からは外すべきだろう。またここまでの議論で、和辻の広義の共同体論が、「世界史の場面における国民国家の成立構造」を問うべきものとして位置づけられたことを踏まえれば、『倫理学』第四章で特に注目すべきなのは、彼の（世界史も含めた）「歴史性」に関する理論的考察（第一節、第三節）だということになる。(18)

以上を踏まえれば、第四章に関する検討課題は次のように設定される。――『倫理学』第三章および第四章を、広義の共同体論（主体的全体性としての共同体論）として統一的な観点から捉えようという解釈方針に立つとき、第三章の検討を通じて浮上してきた「国家の成立」問題は、第四章では特に「世界史の場面において、自覚的な主体的全体性としての国家が、具体的な国民的存在としていかに自己形成してくるのか」という、国民国家の成立構造の問題として問われることが明確となった。そして、上述の第四章の概要からも明白だと思われるが、和辻において、国民国家の成立構造を考える上で最も重要な契機として位置づけられるのが、「歴史」ないし「歴史性」である。したがって、第四章の内に読み取られるべき「世界史の場面における国民国家の自覚的な自己形成構造」という理論的問題の考察にあたっては、まず和辻の「世界史」に関する歴史哲学的考察を確認した上で、そうした世界史の場面での諸国民の歴史性の自覚（「歴史的自覚」）が主体としての国民国家の自己形成構造とどう関わっているのかを検討する、という手順を踏むことにしたい。

2　「世界史の哲学」の変遷——歴史の意義・目的をめぐって

（1）歴史哲学上の二つの立場の対比から——「前後継起の秩序」と「並在の秩序」

和辻の「世界史の哲学」を検討するにあたり、その前提作業として、彼の考える歴史哲学の基本構図を簡単に確認することから始めよう。その歴史哲学上の立場を理解する上で重要なのは、ヘーゲル的な歴史哲学とヘルダー的な歴史哲学の対比である。両者は非常に対照的な仕方で歴史の意義や目的を哲学的に考察していたが、和辻は『風土』（一九三五年）の段階では、この両者の歴史哲学の特徴について、次のように説明していた。

> 我々はヘーゲルのごとく欧州人を「選民」とする世界史を是認することができない。欧州人以外の諸国民を奴隷視するのはすべての人の自由の実現ではない。世界史は風土的に異なる諸国民にそれぞれその場所を与え得なくてはならない。［8: 232-3］

ヘーゲルの歴史哲学は、「すべての人の自由の実現」という世界史において目指されるべき最終段階が、近代のヨーロッパ世界においてこそ実現される、といった「欧州人」を主人公とする世界史を構想するものであり、（今日ではこうした批判は当たり前のものになったが）そのヨーロッパ中心主義的とも言える歴史哲学に対し、ここでの和辻は非常に批判的だ。それに対置する形で彼が評価し選び採ろうとする立場が、ヨーロッパを特権化するのではなく、「欧州人以外の諸国民」にもそれぞれに固有の存在意義があることを積極的に承認し得るような（それが「それぞれその場所を与え」るということの内実だろう）、ヘルダー的な歴史哲学である。

和辻は、ヘルダーの歴史哲学が「個々の国民の価値個性を極端に力説したものである」[8: 220] 点を強調した上で、その思想の意義をヘーゲル的な歴史哲学との対比から次のように説明する。

> 彼［＝ヘルダー］にあっては国民はそれ自身の特殊性において独自の意義を持ち、人道の実現として完成せるものたり得るのである。だから個々の国民の姿をば、人類の究極目的への発展の単なる一過程として、ただ前後継起の秩序においてのみ見るのは、彼の極力排斥するところであった。それは並在の秩序において把捉せられなくてはならない。[8: 220]

ここでは、人類史ないし世界史を、その究極的な目的（例えば「自由」）の実現に向かって単線的に発展していくといった「前後継起の秩序」において捉えようとするヘーゲル的な歴史哲学に対置される形で、「並在の秩序」を重視するというヘルダーの歴史哲学が参照されている。

この「並在の秩序」は、さらに次のように説明される。

> ［ヘルダーは］究極目的の見地が国民の間に優劣を見、あるいは特定の国民を世界精神の意志の道具（すなわち選民）と見るに対して、個々の民族の個性を平等に尊重する。かくして国民は、その歴史的な業績においてよりも、特殊な唯一的な仕方で実現した特殊な生の価値において、すなわち国民性の実現としての生の価値において、世界史の対象とせられる。[8: 220]

世界史を「前後継起の秩序」において捉える歴史哲学では、「諸国民」の存在意義は、単に、ある究極目的がどれだけ実現されたかという尺度によって、その「優劣」が評価されてしまうことになる。それに対してヘルダーが重視したのは、諸国民を「並在の秩序」において捉えることで、「個々の民族の個性を平等に尊重する」ことだ。すなわち世界史上に登場する諸国民は、それぞれがその歴史のなかで独自の「国民性」を実現したということそれ自体に、他とは比較不可能なかけがえのない「価値」があるはずだと見なされる。こうしたヘルダーの歴史哲学は、それぞれに独自の個性を持った諸国民・民族が多元的に併存しつつ展開していく、というような多系的な歴史として世界史全体を捉えようとするものだった。

要するに『風土』での和辻にとって、単線的な発展論としてのヘーゲル的な歴史哲学は、そのヨーロッパ中心主義ゆえに許容できるものでなく、まさにその点において、諸国民の個性の平等な価値を説く多系的な発展論としてのヘルダー的な歴史哲学が、高く評価されていた。

(2)『倫理学』第四章での「世界史の哲学」の展開

ただし、戦後に刊行された『倫理学』下巻・第四章で示される和辻の「世界史の哲学」を見てみると、ヘーゲル的な歴史の目的論が必ずしも全否定されるわけではないことが見えてくる。

彼はまずそこで「歴史の意義」がどこにあるかと問うて、それは「人倫の実現」にあるとする［11: 66］。すなわち、狭義の共同体論（『倫理学』第三章の人倫的組織論）からしても、より広汎で公共的な人倫的組織を形成することには大きな意義が認められるべきであり、それは人類が世界史の歩みのなかで実現していくべき最も重要な課題として位置づけられる。ここでは、「歴史の意義・目的とは何か?」といった歴史哲学的な問いもまた、「人倫」の観点から問われるべきだという倫理学的立場が鮮明にされている。そしてこの「人倫」的な観点からこそ、（第三章では人間が現に形成し得る最大の共同体だとされた）「国家」よりもさらに公共的な人間の存在共同の可能性、すなわち「人類の統一の理念」［11: 68］が、「歴史の目的」として追求されるべきではないか、という歴史哲学的な問題意識が浮上してくることになる。

この点に関して和辻は、当時の時代状況を念頭に置きつつ、「世界戦争」という「否定的な道を通じて人倫的な世界秩序の要求はかえって強まって来た」とし、ここにおいて世界史はいよいよ「歴史の意義が人類の統一の理念において看取せられる」段階に到達したという［11: 73］。つまりこうした歴史哲学的考察を通じて彼は、「国家」を超えた共同体としての「人類の統一」という理念を、世界史において諸国民がその実現を目指すべき当為（つまり歴史の目的）として認めることになる。[19] まさにこの点において、彼は（先の『風土』では批判的だった）ヘーゲル的な歴史の目的論を完全に受け容れているかに見えるのだ。[20]

ただし、その一方で同時に強調されるのは、各国家・民族の発展の過程において、「どういう独自な文化が形成され、その独自性のゆえに歴史の全体の歩みのうちにいかなる意義を獲得するか」という点にそれぞれが担うべき「歴史的意義」があるとする、「独自性」の観点だ［11: 77］。この見方からすれば、「あらゆる個物、あらゆる個々の現象は、くり返され得ぬ唯一回的な個性をもつ」のであり、そのそれぞれが「唯一回的な独自な姿」をとるということそれ自体に価値があると見なされる[21]［11: 74］。すなわち、諸国家・民族が各時代において実現する独自性の意義を最大限に認めようとする点で、和辻は自身の世界史の哲学に、先述したヘルダー的な歴史哲学をも取り込み接合しようとしている。

では和辻の世界史の哲学は、以上のような、一見対立するかに見えるヘーゲル的な歴史哲学とヘルダー的な歴史哲学、つまり歴史を「前後継起の秩序」において捉えそこに何らかの目的があることを認める立場と、歴史の「並在の秩序」に着目して各時代の国家・民族の文化的独自性を尊重すべきとする立場とを、一体どのように折り合いをつけさせようとしていただろうか。そこで注目したいのは、実現されるべき歴史の意義・目的（当為）とされる「真の人類の統一」の内実が、より具体的にはどんなものとしてイメージされていたのかだ。

> 真の人類の統一は、そこに包含せられた民族や国家がもはや解放の要求を持たなくてすむような統一、すなわちそれぞれの民族や国家の個性を充分に尊重し、それに抑圧を加えることなく、その独自の使命をあますところなく成就せしめるような統一でなくてはならない。［11: 72］

つまり和辻の世界史の哲学で目指されるべき目的とされる「真の人類の統一」とは、あらゆる特殊性や個別性を一様化し同化した末に成立してくるような「抽象的統一」［11: 72］であってはならず、多様なもののその多様さが保持し尊重された上での統一性、すなわち「多様の統一」［11: 197］として提示される[22]。そして、このような人類が目指すべき理念に対応する形で、諸国家の人々がそれぞれになすべき当為（『倫理学』第四章の後半で「国民的当為」と呼ばれるもの）もまた、次のように規定されてくる。

ヘルダーが言う「個性・独自性の尊重」とは、「特殊な形態に形成せられたおのれのみを尊しとする立場」［11: 72］ではない。前に指摘した通り、文化の独自性とは同時にその閉鎖性を意味してもいるのであり、その点で国家・民族の個性は、その存在意義の根拠となるだけでなく、「その存在の限定を意味する」ことにもなる［11: 73］。またそうであるとすれば、諸国家・民族における「個性の自覚」は、単に自身の独自なあり方を自ら賞賛し愛でるといったことではあり得ず、むしろそれは「おのれの欠乏や不足の自覚」につながるはずだという［11: 73］。

そして、こうした「個性の自覚」において自らの存在の閉鎖性・限定性をも自覚することによってこそ、「他の民族や国家の長所に気づき、それを学び取ることによっておのれの短所を補うこともできれば、またその特性を尊重して相補的に協力することもできる」［11: 73］とする。和辻はそこにこそ、各国家・民族が担うべき課題・当為を見出すにいたっている。要するに、彼の世界史の哲学における国民的当為とは、「個性の自覚」を通じて「おのれを超えて成長し、新しいおのれを創造」しつつ、「それぞれ自主的に独自の使命を成就して行く」ことに存在し［11: 73］、それによってこそ、上述した「多様の統一」としての「真の人類の統一」の理念も実現され得るのだと主張される（このことは『倫理学』第四章最後の結論部で改めて提起される）。

以上をまとめれば、『倫理学』第四章で展開される和辻の「世界史の哲学」は、ヘーゲル的な歴史哲学（歴史の目的論）とヘルダー的な歴史哲学（各時代・文化の独自性の尊重）との両立を図った折衷案といった観を呈しており、そのことは特に、「歴史の目的・意義」という歴史哲学的な問題に対し、「多様の統一」という形でその回答が示されていた点に認められる。また、「真の人類の統一」という理念の実現のために、諸国家・民族がその「個性の自覚」を媒介として自らを発展させていくなかで、各自が世界史上において担うべき独自の「使命」を自覚的に果たしていくことが、「国民的当為」の内実として主張されていた。

ただし、こうした「世界史の哲学」や「国民的当為」の議論は、そこだけを取り上げてみれば、いまとなってはごく常識的な（もっと言えば凡庸な）議論に見えなくもない。そこにはもはや、それが当時の時代状況において持ち得た意義を思想史的に問うことにしか汲むべき点はないようにも見える。しかし、それでもなお『倫理学』第四章のなかに理論的に検討すべき問題を求めるとするならば、それは何なのか。――「主体的全体性としての共同体論」に注目するという本書の解釈方針からすれば、そこでさらに理論的に問われるべきは、「諸国家・民族がその個性を自覚する」というときの「自覚」が、いかなる構造において成り立っているのか、という問題であるだろう。この「自覚」の構造こそが、従前より主題化させつつあった「国民国家の成立構造」という問題にまさに直結してくるはずだ。そこで続いては、以上に見た「世界史の哲学」の基本構図を踏まえつつ、「国家の成立」という当初の問題に立ち帰ることにしよう。

3　世界史論の枠組における「国家の成立」問題

前節の最後で見た通り、「国家の成立」問題はまず「世界史の流動の場面」で考えねばならないのだった。では、この「国家の成立」問題は、本節で確認した和辻の「世界史の哲学」を踏まえることで、一体どのように考察可能となっただろうか。そこで重要な論点となるのは、彼の世界史論で改めて注目されていた、一定の個性や独自性を備えた「国民」という存在者に関してである。

「国民」が『倫理学』で明確に主題化されるのは、第四章・第三節「歴史性風土性の相即（国民的存在）」にいたってのことだ。『倫理学』第四章全体での第三節の位置づけを改めて述べれば、それは、前半（第一節、第二節）で展開されていた人間存在の歴史性・風土性に関する考察を踏まえて、その両者の存在構造上の「相即」を説く、という第四章の理論上の結論部分に該当する[23]。そしてこの相即において、ある独自の歴史性・風土性を自ら体現し、かつそれを自覚した主体的な存在者としての「国民的存在」が、次のように主題化されるにいたる。

> すなわち風土的に特殊に形成された人間存在のみが歴史を持ち、歴史的に特殊な伝統を担う人間存在のみが風土を持つ、といってよいのである。ここにおいてわれわれは、国家を形成するに至った人間存在が、唯一回的、唯一所的というごとききわめて顕著な個性をもって具体化されていることを、見いださざるを得ない。それをわれわれは国民的存在と名づけるのである。［11: 192］

国民的存在に関して、『倫理学』第三章の文化共同体論では、「国家として己れを形成せる民族」[10: 587] のことを「国民」と呼称する、とのみ言及されていた。それが改めて第四章で正式に規定される段階では、国民的存在が「顕著な個性」を持つ、という点が特に注目されている。つまり国民的存在とは、国家を形成するにいたった人々がその「国家の統一」という視点から、自身に固有の歴史と風土を自覚することにおいて成り立つものとされる。[24] 国家を形成した民族が国民的存在となるにあたって重要なのは、それが歴史のなかでも同じものが二度と生起しない「唯一回的」な存在であり、また風土としても世界のなかでそこにしかない「唯一所的」な存在だという点であり、そこにこそ国民的存在の「顕著な個性」が認められることになる。

このように国民的存在およびその個性・独自性を主題化した和辻は、さらにそれが自身の「世界史の哲学」においてどんな意義を持つか、という問題の考察に進む。まさにこの「国民の個性」の問題をめぐって、先述した世界史論の枠組が援用されることになる。そして彼はこの検討において、実質的には「世界史の場面における国家の成立構造」の理論的解明に取り組んでいる。

和辻の「世界史の哲学」において各国民が持つという固有の意義は、世界史全体の多系的な歩みのなかでそれぞれが何らかの独自性を持って存在する、ということ自体の内に承認されるべきものだった。ただし、そこでその価値が認められる「唯一回的唯一所的な個性」は、他方では国民的存在が「制限され、限定されている」(つまり閉鎖的である) ことを意味しており、その個性の自覚において、そこに避けがたく含まれる限定性・閉鎖性を絶えず「超克」していかなければならないとされていた [11: 193]。その意味では、国民的存在が世界史のなかで具体的に実現し自ら示してきた個性や独自性は、何か不変の文化的・民族的な本質といった固定的なものとしては考えられていない、という点がここでは特に重要である。

また、だからこそ和辻の「世界史の哲学」では、国民の個性の尊重は、その個性の「固定の尊重」[11: 195] になってしまうような「特殊性のための特殊性の尊重」［11: 196］であってはならないとされる。(25)特殊性に世界史的な意義が認められるのは、それが「普遍的な原理を実現する唯一の道」［11: 196］だからであって、特殊性それ自体が絶対的な意義を持つからではない。和辻は、「ある国民の特殊性の尊重は、普遍性のための特殊性の尊重でなくてはならない」［11: 196］と述べることでもって、「特殊性」と「普遍性」との間に一定の従属的な関係があるとする、彼自身の歴史哲学上の立場を明確に提示している。

ただし、そこで歴史における（言わば）目的の位置に置かれている「普遍性」とは、和辻の「人間存在論」や「空の存在論」から理解されるべきものだろう。ここでの普遍性とは、人間存在論での存在の根柢としての「者」の次元（空・絶対的否定性・絶対的全体性）に位置すべきものであって、何か普遍的なものがそれ自体として実体性をもって存在するわけではないはずだ。彼の人間存在論では、「普遍的原理はただ個性的なるものにおいてのみ具体的に実現される」のであり［11: 193］、世界内に存在するあらゆる存在者は、人間存在にとって普遍的な存在構造である「空の自己実現構造」に基づいて、個性的・特殊なものとしてそのつど限定されつつ実現されてくるのだった。

あるいは、ここで言う「普遍性」をここまでに提示した概念で言い直せば、それは「目的のようなもの」を介して把握される「本質のようなもの」としての「規範的なもの」だとも捉えられよう。それは、当初はその内実も定かでなく不確定的な仕方でのみ了解されているような何かであり、しかし、その了解する当人のものの見方全体（世界観・人生観から、種々の社会的通念、個別的な人間関係の履歴までを含む総体）の中核をなすような本質的な何かであり、さらには目的の位置にあって日常的行為を方向づけ、そうした諸行為を通じて次第に確定的な形姿を持った表現にもたらされてくるような規範的な何かのことだ。このように、規範的な何かが、人間存在の普遍的な存在構造に基づいてそのつど独自の仕方で実現され表現されているということそれ自体が、先述の「個性的なるもの」が世界史のなかでそれぞれに固有の意義を現に担い得ていることの、その存在論的な根拠となっている。和辻の「普遍性のための特殊性の尊重」という歴史哲学上の主張は、彼の存在論的立場から以上のように理解しておくことができるだろう[26]。

このような「普遍性のための特殊性の尊重」という観点に立つとき、「国民的存在の意義は、あくまでも他の国民との連関において、すなわちさまざまの異なった諸国民の世界史的連関のなかで、はじめて成立する」[11: 198] ことになる。つまり諸国民の存在意義は、その独自性において認められるべきものなのだとしても、その独自性自体は普遍性の表現ではあっても普遍性そのものではないという意味で、独自性に基づく存在意義はあくまでも相対的であるにとどまる。そして、この相対的な独自性を、世界史のなかで一定の意義あるものとして位置づけるために必要とされるのが、「他の国民との連関」という文脈なのだ。ここには、「人間の日常的行為を有意味にする背景的文脈としての人間関係（間柄）を重視する」という和辻の行為論における基本的発想が、「諸国民を主体とした国際関係」の場面にも適用されている、と見ることもできるだろう。そうした諸国民の間での個別的・具体的な交渉を通じて形成されてくる「世界史的連関」という文脈に照らしてこそ、それぞれの「国民的存在の意義」も明らかなものとなる。

では、こうした「国民的存在の意義」（その個性・独自性）を、国家自身はより具体的にはどんな形で自ら認識するのだろうか。この点については、さしあたり次のように説明されている。

> 自己の認識は必ず他を媒介とするものであるが、国家もまたおのれを自覚するためには他の国家との交渉をまたなくてはならぬ。そうしてそこに得られる自覚が、歴史的自覚として、歴史を形成するのである。[11: 28]

まず指摘されているのは、個人の次元での自己認識が他者の存在という媒介を必要とするのと同様に、国民が形成する国家もまた、自らに固有の存在意義を「自覚」するために「他の国家との交渉」、すなわち「世界史の場面」ないし「超国家的な場面」[11: 28] を必要とするという点だ。このこと自体はすでに上で確認済みだが、この一節でさらに注目すべきなのは、その国家自身の自覚がまずは「歴史的自覚」という形で生じてくる、とされている点だ。まさにここにおいて「歴史」の問題が前景化してくることに注意したい。

「歴史」に関する和辻の基本的な見解は、『倫理学』第三章でも指摘の通り、「歴史は国家の段階において初めて成立する」というものだった。それは先の引用での、国家は他国を媒介とした歴史的自覚を通じて「歴史を形成する」という記述に対応しているだろう。つまり国家は、自身の固有の存在意義を自己認識するにあたり、それを特に「歴史」という形でまず自覚するのだとされる（端的には「歴史は国家の自覚である」［11: 28］とも言われる）。

そしてここで、「国家」共同体のみが自覚的な主体的全体性として存在するということを改めて想起するならば、自覚的主体としての国家がいかに成立するかという「国家の成立」問題を考えるには、国家の自覚としての「歴史」の問題が決定的に重要だということになるだろう。そこで言う「歴史」とは、自覚が触発される世界史という場面を意味するとともに、そのなかで特異な軌跡を描きつつ存在する諸国家の、その固有の歴史を意味してもいるはずだ。したがって、そこでさらに問われねばならないのは、世界史の場面を背景として生じる国家の歴史的自覚が、自覚的主体としての国家自体の成立と、どのように関わり合っているのかについてである。そこでの要となるべき「歴史的自覚」の構造を解明してこそ、本章の中心問題だとした「国家の成立」問題に対しても十全な回答を示すことができるだろう。これが、和辻の主著『倫理学』をめぐって検討すべき最後の論点となる。

第五節　歴史－文化－共同体論――文化共同体の過去から国家の歴史へ

前節では、「国家の成立」問題が、世界史の哲学を踏まえた「世界史論」とも呼ぶべき枠組からどう考察されていたのかを検討した。そこから見えてきたのは、「国家は世界史の場面において、自らの独自の意義を「歴史」という形で自覚する」という構図だった。では、この国家の歴史的自覚は一体どんな構造において形成されてくるのだろうか。まずは、この問題に取り組むためのもう一つの枠組を準備するところから考察を進めよう。

1　「ヘーゲルをヘルダーによって改釈する」ことに基づく世界史論・共同体論

ここで改めて振り返れば、『倫理学』第三章の（狭義の）共同体論・社会哲学にしても、また第四章の世界史論・歴史哲学にしても、そのいずれも「ヘーゲルをヘルダーによって改釈する」という形でその議論の大枠が形作られていた、と解釈できるのではないか。

まず世界史論・歴史哲学に関しては、上述の通り、ヘーゲルではさほど問題化されていなかった「民族の個性」や「文化の独自性」を尊重すべきとする観点を、和辻はヘルダーを介して自身の世界史の哲学に導き入れていた。すなわち彼は、ヘーゲル的な単線的発展論をヘルダー的な多系的発展論から改釈するという形で自身の立場を編み上げることによって、「国家の成立」問題を解明するための「世界史論」という枠組を獲得していたのだった。

また、ヘーゲルおよびヘルダーからの影響は歴史哲学にとどまらず、それは『倫理学』第三章での共同体論・社会哲学にも及んでいたと思われる。そこでの共同体論は、その議論全体の構成にしても、また各段階の共同体の構造分析においても、基本的にはヘーゲルの『法の哲学』から大きな影響を受けていたと見てよいだろう。例えば『法の哲学』では、人間の共同体が、「家族」、「市民社会」（和辻のいう「経済的組織」）、「国家」という三段階において分析されているが、こうした構成は、すでに見た和辻の共同体論の構成にも一定の影響があったものと認め得る。

またヘーゲルは「市民社会」を、諸個人が各自の欲望に基づいて商品交換を行なう市場経済活動の場として規定したが、こうした「欲望の体系」としての市民社会をさらに「人倫の喪失態」として捉え返した点を、和辻は特に評価する。「人倫の喪失態」としての市民社会は、人倫と全く無関係なのではなく、喪失したという形で「人倫を前提とする」ものなのであって、「人倫は失われることを通じてかえって強く自覚せられる」という意味では、「人倫の喪失態は、人倫を回復する道程」でもあり得ることになる［10: 501］。要するに和辻は、ヘーゲルが市民社会（経済的組織）にも相応の「人倫的意義」があることを明確化した点を、高く評価している。その上で彼は、その「喪失」の主な原因を、近代経済学・経済哲学における「独立の経済人」という理論上の想定ないし「見方」が、「仮構」にすぎないにもかかわらず、誤って「現実的に通用している」ところに見て取り［10: 497］、批判している。[27]

さらに「国家」に関して言えば、ヘーゲルでは「国家」のみが、他に依存することなく自存し得る有機体的・自覚的・主体的な実体として規定されている。[28] そこで国家が担うべき主要な機能は、市民社会での「所有権の相互承認」を通じて生み出されてくる「個人の権利」という観念を制度的に保障することや、経済的な自由競争によって不安定になりがちな市民社会の秩序を保つことなどに求められている。[29] こうした、言わば「制度的な枠組を与える自覚的主体としての国家」という描像は、先述した和辻の国家論にも大きな影響を与えていたと見てよいだろう。[30]

ただし和辻は、ヘーゲル的な共同体論を踏まえるだけでなく、そこでの「経済的組織（市民社会）」と「国家」の二つの段階の間に、「文化共同体」（民族）という段階を持ち込むという形で、さらにヘルダー的な発想を自身の共同体論に導入していたのだと解釈できる。すなわち共同体論に関しては、和辻はヘーゲル的な「人倫の学」をヘルダー的な民族・文化共同体論によって改釈するという形で、自身の立場を形作っていたことになる。彼の共同体論は、ヘーゲルではさほど前景化されていなかった「文化」や「民族」に着目することで、「国家の成立」問題を解明するためのもう一つの枠組を獲得していたと言ってよいだろう。それこそが、「生ける全体性」としての共同体のあり方に着目する、広義の共同体論（主体的全体性としての共同体論）に他ならない。

以上をまとめれば、和辻は世界史論（歴史哲学）と共同体論（社会哲学）という二つの局面で、それぞれ「ヘーゲルをヘルダーによって改釈する」ことでもって自分自身の立場を編み上げていたことになる。それは、（形式的枠組であると同時に主体的全体性でもあるという）ヘーゲル的な「国家」の問題を、（文化的独自性を備えた具体的存在者としての）ヘルダー的な「民族」という観点から捉え直そうとする立場だったと言えよう。また既述の通り、こうした「国家」と「民族」の相互関係に注目することから、まさに「国民」という存在者が主題化されていたのだった。

ここまで見てくれば、『倫理学』後半部（第三章、第四章）での理論的主題として見定められた「国家の成立」問題は、以上のような「世界史論」を踏まえた「主体的全体性としての共同体論」という枠組において、「国家」の自覚的な自己形成構造を「民族・文化」という観点から捉え直そうとするものであることが、一層明瞭になってきたと言えよう。以下では、この「国家の成立」問題に対し、最終的にはどんな理論的説明が提示されていたのかを確認していくことにしたい。

2　文化共同体の「過去」について――表現の構成的機能

前節で見た「世界史論」の枠組では、国家は世界史の場面において歴史的自覚を触発され、自らの固有の意義を「歴史」という形で自覚してくるとされていた。また上で確認した「主体的全体性としての共同体論」の枠組からすれば、自覚的主体としての国家がいかに成立するかのという問題は、自らの「生ける全体性」を初めて自覚し始める「民族」（文化共同体）の段階を考慮する必要があるのだった。

そしてこの両者を重ね合わせて考えるならば、最終的に「国家の成立」問題は、「民族がいかに歴史的自覚を獲得し、それによって自らを自覚的主体としての国家として形成するか」という、主体的全体性の自己形成構造を問うことに帰着するだろう。前もって述べておけば、和辻はそれを「文化共同体（民族）の過去から国家の歴史が編み上げられる」という構図において考察していた。以下では、まず文化共同体の「過去」の問題を確認した上で、それが国家においていかに「歴史」として自覚されるのか、さらにまた、この歴史的自覚を通じて逆に「国家」という主体がいかに自己形成・展開するのかについて、順に考察していくことにしたい。

(1)「文化」を媒介とした共同体の自己形成構造

『倫理学』第三章で指摘されていた通り、国家以前の段階の共同体には、「過去」はあっても「歴史」はないのだった。そこでまずは「過去」について、特に文化共同体（民族）の過去の問題を検討しておく。それを考えるためにもまず確認を要するのは、和辻の共同体論において、そもそも「文化」なるものが一体いかなるものとして位置づけられているのか、という論点だ。

文化共同体が、それより低次の諸共同体（家族や地縁共同体）との対比において何が最も異なるかと言えば、それは、文化共同体が後者のような「生の共同」を必要としない「精神の共同」である点に求められる。例えば地縁共同体は、土地や労働の共同といった形で日常生活を共にする人々（「隣人」という資格を負う人々）が形成する共同体だが、それに対し文化共同体は、生活の必要に制約を受けない「精神の共同」において結び付く人々（「友人」という資格を負う人々）が形成する共同体である。その意味で文化共同体は、「生の共同」の範囲よりも大きな共同性を実現し得るような、より公共的・開放的な共同体として位置づけられる(31)。

そして、この文化共同体での「精神の共同」は、特に「文化の共同」に基づくという。そこで和辻はそのそもそもの「文化」を、自身の「間柄」の観点から次のように概念規定する。

［…］文化は一面において文化活動を意味するとともに、他面において文化産物・文化財を意味する。文化活動は共同性の表現としての文化財を作ることにおいて人間の間柄を作る働きであり、文化財はこの働きにおいて作られたものとして人間の合一を媒介するものである。［10: 520–1］

つまり「文化」とは、精神的・意味的な何か（それは本書での「主体的なもの」「規範的なもの」に該当する）を一定の形ある表現にもたらす働きとしての「文化活動」（「こと」の次元）と、そうして作りだされ共有される「文化財・文化産物[32]」（「物」の次元の表現的存在者）という二重の側面を持つものだと規定される。

そして「精神の共同」を可能にする「文化の共同」とは、こうした「文化」の二側面（「共同的な文化活動」と「文化財・文化産物の共有」という二重の働き）において成り立つものと説明される。間柄における人間は、その間柄の表現として種々の文化財を作りだしているが、そうした「文化活動」自体が間柄を形成する働きになっている。また、そこで作りだされる「文化財」は、それが間柄の表現として共有されることにおいて、これも「人間の合一を媒介する」働きを担うことになる。つまり和辻は「文化」を概念規定するにあたり、その構成作用（文化活動）と構成物（文化財）のいずれの側面に関しても、それらが間柄（共同性）の形成に関与しているという点に特に注目する。そして、「文化」の持つこうした間柄形成を媒介する作用に関しては、最も典型的な文化的現象だという「言語」を事例として、さらに次のようにより詳しく説明している。

文化的現象としての「言語」にもまた、言語活動（文化活動）と言語的表現（文化財）という二側面があるが、和辻はまず、前者の間柄形成作用に関して、「作る働きとしての言語活動は、意味あるかたちとしての言語を作ることにおいて間柄を作るところの、二重の創作活動である」[10: 531] と説明する。つまり言語活動は単に「言葉を作る働き」であるだけでなく、それを通じて「間柄を作る働き」でもある [10: 531]。そして、言語活動が間柄形成的な作用でもあることの根拠は、特にそれが「相互了解性の表現」[10: 529] である点に求められる。

相互了解性は既出の概念だが、ここでの文脈に即して言えば、要するに、言語活動において言葉として表現されるべき事柄は、その活動がなされる人間関係（間柄）においてあらかじめすでに相互の間で了解されている、という事態を言わんとするものだ。[33] その意味で言語活動とは、お互いの間で（非主題的・不確定的な仕方ではあれ）すでにわかっている事柄を、さらに言葉にすることでもって、より明瞭な形に表現することだ。ただし、こうした「言葉を作る働き」としての言語活動は、それが「相互了解性の表現」である点では、その了解が成立している既存の人間関係を前提とした活動だが、他方、そうした活動によって何らかの人間関係を新たに作りだそうとする点では、言語活動は「間柄を作る働き」をも担っていることになる（「言語活動はかく相互了解性を表現することにおいて、主体の間の既存の連関を背負いつつ常に新しく主体の間の連関を作り出す」[10: 531] とも説明されている）。

そして、以上のような「言葉を作ることにおいて間柄を作る」働きとしての言語活動と、そこで作りだされてくる（文化財としての）言語的表現との間には、次のような相互関係がある。

> それ［＝言語活動］は常に与えられた言語すなわちすでに作られたものとしての言語［言語的表現］を用いながら、しかも常に新しく言語を作るのである。なぜなら、作られたものとしての言語［言語的表現］はただ作る働き［言語活動］においてのみ生きているのであり、言語を作る働き［言語活動］はただ作られた言語［言語的表現］によってのみ可能なのだからである。[10: 531–2]

ここでは、言語活動が既存の言語的表現を前提とした営為であり、また逆にそうした言語活動を通じてこそ新たな言語的表現が作りだされてくるという点で、その両者が一体となって「言語」という現象を成り立たせていることが指摘されている。またそれを「間柄」の観点から捉え直せば、間柄自身のありようが言語活動によって言語的表現にもたらされる一方、その言語的表現の共有によって新たな間柄が形成され、それがさらなる言語活動の地盤になる、といった間柄とその表現の相互形成過程が、「言語」の二側面の相互関係に重ね合わせて把握されている。

――こうした「間柄における言語活動と言語的表現の相互形成関係」は、そのまま「文化共同体における文化活動と文化財との相互形成関係」として、より一般化して捉え直すことができる。二つ前の引用での「文化活動は共同性の表現としての文化財を作ることにおいて人間の間柄を作る働きであり、文化財はこの働きにおいて作られたものとして人間の合一を媒介する」［10: 520–1］という記述は、いまや、（言語活動と言語的表現の場合と同様）文化活動と文化財（文化的表現）とが一体となって「文化」という現象を成り立たせ、両者の間での往還的な相互形成過程を通じて間柄（文化共同体）自体が形成されていく、という構造を記述したものとして解釈可能だ。

これは本書で言う「表現の構成的機能」に基づいて、人々が文化共同体においていかに共同性を形成しているのかを説明したものに他ならない。つまり、文化活動において間柄を共同的に表現し、表現された文化財の共有を通じて間柄をさらに展開させるという、「文化」的現象の一連の過程は、本書第三章の最後で示した「表現の構成的機能に基づく解釈学的主体の自己形成構造」と同一のものだろう。このとき文化共同体は、自らを種々の文化財として絶えず表現しているような表現的な主体であり、かつ、その文化財の共有を媒介としてさらに自分自身を展開させていくような自覚的な自己形成の主体でもあることになる。

前に確認した通り、和辻の共同体論では、基本的に「国家」のみが自覚的な主体的存在として規定される一方、「文化共同体」（特に民族）にも自覚的主体たる潜在的可能性が認められていた。そしていまや、その萌芽が文化共同体のどこに認め得るのかが明らかとなった。文化共同体は人々の「精神の共同」であり「文化の共同」に基づくが、この共同性を（「生の共同」とは違って）人々が一連の「文化」的現象を通じてまさに自覚的に形成し得るという点に、その共同体自体が自覚的主体となり得る可能性が萌すのだ。要するに、共同体が自覚的主体として存在し始めるその端緒は、文化共同体がその精神的・文化的な存在共同に基づいて表現の構成的機能を発揮させる、という点に求められる。

(2)「過去の表現」としての文化財

以上では、『倫理学』第三章での「文化」論に拠って、文化共同体における「文化活動」と「文化財」の間での往還的な相互形成運動を確認し、まさにその内に、表現を媒介として自己形成する「主体的全体性としての共同体」の、その萌芽的な形態を見て取った。続いては、こうした文化共同体の自己形成構造との関連から、文化共同体の「過去」の問題がいかに主題化され得るのかについて、今度は第四章の「歴史性」に関する議論に依拠して検討していくことにしよう。

そこではまず、「文化的共同存在の過去は一定の文化産物として表現せられている」[11: 13] と規定される。つまり文化共同体で共有される文化財・文化産物は、その共同体自身の「過去の表現」であり、こうした種々の文化財の総体が文化共同体を一つの「歴史的世界」[11: 45] として構成している。そして和辻は、上述の自己形成構造との関係から、文化共同体の「過去」が文化財として表現されているという点に注目して、次のように述べている。

> […] 文化の共同にあっては過去は文化産物として特定の形態に結晶することによってのみ過去としての意義を担い得るのである。従って生の共同の過去を学び取り、それによって生の共同に歩み入ることは容易ではないが、文化の共同の過去はあらかじめ学び取ることのできるものであり、それによって明らかな意識をもって文化の共同に歩み入ることが、ここではむしろ必須の条件となっているのである。[11: 13]

ここでは、文化共同体の「過去の表現」としての種々の文化財が、一定の具体的表現として客体化されているため、自覚的に「学び取ること」ができる、という点が極めて重要だ。なぜなら、文化財を介した過去の「学び」を通じて、人間は「精神の共同」たる文化共同体に自覚的に参与することが可能になるからだ。

このことは、文化共同体以前の段階の「生の共同」とは対照的だという。「生の共同」に基づく共同体の過去は、その多くが文化的表現としては客体化されていないため、外部の人がそれを意識的・自覚的に学び取ってその共同に参与することが極めて難しい（逆にその分だけ、当の人々の行為の仕方を暗黙裏に強く拘束し得る）(34)。それに対し文化共同体は、その「過去の表現」を意識的に学ぶことが可能であり、それを通じて基本的にはその「精神の共同」に参与することが誰にでも可能なのだ(35)。

また先の引用では、この「学びを通じての参与」が可能な文化共同体に関して、人々はその「過去の表現」を自覚的に学ぶことで「明らかな意識をもって文化の共同に歩み入ること」が、むしろ「必須」だとされていた。つまり過去の学習による共同体への参与は、単に可能であるだけでなく必要だと見なされている。それは逆に言えば、文化共同体に固有の文化財を通じてその「過去の表現」を学ばない者は、その共同体への参与を拒まれてしまうことを意味する（まさにこの点において、文化共同体の構造上の閉鎖性が端的に現われている、とも言えるだろう）。

――以上の通り、文化共同体における「精神の共同」は、その共同体の「過去の表現」としての文化財が、人々に自覚的に学び取られ共有されることを通じてこそ成り立ち得る。またそうであるならば、文化共同体の文化財は、その共同体の単なる「過去の表現」であるのみならず、それが人々に学ばれ共有されることにおいてその共同体自身をさらに自己展開させていく、というような構成的な機能を担っていることになる。要するに、文化共同体の「過去」の問題は、それが種々の文化財として表現されていると把握されることにおいて、「表現の構成的機能」に基づく文化共同体の自己形成・展開過程のなかに組み込まれて考察されていたのだった。

そこで次に問われるべきは、そうした文化共同体（民族）における「過去」が、いかに国家の「歴史」へと編成されるのか、という問題だ。それは、単なる過去からいかにして秩序だった歴史が叙述されてくるのかという問題であるとともに、文化共同体（民族）からいかにして「歴史的自覚」を携えた国民国家・国民的存在という主体が成立してくるのかという問題でもある。和辻はその考察のために、解釈学的な観点からの、一種の歴史認識論を展開することになる。

3　国家の「歴史」について——歴史－文化－共同体論

(1) 歴史叙述における選択的総合の問題——新カント派の歴史認識論から

ここで改めて考えるに、単なる「過去」と「歴史」との違いはどこにあるのだろうか。まず指摘されるべきは、「過去」は有限な人間にとっては無数にあるという点だ。

> ［…］人間存在の過去は実に無量無辺の内容を含んでいる。ただ一つの親子の間柄だけを取って見ても、その過去を丹念にたどろうとするならば、何冊もの尨大な叙述をもってしても、充分に尽くすことはできないであろう。［…］従って家族共同体のあらゆる契機を取り上げ、その具体的な個々の存在に即して過去を考察するならば、人智は到底その任に堪えない。いわんやその他の共同体をも考慮に入れ、一つの民族の担っている過去を全体として問題とするならば、まことに無量無辺というほかはないのである。［11: 21］

このように親子関係や家族関係の過去だけを取り上げてみても、そこには記述しきれない無数の出来事があったはずだ。またそれが「民族」という、その内部に種々の宗教・学問・芸術共同体を包摂する文化共同体の過去であるならば、なおさらだろう。したがってその無数の「過去」は、「人智をもってしてそのままに把捉することのできるような単純なものでない」［11: 15］。

しかし他方で和辻は、「過去はいかに豊富であるにもせよ、すでに開示された事実であって、整理統一を許さぬものではない」[II: 15-6]という。そして、この「過去の整理統一」によって作りだされてくるものこそが「歴史」に他ならない。このとき和辻にとっての「歴史の問題」とは、一つのまとまりある全体性をなすものとしての歴史の理解可能性を問うような、まさに本書の意味での「解釈学的」な問題として次のように位置づけられることになる。

従って歴史の問題は時間性の中から特に過去の契機を取り出し、その端倪すべからざる内容を一定の統一的視点の下に把捉することにかかっている。[II: 16]

つまり「歴史の問題」とは、共同体の無数の過去がいかなる「統一的視点」の下において歴史として叙述され形をとってくるのかという点にあり、彼はそれを歴史叙述における「選択的総合」という、歴史認識論上の問題として考察していくことになる。

叙述にもたらされた歴史の背後には、無数の語られなかった過去がひしめいている。歴史を叙述するに際し、何を語り何を語らずに済ますのか、というその選択の基準はつねに問い返されるべき根源的な問題だろう。またそうして選別された過去をいかなる編成において叙述していくのか、というその総合の仕方も同様に根源的である。――例えば、和辻がその選択的総合の仕方の一例として挙げる新カント派（特に西南ドイツ学派）の歴史認識論では、歴史探究における選択的総合のための基準として、特に歴史的事象の「個別性」とその「文化価値」が注目されていたという。

新カント派の一つの重要な問題意識として、自然探求と歴史探究（自然科学と精神科学）をその認識論・方法論において適切に区別するという論点があった。両者はいずれも「多様豊富な現実」[II: 44]から出発するという点では同じだが、その「選択的総合の仕方」が異なる。自然探求では、「普遍的な自然法則」といった「普遍性という論理的価値」を持ったものが目指されており［11: 44–5］、目の前にある無数の事実はそこから整理され統一的に把握され得る。こうした自然探求における選択的総合の仕方は「普遍化的法則定立的な立場」とも規定されるが、それに対する歴史探究の選択的総合は「個性化的個性記述的な立場」として特徴づけられる［11: 46］。この「個別的な現実の理解」を目指す歴史探究では、個々の事実それぞれが持つ「個性的なもの、特殊なもの、ただ一回的で繰り返すことのできぬ独特な意義」が問われているのだという［11: 45］。

そして新カント派の歴史認識論の、無数の個別的事実から何を選びいかに編成するか、という選択的総合の基準は、個々の事実・出来事がそれぞれに持つ「文化価値」［11: 45］に求められる。

> かかる［文化］価値は人間がその歴史的な生において作り出す文化産物のうちに現われているのであるが、そういう文化形象の全体をわれわれは歴史的世界と呼ぶのである。だからある出来事は、そのただ一回的な意義によって右のごとき価値に関係させられる限り、歴史的な出来事になる。歴史探究の仕事は錯雑した現実のなかから歴史的に無意義なものを捨て去り、文化価値の実現として目ぼしい個性的なものを拾い取って、それを文化価値の指し示す一定の秩序の下に連関させるにある。［11: 45］

先述の通り、共同体の過去は種々の文化産物において表現され、その総体が歴史的世界を構成している。そして、それらを歴史叙述において一定の秩序にもたらす際にその基準となるのが、それぞれの「過去の表現」が持つ独自の文化的価値にあるのだとされる。

(2) 歴史と共同体との相互形成関係――ディルタイ解釈学の再評価

和辻は、こうした新カント派の歴史認識論を一定程度評価しつつも(特に自然科学に対する精神科学の独自性を適切に主題化した点で)、それとは異なる彼自身の解釈学的立場に基づいた歴史認識論を、以下の二つの論点に即して提示しようとしている。

第一の論点として、彼自身の解釈学的な立場からすれば、「われわれ」の過去のありようを伝えてくれる種々の文化財は、まず何よりも「表現」(表現的存在者)として取り扱われるべきものだ。彼は歴史性の問題との関連で「過去の表現」たる文化財・文化産物を論じる箇所において、それを解釈学的な「理解」および「表現」の構造から捉えるべきとして、次のように述べている。

> しかし歴史認識において働いているのは理解である。我々は歴史的現実、文化的産物を理解するのであって「自然科学のように」説明するのではない。理解とは外から感覚的に与えられた「しるし」によって内なるものを認識する過程である。従ってそれは表現にかかわっている。それ自身を直接に示さず、必ず他者においておのれを示すもの、すなわち精神は、表現においておのれを展開する。その表現が文化的産物である。[11: 46]

ここでは、「表現とは、主体的な精神が自らを客体的な形象として自己表現したものである」とする解釈学の基本的立場を再確認した上で、われわれの歴史認識もまた、こうした文化的表現(文化産物・文化財)の「理解」を通じてなされるべきであることが強調されている。和辻は、「歴史的世界の生の連関はただ表現を介して理解せられるほかはない」[11: 46]とも述べているが、こうした解釈学的な歴史認識論を提示することにおいて、彼は新カント派よりもディルタイ解釈学にコミットするという姿勢を明確に示している。

また第二の論点として挙げられるのは、無数の過去の選択的総合に際し、どんな「統一的視点」から過去が選別されるべきなのかが、過去の独自の「文化価値」に注目するというだけの新カント派の歴史認識論では不分明だという点だ。和辻はそこでもディルタイによる一種の解釈学的な共同体論を踏まえつつ、ある統一的な主体の視点から多様な過去の表現を選り抜き叙述へともたらすべき、とする「選択的総合」の仕方を提示する。

本書第一章で指摘した通り、一九三〇年代に倫理学の基礎理論を構築する途上にあった和辻にとって、ディルタイの「生の解釈学」は、その追体験・解釈の対象として、とかく天才的な個人の「生」の表現（特に芸術的表現）に注目しがちだという点が、日常性を重視する間柄的な人間観から批判的に捉えられていた。しかし戦後に刊行された『倫理学』下巻（第四章）の段階では、彼は晩年のディルタイが単に「個人」の問題だけでなく、「歴史」や「共同体」の問題を問い始めていたことを、その遺された草稿の読解を通じて発見していた。

和辻の理解によれば、晩年のディルタイは「多くの個人のなかから、一つの自己のように行動し受難する主体がいかにして成立し得るか」という、「歴史の問題」を問い始めていたという(36)［11: 48］。これは極めて重要な点だが、歴史認識論の文脈で和辻がディルタイを再評価するポイントは、彼が単なる諸個人の集合・総和ではなく、統一的な主体としての共同体（つまり「主体的全体性としての共同体」）を主題化しようとしていた点にある。こうした共同的な主体は、「一つの自己のように」存在するものである一方、そこから「部分である個人がそれ自身一つの全体として独立し得る」［11: 49］ような二重性を持つ主体的全体性であり、それはまさに和辻の倫理学理論の根本的発想たる「間柄」の構造（人間の個人的・全体的な二重構造）と重ねて理解し得るという点で、晩年のディルタイの問題意識が非常に高く評価されることになる。

そこでのディルタイは特に「共同体と歴史との密接な関係」［11: 50］に注目していたとして、和辻はその両者の相互関係を次のように端的な形で規定する。

共同体の記憶としての歴史は、逆に共同体を形成するように作用する。共同体が個人のごとく統一的に作用する主体となるのはそのゆえである。そこでこのような主体を視点として歴史を見る必要が生ずる。［11: 50］

ここで記述されているのは、「共同体の歴史は、共同体自身を形成するように作用し、それを通じてこそ共同体は統一的な「主体」として存在し始める」という構造だ(37)。すなわち、共同体自身が自らをいかに主体として存立させるかという、主体としての共同体の自己形成構造である。和辻の共同体論において、主体的・自覚的に存在する共同体が「国家」のみであった点を想起すれば、まさにここで、共同体が自らを主体的な国家としていかに形成するのかという「国家の成立」問題に対し、一つの理論的な回答が示されたことになる。「諸個人が相寄って作る共同体が、いかにそれ自身一つの主体的全体性として自らを成立せしめるのか」という、『倫理学』後半部での理論上の主要問題に、「共同体の歴史を通じて」という端的な回答が提示されるにいたっている。

また、「このような主体［としての共同体］を視点として歴史を見る必要が生ずる」という記述からもわかるように、以上のような「主体としての国家の自己形成構造」を踏まえてこそ、先に提起しておいた「文化共同体の過去から、いかに国家の歴史が編成されるのか」という問題に関しても、同時に回答が示される。この国家の自己形成構造からすれば、「歴史」とは、主体的な共同体たる「国家」の視点から構成されねばならないのであり、歴史叙述の「選択的総合」は、国家という主体的存在の統一的な視点から行なわれるべきだということになる。このとき、種々の文化財として表現されている文化共同体の「過去」は、国家という統一的主体の視点に基づいてこそ、一定の秩序をもった「歴史」として総合され得ることになる(38)。

要するに、無数の過去のなかから何を歴史として語るか、という選択的総合の基準は、「国家」の統一的視点に基づくとされる。このことについて、和辻はさらに次のように述べている。

歴史の選択的総合に際して我々の前にある素材は、〔…〕人と人との間に蓄積している過去的存在なのである。それは人間関係が重々無尽に入りくんでいるごとく複雑にからみ合い渦巻いている。が、また人間関係が一定の人倫的組織によって秩序立てられるごとく、一定の秩序に統一され得るものである。〔…〕かく見れば人倫的組織の人倫的組織としての国家が歴史に選択的総合の基準を与え、それによってまず「国家の歴史」が、すなわちいわゆる「政治史」が作られたということは、理の当然なのである。[11: 50-1]

ここで注目すべきは、「国家」という統一的な主体に基づく歴史の選択的総合の働きが、『倫理学』第三章の国家論で論じられていた、「人倫的組織の人倫的組織」としての国家の公的な働き（すなわち「私を公に転ずる運動」）と同列に論じられている点だ。そこでは、自覚的な主体的存在としての「国家」の重要な任務が、「それぞれその所を得させる」という仕方で、包摂する種々の中間的な共同体を自身の内に適切に位置づけ組織化する点にあると説明されていたが、それは歴史に関しても同様だという。すなわち国家は、（包摂する諸共同体を秩序づけるのと同様の仕方で）その統一的な視点から無数の過去（「人と人との間に蓄積している過去的存在」）を「一定の秩序」へもたらすことによって、「歴史」を編成しているということになる。(39)

さて、歴史叙述の「選択的総合の原理」を問うことから見えてきたのは、「国家」という主体的存在と「歴史」との間には相互形成的な関係がある、という点だ。一方では、「国家」的主体の持つ統一的視点に基づいて初めて、無数の「過去」が選択的に総合され、「歴史」が自覚的に形成されてくることになる。他方でこの「歴史」は、「国家」という共同体自身を形成するように作用するものでもあって、こうした歴史的自覚を通じてこそ、国家は自覚的な主体として存在し始めるとされた。――本章では、和辻の『倫理学』後半部を広義の共同体論（主体的全体性としての共同体論）として読解するという解釈方針に立ち、特に「国家の成立」問題に着目して考察を進めてきたが、それはここに確認された「国家と歴史との相互形成的な構造」において、和辻による理論的回答が確かめられたことになるだろう。

また本書全体の議論を踏まえて言えば、共同体論での以上のような理論的回答に関してさらに注目すべきなのは、「国家」という共同体が、歴史的自覚を通じて自己形成する主体的全体性として把握されている点だ。つまり和辻はその倫理学理論において、共同体という存在者も（本書第三章で人間存在論の一つの帰結としてその構造を示した）「解釈学的主体」の一種として捉えており、特に「国家」という主体的存在について、その自覚的な自己形成構造（主体性の構造）を問うていたことになる。そこで最後の作業として、こうした「国家の自己形成構造」を、本書で示した「解釈学的主体」の構造から捉え直しておこう。

（3）歴史―文化―共同体論の基本構図

以上に見た『倫理学』第四章での「国家と歴史の相互形成的な関係」は、先に見た『倫理学』第三章での「過去の表現としての文化財の共有に基づく文化共同体の自己形成構造」と接続させて理解できる。そこで特に重要なのは、文化財という表現的存在者に認められた構成的な機能である。「過去の表現」としての文化財は、人々によって自覚的に学び取られ共有されることを通じて、文化共同体を形成するように作用するものとされていた。文化共同体における文化財（文化的表現）とは、単に「過去の表現」であるだけでなく、その学習と共有を通じて共同体自身をさらに自己展開させていくような構成的な機能も担い得るもの（表現的存在者）なのだった。

ただし、和辻の共同体論での「文化共同体」は、人々の自覚的な参与によって成立する共同体ではあっても、「国家」とは違って、それ自身が自覚的な主体的全体性ではないのだった（その萌芽的形態ではあれ）。つまり文化共同体は、成員たちが文化的表現を媒介として形成する全体性ではあっても、それ自身が自覚的に自己形成するわけではない点で、主体的全体性ではないことになる。共同体自身が自覚的に自己形成する主体的全体性として存在し始めるには、前述の通り「歴史的自覚」を必要とするのであり、そのためにはまず、無数の「過去の表現」が国家の統一的視点からの選択的総合を通じて「歴史」として編成される必要がある。

ただし歴史は、そのように作りだされるだけでなく、それ自身もまた一つの文化財（表現）として、人々に学び取られ共有される必要があるはずだ。この点は次のように説明されている。

この［歴史という］公共的な過去の自覚は、事実上国民のすべてが参与しているわけではない。しかし何人の参与をも拒まず、むしろすべての人をこの共同知にひき入れようとしているものなのである。だから歴史は個人的主観にとっては外から教え込まれるものという性格を持っている。［11: 42］

ここでは、国家の段階において形成される「歴史」は、公共的な知識の形態にもたらされた「過去の自覚」だと規定されている。こうした共同知としての歴史は、その公共的性格ゆえ、「国民」であろうとする誰にとっても参与可能であり、逆に共有されればされるほど、あまねく「教え込」まれるべき規範的なものとして存在し始める。「その共同知は、ちょうど鋳型のように、あとから来るものの存在を決定して行く」［11: 42］ともあるように、共同知としての歴史は、共同体の成員として望ましい「行為の仕方」や「徳」を備えた人々を生みだすための「鋳型」の役割を果たすようになる。[40] まさにその点で、先述の通り「歴史は共同体を形成するように作用する」のだ。

以上をまとめれば次のようになる。共同体の過去は、そこで共有される種々の文化財において表現されており、その総体が歴史的世界を構成している。そして、特に「国家」という主体的共同体の統一的な視点から、無数の過去が選別され秩序づけられることで、「歴史」が編成され叙述されることになる。この歴史は誰にでも参与可能な共同知という形態をとっており、それ自身一つの「文化財」として、人々に学び取られ共有され得るものとなる。人々は、この文化財としての歴史の学習と共有を通じて、自らが属する共同体の過去から、それに相応しいあるべき「行為の仕方」を学び取ることになる。それはつまり、歴史を通じて共同体の成員が再生産されるということであり、その意味で、逆に歴史は共同体（国家）の自己形成を促すことになる。

まさにここにおいて、「歴史－文化－共同体論」と呼称されるべき議論の基本構図が得られたと言えよう。共同体の過去は文化財において表現され、それに基づき叙述される歴史は、それ自身が一つの文化財として人々に学び共有されることを通じて逆に共同体の自己形成を促すことにもなる。「共同体の歴史」は、それが共同体において共有されることにおいて「歴史の共同体」を形成し、この共同体はさらなる歴史を展開させていく。この「共同体」と「歴史」の間での相互形成を媒介しているのが、文化活動および文化財としての「文化」という表現的な過程であり（それが「表現の構成的機能」に基づくことは上述の通りだ）、こうした三者間での一連の相互形成的・相互媒介的な過程を通じてこそ、共同体は一つの歴史的存在となり、ひいては自覚的主体になるのだと言えるだろう。――本章全体で問うてきた「国家の成立」問題は、この「歴史－文化－共同体論」において明瞭な理論的回答を獲得したことになる。

以上の検討から、『倫理学』後半部で展開される和辻の広義の共同体論（主体的全体性としての共同体論）の理論的達成は、国家という共同体を一種の「解釈学的主体」と捉えることで、その自覚的な自己形成構造を理論化する「歴史－文化－共同体論」の内に見届けられた。

結論　解釈学的倫理学の理論的可能性

最後に結論として、和辻の倫理学理論に読み取り得る理論的可能性を主題的に考察する。またそれとともに、特にその思想史研究（文化史・精神史研究）との連関において、彼の倫理学研究全体の実践的意義についても検討し、本書全体の議論の総括と今後のさらなる課題を提示したい。

第一節　『倫理学』の理論的達成の総括

本論では、和辻の「解釈学的倫理学」の全体像を解明するため、まずその基礎となる「人間存在論」について確認し、そこから彼の倫理学理論全体を再解釈するという手順を踏んできた。そして、彼の主著『倫理学』を具体的に読み解いていくにあたり、それを「空の存在論」に基づく行為論と共同体論という二つの大きな問題系に分け、それぞれ順に検討してきた。

以上の作業を経た上での結論としてまず考察したいのは、『倫理学』でのこの二つの問題系はいかに統合的に把握可能か、という問題だ。それは言い換えれば、『倫理学』全体をいかに一体的・統一的に解釈できるかという問題でもある。そこで特に注目したいのは、そのどちらの問題系においても、「主体的なもの」および「全体性」という問題、つまり「主体的全体性」が深く関わっていたという点だ。そこでまずは、『倫理学』の二つの問題系で示されていた理論的達成を振り返りつつ、そのなかで「主体的全体性」なるものがどう論じられていたのかを見ておきたい。

1　『倫理学』全体の統一的解釈の可能性——「主体的全体性」に注目して

(1)「空の存在論」から見えてくる主体的全体性の問題

まず、二つの問題系に言わば存在論的な基盤を与えていた、『倫理学』第一章での「空の存在論」に関して言えば、存在の根柢に見いだされていた「空」ないし「絶対的否定性」こそが真に主体的なものだという形で、「主体的なもの」が端的に主題化され論じられていた。

ただしそこで言う「真に主体的なもの」とは、例えば「自由な選択をなし得る自律的主体」といった近代的な主体概念とは全く別物であり（より正確に言えば、その存在論上の次元を異にしており）、要するに、絶えざる否定の運動を通じて、何らかの人間関係（間柄）が絶え間なく形成され破却され展開し続けていくという、その動的な実現構造それ自体が、空の存在論における「真に主体的なもの」として考えられていた。和辻は、まさにこの動的な実現構造が、無限に実現されるべき「倫理」であるとも論じていたが、この人間の存在構造の原理たる「倫理」が、日常性における人間の行為として、また種々の具体的な共同体として、いかなる構造において実現されているのかが、行為論および共同体論という形でそれぞれ問われていたことになる。

また、動的な自己実現構造における「主体的なもの」（空・絶対的否定性）は、それ自体として現象することはなく、「所有の人間存在論」からしても、種々の具体的な存在者（個人や共同体や道具的存在者、等々）として自らを表現するという形でそのつど実現されているのだった。こうした「主体」観には、「他者において己を示す」というヘーゲル的な「精神」概念からの影響が色濃く認められるが、ここでさらに注目すべき点として改めて指摘したいのは、和辻の「空の存在論」において、この「主体的なもの」としての空・絶対的否定性は、「有限な全体性」とは明確に区別された「絶対的全体性」でもあると規定されていた点だ。

この点について和辻は、「全体はいつも有限な、相対的な全体として実現せられた。そうしてそれが絶対的全体性の己れを現わす仕方なのである」［10: 593］とも述べていた。つまり真に主体的なものとしての絶対的全体性（絶対的否定性・空）は、絶えず何らかの形へ表現され存在にもたらされてはいるが、その絶対性ゆえに実現され尽くすことがあり得ず、だからこそ「主体的なもの」ないし「絶対的全体性」はそれそのものとしては現象しない、と考えられていたことになる。

そしてこの論点から、「全体性の認知可能性」とも呼ぶべき問題が浮上してくる。序論で解釈学の基本的発想を説明した際にも指摘したが、われわれは、何らかの「全体性」をなすものについて、それ自体を直観的に把握し尽くすことも、またその部分的な認識の積み上げによってそれを論証的に把握し尽くすことも、原理的には不可能なのだった。その意味では、われわれの有限な認知能力にとって、全体性はそれそのものとしては目に見えず触れることもできないような何かであり、それとして現象することがないような何かなのだ。しかし、かといってわれわれは、そうした全体性が「存在しない」と言い切ってしまうことには躊躇を覚えるのであり（物理主義的な存在論的立場を堅持しようとしない限り）、まさにここにおいて、そうした知覚不可能な主体的かつ全体的な何かを把握するための方法として、解釈学的発想が求められてくる。

――和辻の「空の存在論」において、存在の根柢たる「真に主体的なもの」（空）が、「絶対的全体性」としても位置づけられていたことの内には、以上のような「全体性の認知可能性」問題を読み取ることができるだろう。存在論的観点から言って、「種々の具体的存在者において自らを実現している」とされる、存在の根柢としての「真に主体的なもの」は、一種の認識論としての解釈学的な観点から見れば、直観的ないし論証的な把握が不可能な「全体性」をなすものとして位置づけ直すことができる。つまり和辻の「空の存在論」と「解釈学的方法」を一体のものとして捉えるとき、「主体的なもの」とは、その全貌を見通しえない「全体性」をなすもののことであり、そこでこそ本書が提起してきた「主体的全体性」という概念が浮上してくることになる。[1]

以上の考察からしても、主体的全体性をめぐって、次の二つの問題が問われねばならない。一つは、主体的全体性それ自体がどんな存在論的な構造において存立し得ているのかという存在論的問題であり、もう一つは、われわれ人間にとって主体的全体性はいかなる仕方で把握可能なのかという認識論的（解釈学的）問題だ。そして、和辻が『倫理学』で示していた行為論と共同体論という二つの問題系は、主体的全体性をめぐるこれら二つの問題に対し、ともに一定の理論的回答を現に示すものだったと解釈可能である。以下、この点について考察を続けよう。

（2）行為論における主体的全体性の問われ方

まず『倫理学』前半部で展開される行為論に関して言えば、本論中でその理論的達成として提示したのは、「信頼の行為論」として総称される行為の存在論的考察だった。

信頼の行為論を構成する主要な論点として、次の四点が挙げられる。すなわち、①行為の有意味性や方向性を考えるにあたり「人間関係」という背景的文脈を特に重視する「文脈主義的な行為論（およびそれに基づく責任論）」、②人間の日常的な諸行為の総体を「全体－部分」関係において把握すべきとする「行為の全体論的構造」、③資格への信頼において可能となる「規範全体性の非主題的な了解」、④表現を通じての資格の「自己主題化と事実化の二重過程」、という四つの論点だ（なお最後の論点は、その二重過程が「表現の構成的機能」に基づくという点で、和辻の行為論と共同体論をつなぐ重要な結節点にもなっていた）。

そして、いずれの論点においても、以下のように「全体性」問題が深く関わる点に注意したい。

まず、論点①と論点②は、次のような一体的な形で整理できる。「文脈主義的な行為論」とは、日常的行為の意味、や方向性は、それが置かれている背景的文脈（一定の時間的・空間的ひろがりをもった人間関係）に依存するという議論だった。そして「行為の全体論的構造」とは、この「行為とその背景的文脈」という関係を、言わば「図と地」や「部分と全体」といった全体論的な関係から捉え直したものだ。そこでは、どの水準での人間のふるまいを行為（図・部分）として捉えるにせよ、その行為の意味は、様々な水準における他の諸行為の総体から織りなされている体系的連関（地・全体）との相関関係において決まってくることになる。——このように人間の日常的行為は、何らかの全体論的な構造を持った背景的文脈に依存しており、和辻が『倫理学』で展開している行為論は、まさにその点において「全体性」問題に関わっていると言えるだろう。そして続く論点③と論点④は、こうした「行為の全体論的構造」を、行為する主体の側から捉え返したものとして位置づけ直すことができる。

論点③では、先述した「全体性の認知可能性」が問われてくる。個別的な行為の意味が背景的な全体性に依存するというとき、では、実際に行為をなす主体の側では、その背景的全体性をいかに把握し得ているのか。それに対する和辻の回答は、日常的行為を方向づける「規範全体性の了解」は、「資格への信頼」という仕方で現に可能になっている、というものだった。

まず規範全体性とは、ある行為がそこでの文脈に相応しいものかどうかの基準となるような、規範的な「行為の仕方」全体のことだ。そしてこの規範全体性が行為を導く「方向づけ」たり得るには、それがあらかじめ行為者当人に、直観的でも論証的でもない「了解」という認知様式において、その全体が非主題的に把握されていなければならないはずだ（さもなければわれわれの日常的行為は、どうすべきかに関する理解を全く欠いたままに、ただ闇雲になされていることになってしまう）。和辻は、こうした規範的なものの全体の非主題的な把握を可能にする仕組みについて、それを特に「資格への信頼」として論じていたのだった。

われわれは日常性において種々の資格を負った者として存在しているが、その資格への信頼において、われわれは自他がいかに行為するかについてあらかじめ互いにそのおおよそのところを把握することが現にできている。つまり資格への信頼とは、各自の資格に相応しい「行為の仕方」の全体（規範全体性）を、その資格を目処とすることによって非主題的な仕方であらかじめ了解していることであり、そうした了解様式に基づいてこそ、自他の間での日常的実践（ひいては日常性そのもの）が存在論的に可能になっている、と分析されていた。

和辻の行為論では、一方では、以上のように「人間は行為に先立ち、いかに規範全体性を事前に把握し得ているか」という、その認知可能性という観点から全体性が問題化されていた。それに対し論点④では、「人間が各自の資格に相応しい仕方で行為を現になしていくことによってこそ、規範全体性はそれとして成立してくる」という規範全体性の成立構造が、「表現の構成的機能」に基づいて説明されていた、と捉え返すことができる。和辻はその全体性の形成過程を、資格という表現に媒介されることで信頼内容が「自己主題化」され、さらには社会的に「事実化」される、という同時並行的に進行する二重の過程として理論化していたのだった。

以上のように「全体性」問題という観点から見直してみれば、『倫理学』で展開されていた和辻の行為論は、「規範全体性がいかに把握可能か」という問題を問うとともに、「その規範全体性がわれわれの間でいかに成立するか」という問題を問うものでもあったことが見えてくるだろう。

（3）共同体論における主体的全体性の問われ方

続く『倫理学』後半で展開される共同体論では、「全体性」問題がまた別様に問われていた。

まず再確認すべきは、和辻の共同体論では「共同体」という存在者は一つの「有限な全体性」として位置づけられていた点だ。その意味では、人々が形成するあらゆる段階の共同体は全体性をなすものであることになるが、上述の通り、和辻がその倫理学理論において本来問おうとしていたのは、そうした有限な全体性とは区別された、「真に主体的なもの」としての絶対的全体性（つまり生ける主体的全体性）なのだった。そして彼はこの「主体的全体性」の働きを、特に「国家」という共同体に見出しており、だからこそ、主体的全体性としての国家がいかに自覚的に自己形成するのかという「国家の成立」問題を、その共同体論で問うべき主要問題として主題化させていた、という解釈を本論では示してきた。

和辻はこの「国家の成立」問題について、特にその歴史性に着目して、「文化共同体（民族）がその歴史的自覚において自らを国家として形成し国民的存在となる」という基本構図を想定していた。そこでの理論的達成となる「歴史‐文化‐共同体論」では、典型的には国民国家を一つの主体と見立て、その主体成立の構造が、文化（表現的存在者）を媒介とした歴史と共同体との間での相互形成的な関係の内に見いだされた。このとき「国家」共同体は、「世界史の場面」という他国との交渉関係において歴史意識を喚起され、その共同体自身の歴史叙述を形成し始める一方、そうした歴史的自覚（特にその成員による歴史の学習と共有）を通じてさらなる自己形成の運動を展開させるという、自覚的に自己形成する主体的全体性として規定されることになる。

前章最後で指摘した通り、こうした和辻の共同体論（特に歴史‐文化‐共同体論）は、表現の構成的機能に基づいて自己形成する「解釈学的主体」の構造を、特に「主体的全体性としての共同体」という場面に当てはめて考察したものと理解可能だ。ただしそれは、単に「和辻は共同体を解釈学的主体の一種として捉えた」というだけではない。彼はそう捉えることでもって逆に、「主体的なものは、（共同体のように）全体性をなすものとして存在する」という形で、自身の「主体」概念を深化させていたとも解釈できるのではないか。つまり和辻は、解釈学的主体という発想を共同体の構造分析に援用することによって逆に、「主体を全体論的な構造をなすものとして理論的に捉え直す」という可能性に逢着していたと思われるのだ。まさにそれによって、本書で注目した「主体的全体性」なる概念も、それに相応しい内実を獲得するにいたっていた。

以上を踏まえて、「主体的全体性」という観点から和辻の主著『倫理学』の全体を整理し直すならば、次のようになる。——まず『倫理学』前半部では、行為論の文脈のなかで全体性が主題化されていた。そこでは、規範的なものの二側面（価値と事実の二側面）を説明するために、規範が価値として作用する共時的構造と、規範が事実として成立してくる通時的構造が分析されていたが、それらは特に、規範全体性の把握可能性という問題と、その規範全体性の自己形成構造の問題としてそれぞれ問われていたと見ることができる。また後者の「全体性の自己形成構造」の問題は、『倫理学』後半部の共同体論における「主体的全体性としての共同体の自己形成構造」の問題として、より具体的な形で議論されていたことになる。和辻の「空の存在論」で「真に主体的なもの」として提起された「主体的全体性」の諸構造は、以上のような行為論および共同体論における「全体性」に関する考察を通じてより詳細に理論化された、と解釈できるだろう。また、この全体性に関する二様の議論を結び付ける鍵となるのが、主体的全体性自体のありようを何らかの仕方で示唆し、かつまたその自覚的な自己形成を媒介するものとしての「表現」（表現的存在者）であったということになるはずだ。

　このように見てくるとき、和辻が『倫理学』全体を通じて示し得ていた理論的達成とは、次の点に求められる。すなわち、それぞれそのものとしては直観的にも論証的にも把握し尽くすことのできない「主体的全体性」なるものを、特に人間関係（間柄）に定位する倫理学的な問題設定のなかで問題化した点。そして、その主体的全体性の把握可能性を「了解」（信頼）概念に依拠して、またその自己形成構造を「表現」概念に依拠して、それぞれ解明していた点。そして、そのいずれにおいても解釈学的な観点から主体的全体性の共時的・通時的構造の理論的解明を試みた点に、その最たる理論的達成を見て取れるのではないか。——和辻の主著『倫理学』の全体は、以上のような「主体的全体性」という観点から見るときにこそ、理論的に統合されたものとして一体的に把握し得る、というのが本書の『倫理学』解釈の一つの結論となる。

2　主体とは何か？——主体的全体性の二つのモデル化から

さて、『倫理学』の理論的達成を総括した上でさらに考えたいのは、そこで問われていたそもそもの「主体」についてである。本論でも繰り返し指摘した通り、和辻の倫理学理論（ひいてはその思想全体）は基本的に「主体的なもの」への問いかけであり続けたと言ってよいが、この結論では、そうした「主体」なるものが結局のところ何であったのかを、より明確な形で改めて提示したい。そしてこの「主体とは何か」という問題は、ここまでの考察からしても、「主体的全体性」の構造を問うことに他ならないだろう。そこで、まず主体的全体性の形式的構造を抽出し、その上で、それを言わば「モデル化」して提示するという形で、一つの回答を示したい。

（1）主体的全体性の構造的特徴

和辻の人間存在論や解釈学的倫理学を一通り確認してきた現段階では、そこで「主体」なるものが、以下に挙げるような諸特徴を持つものとして考えられていた、と整理できるだろう。

特徴①　全体性をなすものとしての主体

主体は、それ自体をそれとして直観的ないし論証的に把握し尽くすことができないような全体論的構造をなすもの、すなわち主体的全体性としてである。

特徴②　表現主義的存在論

他方、主体的全体性は自身を種々の存在者として表現することにおいて、絶えず自らを（部分的であれ）特殊具体的な形態へと実現している。この一連の表現・実現過程は、潜在していた（はずの）何かが主題化されることによって（あくまで部分的にではあれ）明示化されてくる、という過程として進行する。

特徴③　全体性の非主題的な把握可能性

このような、それそのものとしては知覚されることのない主体的全体性のありように関しては、日常的には「了解」という認知様式において、その全体が非主題的に把握されている。また、この全体性の非主題的な先行的・背景的な把握（すなわち「了解」）があってこそ、個々の具体的な事物・事柄・行為・出来事の意味も理解可能となる。

特徴④　「部分の理解」と「全体の理解」をめぐる解釈学的方法

主体的全体性のよりよい理解のためには、その部分的な表現の理解・解釈を通じて全体の理解をより明瞭なものにしていく、という解釈学的方法を必要とする。すなわち、「全体の理解」があってこそ「部分の理解」が可能となる一方（特徴③）、「部分の理解」を通じて逆に「全体の理解」はより分節化され明瞭なものとなり得る（とはいえ完全な明示化はあり得ない）。

特徴⑤　主体的全体性の自覚的な自己形成構造

さらに、「表現する」ことと「その表現の理解」の間での往還的な過程を通じて、主体的全体性は自覚的に自らを維持・変容・展開させることができる（なおこの主体的全体性が、同様に全体論的構造を持つとされる有機体・有機的生命と決定的に異なるのは、その自己形成が表現を媒介として自覚的になされ得る、という点に求められる）。

以上のように特徴づけられる「主体」は、まず、その成立構造という観点からは（…観点①とする）、「表現過程を媒介として自覚的に自己形成する全体論的構造を持った主体的全体性」と要約できる。また、その把握可能性という観点から見れば（…観点②）、主体的全体性は、有限な人間存在にとって直観的にも論証的にもそれ自体の把握は不可能であり、それはただ「主旨」や「資格」といった、目的の位置にあってその全体のありようを示唆するような目処（「目的のようなもの」）を介することで、非主題的・浸透的な仕方で把握され得るような全体的な何かである（この「全体的な何か」は、典型的には「意味」「規範」「本質」などと呼ばれるものであり、第三章で述べた「本質のようなもの」としての「規範的なもの」に対応する）。

そして以上のような、自覚的に自己形成するが（観点①）、その全貌を見通し得ない知覚不可能（観点②）な主体的全体性としてこそ、和辻の倫理学理論における「空」という根本発想も、かなりの程度まで明確に説明可能な概念として示すことができると思われる。またさらに言えば、本論のなかで縷々見てきた通り、和辻は実に様々なものを主体的全体性という構造を持った主体として把握していたのであり、そこで主体として見なされるべきものは、必ずしも「個人」としての人間（――「人格」ないし「人柄」という、それとして目には見えないがその人の「その人らしさ」の本質をなす全体的な何かを備えた主体的存在）に限られていなかった。

例えば日本精神史研究では、日本語という「民族の言語」を自覚的に自己形成する主体の一種として捉えていた[2]（第一章）。また『倫理学』後半部では、国民国家という「共同体」を、歴史的自覚を通じて自己形成する解釈学的主体として捉えていたからこそ、「歴史‐文化‐共同体論」が帰結していたのだとも言えよう。あるいは和辻自身が明示的に述べていたわけではないが、「信頼の行為論」において、日常的行為の方向性を事前に規定するものとしてあらかじめ了解されている規範全体性自体もまた、「表現の構成的機能」に基づいて自己形成していく主体的全体性として解釈できる。さらにその延長線上で考えれば、ハイデガーの言う「世人」（世間）もまた同様に主体的全体性として把握可能だろう（「間柄」にせよ「世人」にせよ、それは日常性に埋没している諸個人よりも、よほど現実的な主体として存在していると考えられていた）。そして先述の通り、存在の根柢にあるという「空」や「倫理」自体がそもそも、「有限な存在者において自らを示す無限なもの」という、主体的な自己実現構造そのものとして規定されていたのだった。

ここに挙げた「個人」「民族の言語」「共同体」「規範全体性」「世人・世間」「空」「倫理」は、いずれも主体的全体性としての解釈学的主体の一種と捉えられている。要するに和辻の「主体」概念では、それが何であれ「主体的全体性」たる要件さえ満たせば、主体として把握可能だということになる。そしてその要件は、それが実に様々なものに適用可能だという点からしても、それ自体は極めて形式的なものであるはずだ。——そこで続いては、この主体的全体性の要件をめぐり、その形式的構造を「モデル化」することでより明瞭に記述すべく試みたい。

（2）主体的全体性の均衡モデルと動的展開モデル

既述の通り、和辻の主著『倫理学』の理論的達成は、「空」という極めて抽象的・形而上学的な概念を、倫理学的な問題圏のなかで「信頼の行為論」および「歴史‐文化‐共同体論」として理論的に展開させ、特にそこから「主体的全体性」というアイデア（ないし一種の理論的モデル）を獲得した点に求められた。行為論では、日常的行為の方向性を導く規範全体性を問うことにおいて、また共同体論では、国民国家という共同体（全体性）を自覚的に自己形成する主体と見立てることにおいて、それぞれに「主体的全体性」という発想を具体化させながら考察が展開されていた。また、これら二つの議論での具体化によって逆に、「主体的全体性」モデル自体がより明瞭で精緻なものになっていたとも言えよう。

こうした行為論および共同体論での具体化を通じて「主体的全体性」という発想自体が、いかにより明確化されてきたかと言えば、それは上述した「主体的全体性への二つの観点」に対応づけて説明することができる。まず行為論で特に明確になったのは、それとして知覚不可能な主体的全体性が了解という認知様式において現に把握されているという観点（②）であり、また共同体論で解明されたのは、主体的全体性が自覚的に自己形成するという観点（①）

だ。これらは次のような対照的な形で、主体的全体性をモデル化したものだと解釈可能である。

まず前者の行為論的観点において、行為を方向づける規範全体性としての主体的全体性は、第七章で述べた通り、個々の行為にとってはアプリオリな規範的次元を構成するものであり、それは言わば「あらかじめすでに最適化され一定の均衡に達した全体性」としてモデル化されている。つまり、ある行為がなされるその時点において、すでに一定の均衡に達した規範全体性が現に成立して（しまって）おり、そこでの行為者は、そのすでに最適化された規範全体性を現に了解し、それを自身の行為の前提にしていることになる。こうした「すでに最適化されたもの」として全体性を捉える見方を、ここでは全体性の「均衡モデル」(3)と呼んでおく。

それに対し、後者の共同体論的観点において、自覚的に自己形成する主体的全体性としての共同体は、言わば「つねに形成・展開の途上にある全体性」としてモデル化されている。それは本書では特に「表現の構成的機能」に拠って説明してきた論点だが、人々の作りなす共同体は文化的表現を媒介として絶えず自らを再帰的・反省的・自覚的に更新し続けているような全体性として存在している。このように「絶えず自覚的に自己形成するもの」として全体性を捉える見方を、ここでは全体性の「動的展開モデル」と呼んでおこう。

この「動的展開モデル」との対比から「均衡モデル」を見れば、後者はある全体性をなすものを、「どこかへ向かう途上にあって絶えず変化しつつあるもの」ではなく、言わば「すでに一定の到達点にあって完成されている」(4)という想定でモデル化している。そして主体的全体性の構造を捉えようとするとき、われわれはそれを「均衡モデル」で見ることもできれば、「動的展開モデル」で見ることもできる。例えば、先に主体的全体性をなすものの一例として挙げた「言語」に関して言えば、それは、日常的な個々の発話や書記にとっては、すでに一定の均衡に達した完成された一体系として前提されているが、他方でそれは、いまもなおその語彙や統語法や表現形態等々を絶えず変化させ続けているようなものでもある。つまり、主体的全体性としての言語には、それを「すでに完成した」ものと捉える見方と、「つねに形成途上にある」ものと捉える見方との二重の捉え方が可能なのだ。この二重性は、先に挙げた主体的全体性としての「個人」や「共同体」、あるいは「規範全体性」や「世間」、「倫理」などに関しても、同様に認められるだろう。

こうした「均衡モデル」と「動的展開モデル」の対比は、第七章で検討した対比を用いれば、全体性を「静的」に捉えるか「動的」に捉えるかの違い、あるいはそれを「共時的」に捉えるか「通時的」に捉えるかの違いだと言ってもよい。主体的全体性がこうした一見相反するかに見える二つのモデルにおいてともに把握可能だということは、その当の主体的全体性の構造自体が容易には理論化し難い複雑さを持つことを示している、とも言えるだろう。――ただ、主体的全体性に関するこの二つのモデルは、本論で見てきた和辻の議論を改めて参照することで、両者を統合的に把握することが可能だと思われる。そして、まさにこの「均衡モデルと動的展開モデルの統合的把握」という論点に取り組むことから、和辻の倫理学理論に潜在している（その意味で彼自身も十分に展開できていなかった）理論的可能性がより明瞭に見えてくるはずだ。

第二節　準目的論的行為論（理論的可能性①）

以上では、和辻の解釈学的倫理学の理論的達成を整理するにあたり、まず、主著『倫理学』の全体が主体的全体性という観点から統一的に把握可能となる点、そして、逆にその主体的全体性自体の構造が、行為論と共同体論でそれぞれ異なる形でモデル化されていた点を、順に確認した。

そこで続いては、この理論的達成も踏まえて、和辻の倫理学理論が持ち得た理論的可能性について、さらに考察を進めたい。この理論的可能性に関して、以下では「行為論上の可能性」と「倫理学理論上の可能性」の二点に分けて検討していくが、いずれにしても、先に提起した主体的全体性という発想が、その理論的可能性の核心にあることが明らかとなってくるだろう。

主体的全体性という発想を踏まえるとき、まず行為論では、どんな理論的可能性を見いだせるだろうか。それを考える足がかりとしたいのは、先に示した「主体的全体性の二つのモデルはいかに統合的に把握可能か」という問題だ。以下では、この両者の統合的把握の問題に即しながら、本書の一つの主題でもあった「規範的行為の構造」について改めて考察したい。そこから、和辻の議論にいまなお見出し得る行為論上の理論的可能性が、自ずと浮き彫りになってくるだろう。

1　二つのモデルの「規範全体性」の構造への適用

一見相反する「均衡モデル」と「動的展開モデル」を統合的に把握するため、ここで改めて参照すべき和辻自身の議論として、次の二つを挙げたい。いずれも行為論に関わる論点であり、一つは第三章の「人間存在の主体性の構造」の検討に際して確認した「事と言の間での実現－自覚構造」、もう一つは第七章の「信頼の行為論」で論じた規範全体性の「自己主題化」の構造である。

――前者の「事と言の対比」は、第四章ではさらに「間柄と当為の対比」として具体化されていたが、いずれにせよこの両者の間には、「事（間柄）の言（当為）としての自覚」および「言（当為）の事（間柄）による実現」という、相互往還的なフィードバック・ループが成立している点が、人間の規範的行為の構造を考える上でも極めて重要だった。

簡単に振り返っておけば、まず「事」とは、人々が個々の人間関係（間柄）において有意味な日常的行為を現になしていくことそれ自体を指しており（和辻の術語では「実践的行為的連関」）、また「言」とは、そうした種々の日常的行為の背景にあってそれを有意味化している規範全体性（「意味的連関」）を主題化し、それを特に言語的な形へ表現することだった。この事と言の間には、一方では、現になされた行為（事）の意味（言）が言語的に表現され自覚されてくるという「自覚」の過程があり、他方では、行為の意味として自覚された言が、逆に以後の行為の方向性（「行為の仕方」）を規定する一種の規範・当為として機能し、それが実際の行為（事）によって実現されていくという「実現」の過程があるとされていた。そして、この二つの過程の往還的運動において、事・間柄と言・当為の間には、絶えず互いを前提としつつ更新し合っていくような再帰的なフィードバック・ループが成立している、という解釈を提示したのだった。

この日常的行為を進展させていくフィードバック・ループの構造は、先述した主体的全体性に関する二つのモデル（均衡モデルと動的展開モデル）を援用することで、次のような、「規範全体性」を主体とした再帰的な自己形成構造として記述し直すことができる。

まず、「言の事による実現」過程は、「規範全体性の了解」（実践的了解）が個々の日常的行為の方向性を規定しているという事態として捉え直すことができる。第七章ではそれを「規範全体性が価値として作用する共時的構造」として分析したが、そこでの規範全体性は、すでに「最適化されたもの」「均衡に達したもの」として、われわれの日常的行為の前提として機能しているはずのものだ。というのも、日常生活において何ら滞りなく諸実践が進行しているならば、その前提たる規範全体性にも何ら欠陥はないと見なしてしまってよいからだ。現にわれわれは、行為に何か支障が起こらない限りは、基本的にその前提を無闇に意識化したりしない。むしろ行為のあらゆる前提を意識化しようとしていたら、肝心の目前の状況への対処が覚束なくなるだろう。その意味で、日常的実践に従事するわれわれは、一定の均衡に達し完成された規範全体性をあらかじめすでに携えて（しまって）おり、その規範全体性を一定の均衡に達したものとして自身の行為の前提にして（しまって）いると言ってよいだろう。「言の事による実現」過程は、このように「均衡モデル」からその構造が記述可能だ。

それに対し、「事の言としての自覚」過程は、規範全体性がわれわれの諸実践を通じてそれとして形成されてくるという事態として捉え直せる。第七章ではそれを「規範全体性が事実として成立してくる通時的構造」として分析したが、そこでの規範全体性は「絶えざる形成の途上にあるもの」として把握可能だ。例えば、A社の社員として相応しい行為の仕方（規範全体性）は、その社員たちによる無数の日常的行為が現になされていくことを通じて初めて、それとして形成され成立したはずであり、その形成過程は以後も絶えず続いていくだろう。規範全体性をこのように、われわれの日常的実践を通じて絶えず自覚的に形成されつつあるものとして把握することにおいて、「事の言としての自覚」過程は「動的展開モデル」から記述し直すことが可能となる。

規範全体性の構造は、このように均衡モデルと動的展開モデルの双方からそれぞれに説明可能となる。そして、この二つのモデルの統合的把握を目指すという当面の課題にとって重要なのは、先述した実現過程と自覚過程の間に成り立つ再帰的なフィードバック・ループである。そこから、行為の構造において二つのモデルがいかに相互に推移し合うのかが見えてくるだろう。

2　再帰的・反省的フィードバック・ループの構造——日常的行為の二局面

以上を踏まえて、日常的な規範的行為の構造をごく簡単にまとめれば、「われわれの日常的行為の前提（規範全体性）は、それに基づいた行為を通じて、逆に絶えず形成され続けていく」という、再帰的なフィードバック・ループをなすものと記述できる。またさらにその記述を、上述の二つのモデルでもって書き換えれば、「一定の均衡に達した規範全体性は、日常的行為の方向性を規定する存在論的前提として機能する一方（均衡モデル）、その前提たる規範全体性自体は、実際に諸行為がなされることを通してのみ形成され存立し得る（動的展開モデル）」ということになる。

このように捉え返してみるとき、これら二つのモデルは、日常的行為の次のような二つの局面をそれぞれに捕えたものと解釈することができる。

まず、日常的実践が何ら淀みなく進行している局面では（われわれの日常性の大部分はこうした状態にあるだろう）、それを導く規範全体性の構造は基本的に「均衡モデル」で記述可能だ。諸行為が現にスムーズになされている限り、われわれはその前提たる規範全体性に何ら瑕疵はないと見なしてしまって特に問題ない（し、また現に見なしてしまっている）。しかし、その日常的実践が何らかの障害に遭って停滞するような局面、つまり、それまで特に意識するまでもなく当然の前提としてきた規範全体性でもっては対処できないような事態に直面した局面では、規範全体性の均衡が突き崩されてしまっている。そうした事態に対処するには、規範全体性が再び一定の均衡を取り戻すための何らかの動的な調整過程が必要とされる。そしてこの局面での規範全体性の構造は、もう一つの「動的展開モデル」で記述されるべきものだろう。

日常的行為の場面で考えれば、規範全体性（という主体的全体性）の構造は、それに基づく行為がスムーズに進行している「ルーティン的」と呼ぶべき局面では「均衡モデル」から把握可能だが、そこに何か支障が生じたことで均衡が失われ、それを再び回復させていく「調整的」な局面を捉えるには「動的展開モデル」が必要となる。そしてこの動的展開を通じて、新たな事態に対処可能な規範全体性が再び形成されたならば、それは再び「均衡モデル」で把握されるべきものに復帰したことになる。――このように、行為を導く規範全体性が絶えず再帰的に形成されていくという自己形成的な構造は、主体的全体性の二つのモデルの間での往還的な相互推移という構図において、統合的に記述可能だと考えられる。

以上のように、少なくとも日常的行為の場面で考える限りでは、主体的全体性に関する二つのモデルは、行為の二局面（ルーティン的局面と調整的局面）をそれぞれに記述するものとして位置づけることができる。そして、このときさらに問われるべきは、その二つの局面（ないしモデル）が相互にどのように移行し推移していくのか、という点だ。それを考えるための重要な手がかりは、上述した「規範全体性が不慮の事態に直面して均衡を失うときにこそ、その動的展開が始まる」という、その推移の起こり方である。

この「均衡モデルから動的展開モデルへの推移の仕方」については、先に参照すると述べた、「信頼の行為論」での「表現」の構造（特にその「自己主題化」の過程）を踏まえることで、以下のように、より具体的な形で記述できると思われる。

われわれは日常生活において、大抵は何の支障もなくスムーズな実践を現に行なうことができている。〔ルーティン的局面において、規範全体性の非主題的な了解によって有意味化され方向づけられている日常的諸行為の遂行〕

しかし、時に何らかの障害に遭うことで、その実践が滞ることがある。〔規範全体性の行為の方向づけ機能の喪失による、調整的局面への移行の始まり〕

規範全体性の自己主題化はそのときに初めて始まる。――「なぜ釘がうまく打ち付けられなくなったんだろうか？今使っているハンマーのこの部分がちょっと壊れている。じゃあ、直そう。」「いつもの道が工事で通れない。少し遠回りだが別の道で行こう。」「なぜ交渉がうまくいかなかったんだろうか。提示金額に問題があったのかも知れない。でもこちらとしてもギリギリの条件だったのだから、今回はまあ仕方ない。」というような具合に。〔規範全体性の自己主題化〕

そうして実践が滞ることがあっても、われわれは大抵の場合、そのことを主題化して、道具を修理する、考え方を変える、とりあえずあきらめる等々して、再びスムーズな実践に戻っていく。〔規範全体性の更新による、ルーティン的局面への復帰〕

ここでは、「均衡モデルから動的展開モデルへの推移」を大きく二段階に分けて記述した。第一の段階は、日常的実践が何らかの障害に遭って停滞することにおいて、潜在的な仕方でこそ機能し得ていた行為の前提（規範全体性）が、それとして主題化されてくるという過程だ（段階①）。つまり、均衡モデルから動的展開モデルへの推移の直接のきっかけは、それまで淀みなく進行していた日常的実践が何らかの故障状態に陥ることにある。また第二の段階は、実践の停滞によって否応なく始まる「前提の自己主題化」を通じて、その前提自体が何らかの微調整や軌道修正を被ることで更新され、再びそれを前提としたスムーズな実践に復帰する、という過程を辿ることになる（段階②）。「潜在的な前提」（規範全体性の非主題的な了解）に基づくわれわれの日常的諸実践においては、それが故障状態に陥った際には、以上のような「前提の自己主題化」（①）とそれを介した「前提の再帰的更新」（②）がその度ごとに生起し、大抵はそれを通じてスムーズな実践（ルーティン的局面）への復帰が果たされるはずだ。

また、以上に示した、実践が滞る故障状態を直接の契機として駆動し始める、規範全体性の自己主題化（①）を通じての再帰的更新（②）という一連の過程は、第三章で論じた「反省的自覚の過程」から捉え直すこともできる。そこでも指摘した通り、自覚の過程において「反省」が担う機能は、単に自身の行為の前提を自ら主題的に捉え返すこと（①）に尽きない。反省においては同時に、非主題的な仕方で了解されていた規範全体性がそれとして自覚され表現にもたらされるが、それによって逆に規範全体性自体のありようが再帰的に更新される点（②）も、反省の働きとして重要だ。そして、日常的行為の構造において「反省」が担う役割のどこに主眼があるかと言えば、それは、（その徹底が理論的・観照的な態度につながる）行為の前提の自己主題化の働きよりも、その主題化を通じて行為の前提自体が再帰的（reflexive）に構成されていくという自覚的な自己形成の働きの方に、より重きが置かれるべきだろう。[5]

こうした反省的自覚を通じて駆動するフィードバック・ループの構造は、主体的全体性たる規範全体性自身の自覚的・再帰的な自己形成構造を、行為論の場面でより詳細に理論化したものだと言えよう。またこうした理論化に基づいてこそ、人間の日常的行為における対照的な二つの局面も、その相互的な推移関係としてより一体的に説明可能となるのであり、和辻の議論が持ち得た行為論上の理論的可能性をそこに見いだすことは、十分に可能だと考える。

――ここまでの議論を次のように整理し直すことができるだろう。

すでに明らかな通り、日常的行為を構成する対照的な二局面（ルーティン的局面と調整的局面）は、規範的行為の構造を理論化する上で、次のような一見相反する二つの要求を課してくる。すなわち、日常的行為を導く規範全体性の構造の理論的記述にあたり、一方では、それが行為の方向性を事前に規定するという「規範的な方向づけ」に関する説明が求められる。他方では、絶えざる状況の変化にもそのつど適宜柔軟に対処していくことを可能にするような「状況変化への調整的対応」についても、同時に説明が求められる。

そして上述の通り、前者に関しては、日常的行為は一定の均衡に達した規範全体性の非主題的な先行的了解に基づくとする「均衡モデル」において説明され、後者に関しては、状況の変化によって実践が停滞したとしても、まさにその故障状態によって駆動し始める反省的なフィードバック・ループによって、行為の前提たる規範全体性が再帰的に更新され、（大抵の場合は）再び実践に復帰可能になる、というような「均衡モデルと動的展開モデルとの相互推移的構造」において、日常的行為のありようが総体的に説明可能になったと言ってよいだろう。こうして見てくると、先に提起した「主体的全体性の二つのモデルの統合的把握」という問題は、以上のような構図において日常的行為の進展を可能にする、規範全体性の反省的・再帰的・自覚的な自己形成構造に着目することで、一定の理論的な回答が示されたことになる。

3　準目的論的な「行為の原因」――行為の自発的・能動的側面をめぐって

ここまでの議論では、日常的行為を二つの局面（ルーティン的局面と調整的局面）に分け、その両者が、行為の故障状態をきっかけとして始まる反省的自覚に媒介されて相互に推移していく、という日常的行為の構造を論じてきた。そして、和辻の議論に見いだせる「主体的全体性」をめぐる二つのモデルを援用することによって、そうした行為論的問題に一定の理論的回答を示し得るという点を、彼の議論が持ち得た理論的可能性の一つとして提示したことになる。

それも踏まえて、ここではさらに次のような問題を問うてみたい。すなわち、そもそも人間の行為は、事前に決まっている諸々の前提（規範全体性）を単にルーティン的にこなしていくようなものに過ぎないのか？　また、その前提は状況の変化に応じてそれ自身変化・展開するのだとしても、それは単に環境に適応するための半ば自動的な調整のようなものに過ぎないのか？、と。

和辻の解釈学的な行為論では、われわれの日常的行為の大部分は、一定の心的状態・心的なもの（意志、意図、欲求、信念、等々）に基づいて意識的になされているというよりは、了解という仕方でその存在にまで浸透した「規範的なもの・規範全体性」によって終始規定されているのだとされた。しかし、われわれの常識的な発想からすれば、それでもなお行為には「何かを目指して行なおうとする」といった、いわゆる「自発的」「能動的」な側面があるように思われる。われわれの日常的行為は、規範全体性と呼称される全体的な何かによって事前に規定されているのだとしても、他方で何かを目指した自発的なふるまいであるように思われるのだ[6]。その意味で、行為の構造を考える上では、「何かを目指す」といった自発性・能動性のあり方を考える必要がどうしてもあるのではないか。行為というものは大抵自発的になされる意図的なものだ、という常識的な発想を、和辻の解釈学的行為論からはどう位置づけ直すことができるのだろうか。こうした問題を、以下では「行為の因果性」という観点から考え直してみたい。

さて、立場の違いはあっても行為論という議論でまずもって探求されてきたのは、「行為の真の原因」だと言ってよいだろう。その原因をどこに求めるのであれ（例えば、神の意志や何らかの心的状態、脳の物理的状態や周囲の環境、等々）、そうした先行する何らかの原因に基づいて人間の諸行為が成立してくる、と見なす点では根本的な発想を共有していると思われる。そして、そこで共通に想定されている「何らかの原因によって行為のありようが規定されている」という規定関係は、基本的には、作用因（動力因）による因果関係、つまり先件（原因）が後件（結果）を決定するという、通常の意味での因果性において捉えられている点が重要だ。

例えば、われわれにとって馴染みがあると思われる「心的なもの」（意志や意図、信念と欲求のペアなど）に基づく行為論では、何らかの心的状態（原因）がまず存在し、それに基づいて一定の行為（結果）がなされる、という因果的連関の一種として行為の成立構造が記述される。このように、行為を決定づける何かを人間の心的状態に求める場合であれ、あるいは脳状態や周囲の環境といった物理的現象に求める場合であれ、それらはいずれも行為を因果的に引き起こす「原因」だと想定されており、そこでは人間の行為が（単に自然的なものかどうかはともあれ）何らかの因果的連関の下にあると考えられている。要するに、行為論上の相対立する諸見解は、何らかの「行為の原因」なるものが存在することはともに前提とした上で、その原因が一体いかなる存在論的な身分を持ったものなのかをめぐって、様々な意見を戦わせてきたと見ることができる。[7]

では、本書で検討してきた「規範全体性」は、それを「行為の原因」として捉えたとき、一体どんな特徴を持つものとして見えてくるだろうか。

第一の特徴として指摘したいのは、規範全体性は、（先に主体的全体性の特徴としても確認した通り）直観的にも論証的にも把握し尽くせないような全体性であり、潜在的・潜勢的・非主題的な仕方で了解されていてこそ行為の方向性を規定し得る、という点だ。そこからすれば、われわれの日常的行為を可能にする原因としての規範全体性は、それとしては知覚できない潜在的な何かとして存在するものだということになる。ただし、規範全体性が「潜在的なもの」だとは言っても、それは、例えばマルクス主義が想定するような社会的諸関係としての「下部構造」や、精神分析学が想定するような「無意識」といった、目には見えないにしても、何らかの実体性を持った原因として因果的に作用するようなものではない、という点に注意すべきだ。

　では、通常の因果的連関を引き起こすような実体的な原因ではないとするならば、規範全体性は一体いかなる意味で「行為の原因」たり得ているのだろうか。この点に関連して第二の特徴としてさらに想起したいのは、第七章で見たハイデガーや和辻の行為論で、規範全体性は「主旨」「資格」といった目的の位置にあるものを目処・目安としてこそ把握可能になるとされていた点だ。日常的行為は、そうした「目的のようなもの」を目処としつつなされるという仕方において、規範全体性から「浸透的な方向づけ」を与えられ得ているのだった。この点に注目するならば、規範全体性が日常的行為の方向性を規定する「行為の原因」である、というときのその因果関係は、（作用因ではなく）目的因による因果関係として考えるべきだろう。ここで言う「目的因による因果関係」とは、実現されるべき後件（ここでは規範全体性）を目的として、それに従って先件（個々の行為）を規定するというような、目的論的な観点から因果性を捉える説明方式だが、和辻の行為論はそうした意味での目的論的な行為論として、さしあたり特徴づけられる。

　ただし、上述した規範全体性の「行為の原因」としての二つの特徴（潜在的なものであり、行為にとっての目的因となること）を一緒に考え合わせるならば、日常的諸行為がその実現を目指すべき目的の位置にある規範全体性は、あくまでも潜在的なものとして行為の方向性を規定するのであり、初めから何かそれとして確たる内容を持った明確な目的としては存在していないことになる。[8] 第七章でハイデガーの議論に読み取り得る行為論を論じた際には、こうした潜在的・不確定的な目的のあり方をもって「準目的論的」と名づけたが、和辻の行為論もそれと同様に、準目的論的な行為論だと呼んだ方がより正確だろう。

――上で問題化した、行為に備わる「何かを目指す」という自発的・能動的な側面に関しては、以上の検討から、行為の原因たる「規範全体性」自体が、その実現を目指すべきような目的に準ずる全体的な何かだという指摘でもって、一応の回答を示したことになる。すなわち規範全体性は、すでに潜在的にある（はずの）ものとして行為のありようを事前に規定する一方、これから実現されるべき目的の位置にあるという点では、行為の「何かを目指す」側面も含むと言えるはずだ（この規範全体性の二側面は、第七章で見た「あらかじめ・すでに」という行為の時間的構造にも対応する）。また、そこでの目的因としての規範全体性は、それによって行為のあらゆる詳細が決定づけられるわけではなく、行為が向かうべき方向性をそれとなく指し示すようなものとして機能するのだった。つまり、少なくとも「すべてが事前に決定済みではない」という意味で、和辻の行為論でも、行為者自身の自発性を発揮し得る余地が認められていることになる。

ただしそれだけでは、行為の自発性の余地があるとは言っても、極めて消極的に承認されているだけだとも言える。その余地とはもしかすると、目前の状況に対処していくにあたり、特に意識することもなく自身の行為の前提（規範全体性）を微調整していく、といった半ば自動的に処理されていく調整過程に過ぎないかもしれないのだ。したがって、そこでさらに考えねばならないのは、規範全体性によって与えられるという「行為の方向性」自体に、われわれ人間自身がどれだけ自覚的に関与（もっと言えば「介入」）し得るのか、という問題だ。この問いに対しては、ここで主題化されるにいたった「準目的論的な行為論」がより具体的にはどんな議論であるのかが一通り提示されてこそ、一定の回答が示されてくるだろう。

4　準目的論的行為論の構想――行為の全体論的構造と表現主義的存在論から

以上では、和辻の議論から帰結する行為論が「準目的論的」であることを確認したが、そこでの「潜在的な目的としての規範全体性」という見解は、一見奇妙な帰結にも見える。というのも、規範全体性がそれとして知覚し得ない潜在的な目的であるならば、われわれはその内実が定かでないような全体的な何かを、にもかかわらず目的として目指して行為している、ということになってしまうからだ。しかし、本書で検討してきた和辻の行為論は、まさにそうした潜在的な規範全体性が、にもかかわらず行為の目的因としていかに日常的行為を導き得るのか、というその構造を解明しようとするものだった。そこで最後に、こうした準目的論的行為論が、本書で見てきた和辻の諸議論からいかに説明可能なのかを確認しておきたい。そこで特に援用したいのは、「行為の全体論的構造」および「表現主義的存在論」という二つの議論である。

(1)「行為の全体論的構造」から見た準目的論的行為論

まず「行為の全体論的構造」とは、それ単独で有意味となり得る一個の独立した行為というものはあり得ず、「行為」は様々な水準でのふるまい（諸部分）が全体として一つの体系的な連関をなすことにおいて成立することを説く議論だった。それはまた別の観点から言い直せば、個々の行為の意味は、その背景的文脈全体に照らしてのみ理解可能になるということだが（文脈主義的行為論）、こうした行為の全体論的構造を踏まえると、上述した「準目的論的行為論」はどのように捉え返されてくるだろうか。――そこで特に重要だと思われるポイントは、行為を目的論的に捉えるとは言っても、それは単なる「目的-手段」連関としてではなく、むしろ「全体-部分」関係において行為を捉えた方がよい、という点だ。[9]

図1　「目的－手段」連関から諸行為の相互関係を捉えた場合

※矢印「⇨」は行為の進行方向を示し、矢印「⬅」は目的が手段を規定するという規定関係を示す。

図2　「全体－部分」関係から諸行為の相互関係を捉えた場合

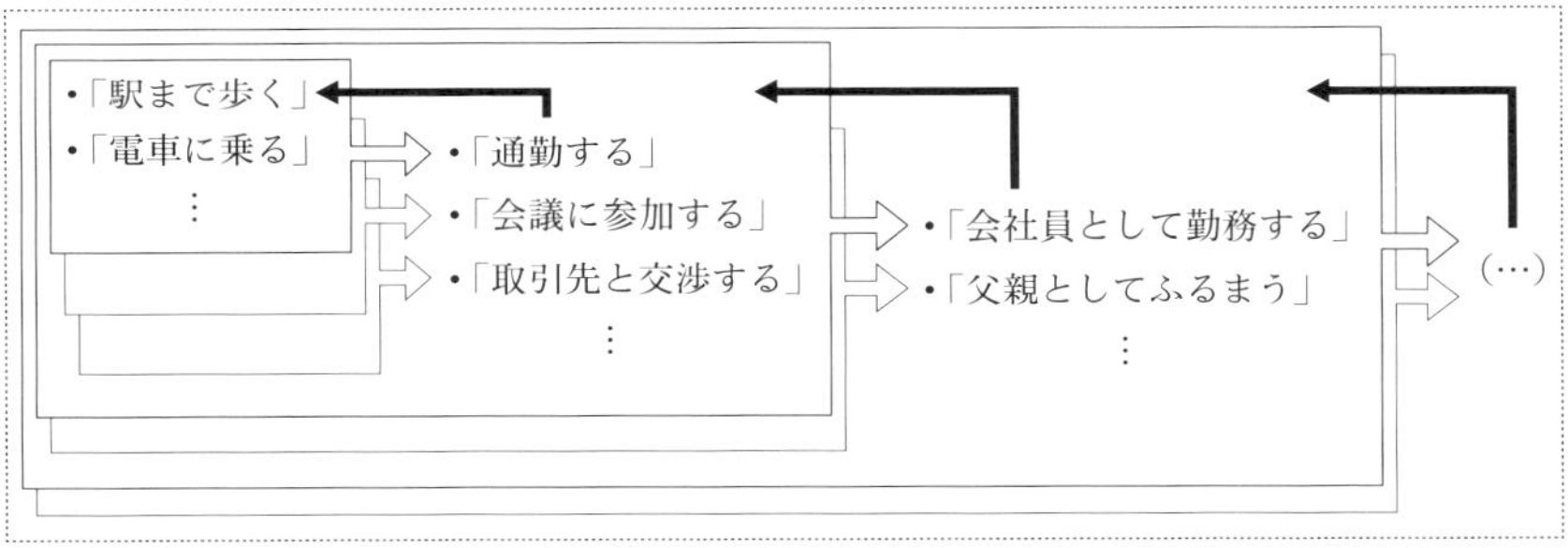

※矢印「⇨」は、諸部分が一体となってある全体性をなすという構成関係を示し、矢印「⬅」は目的（全体）が諸行為（部分）の方向性を規定するという規定関係を示す。

例えば第七章の事例で言えば、「電車に乗る」ことは「通勤する」という目的にとって手段となる行為であり、またその「通勤する」ことは「会社員として勤務する」という目的にとって手段となる行為である、といった「目的－手段」連関をなすものとしても分析可能だ（図1）。ただしこの分析の道具立てだけでは、例えば、「電車に乗る」ことと「駅まで歩く」ことの間の関係や、「通勤する」ことと「会議に参加する」ことの間の関係、あるいは「会社員として勤務する」ことと「父親としてふるまう」ことの間の関係などといった、直接的な「目的－手段」連関を構成するわけではない行為同士の相互関係をうまく位置づけることができない。

それに対して「行為の全体論的構造」を踏まえるならば、ここに挙げた諸行為は、他の同じ水準にある諸行為（部分）と一緒になって、よりマクロな水準の行為（全体）を構成している、と分析することが可能となる（図2）。

このように捉えることで、「よりマクロな水準の行為」（全体）とそれを構成する「よりミクロな水準の諸行為」

（部分）の間には、次のような二重の関係があることが見えてくる。——まず「目的‐手段」連関からしても、マクロな行為はミクロな諸行為のありようを事前に規定する「目的」の位置にあって、その各行為の意味を理解可能にするような「行為の方向づけ」機能を発揮していると言えよう。しかし他方でこのマクロな行為は、それ自身が方向づけているはずの一連のミクロな諸行為が実際になされることを通じてこそ、そのような行為として現に遂行され得るのでもある。そしてその意味では、この「よりマクロな水準の行為」は、具体的・現実的な行為そのものというよりは、（第七章で見たハイデガー的な行為論を踏まえて言えば）何らかの「存在・行為可能性」として位置づけた方がより正確だろう。またこのとき、「よりミクロな水準の行為」の方こそが、具体的・現実的な個々の行為だということになる。

例えば、いつもの電車に乗り遅れそうになっているという場面で、慌てて電車に駆け込む人にとって、その人がいままさに現実的に行なっている行為（よりミクロな行為）は、「電車に乗る」ことだ。そしてそれに対しよりマクロな水準にある「通勤する」という行為は、「電車に乗る」というミクロな行為が目指しているはずの（当面の）目的であり、かつ、そのミクロな行為自身のありようを規定している存在・行為可能性であり、またさらには、そのミクロな行為（部分）が他の同水準の諸行為（「駅まで歩く」「定期券を更新する」等々）とともに構成しようとしている一つのまとまりある全体的な行為だということになる。(10)

このように見てくると、行為の（準）目的論的構造が「行為の全体論的構造」という観点からこそよりよく理解可能になることは明らかだろう。われわれの日常的行為は一定の「目的」を目指したものであり、行為のありようはその目的によって事前に規定されている、というのが目的論的行為論の基本構図であるならば、(11)そこで言う「目的」とはまさに、いま現に行なっている行為がその一部を構成しようとしている「全体」のことであり、かつまた、よりマクロな水準での存在・行為可能性であって、そこでの「目的」（行為可能性）と「個々の諸行為」との相互関係は、

「全体－部分」関係という全体論的な構造をなすものとしてまず把握されるべきだ。

（2）「究極的な目的」をめぐって——その認識論的不明瞭性と存在論的不確定性

以上では、「目的－手段」連関ではなく、「全体－部分」関係の目的論に依拠する方が、行為の構造がよりよく把握可能になることを確認した。それに関してまた別の観点から考察しておこう。

行為の構造を単純な「目的－手段」連関から捉えることの最大の難点は、あらゆる行為にとって目的となるはずの「究極的な目的」が何であるのかが明確になっていなければ、それに応じたしかるべき諸手段も定まってこないのではないか、という点にあると思われる。そして、この「究極的な目的」が具体的には何であるのかに関しては、哲学的な議論に限らずこれまで実に様々な主張が提示され議論されてきた（例えば、神の意志の実現のため、正義のため、幸福のため、自己実現のため、等々。さらにその正義や幸福の内実に関しても無数の見解がある。）しかし当然ながら、その決定的な回答と言えるものは未だ存在せず[12]、むしろ社会が近代化し複雑化するにつれて、それが何であるかの合意はますます困難になってさえいる。

それに対し、「全体－部分」関係から行為の構造を捉える立場（目的論的かつ全体論的な行為論）からすれば、「究極的な目的」とは、最もマクロな水準から見たときの存在・行為可能性（ハイデガーが「主旨」と呼ぶもの）だということになる。その場合の「究極的な目的」は、あらゆる諸行為（部分）にとって目的の位置にあるような、最もマクロな水準における行為の可能性だ。つまり「われわれは最も全体的・包括的な存在・行為可能性を目的として、種々の日常的行為を現に行なっている」というのが、目的論的かつ全体論的な行為論が描く「行為」の基本構図となる。

ただし、ここでさらに重要なポイントになるのは、行為自体がこうした全体論的構造を持つはずであるにもかかわらず、（幾度も指摘した通り）有限な認知能力しか持たないわれわれ人間にとっては、その全体論的構造の具体的内実を（直観的であれ論証的であれ）主題的に把握し尽くすことが原理上不可能だという点だ。つまりわれわれは何かを目指しつつ種々の行為を行なっているはずなのだが、その目指されるべき目的の位置にある何かは、主題的な把握が不可能という意味で、その内実は不明瞭なものたらざるを得ない（これを認識論的不明瞭性と呼んでおく）。

ただしもちろん、よりミクロな水準の行為に焦点を当てれば、そこで目指されている当面の目的は、かなりの程度まで明瞭であり確定的だ。例えば、「どこへ行くところですか？」と訊かれれば、誰でも大抵は自分の目的地等について何らかの返答ができるだろう。しかし、その行為の水準をよりマクロな方へと引き上げていったならばどうだろうか。例えば、「あなたは何のために生きていますか？」と訊かれて、確信を持って明確に即答できる人はあまりいないだろうし、答えられたとしてもそれはあくまでもその時点でのものに過ぎない。日常的諸行為にとっての「究極的な目的・方向性」とは、例えば、こうした「人生の目的」などと呼ばれるものを含むはずだが、まだ人生の終わりに達していない人が、自分の人生全体を見渡してその目的の中身を明確に見通すことは、原理的に言ってそもそも不可能であり、その意味でも目指されるべき究極的な目的はつねに不確定的たらざるを得ない（存在論的不確定性と呼んでおく）。

要するに準目的論的・全体論的な行為論からすれば、「究極的な目的」（最もマクロな水準から見た存在・行為可能性）は、そもそもその内実が不明瞭かつ不確定的にしか現われ得ないような何かであり、単純な「目的－手段」連関に基づく行為論が想定する「目的」のあり方とは全く異なる。そしてこの認識論的不明瞭性および存在論的不確定性こそが、行為の目的因たる規範全体性が「潜在的なもの」であり「準目的論的」であるという、先の規定の主たる含意なのだ。

以上をまとめれば、準目的論的行為論における「行為」の基本構図は次のようになる。――準目的論的なものとしての規範全体性（行為可能性）について、われわれはその全貌をあらかじめ見通すことはできないが、そうした全体的な何かが（潜在的な仕方ではあれ）存在することを前提として、そこから方向づけられつつそこを目指すという仕方で、種々の日常的行為を現に行なっている。また「行為の全体論的構造」も踏まえれば、そうした目的に準ずる何かを目指してミクロな諸行為がなされていくことを通じて、よりマクロな行為が具体的に構成されることになるのであり、「究極的な目的」なるものも、こうした「よりミクロな諸行為（部分）を通じてのよりマクロな行為（全体）の構成」という過程が進行していくことにおいて、それが何であるのかが（部分的にではあれ）より確定的・明瞭になってくる、ということになるだろう。

そこで起こっているのは、不確定的・不明瞭な仕方で存在する（要するに「潜在的」な）全体性が、それを目指した諸行為を通じて、より確定的・明瞭なものとして構成されてくるという過程であり、それは本論で「分節化」ないし「表現する」ことと呼んできた過程に他ならない。そしてまさにこの点において準目的論的行為論は、上で「行為の全体論的構造」とともに参照すべき議論として掲げた、「表現主義的存在論」に関わってくる。

（3）「表現主義的存在論」から見た準目的論的行為論

表現主義的存在論とは、「主体的なものは、自ら表現にもたらされることにおいて初めて、それ自身に相応しい仕方で存在し始める」ことを基本的な発想とする議論だった。そして、それをさらに「行為の全体論的構造」から捉え返せば、「表現されるべき主体的全体性は、それ自身の何らかの表現として遂行される種々の日常的行為（部分）を通じて、より確定的・明瞭なものとして存在し始める」ということになる。第三章で和辻の哲学的行為論に関して論じた事柄とも重なるが、表現主義的存在論からすれば、主体的全体性とは、その内実があらかじめ確定的に定まったような目的や本質としてあるのではない。そうではなくて、それは、目指され実現されるべき目的・本質の位置にはあるが、その内実は当初は不確定的・不明瞭（つまり潜在的）であって、それが現実の諸行為として表現され実現されていくなかで初めて、それ自身に相応しい内容を獲得しつつ存在し始めるというような、「目的のようなもの・本質のようなもの」としてある。

　そしてまさにその意味では、われわれは、行為を方向づける目指すべき目的（規範全体性）を自ら構成し作りだしている、と言うことができる。先に問題化した、人間の行為の自発的・能動的な側面の可能性に関しては、こうした表現主義的存在論（ないし「表現の構成的機能」）に依拠することで、より積極的な形で主張可能となるだろう。存在・行為可能性としての規範全体性は、それに方向づけられたわれわれ自身の具体的な諸行為を通じてこそ、より確定的で明瞭なものとして表現され構成されてくるのであり、その側面に注目するならば、われわれは自分の行為が向かうべき目的・方向性を、まさに自身がなす行為を通じて現に構成しつつあることになる。要するに、われわれ人間は目的の位置にある何かによって方向づけられつつ種々の日常的行為に従事するのではあっても、そこで最終的・究極的に目指されているはずの「何か」は、初めから確定的・明瞭なものとして存在し、行為を規定しているわけではない。それが一体何であるのかは、われわれ自身がなす行為を通じてのみ、より確定的で明瞭なものとして形をとって示されてくるはずの何かであり、われわれは言わば「自身の行為の前提を、自らの行為によって絶えず構成し供給し続ける」という再帰的構成を終始行ない続けているような存在だということになる。

　そしてまた、このような再帰的構成の仕組みに着目するとき、「表現主義的かつ全体論的な準目的論的行為論」は、前に検討した「反省的・再帰的なフィードバック・ループの構造」とも接続させて、日常的行為の構造全体を次のように描き出すことができるようになる。

　――まず日常的行為におけるフィードバック・ループは、次のようなルーティン的局面と調整的局面の相互推移的な過程として記述可能だった。日常性におけるわれわれは、ある一定の均衡に達した規範全体性を前提としつつスムーズな実践（日常的諸行為）に没入している（＝均衡モデルによって記述されるルーティン的局面）。しかし、その実践に何らかの支障が生じたとき、その前提として目立たない仕方で了解され行為を方向づけていた規範全体性が主題化され始め、必要に応じて修正・調整がなされる（＝動的展開モデルによって記述される調整的局面）。そして規範全体性は、こうした一種の「反省」の働きを通じて更新されることによって再び行為の前提として機能し始め、没入的な実践への復帰が果たされることになる。

われわれの日常的行為は、こうした二つの局面の間を行き来しつつ進展していくものだという点で、再帰的・反省的なフィードバック・ループを構成するのだった。そして、そこにさらに準目的論的行為論を重ね合わせてみることで、日常的諸行為を進展させるフィードバック・ループの運動それ自体が全体として、どこへ向かっていくのか、という点が考察可能になると思われる。

すなわち、準目的論的行為論（特にその表現主義的な側面）を踏まえれば、このフィードバック・ループによる再帰的な自己展開・形成の運動は、潜在的な規範全体性が、それを目指した諸行為がなされることを通じて、次第により確定的・明瞭なものとして構成されていくという過程として捉え返すことができるだろう。日常的行為を進展させるフィードバック・ループの運動は、それ自身が、「潜在的な規範全体性が、種々の行為として表現されることを通じて、より確定的・明瞭なものになっていく」という根本的な方向性を持つものと位置づけることができるのだ（ただしそれは当然ながら、ある特定の方向性を善いものとして規範的に提示するのではない）。

またここで行為の時間的スケールという観点を導入するならば、「フィードバック・ループの構造」において記述される行為が、より短期的な視点から行為の時間的な進展を捉えたものであるのに対し、「準目的論的行為論」において記述される行為は、より長期的な視点から行為の進展を捉えたものだと言えるだろう。われわれの日常的行為は、より長期的な視点から見れば、「究極的な目的」に位置する最もマクロな存在・行為可能性（潜在的な規範全体性）に方向づけられ、その実現を目指すものであると同時に（行為の全体論的構造）、そのありよう自体を様々な水準の諸行為としてあらわに表現していくことであって（表現主義的存在論）、こうしたミクロな諸行為（部分）を通じてのみ、そこで目指されているマクロな目的・行為可能性は、より確定的・明瞭なものとして存在し始めるのだった。それに対してより短期的な視点から見れば、日常的行為は、目前の状況に対処していくためにルーティン的局面と調整的局面とが相互に推移していくという形で進展していくものであり、この相互推移の過程のなかで、行為を方向づける規範全体性はそのつど主題化され修正・調整されるという仕方で更新され変化し続けているということになる。

そして、これら二つの視点を組み合わせれば、より短期的な視点からの「日常的行為を方向づける規範全体性が、フィードバック・ループの構造に基づいて絶えず更新されている」というミクロな更新の過程が、より長期的な視点からの「行為の目的たる規範全体性自身が、より確定的・明瞭なものとして表現され構成されてくる」というマクロな表現の過程を、実質的に構成している。また同時に他方で、後者の長期的視点からの「マクロな表現過程」を背景的な文脈としてこそ、前者の短期的視点からの「ミクロな更新過程」も、一定の方向性を持った種々の具体的行為として実現可能になるという点に関しては、これまでの議論からしてすでに明らかだろう。

——和辻の解釈学的倫理学に看取し得る行為論上の理論的可能性は、以上に考察した諸論点（フィードバック・ループに基づく規範全体性の更新過程、目的因としての規範全体性、行為の全体論的構造、規範全体性の表現主義的な自己形成構造、等）から成る、表現主義的・全体論的な「準目的論的行為論」と総称されるべき哲学的行為論として、提示されたものと考える。

第三節　何かを主体として捉えることの倫理（理論的可能性②）

以上では、和辻の解釈学的倫理学に見いだし得る理論的可能性として、まず行為論上の可能性について考察し、そこから「準目的論的行為論」なる新たな議論を構想可能だという結論を示した。それに加えてもう一点考察したいのは、その倫理学理論上の可能性である。以下では、それを特に「何かを主体として捉えることの倫理」という問題として主題化し考察していくが、そこでもやはり「主体的全体性」という概念が、極めて重要な発想として参照されることになる。

1　「主体」概念の形式性という特徴から

ここで倫理学理論上の可能性を考えるにあたり考察の俎上に載せたいのは、「間柄」という人間関係における主体（つまり倫理的主体）の問題だ。

和辻の「主体」概念に関しては、すでに「主体的全体性」という発想から捉え返し、その基本的な諸特徴を確認した。そこで指摘した一つの大きな特徴であり、以下でも特に注目したいのは、この主体的全体性としての和辻の「主体」概念が極めて形式的なものだという点だ。この「主体」概念では、主体的全体性に関する一定の形式的な要件さえ満たせば、それが何であれ主体として把握してよいのだった（現に和辻の議論では、この概念が実に様々なものに適用されていた）。そこでさらに問いたいのは、この「主体」概念の形式性という特徴が、日常的な人間関係（間柄）という倫理的な文脈において、いかなる倫理学理論上の含意を持つかという点だ。

和辻の「主体」概念の内実をなす「主体的全体性」という発想に関して、その基本的な要件を簡単にまとめれば、それは、自らを表現しその自覚を通じて自己形成していくような全体論的構造をなすもの（一言でいえば「自覚的に自己形成する全体性」）だった。そして、その形式性という特徴からして、ここで問題にしている倫理的文脈でもやはり同様に、その形式的な諸要件を満たしさえすれば、何であれそれは「主体」的な存在として見なされ得ることになるはずだ。

　また、そこからさらに帰結するのは、和辻の枠組で考える限りは、間柄における「主体」は特に「個人としての人間」に限定されない点である。例えば、ペットとして飼っている動物を大切な家族の一員と見なす人のなかには、それを何らかの主体として捉える人もいるかもしれない。また「法人」という社会的制度にも現われているように、われわれの社会では、会社や学校といった組織を（法的な権利能力を持った）一つの主体として見なすことが、ごく普通に行なわれている。さらに「主権国家」という発想は、まさしく国というものを（他国によって干渉されない自己決定的な）一つの主体として捉える考え方の表われだろう。はたまた、地球環境の保護や生物多様性の保全を主張するにあたり、その主張の根拠を、単に人間自身の生存や経済的便益の観点から見た必要性にのみ求めるのでなく、その存在自体が尊重されるべきものだと考えるとき、われわれはそうした自然界の存在者を、（単なる道具的存在者ではないという意味で）何らかの主体的存在として見なしているのではないか。またこれらの例とは反対に、人が人間らしい扱いを受けない状況（例えば奴隷制度など）があり得ることを考えるならば、そのことは逆に、「個人としての人間」が主体として見なされないことがあり得ることを示している。

　いずれの事例であれ、そこで何が主体として捉えられるべきか（および、捉えられるべきでないか）は、基本的にそこでの背景的文脈に依存すると考えるべきだろう。それは和辻の文脈主義的行為論からしてそうなるはずであり、ある文脈で何かが主体として見なされるべきならば、それがたとえ動物であろうが機械仕掛けのペットロボットであろうが動かない人形であろうが、それは何らかの主体として取り扱われるべきものとして存在していることになる。

2　間柄における最も基礎的な資格としての「主体」

　ただしそこで直ちに問われるべきは、ここで言う「何かを主体として捉える」ことが一体いかなることなのか、についてだ。特にここで問題にしている、「間柄」（人間関係）という倫理的文脈において「何かを主体として捉える」

ことは、一体いかなる態度として記述できるだろうか。

それはまず素直に考えれば、それぞれの文脈で主題化されているその対象を、「あたかも主体であるかのようなものとして」捉えてみるということであり、つまりある対象を「主体化」させて認識することだ。ただしそれは、「擬人化」といった単なる比喩と捉えるだけでは不十分だと思われる。というのも、倫理的文脈において「何かを主体として捉える」とき、われわれはまさにそのことによって、その何かを主体的存在にふさわしい仕方で遇すべきだと認めたことになるからだ。「何かを主体として捉える」ことは、少なくとも倫理的文脈では、単なる比喩（例えば、人間ではないものをあたかも人間であるかのごとく語ることで、何事かを言い表わしたり説明したりすること）ではなく、「そのことを、自身の行為の前提となる事実として受け入れるという態度をとる」ことを含意するはずだ。[13] 倫理的文脈で「何かを主体として捉える」とき、われわれはその何かを（自分と同じ）主体として遇するようふるまうべく、自身の行為を方向づけたことになる。――まさにこの点において、「何かを主体として捉える」ことの倫理が問題化されてくる。

また、ここでさらに「主体的全体性」に関する他の特徴も踏まえれば、「何かを主体として捉える」ことは、それとして見ることも触ることもできない主体的全体性の存在を、しかし目の前にある何かの内に認めることでもあるはずだ。それは例えば、目の前にいる人（あるいはペットでも何でもよい）の内に、それとしては知覚不可能な主体的全体性の働きを感知し看取することであり、それによって主体的全体性の存在が、例えば「人格」といった形で認知されたことになる。

こうした「主体的全体性の存在の認知」に関しては、その仕組みを本論中で検討した「信頼の行為論」から、さらに次のように説明することができる。われわれは主体的全体性の全貌を主題的には把握し尽くせないが、その内実が不確定的・不明瞭であっても、そこに確かに主体的全体性が存在していることを、例えば「人格」というものを目処とすることによって、現に認知し承認し得ている（例えば「あなた」という人が、ある一定の「人格」という主体的全体性の働きにおいて存在していることを、たとえその存在自体は知覚できずとも、すでに現に認めてしまっているように）。それはつまり、「人格」という資格を目的の位置に置くことでもって、そのように名指されるべき主体的全体性の存在が認知され承認されているということであり、要するに「主体的全体性の存在の認知」とは、「信頼の行為論」からしても、目的の位置にある「資格」を目処とすることによってこそ可能になっているはずだ。

——以上を踏まえれば、「何かを主体として捉える」ことは、それとしては知覚不可能な主体的全体性に関して、その働きを知覚可能な何かの内に看取することであり、またその主体的全体性の存在を認知し承認することにおいて、その存在の事実を自身の行為の前提として受け入れることなのだとまとめられよう。そして、そこでの「主体的全体性の存在の認知・承認」にとって特に重要であるのは、（上述の「全体性の認知可能性」問題からしても）目的の位置にある「資格」を目処とする必要がある、という点だ。まさにこの「資格」概念に着目することで、「何かを主体として捉える」ことの倫理的な意味を、よりよく示すことができるだろう。

第六章や第七章で検討した「資格」とは、背景的文脈としての間柄（人間関係）から付与されてくるものであり、そこで一定の位置（持ち場）を占める人々がそれぞれに則るべき「行為の仕方」の全体（規範全体性）について、そのおおよそのところを互いにあらかじめ把握可能にするような目処・目安として機能するものだった。それによってある間柄にある人々は、各自の資格に相応しい仕方で行為すべく方向づけられている、とお互いにさしあたって信頼可能になる。

この「資格」の事例として挙げたのは、家族における「父」「母」「子」、学校の「教師」「学生」、会社の「社員」、ある社会の標準的な成員としての「成人」、国家の構成員としての「国民」などであり、こうした様々な次元の間柄においてそれぞれ一定の資格が形成され機能していると分析されていた（『倫理学』第三章では、こうした種々の次元の間柄における資格とその「行為の仕方」が体系的に分析されていた）。またさらに、A社の社員、B家の一員、C大学の教師・学生、D国の国民というように、「より特殊・具体的な間柄における資格」を考えることも可能であり、そこで示唆される「行為の仕方」の内実も、その分だけより具体的で厚みがあるはずだ（例えば、同じ会社員でも「A社社員」と「E社社員」ではその行為の仕方が全く違っている、というように）。

ではここで、それとは逆に「より一般的な「資格」とは何か」と問うならばどうなるだろうか？――そこで最も一般的な「資格」として考えられ得るのが、ここで問題にしてきた「主体」なのではないか。すなわち「何かを主体として捉える」ときの「主体」は、間柄（人間関係）という倫理的文脈において最も形式的かつ基礎的な「資格」として位置づけられるように思われる。(14)

このことは、「主体」概念の内実をなす主体的全体性という発想が、先述の通りごく形式的なものであったことからも裏書きされる。その形式的な諸要件を満たせば、それが何であれ「主体」という資格が付与され得るという点は、先に挙げた「父」「学生」「成人」「A社社員」といった、より具体的な文脈（間柄）に依存した諸資格と比べるとき、(15)その一般性が際だって見えてくる。そうだとすれば、「主体」という資格は、より一般的な（つまりより文脈依存的でない）間柄の成員に付与される、極めて一般的・形式的な資格として位置づけることが可能だろう。

さらに踏み込んで言えば、こうしたより一般的・形式的な資格としての「主体」とは、人間の「間柄」（人間関係）そのものの成立に関わっていると見ることもできる。ここまでの議論を踏まえれば、「何かを主体として捉える」ことは、その何かの内に主体的全体性の働きを認知・承認することだった。つまりそれは、その何かを「主体」という資格の下にあるものとして理解することだと言い直すことができる。それによってわれわれは、その何かが（自分と同じ）「主体」という資格を負った存在であることを、行為の前提とすべき事実として受け入れ、その資格に相応しい相手として遇するという実践的な態度をとるべく、自身の行為を方向づけることになる。

このように見てくるとき、ここで問題にしている「何かを主体として捉える」ないし「何かを「主体」という資格の下に捉える」ことは、和辻の倫理学で最も基礎的な事実とされる「間柄」(人間関係)がそもそも成立し得るための存在論的な前提になっている、と言ってよいのではないか。その意味で「主体」は、最も一般的・形式的であるとともに、間柄の成立に関わる最も基礎的な資格としても位置づけられる。[16]——そこで、以上に見た「主体という資格の認知・承認」と「間柄の成立」とが、その構造上どんな相互関係にあるのかについてさらに考察を進めよう。

3　相互了解性における間柄・行為的連関の成立——「尊厳」の根拠

以上の考察から、主体的全体性の要件として明記すべき特徴が、もう一つ見えてきた。それは、「何かを主体として捉える」こと自体が、主体的全体性をなす「主体」にのみ可能だという点だ。

ただしこの特徴は、すでに指摘した主体的全体性の「自覚」可能性(自己了解性)という特徴の内に、(明示的にではないが)部分的に含意されていた。「主体」的な存在は、その自覚可能性(自らを表現し、さらにその表現を自己解釈することに基づく「自覚」の可能性)からして、「自らが主体的全体性をなす「主体」である」という自己了解(自覚)を持っているはずであり、その意味でまさに「自分自身を主体として捉えて」いることになる。

それも踏まえれば、ここで問題にしてきた「何かを主体として捉える」ことは、「その何かを、自分と同じ(主体的全体性をなす)主体として捉える」ことを意味する。要するに「何かを主体として捉える」ことは、「自らを主体として自覚する」ことと表裏一体の関係にあるのであり、そこでは「自他を主体として捉える」ことが相互的に生起しているのだと言ってもよい。そしてそれは、まさに和辻が考える意味での「間柄」概念に直結するはずだ。

この点に関しては、すでに第五章で一度参照した、次のような議論を改めて見ておきたい。

このような「我々」の立場は、すべてが主体として連関し合う立場である。それが主体的な間柄にほかならない。従って間柄は互いに相手が主体であることの実践的な了解なのである。行為的連関があるということと相互了解とは同義である。我れ・汝・彼というごとき関係は、この間柄を地盤として展開して来る。間柄にないものは、我れとも汝ともなることができない。〔9: 139–40〕

この『人間の学としての倫理学』の一節では、本論中でも幾度か取り上げた「相互了解性」という概念を軸にして、「主体」と「間柄」の相互関係が説明されている。まず「相互了解（性）」とは、「互いに相手が主体であることの実践的な了解」だとされており、それはここでの議論の文脈からすれば、「互いに相手を主体として捉える」ことだと言い直せよう。そして引用中では、こうした意味での相互了解性（互いに相手を主体として捉えること）は、「間柄がある」ことや「行為的連関（事）がある」ことと「同義」だと見なされている点が重要だ。

先に見た通り「何かを主体として捉える」ことは、「そうした主体的な何かが存在する」という事実を自身の行為の前提として受け入れる、という態度をとることを意味するのだった。人間の日常的行為にこうした方向づけを与えるという点で、この「何かを主体として捉える」ことはすぐれて実践的な態度だが、さらにそれが自分だけでなく相手をも主体として捉えるという相互的なものである点に注目するならば、「互いに相手を主体として捉える」こととしての相互了解性とは、さらに踏み込んで、すぐれて倫理的な態度としても位置づけられるのではないか。

なお、ここでの「倫理」的という言葉の含意は、第四章で確認した和辻が考える意味での「倫理」概念を踏まえたものだ。すなわち「倫理」とは、特に存在論的観点からすれば、人間の共同性をある具体的な人間関係（間柄）として可能ならしめるような実現構造そのもののことだった。そこから捉え直せば、ここで見た相互了解性（互いに相手を主体として捉えること）は、まさに一定の人間関係・間柄をそもそも実現させているような、「倫理」的な態度だと言えるだろう。相互了解性は、まさにその意味で、間柄が現に成り立っていることと「同義」なのだ。またさらに、この間柄（人間関係）が、人間の日常的行為を有意味化する背景的文脈として機能するという点で、行為をそもそも可能にするものであったことも踏まえれば、先の引用にあった、「相互了解性」（互いに相手を主体として捉えること）と「間柄がある」ことと「行為的連関がある」こととが同一の事態であるという主張も、よりよく理解可能になるだろう。

こうした相互了解性における「互いに相手を主体として捉える」という倫理的態度に関連して、さらにもう一点指摘しておけば（これは現段階では単にそうした議論の可能性を指摘するだけにとどまるが）、そこでの「相手を主体として捉える」ことこそが、いわゆる「尊厳」と呼ばれるものの根拠になっているとも考えられるのではないだろうか。——ここでなぜ「尊厳」なるものを殊更に問題化するのかと言えば、「間柄」を最重要視する（そしてそれゆえに「個人の個別性」が無視されてしまっていると批判されがちな）和辻の倫理学理論においても、個別的な存在の「尊厳」を確保し得る理論的な余地があることを示唆するためだ。

この「尊厳」という発想は、西洋近代に特異な考え方だという思想史上の見解もあるが(17)、ここではそれを次のような区別でもって、より一般的な形で捉えておきたい。すなわち、何かの「尊厳」を認めるとは、単に「他の何かのために役立つ」限りで価値を持つという手段的・外在的価値だけでなく、「その存在自体が目的として尊重されるべき」というような内在的価値をも持ったものとして承認することだと、さしあたり規定しておくことができるだろう。

こうした「尊厳」を承認する実践的・倫理的態度は、まさに「相手を主体として捉える」ことに基づくのではないか。相手に「主体」という最も一般的・基礎的な資格を認めるとき、われわれはその「主体」という資格を目処としつつ、相手の内に自分と同様の主体的全体性の存在を認知し承認している（たとえそれが主題的には把握し尽くせないとしても）。要するに「何かを主体として捉える」ことは、自身が自覚するものと同様の主体的全体性の存在を認知・

承認することにおいて、それを体現すると思しき「何か」自体の存在意義（それがそれ自体として存在するに値すること）を認めることであり、それこそが「尊厳を認める」ことの内実をなすのではないか。

以上からして、「何かを主体として捉える」ことは、その何かの「尊厳」を認めるという実践的・倫理的態度をとることに他ならない。われわれはそのとき、「主体」という資格を手がかりにして、相手の内に主体的全体性が存在していることを認め、相手が自分と同じ主体であることを事実として受け入れている。またそれは、「同様の主体的存在である自他が、共に一定の間柄を形成している」ことを事実として受け入れることでもあって、われわれの日常的行為は、こうした諸々の事実を前提としてこそ、有意味なものとして成り立ち得ていることになるはずだ。

——和辻の倫理学理論が持ち得た倫理学上の可能性は、以上に示したような、「間柄において何かを主体として捉えることの倫理」という論点の内に見いだせるのではないか。ただし、特に最後の「尊厳」をめぐる問題に関しては、彼の倫理学理論にも個別的存在の尊厳を（実体的ではない仕方で）承認し得る余地がある点を示唆するにとどまっている。本書ではそうした可能性の所在を指し示したという地点で一区切りをつけ、より実質的な考察は別の機会に譲ることにする。(18)

第四節　倫理学研究の実践的意義

以上でもって、和辻哲郎の倫理学理論に看取し得る理論的可能性は一通り示し得たと考える。その上で最後にもう一つだけ検討しておきたいのは、そうした倫理学研究という営為自体が帯びる「実践的意義」についてである。というのも、第四章で「倫理学とは何か」を見た際にも指摘した通り、和辻にとっての倫理学理論（存在論的認識）は、決してわれわれの日常性から隔絶したものではなく、その延長線上にあるはずのものだからだ。倫理学的営為もまた

「われわれ」のなす一つの実践だというとき、ではそれはどんな意義を持つものとして位置づけられるだろうか。

1　「信頼の行為論」への批判にいかに回答可能か？

とはいえ、そもそもここで言う「倫理学研究の実践的意義を問う」とは、一体何をどのように問うことなのか。そこでまずは、この問いかけが「何でないのか」を確認することから始めよう。そのために参照し検討したいのは、和辻の倫理学理論に対して提起された批判である。ここでは特に、彼の「信頼の行為論」における「他者」問題を指摘する次のような批判を見てみよう。

和辻倫理学における「信頼」の性質を批判した研究としては、佐藤正英「近代日本における信と知――西村茂樹・西田幾多郎・和辻哲郎をめぐって」〔…〕、および酒井前掲「西洋への回帰／東洋への回帰」がある。本書の観点から見た場合、両者の批判する点は、和辻の理論体系が、役割とそれにふさわしい型を指定する一定の行為システムを自己と他者が共有していて、自分がその体系に則って行為すれば、相手もそれに対するかみあった行為の仕方で行為するという状況を、一貫して前提としており、その状況にふさわしい心的態度として「信頼」を取り上げていることに収斂すると思われる。つまりここでは、相手が行為システムを自分と共有していなかったり、あるいは共有していても異なって理解していたり、さらにシステムの理解も同一だったとしても自分の行為を無視または誤解するといった食い違いは、ごく例外的な現象と見なされ、倫理学の対象領域の外に放置されてしまうのである。(19)

この一節は、和辻の「信頼の行為論」に対する諸批判を苅部直氏が整理したものだが、こうした批判に対し、本書で示した和辻の理論的立場からはどんな回答が可能だろうか？

まず批判の要点を確認すれば、和辻の信頼の行為論は、「一定の行為システム」が自他の間で共有されていることを「一貫して前提」している点に、大きな問題があるという。この行為システムとは、要するに、ある特定の間柄で通用する「規範全体性」ないし「行為の仕方」のことだと見てよいだろう。和辻の枠組では、「間柄がある」という事実が成立しているならば、それはそのまま「行為システム（規範全体性・行為の仕方）の共有が成立している」ことを意味する。しかしそう考えることで、自他の間で行為システムの理解（やそれに基づく相互行為）に齟齬が生じる可能性を無視したり（論点①）、さらには、そもそも行為システムを共有しない（あるいは共有し得ない）人の存在を無視したりすることになるのではないか（論点②）、という疑念がここでは示されている。以下、こうした批判に対する和辻の立場からのあり得べき回答を示してみよう。

（1）「行為システムの共有」をめぐって

まず指摘しておくべきだと思われるのは、こうした批判は、そこで言う「行為システム」をあまりに明示的・固定的なものと捉えてしまっているのではないか、という点だ。つまり、「かく行為すべし」と指示する明示的な規則・ルールの集合（コード群）のようなものとして、「行為システム」が想定されているのではないか。そうした想定に立つからこそ、行為システムの複数の解釈の可能性や、誤解（誤った解釈）の可能性が、和辻の行為論の難点として指摘されてくるのだと考えられる（論点①）。しかし本書で明らかにした通り、和辻の行為論における「規範全体性（行為システム）の了解」は、諸規則の主題的な「解釈」を介するまでもなく、直接的に日常的行為を可能にしているのだった（この点は「了解」の構造において特に強調してきた）。

こうした和辻の行為論を踏まえるとき、ここで問題になっている「間柄における行為システムの共有」という事態は、むしろ次のように捉え返されるべきだろう。

和辻の「間柄」概念の行為論上の主たる含意は、「およそ人間の日常的行為の背景には、（それがどんなものであれ）とにかく何らかの間柄（人間関係）が現に存在し、行為はそこから何らかの規定を受けている」という点にあった。しかしそこには、批判者が想定するような「日常的行為を可能にする前提として、自他の間で同一の行為システムが共有されていなければならない」といった、極めて強い要求は含まれない。

そのことは、先に示した準目的論的行為論において、日常的行為を方向づける規範全体性が、厳密に言えば、不明瞭かつ不確定的な仕方でのみ存在するものであったことからも裏書きされる。規範全体性は、その認識論的不明瞭性からして、その全貌を主題的に把握することがそもそも不可能であり、またその存在論的不確定性からして、それは絶えざる形成の途上にあるものであって、それを完全に最適化された最善のものとして想定することは不可能なのだった。規範全体性（行為システム）は、このように不明瞭かつ不確定的（つまり潜在的）であるという点において、自他の間でそれが「同一」だといった事態を、そもそも想定できないはずのものだ。

しかし「同一の規範全体性（行為システム）の共有」が原理的に不可能だと言うとき、次のような疑問が直ちに出てくるだろう。規範全体性はつねに不確定的で不明瞭であるのに、なぜわれわれはその共有を前提にして、自他の間で何らかの有意味な行為を現になし得ているのか？、と。

この疑問に対しては、前述の「均衡モデル」から回答可能だ。このモデルからすれば、行為に何ら支障が生じない限りは、規範全体性のあらゆる側面を隈無く主題的に把握せずとも、それを行為の前提として、さしあたりにしてしまってよいのだった。それはつまり、「行為にまつわるあらゆる事柄をあらかじめ逐一把握せずとも、とりあえずその総体を丸ごと信頼してしまう」という態度のことだが、われわれは日常的にそうした「信頼」という態度を（それとは意識せず）現にとっているのであり、それによってこそ、複雑な「人間関係」や「世界」を前にして途方に暮れたり立ちすくんでしまうことなく、大抵は何らかの行為に乗り出していくことが現にできている（その意味でも信頼は「心的態度」や心的状態ではない）。また当然ながら、それをあてにして実際に行為をしてみたらその信頼が裏切られたということも大いにあり得るのであり、その意味ではわれわれは、根本的には完全な最適化や最善の均衡点だと想定できないようなものを、にもかかわらず自分の拠って立つ前提とした上で、行為に乗り出してしまっていることになる[20]。和辻自身が、「信頼」という現象を「自他の関係における不定の未来に対してあらかじめ決定的態度を取ること」[10: 285] だと説明していたことも、以上からよりよく理解可能になるだろう。

以上のように「均衡モデル」を援用することで、「規範全体性を一定の均衡に達した最適化されたものとして（言わば）便宜的に捉えることにおいて、その全体を丸ごと信頼して（しまって）いる」といった、日常的行為の前提たる「信頼」という態度を記述することが可能になる。こうした点からしても和辻の倫理学理論は、「同一の行為システムの共有」が文字通りの意味で成立していなくては日常的行為が成立し得ない、とは決して考えないはずだ。

ただしこのことは、個々の行為主体としてのわれわれが、「自他の間での同一の行為システムの共有」という事態を、「信頼」という態度において便宜的・実践的に前提としていることとは別問題だという点に注意を要する。つまりここで問題になっている「同一の行為システムの共有」という事態は、和辻の倫理学理論が理論的に想定するものではなく、この理論が記述する限りでの行為主体が（信頼という態度において）実践的に前提としているものだと考えるべきだろう。

またそこで、「同一の行為システムの共有」が行為主体によって実践的に前提され信頼されているとは言っても、それは行為が実際に進展していく最中にいくらでも裏切られ得るものであって、先に見た準目的論的行為論では、まさにそうした行為の故障状態をきっかけにして、日常的行為のルーティン的局面（均衡モデル）から調整的局面（動的展開モデル）への移行が起こると考えられていた。その点で言えば、むしろ和辻の倫理学理論は、批判者が指摘するような「行為システム（規範全体性）の理解に齟齬があって行為が滞る可能性」というものを、十分に織り込んだ行為論を擁しているとさえ言えるだろう。そこでは、自他の間での規範全体性の異なる理解によって、行為に何らかの「食い違い」が生ずるといった事態は、むしろ当然あり得ることとして想定されており、先に見た再帰的・反省的なフィードバック・ループの構造は、その調整やすり合わせのための仕組みとして機能するものと位置づけ直すことができる。

（2）「行為システムを共有しない他者」の存在可能性をめぐって

では、そうした調整が不可能なほどに相互の理解が隔絶している場合は、どうなるのだろうか？　これは、行為システムをそもそも共有しないような他者の存在の可能性という、もう一つの批判点（論点②）に関わる問題だが、それに対する和辻の倫理学理論からのあり得べき回答は、おそらく「そうした理解を絶したものが仮に存在するとしても、われわれの日常性は、信頼という態度においてそのことを度外視することによってこそ現に成立し得ている」というものだろう。

とはいってもこの回答は、「理解を絶した絶対的な他者」が存在する可能性を理論的に否定しようとするものではない。そこでは単に、われわれの日常性ないし日常的行為が成り立ち得るには、「理解不可能なものが存在する」という可能性を度外視した上で、理解可能なものの全体が丸ごと信頼されている必要がある、という構造が理論的に記述されているだけだ。つまり、和辻の倫理学理論が目指しているのは、こうした日常的行為の「可能性の条件」を、「信頼」という存在論的な仕組みにおいて把握し記述することであり、そこで理解不可能なもの（絶対的な他者）が度外視されてしまうのは、日常性における人間の規範的行為の存在論的構造からしてそうなるより他ない、として理論的に処理されることになる。そうだとすれば、彼の倫理学理論が「理解不可能な他者の存在を理論的に考慮していない」といった批判は、この倫理学理論がそもそも解明しようとしている事柄が何であるのかを、基本的に見損なっていることになる。

またここで逆に、理解を絶した他者が存在し得るという可能性を指摘することでもって、その批判的な議論は一体何を目指していたのか、と考えればどうなるだろうか。もしこうした批判が、「倫理学は、行為システムの共有がそもそも不可能であるような「他者」にも開かれた理論を構想すべき」といった、一種の規範的な発想に基づくのだとすれば、それは和辻が考える限りでの「理論」の権能の範囲を踏み越えた「規範的主張」になってしまっている、と言うべきだろう。

ここで言う「理論」と「規範的主張」の区別は、本論でも繰り返し援用した「存在論的認識」と「存在的認識」の区別に重ね合わせて理解可能だ（また第六章で指摘した「空の存在論」と「個別的な善悪観」の区別にも対応する）。それも踏まえて言えば、和辻の倫理学理論は、日常的行為の成立構造に関する理論的記述（存在論的認識）であって、「かく行為すべき」といった一定の規範的主張（個別的な善悪観に関する存在的認識）を正当化しようとするものではない。その意味で彼の倫理学理論は、基本的に「日常的行為の構造は現にそうなっている」という理論的記述を試みるにとどまり、例えば、「その行為の構造は、理解を絶した「他者」の存在を無視したものであってはならない」などといった規範的主張をなすものではない、という点が重要だ。

この二つの認識の次元を（基本的には）区別する和辻の枠組からすれば、後者のような議論は、理論的記述として述べるべきことと、規範的主張として述べるべきこととを、（その意図はどうあれ）混同させてしまっているのではないか。和辻の「信頼の行為論」に対する「絶対的な他者の存在を考慮すべき」という批判は、この混同に基づくという点で、少なくとも和辻自身が理論的に目指していたポイントを逸している。本来それに対してなされるべき批判は、例えば、「理解を絶した他者の存在を考慮しなくては、そもそも日常的行為の構造自体がこのような点で成り立ち得なくなってしまう」といった形をとらねばならなかったはずだ。

またこうした混同は、「理論」(存在論的認識) というものに関して、その正誤だけでなく、言わばその道徳的な善悪をも評価しようとする批判者の態度にも由来すると思われる。(21) しかし少なくとも和辻の枠組においては、その説明力という点でより正しい理論と間違った理論はあるとしても、道徳的に善い理論や悪い理論というものは存在しないだろう。善し悪しが問われるのは、基本的に存在的認識の対象となる規範的主張 (個別的な善悪観) の次元においてである。(22)

——以上のように、批判へのあり得べき回答を考えることで、存在論的認識としての和辻の倫理学理論が、一体何を解明しようとするものだったのかが、より明瞭になったと思われる。そこでの基本的な議論は、「何かを主体として捉える」ことが可能な、その「何か」の範囲内でのみ、われわれは間柄・人間関係を形成しており、またそれを背景としてこそ日常的諸行為を現に行なうことができている、といったごく一般的な構造の理論的記述に限られていた。それに対し、その主体として承認されるべき「何か」の範囲がどのようなものであるべきか、またその範囲内で成立している「行為の仕方」がどうあるべきかといった事柄は、理論的には一意に確定できない。それは第八章で見た和辻の共同体論からしても、ある時代や地域にそれぞれ特殊な事柄であって、すなわち存在的認識において問われるべき個別的な善悪観 (規範的主張) に関わる問題なのだ。

このように見てくるとき、先に問題とした「倫理学研究の実践的意義を問う」ことは、決して、「倫理学理論 (存在論的認識) 自体の道徳的な善し悪しを問う」ことなのではない。むしろそこで問うべきは、「道徳的な善し悪し」の問題に具体的に取り組む存在的認識に、和辻の倫理学理論 (存在論的認識) が理論的にどう関わっているのか、という点だろう。その両者の相互関係を問うことでこそ、倫理学研究の実践的意義をより的確に捉えることも可能となるはずだ。

2　思想史研究を要請する解釈学的倫理学

（1）解釈学的倫理学からの理論的批判について——行為論と共同体論から

上では、和辻の倫理学へ向けられた批判にどんな理論的回答が可能なのかを検討したが、では逆に彼の解釈学的倫理学は、他の倫理学理論に対するどのような理論上の批判となり得ているだろうか。以下では、それが特に近代的な倫理学へのどんな批判となっているのかを見ておこう。

まず、その行為論を踏まえるならば、「われわれの日常的行為を可能にしている実践的了解は、規範全体性という決して明示化し尽くせないような豊かな了解内容を潜在的に含む」という点が特に重要だ。この、「人間とは何か」「善き生とは何か」から挨拶の仕方や食事の仕方にいたるまでの、人間の日常性全般に関わる包括的な背景的了解があってこそ、ある一つの日常的行為も有意味なものとして成立し得る、という行為論的議論を踏まえるとき、和辻の解釈学的倫理学は、われわれの道徳的行為をある一つの（ないし少数の）基礎的な根拠・理由にのみ基づいて正当化し尽くそうとする近代的な倫理学とは鋭く対立することになる。[23] そうした、道徳的規範性を（それが何であれ）一定の普遍的原理や性質に還元しようとする倫理学的試みは、人間の日常的行為をそもそも可能にする存在論的背景としての「実践的了解」「規範全体性の了解」という現象を過小評価するか見逃してしまっていると、和辻の行為論から理論的に批判されるだろう。

また、ここでさらに彼の共同体論を踏まえるならば、こうした豊かな了解内容を潜在的に含む規範全体性は、決して一人の個人の内のみから生じ得るものではなく、それはその人が生まれ育ってきた共同体での生を通じて初めて把握され得る、と主張されるはずだ。「個々人が、豊かな実践的了解を携えた行為者として現に存在している」という事態は、その人が、ある共同体内で共有される一定の倫理的な価値（善・徳など）や文化・伝統などに育まれ、それらに何らかの仕方でコミットすることにおいて、また、その共同体内での様々な他者たちとの対話や交流、教育や共働を通じて初めて、（善かれ悪しかれ）かくなるものとして現に成立し得ている。

そして、こうした共同体論に基づいて、近代的な倫理学が自明なものとして前提とする個人主義的人間観に対し、理論的な批判が加えられることになる。[24] 個々人は、実際には様々な社会的紐帯に否応なく結び付けられ、ある共同体内の人間関係に織り込まれてしまっているにもかかわらず、この人間観では、そうした社会的背景をすべて剝ぎ落とすことで「個人」が著しく抽象化されてしまう。それに対し和辻は、「人間は一定の人間関係にあって初めて、かくなる個人としても存在し得る」ことを、まさに「間柄」概念でもって言い当てようとしていたのだった。

以上のような点で、近代的な倫理学に対する和辻の批判は、単なる「ものの見方」の違いといった相対的な問題ではなく、人間の実相に関するよりよい記述や説明を求めての、理論的な水準での批判だったと言えるはずだ。――では、こうした批判を念頭に置くとき、彼自身の倫理学はその研究のあり方や体制において、いかにその批判を免れ、超え得るものだっただろうか。すなわち、彼の解釈学的倫理学は、自身の提起した理論的批判に一体どんな形で答え得ていたのか。

（2）倫理学研究と思想史研究の一体性

行為論および共同体論から帰結していた理論的批判は、和辻自身の倫理学研究のあり方にどんなフィードバックをもたらしていただろうか。――それは端的に言えば、「倫理学研究は、単なる理論的研究（存在論的認識）に自足することができない」というものだったと思われる。このことの含意をいま少し詳しく説明するために、ここで再度「存在論的認識」と「存在的認識」（および「存在論的条件」と「存在的条件」）の対比を援用して、整理してみよう。

第七章で詳述した通り、ある共同体内で人々の日常的行為を方向づけている共通前提としての規範全体性（行為の仕方）は、それが「われわれ」の間で共有されているという相互了解（つまり「間柄がある」こと）において、個々人の主観を超えた道徳的な規範力を現に発揮し得ている、としてその規範性の構造を理論的に記述できる（他方でその相互了解自体は、共同体の成員たちによる実際の諸行為を通じて、再帰的に構成され維持されるのだった）。こうした、規範全体性を基軸としての日常性の成立構造（存在論的条件）の理論的記述こそが、本書で明らかにした通り、和辻の倫理学理論（存在論的認識）が実際に遂行していたことだった。

ただしそこで改めて注意したいのは、他方で、ある特定の共同体における「われわれ」の間で現に規範力を発揮している規範全体性の、その具体的な内実にまでは倫理学理論は関知し得ない、という点だ。というのも、「われわれ」の日常性を成り立たせてきた一定の共通前提（存在的条件）としての規範全体性（特に個別的な善悪観）は、その共同体に内在的な視点からこそ十全な理解が可能であるような、「われわれ」に固有かつ特殊なものだからであり、またそれが「了解」という非主題的な仕方でこそ認知され、価値的に機能し得るものである点からしても、その具体的内容を理論的に一般化したり、記述し尽くしたりすることがそもそも不可能だからだ。

それゆえ、「われわれ」に特異な存在的条件としての規範全体性の具体的内容を問うには、例えば、「われわれ」の間で何が善とされてきたのか、それは時とともにどのように変遷し、またいかに現在にまで息づいているのか、といった問題をめぐる歴史的な分節化、すなわち思想史研究（存在的認識）が要請されることになる。序論の冒頭でも述べたように、和辻はまさしくその意味で、倫理学者であると同時に思想史研究者でもあった。その事実に、ここで改めて注目する必要がある。実際に彼は、アカデミックな倫理学研究者となるよりもずっと前の時点から、日本文化史・日本精神史という名の下で思想史研究に従事し続け、最終的には『倫理学』と並ぶべき主著『日本倫理思想史』を著すにいたっていたのだった。

このように見てくれば、和辻の倫理学研究が、自身の提起した理論的批判に対しどんな形で応答を示していたのかは、明らかだろう。彼からすれば、特に近代的な倫理学は、個人主義的人間観を前提として、倫理・道徳に関する基礎的理由を理論的に確定することに専ら注力する研究プログラムであり、その背後には「倫理学は理論的研究のみで自足し得る」とする発想が控えている。それに対し和辻は、先述の通り、自身の行為論・共同体論に基づく理論的水準での批判を提示する一方で、自身の倫理学研究に関しては、そうした理論的研究だけでは十分でなく、そこに同時に思想史研究が伴われることを必要とするもの、として位置づけていたのだ。

――このように、和辻の倫理学が言わば「思想史研究を要請する解釈学的倫理学」というあり方をとっているのであるならば、その実践的意義を問うには、倫理学理論と思想史研究とが一体となった形において考える必要があるだろう。そこで最後に本書の総括として、この「思想史研究を要請する解釈学的倫理学」に関して、特に「存在論的認識と存在的認識の相互関係」という観点から、その研究プログラム全体がどう捉え返されてくるのかを確認することにしたい。

3　「存在論的・存在的認識」としての解釈学的倫理学

以上より、和辻の倫理学がその理論上の要請として、存在論的認識と存在的認識の両方を必須とする研究プログラム（「思想史研究を要請する解釈学的倫理学」）であることが見えてきた。それはつまり、本書で解明し得たのは主にその理論的研究（存在論的認識）の側面に限られる、ということでもある。そこで、今後の解明に委ねられる部分を明確にするためにも、その倫理学理論研究と思想史研究（存在的認識）との相互関係を改めて確かめておかねばならない。

この両者の関係に関する和辻自身の公式の見解は、すでに第一章で確認済みだ。両者はそれぞれ独立した認識なのではなく、人間存在の普遍的構造に関する「存在論的認識」と、その存在構造の特殊な実現のありように関する「存在的認識」、という相互補完的な関係にあり、こうした営為全体が「存在論的・存在的認識」として遂行されねばならない、と論じられていた。——では、本書全体を振り返ってみたとき、彼の倫理学研究は結局のところ、この「存在論的・存在的認識」をどんな形で具体化し実現させていたと言えるだろうか。この認識が、「存在的認識から存在論的認識へ」という方向性と、「存在論的認識から存在的認識へ」という方向性が相俟つことで成り立つものと考えてよいならば、その実現のありようはさしあたり次のように整理できるだろう。

前者の「存在的認識から存在論的認識へ」という方向性に関しては、本書の前半で示した通り、和辻の倫理学の基礎理論たる人間存在論（存在論的認識）が、元々は日本精神史研究（存在的認識）の一環として取り組まれ構築された議論だった、という経緯の内に見て取ることができる。

それに対し、後者の「存在論的認識から存在的認識へ」という方向性に関しては、本書の後半で確認した彼の倫理学理論（存在論的認識）の方から、逆に、思想史研究（存在的認識）が理論的にどのように捉え返されてくるか、という形で検証されるべきだろう。そして、この点に関して改めて参照すべきだと思われるのが、「行為論」とともに解釈学的倫理学の主要課題だとされた「共同体論」である。上で見たように、解釈学的倫理学の理論的可能性には行為論が主に関わっていたが、他方の実践的意義を考えるには、共同体論の方がより強く関わってくることになる。

（1）共同体論に基づく思想史研究の理論的位置づけ

和辻の共同体論は、第八章で示した「歴史－文化－共同体論」に集約される。それは、特に国民国家という共同体を、自覚的に自己形成する主体的全体性として捉える議論だった。その自己形成を媒介するのは、共同体の過去を表現するものとしての「文化財」（文化産物・文化的表現）であり、またそれに基づいて叙述されてくる「歴史」だとされていたが、「存在的認識としての思想史研究」の倫理学理論上の位置づけを考える上で特に重要なのは、「歴史」の契機だと思われる。

歴史－文化－共同体論における「歴史」とは次のようなものだった。まず、「われわれ」の身の回りにある種々の文化財は、そのそれぞれが共同体の過去を何らかの形で表現しており、その総体が歴史的世界を構成する。この無数の過去が、特に「国家」という主体的全体性の統一的視点から選択的に総合されることで、一定の秩序を持った「歴史」が叙述されることになる。こうした共同体の「歴史」は、誰でも参与可能な公共知として「われわれ」の間で学び取り共有すべきものとされ、むしろ「われわれ」なる主体的存在は、こうした歴史の共有を通じて初めて、かくなる「われわれ」となり得るのだった。すなわち、共同体の過去の自覚として形成されてくる歴史は、逆に、その共同体自身の自覚的な自己形成を実践的に媒介するものとして機能する。

――そして、和辻の共同体論（存在論的認識）で理論的に記述されていた、「歴史」という表現的存在者が発揮するこうした構成的機能は、まさに和辻自身の思想史研究（存在的認識）が絶えず実践的に担おうとしていたものだった、という解釈をここで示したい。

例えば、和辻が大正時代に取り組み始めていた日本文化史研究は、単に文化財を「物」としてアカデミックに鑑賞するだけでなく、それを過去の先人たちの「生の表現」として理解しようとする試みだった[25]。彼はこうした解釈学的実践を通じて、当時は決して自明なものでなかった「日本文化」なるものを改めて主題化し、同時に、その文化的表現を作りだした主体としての「日本」という文化共同体をも主題化し始めていた。こうした彼の日本文化史研究は、後の共同体論を踏まえれば、「日本」という主体的な共同体に特異な文化の歴史を語り出すことにおいて、そのさらなる自己形成を促進しようという、すぐれて実践的な課題をも担おうとする研究として開始されていた、と捉え返すことができる。また、これと同様の構図は、本書の前半で見た、一九二〇～三〇年代の日本精神史研究にも見て取られる。この研究は、民族的主体としての「日本精神」が、日本語をはじめとする種々の文化財において自らを表現し、その表現の自覚を通じてさらに自己形成していく、という枠組をその「前提認識」としていたのだった。

これはまさに本書以後の次なる課題として実証すべき事柄となるが、もし和辻の文化史・精神史・思想史研究全体に関するこうした見立てが妥当なものならば、戦後になって倫理学理論の一環として明示化された共同体論（歴史－文化－共同体論）を、彼は大正時代以来の自身の思想史研究においてすでに忠実に実践していたことになる。すなわち彼は、国民国家の主体的な自己形成運動を倫理学理論において主題的に考察するよりもずっと前から、自身の思想史研究の具体的実践を通じて、「日本」という主体の自己形成運動への自覚的・主体的な関与を試み続けていたことになる。そしてむしろ、本書で確認した和辻の共同体論は、彼のそれまでの思想史研究での諸実践が理論的自覚にもたらされることにおいて成立し得たものと位置づけられるはずだ。彼の思想の営為の出発点にあった文化史・精神史・思想史研究（存在的認識）が進展していくなかで、その研究の枠組自体が反省的・理論的に問い直されるにいたり、そこから辿り着くべくして倫理学理論（存在論的認識）における解釈学的な共同体論が帰結していたのだ。

以上から見えてきたのは、和辻の共同体論（存在論的認識）における思想史研究（存在的認識）の理論上の位置づけが、まさに彼自身が長年取り組んできた思想史研究のあり方に合致しており、むしろその実践自体の「自覚」を通じてこそ共同体論の理論化が果たされていた、という両者の一体的な関係である。まずそこに、和辻の倫理学における「存在論的・存在的認識」の実現のありようを見て取ることができるだろう。

(2)「われわれ」個々人にとっての思想史研究の実践的意義

和辻の共同体論において思想史研究（としての歴史叙述）は、ある共同体の自覚的な自己形成を媒介するような構成的機能を発揮するものとして、理論的に位置づけられていた。思想史研究は特にこうした自己形成に関与するという点で、その共同体にとって、単なるアカデミックな研究という以上の、重要な実践的意義を担うことになる。では、こうした思想史研究は、ある共同体に住まう個々人としての「われわれ」にとっては、どんな実践的意義を持つことになるだろうか。

ある共同体に住まう「われわれ」が、思想史研究を通じて実際に何をなしているのかと言えば、それは、「われわれ」が共にあらかじめすでに了解し所持してはいるが、必ずしもはっきりと明示的にわかっているわけではない一定の規範全体性（例えば一定の「善」の観念や道徳的理想像など）を、「われわれ」自身に対してそれとして主題化し、その自己解釈を通じて改めて「自分（たち）のものにする」ことであるだろう。[26] ある共同体に住まうことにおいて培われてきた自身の実践的了解の内実を改めて自己主題化し分節化することは、その共同体への何らかのコミットメント抜きでは考えられない営みであり、この両者はフィードバック・ループを構成している。すなわち「われわれ」は、一方で自分たちを育んできた一定の規範全体性に対して何らかの愛着や尊敬や反発を抱いているからこそ、それが何であるのかをよりよく理解しようとしてその分節化・自己解釈に取り組むわけだが、他方で逆に、そうした分節化を通じて、「われわれ」はそれに何らかの影響を被りながら、より善く生きるよう動機づけられもするのであり、そのときにこそ規範全体性は倫理や道徳の源泉としての規範力をよりよく発揮し得ることになる。

そして、まさにこうした分節化と動機づけの間でのフィードバック・ループを駆動させるという点に、個々人としての「われわれ」にとって思想史研究が担う実践的意義がある。「われわれ」は、思想史研究による善や道徳の分節化を通じて、自分たちの共同体に対する愛着や反発や帰属意識をより明瞭に自覚し、その共同体への何らかのコミットメントへとさらに動機づけられるにいたる。和辻の考える思想史研究は、個々人にとっても、このようにあくまでも特定の共同体に内在した一つの学的実践として、その意義が理論的に捉え直されてくる。

ただしこのことは、彼の理論が単なる「道徳の伝統主義」であることを意味しないだろう。伝統主義を「伝統への無自覚な追随」と解するならば、その追随は、伝統が自明視されるときにこそ最も起こりやすくなる。そこで特に問題なのは、伝統が自明視されてしまうことが、その「伝統」の構造自体に備わっている、という点だ。つまり、伝統がどんな経緯でそれとして成立し現在にいたっているのかを、伝統がまさにそうした伝統となることによって自ら隠蔽してしまうという可能性が、その構造上避けられないのだ。それに対し和辻の思想史研究は、こうした構造的な自明化によって隠蔽されてしまう伝統自身の意味やその背景を、歴史的観点から分節化し、改めて自分のものにしようとする点で、伝統に対して反省的・自覚的に関わり得る余地を残している。

また彼からすれば、倫理や道徳の問題を伝統と関係なく理解可能とみなす立場は（その最たるものは普遍的原理のみを重視する近代的な倫理学だろう）、実際には、伝統を自明視しそれに無自覚に追随することと大差がない。それは、例えば「自由で自律的な個人的主体」という個人主義的人間観が、そもそもはヨーロッパ社会における一定の社会構造や、そこで暗黙の前提となっている思想史的背景（古代ギリシアやキリスト教など）があって初めて成り立ち得たものだという点からしても明白だろう。和辻の共同体論からすれば、ある道徳的な価値や理念、理想像は、それを生みだし育んできた特定の共同体の伝統や文化、制度などの力によって担保され得るのであり、そうした道徳の内実を十全に理解するには、まずもって現にその共同体の内に住み込んでいるという事実が決定的に重要となる。倫理や道徳の問題を考えるには、こうした事実を正当に取り扱い得るような「伝統の内在的な歴史的分節化」としての思想史研究がどうしても必要となる。

――以上を整理すれば、思想史研究とは、ある共同体においてそのつど実現されてきた規範全体性のありようを歴史的な観点から自覚へともたらす営為であり、またこの歴史的自覚が当の規範全体性の再帰的更新を媒介することで、共同体自身の主体的な自己形成運動が進展していくことになる。ある共同体に住まう「われわれ」は、こうした一連の「自覚的な自己形成」の過程への何らかの関与を通じて、「われわれ」自身の輪郭をより明瞭なものとして自覚し確定させ、自分自身を存在にもたらしている。先に思想史研究（存在的認識）において解明されるべきとした規範的・実践的な問題、つまり「主体としての相互承認が成り立つ「われわれ」の範囲がどのようなものであるべきか、またその範囲内で成立している「行為の仕方」がいかなるものであるべきか」という問題も、この過程のなかからより実質的な回答が示されてくるはずだ。

（3）「自覚」の徹底的実践としての解釈学的倫理学

以上の検討で明らかとなった解釈学的倫理学の実践的意義は、もっぱら思想史研究の側面に関わるものだった。では、他方の倫理学理論も含めて、その意義を総体的にどう捉え返せるだろうか。――そこで改めて注目したいのは、この二つの側面がいずれも「自覚」的な実践だという点である。

思想史研究に関して言えば、上述の通り、個々人であれ共同体であれ、「人間」自身の自覚的な自己形成を媒介する構成的機能を発揮するという点に、その実践的意義を見て取れる。そこで重要なのは、思想史研究が、暗黙裏に前提とされてきた規範全体性を自覚にもたらすことで、その自覚する主体自身に必ず一定の実践的なフィードバックを返し、それによって主体自身のありように何らかの変容をもたらす、という点だ。つまり「自覚」的な実践は、当の主体自身の自己形成や変容を促し媒介するという点で、まさに実践的な営みとしての意義を持つ。

そしてこのことは、思想史研究による歴史的な自覚だけでなく、倫理学理論による理論的な自覚であっても、同様であるはずだ。第四章で「倫理学とは何か」を確認した際には、理論的自覚としての倫理学に関して、それが存在論的認識である点を特に強調しておいたが、ここで着目すべきは、それが同時に自覚の実践でもあることの方だろう。理論的（存在論的）な仕方であったとしても、自覚する主体自身に何らかのフィードバックをもたらしその変容を促すという点において、「自覚」という営為には（単なる「観照」とは異なり）実践的な意義が伴われるはずだ。

――では、倫理学の理論的自覚を通じて、自覚する主体自身は一体いかなる変容を遂げるのだろうか。例えば、日常性を「非本来的」と捉える『存在と時間』でのハイデガーとは異なって、日常性においてすでに本来性（すなわち空・絶対的否定性・絶対的全体性）が何らかの形で実現されていると考える和辻にとっては、日常的な諸表現の解釈を通じて人間の本来的な存在構造が理論的に解明され自覚されたとしても、それによって自覚する主体自身が「非本来性」から「本来性」におけるあり方へと変容する、といったことは想定されていないはずだ。「空の存在論」からすれば、人間存在は「空の自己背反・自己還帰」という根源的な方向性に規定された否定の運動においてある、とされていた。この否定の運動が停滞しない限りは、それは本来的なあり方をしているのであり、この点に関しては日常的行為であれ学的・理論的営為であれ変わりがない。

そこで改めて注目したいのは、倫理学において一体「何」が理論的自覚にもたらされるのか、である。それは本書で明らかにした通り、もっぱら人間の主体的な存在構造であるが、その（他の存在者には見られない）際立った特徴の一つとして挙げたのが、自身の存在を了解しそれを自ら問うような「自覚的な存在の仕方」をしているという点だった。このとき「倫理学」は、そうした「自覚的な存在の仕方」をしている人間が、自身の「自覚的な存在の仕方」自体を存在論的に問うという、二重に自覚的な営為であることになる。

すなわち「倫理学」とは、「自覚的な存在の仕方」に基づいて可能となり、かつ、この「自覚的な存在の仕方」自体を（理論的に）あらわに開示するという点で、人間に特異な「自覚的な存在の仕方」を極限まで徹底させようとするような一つの行為・実践なのだと言える。このこと自体は、第四章で指摘した事柄の繰り返しではあるが、ここにいたってその意義が改めてよりよく理解されてくるはずだ。「自覚的な存在の仕方」とは、「人間的である」ことの核心にあるとも言ってよい特徴的な存在様式である。「倫理学」とは、そうした存在の仕方を存在論的・理論的な態度をとることでもって徹底してみせるという一つの行為・実践であり、まさにそこで「人間的であるとはどういうこと（言）であるのか」が、極めて高い純度で一つの行為として実現・表現され、なおかつ、それが理論的のみならず実践的・遂行的にも開示されてくることとなる。

以上の考察より、和辻の倫理学研究はその総体において、次のように意義づけられる。

まず彼の倫理学研究は、倫理や道徳の問題を、一定の規範的主張を含んだ普遍的原理の問題に還元してしまおうとする（特に近代的な倫理学に特徴的な）傾向を批判するものであり、それに対して、人間のあらゆる日常的行為をすでに何らかの倫理的意味を持ったものとして捉え、そうした有意味な行為がいかに成立してくるのか、という存在論的構造を理論的に解明し記述しようとするものだった。和辻は特にハイデガーの「了解」概念に依拠しながら、日常的行為を現に方向づけている豊かな了解内容としての規範全体性に注目するにいたっていた。

こうした意味での倫理学研究は、和辻自身の枠組において、日常的行為（ひいては日常性自体）を可能にする存在論的条件の理論的分節化として、自覚的に位置づけられていた。ただし、それによって解明される日常的行為の成立構造は、あくまで一般的・形式的なものであって、ある共同体に住まう「われわれ」自身が現にそれを前提にして行為に乗り出しているような、「われわれ」に固有の規範全体性の具体的内実を解明し得るものではなかった。そして、文脈に依存しないような規範的主張を認めないという文脈主義的な倫理学的立場を堅持するためにも、「われわれ」の日常的行為を現に可能にしている特殊な存在的条件の歴史的分節化としての思想史研究が、日常性に定位する倫理学研究にはどうしても要請されねばならない、ということになる。

すなわち和辻の解釈学的倫理学では、その理論上の要請として、具体的な思想史研究が伴われることがどうしても必要となる。それはもう一歩踏み込んで言えば、ある共同体に内在する「われわれ」が何らかの「倫理学」的営為を実践するには、この二つの研究を切り離すことがそもそも不可能だということだ。この両研究は、あくまで一体のものとして捉えられねばならない。和辻にとって「人間存在論に基づく解釈学的倫理学」という学的営為は、「存在論的・存在的認識」でなければならないとされていたが、それはつまり、「われわれ」の日常性を現に可能ならしめている二つの条件としての「存在論的条件」および「存在的条件」を併せて問わねばならない、という倫理学理論上の主張として捉え返すことができるだろう。倫理学（理論）研究と思想史研究とが一体のものであって初めて、それは十全な「倫理学的な営為」、つまり和辻が目指すとしていた「存在論的・存在的認識」たり得る。そして、まさにこのことを理論的に主張し要請するという点に、彼の倫理学研究の実践的意義を認めることができると言えるだろう。

和辻の倫理学理論の全体像とその可能性を探求するとした本書の課題は、以上でもって一通り果たされたと考える。そして次なる課題は、こうした倫理学理論の形成と並行して進められていた彼の思想史研究の全体像を、本書での成果も踏まえて解明・検証することとして設定されよう。

註

序論　和辻哲郎の倫理学理論の全体像の解明のために

（1）これらの研究を集成した論文集として『日本精神史研究』（一九二六年）、『続日本精神史研究』（一九三五年）などが挙げられる。

（2）それぞれに関して、『原始仏教の実践哲学』（一九二七年）、『ホメーロス批判』（一九四六年）や『ポリス的人間の倫理学』（一九四八年）、『原始基督教の文化史的意義』（一九二六年）、『孔子』（一九三八年）などの著作がある。巻末の「和辻哲郎略年譜および著作年表」も参照。

（3）こうした解釈（および評価）の傾向をとる先行研究は数多くあるが、主要なものとして以下を挙げる。古くは、和辻の解釈学的方法に「ニッポン・イデオロギー」を鋭敏に嗅ぎとる戸坂潤『日本イデオロギー論』（一九三五年）での批判が代表的だろう。戦後では、同様のイデオロギー批判の立場から、山田洸『和辻哲郎論』（一九八七年）や、高橋哲哉「回帰の法と共同体――存在への問いと倫理学のあいだ」（『逆光のロゴス――現代哲学のコンテクスト』一九九二年 所収）、酒井直樹「西洋への回帰／東洋への回帰――和辻哲郎の人間学と天皇制」（『日本思想という問題――翻訳と主体』一九九七年 所収）などが挙げられる。また和辻門下にあたる湯浅泰雄は『和辻哲郎――近代日本哲学の運命』（一九八一年、文庫版一九九五年）で、和辻の倫理学および文化史・思想史研究の内に見いだし得る「文化的・政治的ナショナリズム」を主題的に論じているが、その論調は、単純にそのイデオロギー性を批判するというよりは、和辻も含めた近代日本における思想の営為が辿らざるを得なかった「運命」に、半ば共感を寄せつつの叙述となっている。

（4）例えば前掲・湯浅『和辻哲郎』では、こうした解釈方針から和辻の倫理学理論の特殊性が、次のような仕方で肯定的に評価されている。

　学問的観点からみると、和辻倫理学の価値は、日本という一つの民族社会における人間観や倫理観の伝統的なあり方を、さまざまの側面から明らかにし、これに対して現代に通用する一般的表現形態を与えたところにある。その意味において彼の倫理学は、学問的立場に立った日本論ないし日本人論の先駆的業績としての価値を今日もなおもっているといえよう。（文

庫版、三九三頁）

（5）無論、「和辻の倫理学理論には時代的・地域的文脈からの影響はない」と主張したいわけではない。彼自身の考え方からしても、そうした影響は理論に限らず何にでも否応なく刻み込まれている。しかし「理論的」な探求とは、その言葉の通常の意味からして「何か普遍的なものを探求すること」であり、たとえ結果的には時代的・地域的な制約を避けがたく帯びるとしても、そのこと自体は普遍性を目指す営為としての理論的探求の意義を損なうものではない。人は初めから特殊性を目指して理論的探求に取り組むのではないだろう。

（6）思想史的アプローチからの先行研究に関して、特に重要なものとして挙げたいのは、米谷匡史氏と苅部直氏による研究である（巻末「参考文献一覧」を参照）。両氏の研究はそれぞれ社会思想史、政治思想史的な観点に基づくもので、いずれも和辻の言説を社会思想・政治思想として捉え返し、それを当時の様々な文脈のなかに位置づけ直しつつ思想史的考察を展開するという点で、緻密かつ周到な作業を行なっている。

（7）この点に関連して、苅部直『光の領国　和辻哲郎』（一九九五年）では次のような指摘がなされている。

それ［＝和辻が京都大学着任後にまず取り組んだインド仏教研究］は同時代のヨーロッパの仏教学者や宇井伯壽による研究業績を参照しつつ、経典の綿密な文献学的検討を通じて、ゴータマ・ブッダからアビダルマ仏教、さらに大乗仏教の中観派・唯識派に至る理論史を通観する試みであった。しかし、〈実践世界の発見〉による衝撃、そして「人格から人間へ」の道筋との関連で興味深いのは、仏教哲学とフッサール現象学――和辻は『イデーン』第一巻［…］を引照する――との類似を強調する点である。（一一七〜八頁）

この両者の類似性は特に、仏教哲学における五蘊（色・受・想・行・識）等の「ダルマ（法）」を、存在者そのものとしてではなく、ある存在者が現象し知覚されることをそもそも可能にするような「形式」として解釈する点に現われているという。

（8）本論で見ていく通り、和辻の議論は、ハイデガーだけでなく他の様々な哲学者たちからも大きな影響を受けている（特に重要なのはアリストテレス、カント、ヘルダー、ヘーゲル、ニーチェ、ディルタイらである）。しかし「和辻の倫理学理論の解明」を主題とする本書では、そうした哲学者たちの議論を参照する際には、基本的に「和辻が解釈する限りで」という範囲にとどまらざるを得ない点を、前もって断っておく。

（9）和辻とテイラーの間には、その倫理学理論において、また思想史研究の枠組にも、著しい共通性が認められる（この点は、拙論「思想史研究を要請する解釈学的倫理学について――和辻哲郎とチャールズ・テイラーとの対比から」（二〇〇四年）で論じたことがある）。本書でもこうした共通性の認識に基づきテイラーの議論を積極的に参照するが（第一章、第五章）、そこで特に重要な論点となるのは、彼のドイツ・ロマン主義やヘーゲルに関する思想史的解釈において提示されていた「表現主義」という発想である。

(10) 本書では、特にドレイファスのハイデガー解釈を参照する（第三章）。それは、『存在と時間』前半部での現存在分析を、日常的行為の成立構造の分析として（かなり割り切って）読解するという方針を採る点で、和辻のハイデガー解釈の方向性と大きな共通性を認め得るものであり、和辻の議論をより明瞭に提示する上で大いに参考となる。なお筆者自身のハイデガー理解は、ドレイファスや門脇俊介（一九五四～二〇一〇年）らによって切り開かれてきた、行為論的観点からのハイデガー解釈の方向性にその多くを拠っており、本書の大きな課題の一つは、そうしたハイデガー解釈の観点からさらに和辻の議論の再解釈を試みるという点にあるとも言える。

(11) ここでは便宜的に「当為」と「価値」を「規範的なもの」として一括しているが、両者には一般に次のような違いがある。——「…すべし」という当為は、通常「…できる」こと（可能）を含意するのに対し（そもそも「できない」ことを「するべき」だと求めても仕方ない）、「…することは善い」といった価値評価は、「…できる」ことを含意しない。その意味で、われわれは直ちには実現不可能な「理想」を、当為ではなく価値として保持できる。また当為は、それが実行可能であるゆえに「責任」の概念に密接に結び付くが、価値はそれが実現できないからといって直ちに責任が問われるとは限らない。総じて、「…すべき」という当為判断には行為指導的な力があると考えられる一方で、「…するのは善い」といった価値判断は必ずしもそうではなく、「価値」よりも「当為」の方がより実践に関与する度合が高いと言える。

(12) この「客観性問題は実在性問題から考えられるべき」とする哲学的伝統に関しては、ヒラリー・パトナムによる次のような説明が参考となる。——彼によれば、西洋哲学の伝統において「存在論」という議論は、「認識の客観性」という問題において認識論的問題とつながってきたという。そこでの基本的な発想は、「ある認識において問題となっている対象が、本当に存在しているのかそうでないのかが、その認識における判断の真偽を決定する」というものだ。例えば「そこに木がある」という判断（認識）は、「木」という対象（object）が実際に存在していれば真となり、その判断は客観的（objective）であると見なされることになる。このような真理観についてパトナムは以下のように述べている。

> ある主張が客観的に真であれば、その主張に「対応している」対象があるはずである。——この考えは、「客観的《オブジェクティヴ》」という語のまさに語源に内蔵されている。(Hilary Putnam, *Ethics without Ontology* (2004), p. 52.［ヒラリー・パトナム

『存在論抜きの倫理』二〇〇七年、六三頁〕）要するに、真なる主張（判断）とは客観的なものであり、ある主張が客観的であるためには、それに対応する対象が実在することが必要である、というのがここでの基本的発想だと言えよう。

（13）例えば、功利主義的倫理学が提示する「最大多数の最大幸福」という原理は、まさに典型的な「事後の評価」のための基準となる（しかしそこでは、その原理が人間の行為をいかに導くか（「事前の規整」の側面）はさほど問題化されない）。――こうした何らかの実質的な道徳原理を提示しようとする規範的倫理学であれ、特定の原理（いわゆる「善」）にコミットするよりは、ある原理が人々の間で承認される過程の公正さ（「正義」）を確保しようとする手続き主義的倫理学であれ（カント、ジョン・ロールズ、ユルゲン・ハーバーマスら）、あるいは「価値の客観性」問題をその存在論的身分を問うことによって考察するG・E・ムーア以来のメタ倫理学であれ、近現代の倫理学理論の基本的動向として、そこでは何らかの普遍的・客観的な道徳原理・基準の可能性が絶えず問題化されてきたと言ってよいだろう。

（14）このことを先鋭的な形で問題化したのが、ウィトゲンシュタインによって提起された（としてソール・A・クリプキによって定式化された）「規則のパラドクス」という議論だったと評価できる（Saul A. Kripke, *Wittgenstein on Rules and Private Language* (1982)〔ソール・A・クリプキ『ウィトゲンシュタインのパラドックス――規則・私的言語・他人の心』一九八三年〕）。この議論は、「規則・規範による行為の事前の規整はそもそも可能か」というラディカルな懐疑を提示した点で、「事後の評価」の側面を重視して、「価値の客観性」問題にのみもっぱら従事してきた近現代の倫理学理論にとって、極めて重大な問題提起をなした議論だと位置づけ直すことができるだろう（この論点は、拙論「「解釈とは異なる、規則の把握の仕方」について――「規則のパラドクス」へのもうひとつのアプローチ」（二〇〇五年）で詳しく検討したことがある）。

（15）普遍的原理の探求を目指す倫理学では、倫理や道徳の問題を考える際に、究極の選択のような形で熟慮や判断が迫られるディレンマ的状況を想定して（例えば「病気の妻のために薬を盗んでもよいか」など）、その選択のための確たる基準を求める、といった問いの進め方が採られることがある。ある極端な状況を設定し、それを梃子に考察を進めようとする問い方には、問題の所在をより際立たせるという効用があるのは確かだが、他方でそうした問いの態度自体が、倫理学的な問題意識をわれわれの日常性から遊離させてしまうことの大きな一因になっていないだろうか。それによって特に見逃されてしまうのは、われわれの日常的行為の大部分が、そうした熟慮や判断を介在させるまでもなく端的になされている、という事実である。

（16）実践的三段論法に関してはアリストテレスの『ニコマコス倫理学』での議論が有名だが、その解釈は様々であり、そこでの議論はここで言う「主知主義的な行為観」ではないものとしても解釈可能である。そうした方向性での解釈として、特に次の文献が参考になる。John McDowell, "Virtue and Reason", in *Mind, Value and Reality* (1998) [ジョン・マクダウェル「徳と理性」、『徳と理性』二〇一六年 所収]

(17) この「主知主義的」な行為観という規定は、次の論文でのチャールズ・テイラーの議論を踏まえている。Charles Taylor, "To Follow a Rule", in *Philosophical Arguments* (1995).

(18) なお、この二つの対比を掛け合わせることで、「行為の規範性」問題の諸側面を次のように整理できる。

	主知主義的な行為観	非主知主義的な行為観
事前の規整	①目的・基準に沿った行為の合理的計画	②行為への全体的・非主題的な方向づけ
事後の評価	③原理に依拠した行為の反省・評価	④行為の成否に関する感覚・手応え

普遍的な道徳的原理の可能性を探求する近現代の倫理学理論は、主に「原理に依拠した行為の反省・評価」の側面（③）に焦点を当てた議論として位置づけられる。また、そこで解明されてくる道徳的原理は、すでになされた行為を評価するための基準となるだけでなく、派生的には、これからなされる行為も事前に規定するような基準として適用可能と見なされる（むしろそうした原理の存在自体を否定する立場もある）。その際、「いかに行為すべきか」という問題は、確証された原理・目的・価値基準からの合理的な推論によって回答可能と想定されている。つまり人間的主体は、所定の原理との関係から自分のなすべき行為を合理的に考え計画し実行することができ、またそうすべきだと見なされており、近現代の多くの倫理学理論はそうした人間観・行為観に暗にコミットしているという点で、「目的・基準に沿った行為の合理的計画」という側面（①）にも相当程度親和的だ。——そして、これらとは対照的な行為の側面に注目する和辻の倫理学理論は、特に「行為への全体的・非主題的な方向づけ」という側面（②）に取り組む議論として位置づけられる。その解明こそが、本書で取り組むべき一つの大きな課題に他ならない。

なお、「行為の成否に関する感覚・手応え」という側面（④）は、明示的原理に基づく行為の主題的評価とは違い、ある状況下でなした自身の行動が上手くいった・いかなかった、といった成功・不成功の観点からの行為評価のあり方を示す。われわれはこうした行為の成否を、特に上手くいっている場合には、さほど主題的には意識していないと思われるが、それでも何らかの感触や手応え（のなさ）のような形で、それを言わば「感覚的」に把握しているはずだ。そして、行為のスムーズな進行が妨げられるほどの状態にいたって初めて、行為の失敗がそれとして主題的に意識されてくることになり、そこから「どうしたらいいか」という行為の主題的な反省的評価や再計画（③および①の側面）が始まるのだと思われる。

そうして見ると、以上に挙げた「行為の規範性」の諸側面は、そのいずれかのみが正しいというわけではなく、われわれ人間は自身の置かれた状況に応じて、その各側面の間を適宜行き来しているというのが、より実情に即した見方だと考えられる。ただし上述の通り、日常的行為の大半は非主知主義的な行為観（特に②の側面）が提示するようなあり方をしているはずであり、和辻の議論は特にこの側面の解明に独自の寄与をなしている。――このように少なくとも四つの側面を持つ人間の規範的行為は、本書の結論で示される「準目的論的行為論」において、その全体的な構図がより詳細に描き出されるだろう。

(19)　ここで「認知」という言葉を用いる眼目は、規則・規範を命題的・表象的な知識の形で認識し保持するという仕方よりも広い意味での「規範的なものの知的な把握」を示唆することにある。

(20)　"Verstehen" や "understanding" に対しては、もちろん「理解」という訳語も十分にあり得るが、本書の基本方針として、本文中で以下に示す意味での術語として、和辻が最終的に「了解」という言葉を採用しているため、これに倣う。本書では、規範性・意味の認知様式（わかり方）という意味での基本的術語としては「了解」を用い、「理解」は、より一般的な人間の知的な把握を総称させる場合に用いる。

(21)　ここでの「浸透的」という言い方は、門脇俊介によるハイデガー解釈での「自己についての存在了解は、語られたり意識されない仕方で、日常のふるまいのなかに浸透しそれを導く」（門脇俊介『『存在と時間』の哲学Ⅰ』二〇〇八年、二九頁）といった記述を踏まえている。行為がこうした「浸透的」な仕方でその方向性を規定される仕組みは、第七章で和辻自身の行為論を検討する際に詳しく考察する。

(22)　「凡例」で示した通り、『和辻哲郎全集』（第三次編集、全二五巻・別巻二、一九八九～九二年）の第一〇巻、三七～八頁からの引用であることをこのように略記している（以下同様）。

(23)　人間の行為が何らかの方向性を持つのだとしても、なぜそれが「一定の間柄を形成するよう」なものだと言えるのかに関しては、第六章で検討する和辻の「空の存在論」と呼ぶべき議論を参照する必要がある。

(24)　「凡例」で示した通り、『全集』未収録の論文「倫理学――人間の学としての倫理学の意義及び方法」（一九三一年）ちくま学芸文庫版、三八頁からの引用であることを、このように略記している。以下、この文献を「初稿「倫理学」」と呼び、その参照指示を同様に略記する。この論文の書誌情報は、第五章・第一節で改めて確認する。

（25）チャールズ・テイラーも、ハイデガーや和辻と同様、人間の個々の行為の背景にあってそれを可能にしている「了解」を重要視している。彼は了解が、物事を表象して定式化・明示化するような理論的認識とは異なり、人間の日常的実践の背景として暗黙的につねにすでに働いている点を、次のように説明する。

われわれの了解（understanding）を実践の内に位置づけるならば、了解とはわれわれの活動において暗黙のもの（implicit）として見なされるだろう。〔…〕われわれは確かに表象を作りだしもしている。われわれは、自分たちの世界がどのようであるのか、自分たちは何を目指しているのか、何をしているのかについて、明示的に（explicitly）定式化している。しかし、世界内におけるわれわれの知的な行為の多くは〔…〕、定式化されることなく遂行されている。この行為は、その大部分が分節化されていないような了解から出てくるのである。（Taylor, "To Follow a Rule", p.170.）

（26）こうした自覚・自己解釈を通じて規範全体性が更新されることで、人間自身のふるまいも洗練・熟練していくという仕組みは、ドレイファスが主題的に論じている。特に『世界内存在――『存在と時間』における日常性の解釈学』（一九九一年）の邦訳（二〇〇〇年）に付された「日本語版への序文」や、スチュアート・ドレイファスとの共著論文「道徳性とは何か」（原著一九九〇年）を参照。

（27）なお、この技能と反省の二側面は、「了解」をめぐるドレイファスとテイラーの強調点の違いとしても現われているように思われる（もちろん両者とも、了解にこうした二側面があることを見逃していない）。一方のドレイファスは、了解に基づいてこそ、目前の状況に適切な仕方で対処するような一定のふるまいや実践が現に「できる」という、技能の側面を特に強調する（その場合でも、反省的な働きが無視されているわけではないが、それは技能の熟練や洗練の過程のなかに組み込まれて議論されている）。それに対してテイラーの場合、ドイツ・ロマン主義を踏まえていることもあり、「反省」（reflection）という契機が重要となる。そこでは、自身の日々の実践を可能にしている了解を、歴史的・文化的なパースペクティブの下で自己主題化し、「何が自分にとって重要であるのか」という「重要性の地平」を自己解釈することが、人間の倫理的生活にとって非常に重要な一局面だとされる（こうした自己解釈は、彼の主著の一つ『自我の源泉』での主要モチーフでもある）。またこのとき特に「言語」が重要視されるのも、テイラーの発想の特徴であり、その「表現主義」的と呼ぶべき言語観・人間観に関しては、第一章で改めて検討する。

（28）この「理論と実践の対比」は、先の「事後の評価と事前の規整の対比」にほぼ対応する。そして日常的行為を可能にする「了解」を重視する和辻の議論は、まず「事前の規整」（実践）の構造を解明した上で、その内部に「事後の評価」（理論）の構造を派生的なものとして位置づけている、と見ることができる。なお和辻自身が「理論」をどう位置づけていたかに関しては、第四章で詳しく検討する。

（29）こうした理論的著作が多く生みだされた背景として、一九二五年に期せずして京都帝国大学文学部の倫理学講座担当の専任講師となったことも、その外在的な事情として挙げられる（「文化史研究者」を自認する当時の和辻は、西田幾多郎や波多野精一からの招請を当初は固辞していた）。

第一章　解釈学的方法と「日本語で哲学する」こと

（1）この「主体としての人間は認識の対象にならない」という議論は、カントの実践哲学を踏まえているという。『人間の学としての倫理学』の前身となる初稿「倫理学」では、カントは以下のように「自由に行為するものとしての人間は、自然学的対象ではない」と主張していたと論じられており、こうした対象化し得ない人間自身の主体性や実践性を強調するカント的な人間観が、和辻の倫理学理論の一つの重要な背景となっている（他方で彼は、カント倫理学の個人主義的傾向には極めて批判的でもある）。

自然と区別せられた本来の意味の人間は彼［＝カント］に於ては『認識』の対象たり得ないのである。ここにカントの理論的理性使用と実践的理性使用との区別が充分な意義を以て現われてくる。『認識』とはその厳密な意味に於ては、理論的な理性使用である。即ち観照的に客体及びその関係を前に置いて眺めるという制約の下に立っている。だから観照する主体は決してその観照の視野に入り得ないのである。然るに実践的な理性使用に於ては、客体の観照は全然問題でなく、ただ実践する主体のみが問題である。しかもこの主体が決して観照せられることなしに、即ちあくまでも主体として、実践的に規定せられるのである。［SR: 116］

（2）ただし和辻は一九四〇年代になって、ディルタイが単に個人の体験だけでなく、共同体と歴史の問題（つまり「間柄」的な問題）を考察するにいたっていたと評価を改めている。この点は、ディルタイの歴史理論が再評価される『倫理学』下巻（一九四九年）を検討する第八章で改めて触れる。

（3）先行研究では、和辻の思想の総体を倫理学と倫理思想史とから成る「体系」として把握する試みが、すでに幾つか提示されている。例えば、こうした観点はすでに山田洸『和辻哲郎論』（一九八七年）に萌芽的に窺われるが、それを「倫理学・倫理思想史体系」として明確に定式化したのは米谷匡史「和辻倫理学と十五年戦争期の日本――「近代の超克」の一局面」（一九九二年）だった。そこでは、和辻の大正期以来の「近代批判」の帰結として、十五年戦争勃発前後から明確に説かれ始めていた「日本の世界史的使命」に注目し、その使命において媒介される彼の「倫理学・倫理思想史体系」の構成が（その戦後の変容も含めて）検証されている。ただし、この「日本の世界史的使命」は和辻の体系を実践的に媒介するものであり、倫理学と倫理思想史がその理論的構成においていかに体系づけられているかは、また別に問われるべきだろう（この論点は結論で考察する）。

（4）一九二八年一二月一日開催の京都哲学会公開講演会のために準備されたと推定されるメモ。『全集』別巻二に所収。

（5）京都帝国大学文学部発行の雑誌『哲学研究』一九二九年二月号および四月号に掲載されたが未完。『全集』には未収録。

（6）前論文を大幅に加筆・修正して『続日本精神史研究』（一九三五年）に収録。『全集』第四巻所収。なおこれら三編の成立経緯は、『全集』別巻二に付された米谷匡史「資料解題」に簡単な説明がある［B2: 496–7］。

（7）ただし、基本的にハイデガーの思索は、「西洋」という特定の地域に特異な哲学の伝統を自覚的かつ批判的に引き受けたものであり、和辻が批判する「偏向」は『存在と時間』の時期に限られるという見解もある。この点は、特にギュンター・フィガール『ハイデガー入門』（二〇〇三年）が参考になる。

（8）興味深いことにフンボルトは、ハイデガーやテイラーらによっても非常に重要視されている。例えばハイデガーによるフンボルト評価は、亀山健吉『言葉と世界――ヴィルヘルム・フォン・フンボルト研究』（二〇〇〇年）の第四章を参照。

（9）和辻哲郎と、バーリンやテイラーとの間には、思想上の直接的な影響関係はもちろん存在しない。しかし、和辻の『近代歴史哲学の先駆者』（一九五〇年）で主題化されていたのが、まさにヴィーコとヘルダー（およびヘルダーと対比される限りでのカント）であり、その後にバーリンが著す『ヴィーコとヘルダー』（一九七六年）の問題圏と大きく重なり合うような議論が展開されていたのは、一つの興味深い事実だ。大雑把な評価が許されるならば、近代的な人間像の成立をめぐる思想史的眺望を描くにあたり、この三者には相似た「嗅覚」とでも呼ぶべきものが認められる。

（10）Isaiah Berlin, “Herder and the Enlightenment”, in *Three Critics of the Enlightenment: Vico, Hamann, Herder* (2000), p. 176.［アイザイア・バーリン『ヴィーコとヘルダー――理念の歴史・二つの試論』一九八一年、二九四頁］

（11）Ibid.

（12）バーリンの死後に刊行された講義録 *The Roots of Romanticism: The A. W. Mellon Lectures in the Fine Arts, The Na-*

tional Gallery of Art, Washington, D.C.（1999）［アイザイア・バーリン『バーリン　ロマン主義講義』二〇〇〇年］では、「表現主義」に関して、次のようなより端的な説明がなされている。

> 最初の観念、表現主義とはこうである。ヘルダーは、人間の根本的な働きの一つは表現すること、語ることであり、それ故、人間がなすことは何であれ彼の全性質を表現している、と信じた。もしそれが彼の全性質を表現しないとすれば、それは、人間が自らを傷つけているか、自己抑制しているか、自分のエネルギーに何らかの束縛を課しているかによるとされた。（p. 58.［邦訳八九頁］）

（13）Charles Taylor, *Hegel and Modern Society*（1979）, pp. 17–8.［チャールズ・テイラー『ヘーゲルと近代社会』一九八一年、三二頁］

（14）以下の「指示的」「表現‐構成的」という二つの言語観の呼称自体は、テイラーの別の論文「ヘルダーの重要性」を踏まえている。Charles Taylor, "The Importance of Herder", in *Philosophical Arguments*（1995）

（15）この「指示的な言語観」は、言語を実在を映し表象するものと捉え、言葉の意味を世界の事実との対応関係（指示関係）に求めるような、意味の「真理条件」的な考え方に基づく言語観のことだ。

（16）Taylor, *Hegel and Modern Society*, p. 18.［邦訳三二～三頁］

（17）Charles Taylor, *Sources of the Self: The Making of the Modern Identity*（1989）, p. 374.［チャールズ・テイラー『自我の源泉――近代的アイデンティティの形成』二〇一〇年、四一七頁］

（18）Ibid.

（19）Ibid.［邦訳四一七～八頁］

（20）Taylor, *Hegel and Modern Society*, p. 164.［邦訳三一〇～一頁］

（21）この「独自性」というすぐれて近代的な発想は、それだけでも思想史研究上の重大な主題となるが、ここでは簡単な補足にとどめる（民族の独自性に関する和辻自身の歴史哲学的考察は第八章で検討する）。例えばバーリンは「独自性」という考え方を、ヘルダーの思想の説明という形で次のように述べていた。

> もしあらゆる文化の価値は各々の文化の求めるもののうちに存するのであるならば――あらゆる文化はそれ固有の重心をもっている、とヘルダーが言っているように――、この［各文化に属する］人々が何をしようとしているのかを理解し得るためにだけでさえ、その理解よりも前に、この重心、すなわち彼の言う「シュヴェアプンクト」が何であるのかを、見定めて

いなければならない。このような事柄を他の世紀や他の文化の観点から判断しても無益である。こうした判断をしなければならないとすれば、異なった時代は［各々に］異なった理想をもっており、その理想はそれぞれの仕方でその時と場所において妥当するものなのであって、［そのようなものとして］今日われわれによって賞讃されたり評価され得るのである、という事実を把握することになるだろう。（Berlin, *The Roots of Romanticism*, p. 63.［邦訳九六～七頁］）

バーリンやテイラーの思想史研究での位置づけによれば、こうした「（個人であれ集団であれ）各主体には何らかの内なる独自性があり、それは外側からの一般的な基準によってその価値を判断できない」という考え方は、ヘルダーの思想においてほぼ初めて明確に表明されたものだという。それは、例えば「かけがえのない私」といった（「われわれ」にとっては馴染みがあるが、必ずしもそれほど昔からあるものではない）観念の基礎となることにおいて、「近代的な人間」像を構成する重要な一要素となっている。またその内なる独自性は、表現されることで初めてそれに相応しい仕方で存在し始めるものである以上、表現主義的な発想と一体のものとして理解されるべきものだ。

(22) Taylor, *Hegel and Modern Society*, p. 87.［邦訳一六七～八頁］

(23) この引用箇所が旧仮名遣いになっているのは、和辻の未定稿やメモ類を集成した『全集』別巻二の編集方針に基づく。同巻に付された「資料解題」では、これらの資料に関しては「原文を忠実に翻刻することを原則とした」［B2: 481］と説明されている（ただし漢字に関しては新字体に改められている）。

(24) 特に「反省以前の人間の自己理解」という言い方は、序論でも引用した、数年後に書かれる初稿「倫理学」での「意識以前の実践的な理解」［SR: 38］という記述にも重なるものであり、さらには『人間の学としての倫理学』での「実践的了解」概念（後述）にまでつながるものだろう。その点で、和辻の行為論を考える上で特に重要な「了解」概念は、一九二八年のメモ「日本語と哲学」に初めて登場したとも言える。

(25) ただし、こうした「間柄」概念からのハイデガー批判は、実は一九二九年の論文「日本語に於ける存在の理解」には見当たらない。先の一九三五年論文の引用箇所に対応する記述は次のようになっている。

彼［＝ハイデッガー］のいう如く言語の比較［…存在的認識］によって言語の本質を明かにすること［…存在論的認識］は不可能でもあろうが、既に言語の本質が根本的に明かにされたときには、そこに言語の相違という顕著な現象への通路が開き得られぬものであろうか。（和辻哲郎「日本語に於ける存在の理解（一）」、一五七頁）（＊旧字体・旧仮名遣いの原文を新字体・新仮名遣いに改めた）

この一九二九年論文での書き方から受ける印象は、批判というよりも、ハイデガー的な存在論的認識を徹底してこそ、「言語の相違」に関する存在的認識にも何か見通しが開けるのではないか、といった期待のようなものだ。そして、二つの論文の間でのこうしたハイデガー評価の変化から逆に、和辻がこの時期に、ハイデガーの批判的受容を通じて、自身の「人間存在の二重構造」という着想を浮上させていたという経緯が窺われてくる。つまり、和辻の間柄的な人間観とそのハイデガー批判は、表裏一体の関係にあるのだった。

(26) 先の引用箇所には、ハイデガーの術語からの翻訳と思しき言葉として、他にも「何のため」（Wozu 用途性）や「何をもって」（Womit 適具）、そして後述する「交渉」（Umgang）などがある。

(27) 『存在と時間』のハイデガーの議論では、「配慮的気遣い」（Besorgen）は基本的に、道具使用に関わる規範性への人間の技能的な認知のあり方を名づけたものだ（「配視」（Umsicht）とも呼ばれる）。またこれに対し、他者との人間関係におけるふるまい方に関する規範性への技能的（かつ道徳的）な認知については、「顧慮的気遣い」（Fürsorge）という術語が別に用意されている。この二つの「気遣い」（Sorge）の様態は、それぞれ「人ともの関係」と「人と人の関係」に対応するとも言えるが、そのどちらが日常性の典型的な場面として優先されるのかが、和辻とハイデガーとの間での最大の相違点だと思われる。

(28) この点について、『風土』（一九三五年）では次のように具体的に説明されている。

たとえば我々は寒さや暑さにおいて自己を了解するとともに自己の自由にもとづいて「防ぐため」という一定の方向を取る。寒さ暑さの契機なしに全然自発的に着物を作り出すのではない。従って「防ぐために」から「何をもって」に向かって己れを指し示すときに、すでにそこに風土的な自己了解が顕わにされるのである。だからこそ着物は暖かくあるいは涼しく、厚くあるいは薄く、種々の形において製作せられる。羊毛、綿花、絹というごときものが衣服の材料として社会的に見いだされてくる。かく考えれば道具が一般に風土的規定と密接な連関を持つことは明白だと言わねばならぬ。[8: 19–20]

ここからも、和辻が「人とものの関係」を考えるにあたり、衣服といった日常的な道具よりも、寒暖を感じさせるような風土という道具的存在者との交渉関係をより基礎的なものと捉えていることがわかる。人間と風土との道具的な交渉関係に定位して見れば、衣服といった日常的な道具は、その交渉関係（人とものの関係）のありようを表現するもの（後述する言い方では「表現的存在者」）として解釈可能である点に注意したい。『風土』での和辻は、こうした風土との道具的な交渉関係を、そこに住まう人間自身のあり方を最もよく表現するもの（「風土的規定」）と捉え直すことで、地域によって様々に異なる人間の特殊具体的なあり方（「社会存在の場所的性格」）を類型化しようと試みていた。なお、風土が一種の道具として捉えられている点からも明らかだが、和辻のいわゆる風土論は、「自然環境が人間から独立してまずあって、人間はそこから一方的に規定されている」といった環境決定論的な図式を前提にしたものではない。むしろそこで前提とされているのは、人間の場所的性格が、人々と風土の間での長年の道具的な交渉関係の結果として、現にいまあるようなものとして現存している、という考え方だ。（ただし、そこでの類型化の作業の成果が、環境決定論的だという批判をどれだけ免れ得ているかは別問題であり、評価が分かれる点だろう。）

（29）このことは、例えば「（道具としての）風土との交渉」という場面で考えてみれば、わかりやすいだろう。――地球上に住まう人間であれば、必ず「太陽」「大地」「河川」といった道具的存在者と交渉しているはずだが、その交渉の仕方は、交渉がなされる場所によって様々だ。太陽が、砂漠に照りつける灼熱の光として交渉される場所もあれば、長い冬に待ち望まれる暖かな光として、あるいは農作物の豊かな実りをもたらすような生命を育む穏やかな光として交渉される場所もあるだろう（季節によっても多様である）。これは単に、道具的存在者の現われ方の多様性を意味するだけでなく、その道具にかくなるものとして（例えば、灼熱の光や恵みの光を与えるものとして）現に出会い、交渉している人間自身の「有り方」もまた同様に多様であることも意味する。このときその人は、場所や季節によって多様であり得る自身の特殊な「存在了解」の下で、風土も含めた様々な道具と現に出会っているのであり、かつ同時に、そうした道具と現に交渉しているといった、ある特殊な「有り方」をしたものとして自ら存在していることになる。例えば、雪が降り続く長い冬の最中にある人にとって、太陽とは暖かい光を与えるものとして出会われるべきものであり、またそうしたものとしての太陽との交渉関係において、その人自身は太陽から陽が差すのを待ち望むというような「有り方」をしているだろう。

（30）より正確に言えば、自己了解性の内容は、まず「語り」（存在了解の開示・分節化）に基づく行為として実践的に表現され、次いで、それが「外に言い出される」という仕方で言語的に表現される。この点については、「語り」概念も含めて、和辻の哲学的行為論を検討する第三章で改めて考察する。

（31）この「事物」「道具」「表現」というもののあり方の三様態（ないし「認識」「交渉」「解釈」という人間のものとの関わりの三様態）は、和辻の哲学的行為論を検討する第三章の最後で改めて考察する。

（32）この「我々自身の具体的な不断なる自己解釈の過程」という言い方は田邊元（一八八五～一九六二年）の議論を踏まえている。和辻は一九三五年論文の冒頭付近で、「言語」に関する田邊の議論を、次のように要約して紹介していた（同様の記述は一九二九年論文にも見られる）。

［…］すなわち言語は「生そのものの不断なる自己解釈乃至自己表現の過程」たることを本質とし、「実践行動の立場における完結なき浮動進行の試立的過程」として論理及び芸術の立場と異なり、「理解の框」「型」として歴史認識の上に働く［…］［4: 506］

和辻は出典を明示していないが、ここで紹介される田邊の議論は、主に「歴史の認識に於ける概念の機能」（『史林』一九二八年四月）を踏まえたものである。

（33）例えば、「日本語においてはむしろ感情や意志の表現が表に立ち、直接なる実践行動の立場における存在の了解の表現としての趣をきわめてよく保存しているのである」［4: 510］という。

（34）ハイデガーの一九二七年夏学期講義の『現象学の根本諸問題』では、次のように、より端的に「言語は実存する」と述べられている。

言語それ自身は、決して何か物のような事物的存在者（Vorhandenes）なのではない。言語は、辞書に書き留められた諸単語の総体と同一のものではなく、言語は、現存在が存在するのと同じように存在する限りにおいて存在する。すなわち、言語は実存するのであり、それは歴史的に存在する。（Martin Heidegger, *Die Grundprobleme der Phänomenologie*, GA24（1975）, S. 296.［マルティン・ハイデッガー『現象学の根本諸問題』、『ハイデッガー全集』第二四巻、二〇〇一年、三〇二頁］）

邦訳の「訳者後記」には、「この講義内容は、聴講者によって筆記されたノートからタイプ印刷された冊子がわが国で早くから流布されていたので、全集版が出版される以前からわが国の研究者の間で知られていた」（四八五頁）とあるが、和辻も初稿「倫理学」（一九三一年）執筆の時点ですでに「伊藤猷典氏所持の速記本」を参照したと記している［SR: 203］。当時この講義録を読んでいた和辻が、ハイデガーのこうした議論から「言語の存在の仕方」に関して何らかの示唆を受けとっていた、と推測してもよいかもしれない。また、和辻は先の引用箇所で、日本語は「我々の前にある」のではないと述べていたが、その「前にある」という言い方が、ここでのハイデガーの“Vorhandenes”という術語に対応している点は、その傍証になるだろう。なおこのハイデガーの議論に関しては、以下でのドレイファスの指摘を踏まえている。Hubert L. Dreyfus, *Being-in-the-World: A Commentary on Heidegger's Being and Time, Division I*（1991）, pp. 217–8.［ヒューバート・L・ドレイファス『世界内存在――『存在と時間』における日常性の解釈学』二〇〇〇年、二五〇頁］

（35）「言語」や「共同体」といった、人間的な現象ではあっても個々の人間そのものではない何かを「主体として捉える」という、和辻の思考様式を特徴づける一つの傾向のようなものが、哲学的・倫理学的に含意するであろう事柄に関しては、最後の結論で彼の議論の理論的可能性を検証する際に改めて考察する。

第二章　所有の人間存在論

（1）そこでは当然次のような疑問が生じる。たとえそれが「哲学の根本問題」なのだとしても、それは「存在とは何か」というハイデガー的な存在論の問題を、日本語で（しかも漢語を交えない和語のみで）単に書き直しただけではないか、と。古代ギリシア以来の存在論の伝統を（批判的にであれ）一身に引き受けることから自身の思考を展開させ始めるハイデガーとは違って、その問いかけの必然性を、「日本人」たることを自認する和辻は欠くように見える。ただ、この問題設定の根本性が「日本語で哲学する」ことにとって必ずしも自明でない点は、和辻自身も自覚している。彼はこの問題が「哲学の真正な唯一の問題」であることは、「最後に立証され得るものとしてあらかじめ前提しておくのでもよい」［4: 523］と述べ、その問いの妥当性や正統性を事前に確保せずともよいとする。そこに「問いの妥当性・正統性はそれを実際に問い進めてみなければわからない」とする見識を読み取ってもよいが、ともあれ和辻は「とにかく我々は問うてみる」［4: 523］として直ちにその根本問題に取り組み始める。

（2）和辻はこの一節に続けて「さらに問いには「問う者」がある。だから問いは問う者の態度として特殊な有り方を持つことになる」という［9: 131］。つまり問いの構造は、①問われているもの、②問われていること、③いうこと（ことの意味）、④問う者、という四契機から成る（最後の「問う者自身である人間」の問題は次章で扱う）。また和辻の存在論における「問いの構造」を、『存在と時間』の第二節「存在への問いの形式的構造」［SZ: 5］で示されていた「問いの構造」と対比させて整理すれば次のようになる。

	ハイデガー	和辻
④問う者（Frager）	現存在	人間存在
①問われているもの（Befragtes 問いかけられているもの）	現存在自身	人間存在の表現
②問われていること（Gefragtes 問われているもの）	存在	人間存在
③問われていることがどういうことであるか、その「意味」（Erfragtes 問いたしかめられるもの）	存在一般の意味	人間存在の意味

（3）「もの－こと」構造は、状態・性質（形容詞で表現される事柄）だけでなく動作（動詞で表現される事柄）に関しても成立するとされる。例えば、動作としての「動くこと」は、そこで動いている当の「動くもの」に属しているが、同時に「動く「もの」を「動く」ものたらしめる「こと」」[4: 525] でもあるという。

（4）日本語の「ある」の「有る」と「或る」の両義性を、和辻は次のような具体的な用例を挙げて説明する。

「或る」は本来「あり」の分詞法「ある」であって、これに「或」や「有」を当てるのはただそれぞれの場合の意味に従ったまでである。しかもその両義の間にも相通ずる所があって判然たる区別を要しなかった。だから古人は「或人《あるひと》」「或時《あるとき》」の代わりに「有人《あるひと》」「有時《あるとき》」などと記し、また「或人来りていふ」と言い現わす代わりに「人有り、来りていふ」などと言った。かくのごとく「ある」の語は「有る」の意義を失うことなくして「或る」の意義をも担うのである。[4: 538]

（5）日本語での「限定」の含意込みの「ある」の用例に従うとき、「あること」一般の意味を問おうとする西洋的な存在論の試みは、日本語に基づく思考の伝統からは懸け離れた課題であることが、和辻には自覚されてくる。しかし和辻はこのことを、次のようにむしろ積極的に評価しようとしている。

かくのごとく「有り」の語に初めより限定［「或る」］の意味を含ませたということは、充分の注意に価することであろう。普遍は必ず特殊において普遍であるという真理が、ここ［…「ある」の日本語表現］には直接に了解せられていたのである。[4: 538]

（6）西洋の伝統的存在論での本質存在と現実存在の関係に関する本文中での以下の説明は、木田元『ハイデガーの思想』（一九九三年）に負うところが大きい（特に七六～七頁、一一二～一二二頁）。なおそこでは、"existentia"という語が、ハイデガーの"Daß-sein"という言葉も踏まえて「事実存在」と訳されているが、本書では和辻自身も採用している一般的な訳語である「現実存在」という表記に統一した。

（7）ただし前掲・木田『ハイデガーの思想』では、この存在論の一形態としての「神の存在の存在論的証明」の伝統に関して、次のように述べられている。

われわれから見ると言葉のまやかしとしか思えないこの証明は、十一世紀にアンセルムスによって提唱され、十三世紀にトマス・アクィナスによって否定され、十七世紀にデカルトによって復興され、十八世紀にカントによって否認され、十九世紀初頭ふたたびヘーゲルによって承認されるという実に興味深い長い歴史をもつ。そして、その論点は、神の本質存在《エッセンティア》（……デアル）のうちにその事実存在《エクシステンティア》（……ガアル）もふくまれるかどうかにある。これは、いわば神という完全な存在者をモデルにして、本質存在《エッセンティア》と事実存在《エクシステンティア》という分岐した二つの存在概念の関係を吟味し、〈存在とは何か〉という問いに答えようとする試みだと考えることができよう。（七七頁）

つまり西洋の存在論の伝統において、必ずしも一貫して「本質存在が現実存在に先行する」とされ続けてきたわけではないことが指摘されている。ただし、本質存在と現実存在（事実存在）という概念装置で「存在」を問うというその仕方には一貫性があった、とは言ってもよいだろう。

（8）より厳密に言うと、和辻は「有る所の物」「所有物」という日本語表現を、次のように存在者一般として解釈している。

「あるところ」はすなわち「所有」であり、古くより「あらゆる」と読まれていた。「あらゆるもの」は「或るもの」の総体である。かかる意味からして「有るところのもの」が有るもの一般を意味し得るのである。[4: 540]

彼はこれも踏まえて、「有ること」一般と「有るもの」一般の区別を、「あるということ」と「あるところのもの」として言い現わすべきだとする。

第三章　表現的主体の実現－自覚構造

（1）『人間の学としての倫理学』での「存在」という日本語表現の解釈によれば、「存」には「主体の自己把持」（自覚的に有つこと）、「在」には「その主体が実践的交渉においてあること」という意味があり、両者を合わせた「存在」には「間柄としての主体の自己把持」つまり人間が人間関係のなかで自分自身を持する、という意味がある［9: 33］。なおそれ以前の著作では、「存在」はハイデガーの“Existenz”（通常「実存」と訳される）の訳語として用いられていた。「実存」概念が現存在という人間的存在者に特異な存在様式を名指すものである点を考えれば、「存在とは、間柄・行為的連関としての人間存在に他ならない」とするここでの主張は、その翻訳（に表われたハイデガー解釈）の延長線上にあるとも理解できる。

（2）「人間存在は自分自身を「表現」することで自らを存在者化している」とは言っても、これだけではイメージし難いかもしれない。それは後で取り上げる事例で言えば、「父」「妻」「子」「教師」「学生」「会社員」「政治家」「警察官」「国民」等々の、種々の「資格」的表現が適例だろう。日常性における人間はこうした資格的表現の下で自らある具体的な存在者としてふるまい、またその表現の下で安定的な自己理解を保持している。こうしたより具体的な人間のありように関しては、第六章以降で詳しく検討する。

（3）例えば門脇俊介は『存在と時間』の第四節「存在問題の存在的優位」の解釈において、「自分の存在に態度をとる」ことに関して次のような説明を与えていた。

[…]「自分の存在に態度をとる」ことはハイデガーにとって、理論化や自己確認・反省以前の、人間の非理論的・非反省的な生活でも起っていることである。例えば、私が哲学教師として現在、黒板に字を書くという行為をなしているとしてみよう。この現在の私の行為には、自分が「哲学教師であること」を認めること、それを成就しようとすることなどが必ず含まれているだろう。この「哲学教師であること」ということは、私の「可能性（Möglichkeit）」であって、現存在は、理論以前、反省以前にいつもすでに、こうした自分の可能性、ハイデガーの有名な術語を使えば「実存（Existenz）」に、態度をとっているのである。（前掲・門脇『『存在と時間』の哲学I』一二三頁）

（4）両者の志向的関係に関して、和辻は日本語表現の解釈学的分析から、次のように考察を展開している。

「ものいう」「もの思う」というごとき用法においては、言われるもの、思われるものは不定であって、言い思うことの内容に何の限定をも与えず、従って「もの」を付けず単に「いう」「思う」という場合と意義上何の差別もないものであるが、しかもここに「もの」の語の付加さるることが要求され[…]るというのは、明らかにこれらの言葉が「……を言う」「……を思う」「……を知る」「……を語る」「……を見る」というごとき何ものかへの志向を本来含んでいるがゆえにほかならぬ。[4: 526–7]

例えば「もの思う」と言って「もの」という言葉が付加されても、意味上は何も付け加わらない。何ら意味上の寄与がない冗長な表現が、にもかかわらず現にいまだに通用している、という日本語表現上の事実に和辻は着目し、その事実は、人間のあらゆる「精神活動」がつねに「なにものかへの志向」を本来含んでいること、そしてそのこと自体を人間自身が了解していることを、まさに表現しているのだと解釈する。なお、一九二二年発表の論文「「もののあはれ」について」（『日本精神史研究』一九二六年 所収）ですでに、「もの」という言葉の存在論的な含意が解釈学的と言ってよい仕方で考察されている〔4: 149–51〕参照）。

（5）「ふるまい的志向性」という言い方で強調したいのは、知覚の（特に「見る」）場面で問題にされがちな志向性の問題を、和辻は（ハイデガーと同様）より広く「行為」一般の場面で問題化している点である。

（6）和辻は「事」を、「出来事」という日本語表現の解釈からもう少し詳しく分析している〔4: 529–31〕。「出来事」という言葉には、何かが出《い》で来《きた》るという「生起」と、人が何かをすることが出来《でき》るという「可能」の二つの意味があるという。ただし彼は、行為（すること）を重視するためか、「可能」の意味の方が本来的だと見なす。

（7）前章で見た「がある」と「である」の対比が、existentia と essentia の対比に対応づけられていたことを想起すれば、ここでの「事」と「言」の対比も、これらに対応することが見えてくる。また逆に、「がある」と「である」が「もの－こと－もの」構造の「こと」の次元に位置づけられることも明らかになる。

（8）「こと」の「何ものかを見いだす」働きを「発見」的機能と呼んだのは、和辻がそれを『存在と時間』での“entdecken”（暴露する、発見する）という概念を踏まえて議論していると推測されるからだ（ただし明示的に依拠しているわけではない）。またもう一つの「あらわにする」働きに関しても、同様に“erschließen”（開示する）という概念を踏まえていると推測される。

（9）ただし「反省」の働きは、単に「自身のありようを主題的に捉え返す」ことに尽きない。そこでは、すでに非主題的には了解されていた事柄が自覚されるが、それによって逆に了解自身のありようが再帰的に更新され得る点も、反省の担う機能として重要である。この意味での反省は、前節で見た「事の自覚としての言が、逆に事（ふるまい・行為）を導く型（一種の規範）にもなる」というフィードバックの過程に対応する。

（10）Dreyfus, *Being-in-the-World*, pp. 216-7.〔邦訳二四九～五〇頁〕

（11）「了解」概念に相当する発想がすでに一九二八年のメモ「日本語と哲学」に見られる点は、第一章の「註24」で指摘した。また初稿「倫理学」では、この引用箇所よりも前に位置する西洋倫理学史の叙述で、「了解（理解）」概念が先取り的に導入されていた（この点は第五章で確認する）。したがって本文中で強調したのは、和辻が「了解」概念を「自分の議論の構築のため」という積極的な意味で導入していた点である。

(12) つまり、「理解」「分かる」という言葉がどの水準の認知のありようを指すものなのかが曖昧なため、命題的・主題化的な「認識」（ないし「解釈」）の水準なのか、「実践的了解」の水準なのかが判然としない場合がある。なお「了解」という術語が定着し始めるのは、一九三四年刊行の『人間の学としての倫理学』での「実践的了解」という概念化においてであり、その後の一九三五年の『続日本精神史研究』所収の論文「日本語と哲学の問題」や一九三七年刊行の『倫理学』上巻（特に序論）で確立されている。

(13) もう一つの重要な特徴は、その全体論的な構造である。これは第五章以降で特に重要な論点となる。

(14) こうした分節構造（意味的連関）の遡及的な把握が、単に事後的なものにすぎない（つまり、分節構造が先だってあるのでなく、あくまで事後的に構成されたものにすぎない）のか、それとも、潜在的にであれまず分節構造が何らかの仕方で存在し、それが明示的に再構成され把握されるのか、という問題はなお検討を要する大きな問題である。これはドレイファスとジョン・マクダウェルとの間で行なわれた論争の最も重大な争点だったとも思われるが、ここでの和辻の議論は、規範全体性の分節構造の「潜在的な先行性」を認める点で、マクダウェルの立場に近い（拙論「マクダウェル－ドレイファス論争における「概念能力」への問い——われわれは没入的対処において何に反応・応答しているのか？」（二〇一七年）も参照）。なお、門脇俊介「徳（virtue）のありか——ハイデガーとマクダウェル」（『破壊と構築——ハイデガー哲学の二つの位相』二〇一〇年所収）において、両者の論争の調停案を示す重要な手がかりとして着目されたのが、分節化を可能にするという意味で、「物事の分節構造を識別する」という緩やかな意味での概念能力（の基礎）としても解釈し得るハイデガーの「語り」概念だったことは、本書にとっても示唆的である。

(15) この「陳述」は、『存在と時間』での「陳述」（Aussage）という概念を踏まえたものと思われる。

(16) 後述するように、和辻も「あらわにする」開示機能を、「言としての反省的開示」の側面のみに認めるわけではない。ただし彼自身の立場として、実現と自覚（ないし技能と反省）のどちらかで言えば、より自覚（反省）の側面を強調する傾向にある。おそらくその理由は、後者の方がより、動物との対比で「人間的である」ことの本質に関わるからだと思われる。

(17) Dreyfus, *Being-in-the-World*, p. 215.［邦訳二四七頁］『存在と時間』の参照指示を本書での略記法に改めた。

(18) 道具使用という「人とものの関係」よりも、「人間関係」（人と人の関係）という場面を重視する和辻にとっては、これはさしあたり派生的な事例になってしまう。ただし以下で記述する「道具の存在論」の分析を、和辻も基本的に認めるものと思われる（彼がハイデガーと見解を分かつのは、二つの関係のいずれがより根本的か、という点をめぐってである）。和辻自身の人間関係・間柄の行為論は、第七章で詳述する。

（19）こうした分析から「行為の全体論的構造」という議論が帰結するが、詳細は第七章で和辻に即して論ずる。

（20）ただし、ここでさらに注意を要すると思われるのは、具体的な身体動作・ふるまい（物）において開示されてくる「本来の意味の「こと」」が、「「行ない」の本質」だと位置づけられている点だ。和辻の人間存在論における「本質」なるものの位置づけに関しては、次節で改めて考察する。

（21）ただし、ここでの「道具をある用途のために適切な道具として見いだす」という発見の働きは、道具を主題化して認識することでは当然ない。ハイデガーも論ずるように、道具が道具として最もよく機能するのは、それがそれとして意識などされず「目立たない」場合であり、それは決して能動的な主題化的発見ではない。こうした意味での「事における発見」は、ハイデガーの言う「解釈学的な〈として〉（als）」に対応するだろう（他方の「言における発見」は「アポファンシス的（命題的）な〈として〉」に対応する）。

（22）逆に、表現的存在者として関わることが多いというイメージのある言語的表現に関して補足すると、例えば道路上にある行先標示（「〜まで100km」といった言語的表現）は、目的地へ向けて運転するという行為をなすに際して、まずはその目的地到達のために役立つという仕方で交渉されている道具的存在者として存在すると考えられる。つまり、言語という媒体においてあること自体は、それが表現的存在者であることとは独立した事柄だとさしあたり言える。この論点は、『存在と時間』での「記号」という道具的存在者に関する議論も踏まえてさらに考察を深める余地があるだろう。

（23）これは、「解釈において了解は、自分が了解したものを了解しつつ自分のものにする（zueignen）」［SZ: 148］というハイデガーの言い方を踏まえたものだ。この引用箇所付近の議論に則して言えば、ここで起こっているのは、つねにすでに非主題的には「了解」されている事柄（規範全体性）が、それとして「解釈」されることにおいて（行為することも一つの解釈である）、それが一体何であるのかが当人にとってもより明瞭になってくる、といった事態だ。そのときわれわれは、すでに（それを了解しているという仕方で）前提として生きてきていた規範全体性を、解釈によって「完成させ（ausbilden）」、それを改めて「自分のものにする」。

第四章　倫理とは何か、倫理学とは何か

（1）こうした方法は、ここでは次のように正当化されている。――「倫理」という言葉は、誰かに意図的に作りだされたのでも、倫理学という学問の必要によって生じたのでもなく、「一般の言語と同じく歴史的・社会的なる生の表現としてすでに我々の問いに先だち客観的に存して」おり、「その言葉としての活力」が「我々の間に依然として生き残っている」ゆえに、倫理の実相を解明する十分な手がかりになるという［9: 8］。

（2）これは『存在と時間』での「現存在は、自分の存在において了解しつつこの存在へと態度をとっている存在者である」［SZ: 52-3］という記述を踏まえている。こうした「実存」的な仕方で存在している点で、人間（現存在）は、他の存在者（道具的存在者や事物的存在者）とは違ったまさに特別な存在様式をとっている。

（3）われわれの日常的行為を可能にする背景としての「了解」の諸特徴については次章で改めて整理するが、ここまでにもすでに「実践的了解」「自己了解性」「相互了解性」という三つの側面について見てきた。

第五章　解釈学的倫理学の二つの主要問題

（1）初出は『岩波講座　哲学』第二回（一九三一年）。『和辻哲郎全集』には未収録だが、後に苅部直〔編〕『初稿　倫理学』（二〇一七年）に収録された。

（2）岩波全書の一冊として一九三四年に刊行。『全集』第九巻に収録。

（3）初出は『倫理学』上巻（一九三七年）。『全集』第一〇巻に収録。

（4）この二つの論考の差異に関しては、『全集』第九巻に付された金子武蔵による「解説」［9: 483-］で、両者の内容上の強調点の違いなどが数点指摘されているが、西洋倫理学史の位置づけの変化に関しては特に言及がない。また、岩波文庫版の『人間の学としての倫理学』（二〇〇七年）に付された子安宣邦による解説「日本倫理学の方法論的序章」では、和辻の西洋倫理学史の叙述への言及はあるものの、それが前身の初稿「倫理学」から大きく変化したものであることを踏まえていないため、特に『人間の学としての倫理学』で新たに追加されたヘーゲル論の意義が、適切に位置づけられていない感がある。

（5）ここでの「自然主義」とは、メタ倫理学上の一つの立場を指す。すなわち、道徳的な価値（善さ、正しさ、義務、等々）

が、ある自然的な対象が実在するという事実（経験によって検証可能な事実）によって定義可能（さらにはそこに還元可能）だと見なす立場であり、古典的には功利主義やプラグマティズムが前提とするメタ倫理学的立場である（例えば、功利主義は「善悪」を「快不快」に還元可能だとし、またプラグマティズムは「真理」の基準を「有用性」に求める）。またこれに対する「反自然主義」的な立場には、通常次の二つの可能性がある。一つはプラトン的なイデアのような「非自然的な対象の実在」によって価値を基礎づけようとする立場（直観主義）であり、もう一つはカント的な実践的理性（という主観のア・プリオリな能力）によって道徳的判断の普遍妥当性を形式的に確保しようとする立場だ。和辻の立場も「反自然主義的」だとは言えるが、それは後述の通り、これら二つの可能性とはまた別の立場を構成すると思われる。

（6）マルクス主義が日本で本格的に受容され始めたのは、ロシア革命後の一九二〇年代から三〇年代にかけてであり、その背景として当時の不安定な社会情勢があった（経済恐慌等による社会不安の拡大、それに伴う社会主義運動、労働組合運動、農民運動の高揚など）。この間にマルクスやレーニンの著作が翻訳されていき、その理論的研究が進むなかで論争も活発化していた（特に日本資本主義論争など）。

（7）新カント派の哲学は、一九世紀後半に実証主義や唯物論が隆盛しつつある時代のなかで、自然科学によっては解消され得ないような「人間」的な領域の独自性を、カント哲学の観念論的傾向の徹底という形で確保することを目指すもので、主に人間の思考・認識能力のさらなる批判的吟味（ヘルマン・コーエン、パウル・ナトルプらのマールブルク学派）や、歴史・文化における価値の問題（ヴィルヘルム・ヴィンデルバントやハインリヒ・リッカートらの西南ドイツ学派）に取り組んでいた。また、その日本での受容は、桑木厳翼（一八七四～一九四六年）、朝永三十郎（一八七一～一九五一年）、波多野精一、西田幾多郎らによって明治末頃から始まっており（特に西南ドイツ学派の受容が盛んだった）、それは大正時代以降の日本の大学での本格的な哲学研究（認識論研究や西洋哲学史研究）の礎となった。

（8）ヘルマン・コーエン（一八四二～一九一八年）の観念論的な「人間の概念の学」としての倫理学に関しては、本文中で詳しく検討する余裕がないため、和辻の評価をここで簡単にまとめておく。コーエンはその論理学に基づいて、「人間の概念」を次の三様態で捉えたという。すなわち、「個別性」としての個人、「多数性（即ち特殊性）」としての個人の総和としての社会、また「総体性」としての（単なる総和以上の）諸個人の真の統一としての共同体（特に国家）として。そして彼が、この「三者の合一」こそが「人間の道」であるとしたことを、和辻は高く評価しており［SR: 57］、この議論の枠組は和辻の主著『倫理学』第三章における共同体論の基本的な枠組にも影響を与えたと思われる（特に国家論）。ただし『人間とは何であるか』という問から、即ち概念から、人間の存在が生れる」[SR: 57] とするコーエンの観念論的な傾向（「人間の概念の学」）に対しては、自身の「人間の存在の学」から次のように批判する。

> […] かかる論理的な Sein [＝コーエンの「人間の概念」] を『存在』と訳するのは誤っている。『人間はしかじかである』の『ある』を『存在』という言葉で置き換えることは出来るであろうか。『存』は時間的にあるのであり、『在』は空間的にあるのである。時空の限定を持った『ある』は論理的な『ある』ではない。我々が問題とする人間の『存在』は、歴史的地域的な限定を伴える真の意味の存在である。かかる存在は『何であるか』という問の出る地盤であって、かかる問から生れるものではない。[SR: 58]

ここでは、和辻の語義解釈による「存在」概念が先取り的に説明された上で、その「歴史的地域的な限定を伴える真の意味の存在」（つまり人間存在）が、コーエンのいう「論理的な Sein」（本質存在としての「である」）に決定的に先行し、それを存在論的に可能にする「地盤」だと主張されている。

(9) こうしたカント解釈は、当時発表された論文「カントに於ける「人格」と「人間性」」でより詳細に論じられているが、これは基本的にはハイデガーの『カントと形而上学の問題』（一九二九年）でのカント解釈を踏まえたものである。なおこの論文は、京都帝国大学文学部発行の雑誌『哲学研究』（一九三一年四月、三二年一月）に掲載されたが未完のままで中断され、その後、論文集『人格と人類性』（一九三八年）への収録にあたり、後半部分が加筆された。

(10) この「了解」概念は和辻において、一九二八年のメモ「日本語と哲学」でハイデガーからの影響という形ですでに登場しており（第一章）、また一九三一年の初稿「倫理学」後半部の方法論的考察の箇所で、彼の倫理学理論に本格的に導入されていた（第三章）。そしていまから検討するのは、その本格的な導入に先立ち、同じ初稿「倫理学」前半部の西洋倫理学史のなかで、すでにその「了解」概念がマルクスの議論の説明のために援用されていたという点である（ただし第三章でも指摘した通り、この初稿「倫理学」の時点ではまだ「了解」という術語が定着しておらず、そこでは「理解」という言葉が曖昧な形で用いられていた）。

(11) ここで指摘した「自己・他者・世界に関する全体についての了解」という論点は、ハイデガーの現存在分析における「自己了解と世界了解の同時性」という議論と重なり合う。この点は第七章で改めて取り上げる。

(12) 「了解」という認知様式の可能性を考えるに際して最大の問題となるのは、主題化的意識によっては不可能な「全体の認知」を、では人間はいかなる仕方で現になし得ているか、という点だ。この「全体性の認知可能性」問題については第七章および結論で改めて考察するが、拙論「「全体性の認知可能性」について――規範的行為の構造の解釈学的解明のために」（二〇一〇年）では、和辻以外の論者（マクダウェル、カント、ハイデガー、アルヴァ・ノエら）の議論を援用して、また別の観点から詳しく論じたことがある。

（13）「日常性の重視」に関しては、例えば基礎理論論考の一つとして挙げた『倫理学』序論において、倫理学にとっての解釈学的方法の有効性に関する説明のなかで、次のように述べられている。

> つまり我々が日常生活と呼んでいるもの、それがことごとく「表現」として人間存在への通路を提供するのである。だから我々は最も素朴な、最も常識的な意味における「事実」から出発することができる。我々が前に倫理学の課題として列挙したところ［＝人間の存在構造をあくまでも主体的かつ学的に把握すること］は著しく形而上学的な色彩を帯びるように感ぜられるかも知れぬが、しかしそこへ入り込んで行く通路は最も家常茶飯的な事実なのである。かかる意味において我々の倫理学は密接に事実に即する。ここには方法的懐疑などを容れる余地はない。［10: 43］

ここで和辻の倫理学は、（それが「人間存在の表現」であることからしても）「日常生活」における「最も家常茶飯的な事実」を確かな出発点としてあてにすることができ、それによって「事実に即する」ことができるという。ただし、ここで言われる「事実」とは、和辻の立場からするときの「事実」であって、それは自然科学的な意味での「事実」とはその意味が全く異なることに注意を要する。

和辻が「事実に即する」と言うときの「事実」とは、世界内での事物のある物理的な状態といった意味での事実なのではなく、人々のごく日常的な行為の連なりからなる出来事（実践的行為的連関）としての「間柄の事実」（すなわち「事」）だ。そして、和辻はこの意味での「事実に即する」方法的態度を、マルクスの「唯物論（マテリアリスムス）」から、次のような形で学んでいたのだった。

> しかしながら、マルクスやエンゲルスが唯物論を主張したのは、前にも云える如く、十八世紀の唯物論の意味に於てでもなければまた十九世紀の自然科学的唯物論の意味に於てでもなかった。思弁的構成を離れて現実的な生活関係から出発すること、与えられた事実そのものから出発すること、それが彼らに於ける Materialismus なのである。即ち materiell とは『現実的』と同義である。［SR: 41］

和辻によれば、マルクスの唯物論は、人間を自然に還元する自然主義的な唯物論なのではない。それは「現実的な生活関係から出発すること、与えられた事実そのものから出発すること」という点で、日常性における社会的事実（間柄の事実）から出発しようとする和辻の解釈学的方法と軌を一にし、逆に言えば、和辻の倫理学の解釈学的方法も、マルクスと同じ意味での、事実に即するマテリアリスムスだということになる。

(14) つまり和辻がここで対抗しているのは、「人間」を「自然」に還元してしまおうとする自然主義的な立場に対してだけでなく、（そうした還元は不可能だとしつつも）「人間」を内的な意識をもった個人を出発点として考えようとする個人主義的人間観に対しても、同時に対抗しようとしていることがわかる。

(15) この一節は序論でも部分的に引用した。なお『人間の学としての倫理学』での対応箇所は以下の通り。

人の間柄は意識や言語として発展する間柄である。分節せられることによって言葉となるべき了解的交渉である。しかるに動物の間の関係は単に物と物との関係であって行為の意味を持たぬ。人間存在は自覚的であり、動物の有は無自覚的である。[9: 122-3]

ここでは、初稿「倫理学」での「分肢」や「理解」という用語が、それぞれ「分節」「了解」という言葉に変更されている。また、動物のふるまいとの対比から、人間の行為が何らかの「意味」を持つという点が強調されていることも、和辻の行為論を考える上で注目される。さらに「人間存在」と「動物の有」という対比は、和辻の「存在」の語義解釈に基づいて言葉が使い分けられている（「存在」は「間柄における主体としての人間の自己把持」を意味し、それは「人間の存在」以外ではあり得ないとされていた）。

(16) 「ポリティケー（politikē）」とは「『ポリスの人間（politēs）に関すること』の意味」であり、「その根本に於ては、ポリスの全体性に於ける人間の学、即ちその個別性と共同性に於けるポリス的人間の学である」という点で、個人（個別性）に定位する倫理学よりも広義のものだという[SR: 70]。通常のアリストテレス解釈であれば「広義の政治学」だと言うべきところだが、和辻としては「ポリティケー」をあくまでも自身の考える「人間の学としての倫理学」の枠内に位置づけて解釈している。

(17) この点に関して、『ニコマコス倫理学』では例えば次のように述べられている。

なぜなら、立法家は市民を習慣づけによって善い人間にするのであり、現にこれがすべての立法家の願望であり、これを首尾よく成し遂げなければ、その任務は失敗に帰するからである。そしてここに、善い国制と悪しき国制の違いが存する。（『ニコマコス倫理学』第二巻第一章 1103b3–6）

まただからこそ、エティカと対をなすポリティカでは、人間の性格を左右する「統治や国家の制度に関すること」が論じられていた。その点でも両者は「全体が一つのmethodosを形作っている」という［SR: 69］。

（18）この個人主義的傾向に関しては、時代的・地域的な制約という観点から次のように説明されている。

> しかし便宜上にもしろ［最高善としての「幸福」の構成要件としての］自足が孤立的人間に於て考察せられ得るとするのは、孤立的人間に於ても一つの自足的完結態を認めるところの、個人主義的傾向がアリストテレースに存するからである。この傾向は希臘の前四世紀の特徴であり、来るべき三世紀の世界人（kosmopolitēs）の立場を先駆している。［SR: 71–2］

ただし和辻は「彼はあくまでもポリス的人間の全体性を把持しつつ、同時にこの全体性に於て可能な人間の個別性を、同じく根源的なものとして重視した」［SR: 72］とも述べており、アリストテレスの人間観が、本来は個別性と全体性の両方を視野に収めていると、自分の立場に引き寄せて解釈している。

（19）アリストテレスは『政治学』第二巻の前半で、プラトンが『国家』（特に第五巻）で提示した理想国家の構想（特に財産および妻・子供の共有制）に対して、そうした共同体はそもそも存続し得ないと批判していた。その論拠として特に重要なのは、人間は自分が私有するものに対してでなければ、きちんと配慮したり大切にしたりしないだろう、という洞察だ。例えば、共有された皆の子供をわざわざ大事にしようとする親はおらず、結果その共同体は次世代の成員を育てることに失敗することになる。また、仮に共有制の理想国家が成立したとしても、その完璧な統治において永遠の平和を享受する共同体においては、個人が自らの「徳」を発揮して、自分の存在を完成させていく必要がもはやなくなってしまうことは、アリストテレスの人間観からして許容し難いものだった（「徳」の問題を共有制批判につなげて論じている例を挙げれば、自分が大切にしている私有物を、にもかかわらず他人にも使ってもよいと許すことにおいて発揮される「鷹揚さ」の徳は、私的所有という制度を前提にしたものであり、共有制に基づく理想国家は、こうした個人の徳ある行為を不要なものにしてしまう点でも批判される）。

（20）和辻のヘーゲルの共同体論への言及自体は、一九三一年五月に執筆の「国民道徳論」（その言及箇所［23: 166］は、後に論文「普遍的道徳と国民的道徳」（『思想』一七九号、一九三七年四月 所収）として部分的に発表された）や、同年一二月の初稿「倫理学」の内にすでに見受けられるが、一節を割いて本格的に論じたのは『人間の学としての倫理学』の段階（一九三四年）になってからだ。なお初稿「倫理学」ではすでに次のように、ヘーゲルは人間の「社会的存在」に注目した重要な哲学者の系譜のなかに位置づけられていた。

> 既に云ったようにアリストテレースに於ては人間の哲学はそのまま社会の学であった。その伝統はヘーゲルに於て偉大な形に活かされ、フォイエルバッハを通じてマルクスに発展させられている。全体が個人よりも先である。社会的人間としてよ

りも外に人間は把捉せらるべきでない。幸にして我々は、『人間』という言葉そのものにすでにこの理解を云い現わしている。［SR: 159］

(21)　和辻のヘーゲル受容の経緯やその時代的背景に関しては、前掲・苅部『光の領国　和辻哲郎』での指摘が参考になる（一七七〜九頁、二三三頁の「注100」を参照）。また日本におけるヘーゲル哲学の受容に関しては、『ヘーゲル事典』（一九九二年）の項目「日本のヘーゲル研究」を参照。

(22)　一九二九年と三一年には、雑誌『理想』（理想社）と『思想』（岩波書店）において、何度もヘーゲル特集号が編まれている（前掲『ヘーゲル辞典』、三七九頁）。例えば、『思想』一一三号（一九三一年一〇月）は「特輯100年記念　ヘーゲル研究」と題して特集を組んでいるが、日本ではマルクスの先駆者としてヘーゲルが注目されたという経緯があるため、この『思想』の特集号でも、（マルクスの唯物論的弁証法に先行するものとしての）ヘーゲルの弁証法に関する論文が半数以上を占めるという状況になっており、和辻のような共同体論への関心は当時においてはまだ希薄だった。

(23)　和辻はその後も『法の哲学』を演習（一九三五〜三七年度）で取り上げるなどして、ヘーゲルの共同体論の研究を継続しており、その成果は主著『倫理学』に活かされていく（第八章でその影響を確認する）。なおその演習の模様は、勝部真長『和辻倫理学ノート』（一九七九年）で一端を窺うことができる。

(24)　前掲・テイラー『ヘーゲルと近代社会』の第一章での思想史的説明も踏まえて言えば、ロマン主義者たちは結局のところ、「極端な個性尊重」という理想と、自分自身が（自然も含めた）有機的全体性の一部となって統一にいたるという理想（――それは統一のなかで個としての自分を見失うことを意味する）との間での矛盾に引き裂かれたままだった。それに対しヘーゲルは、この矛盾が解消できなかった理由は、彼らが「理性」を放棄したからだとし、両者の究極的な綜合はその当の「理性」によってこそもたらされるはずだと、執拗に主張したという（Taylor, *Hegel and Modern Society*, p. 12.［邦訳二一頁］を参照）。

(25)　この弁証法的発想は、和辻が少し後に主著『倫理学』で明確に提示する「空の存在論」にそのままつながっていくという点でも重要だ（次章で確認する）。なお先行研究では、この「空」という発想が和辻の原始仏教研究に由来する点が重視されてきたが、本書では、少なくともそれと同程度に重要なものとして、ヘーゲル的な弁証法的発想が「空」概念成立の背景にあったという点に着目する。

(26)　以下での説明は、前掲・テイラー『ヘーゲルと近代社会』の第二章を踏まえている。

（27）この「憧憬のみ可能」という立場に踏みとどまることが、ロマン派に特徴的な「アイロニカル」な態度の内実をなす。しかし後期ロマン派は、未分化な「原初的な統一」への単純な回帰が可能だと考え始めることによって堕落し、それがナチズム的な全体主義的発想の源泉になったという思想史的説明もあるが、ここでは措く。

（28）Taylor, *Hegel and Modern Society*, p. 14.［邦訳二五頁］

（29）Ibid., p. 22.［邦訳四〇頁］

（30）この「媒介された」とは、それ自体が直接的に現存するのではなく、必然的に他の何かに関係することにおいて現存するというあり方のことを言う。テイラーは「媒介された全体性」を次のように説明する。

> 全体を述べるためには、われわれは対立した、しかも必然的な関係にある（それゆえまた媒介された）二項を持ち出し、全体をこの対立の克服（それゆえまた媒介されたもの）として特徴づけなければならない。［改行］それゆえあらゆるものが媒介されている。というのも、それはそれ自身では現存することができないからである。（Ibid., p. 43.［邦訳八二頁］）

（31）イェーナ期のヘーゲルにおける「絶対的人倫」は、全体性の最大の具体化としての民族を指す（後述）。

（32）和辻によれば、「孤立的個人を原理とする近代の人倫の体系」［9: 93］では、「徳」のこうした人倫的な背景が見失われてしまったため、（特にカント倫理学に著しいが）倫理学はもっぱら「Moralität（個人的道徳意識）」［9: 94］の問題のみを取り扱う学になってしまったと指摘する。それに対しヘーゲルが強調するのが「Sittlichkeit（人倫）」の立場であり、「彼が人倫という言葉に固執するのは彼の［モラリテートをそもそも可能にするような社会的背景としての人倫的］全体性の立場を表示するがため」だったという［9: 94］。

（33）先の「徳」の事例で言えば、徳とは「否定的・消極的に全体性を示す」という点で、「普遍的人倫となる可能性」を含むものだった。そして、個人が各自の有徳な行為においてその徳を発揮することにおいて、「普遍的人倫となる可能性」の一端を実現させることになるが、それはまさに「否定態としての人倫」としての徳をさらに否定することにおいて、本来あるべき人倫的全体性の実現を一歩推し進めたことになる。

第六章　空の存在論

（1）『倫理学』の特に第四章（人間存在の風土性歴史性の問題）は、先行研究において最も手薄な部分だと思われる。例えば第三次『全集』の編集に携わった湯浅泰雄は、別巻一（一九九二年）に付した「解説」で、「従来和辻の倫理学体系を論じた多くの研究の中で、この下巻［＝第四章］の部分に注目した研究者は私の知る限り見当らない。和辻倫理学についてのこれまでの研究は、『倫理学』上巻にみえるいわゆる「人間（間柄）存在」の全体性・個人性に関する分析で済まされており、風土論と倫理学の理論的関係は無視されている」［B1: 476］と述べているが、その状況は現在もさほど変わっていないと思われる。

（2）『全集』第一一巻に付された金子武蔵「解説」では、『倫理学』の体系構想は、新カント派のヴィンデルバントの『哲学概論』（一九一四年）での問題区分・体系構造からの影響が強いのではないか、という指摘がある［11: 461-6］。和辻自身も『倫理学』第四章で、ヴィンデルバントの倫理学の体系構成を説明しており（そこでは、第一部でまず道徳の原理が論じられ、第二部では共同体、そして第三部では歴史が取り扱われているという［11: 51］）、彼自身の『倫理学』も基本的にはそれと同様の構成になっていると見ることができる。

（3）この改訂は、和辻の思想のイデオロギー的側面を問題化する場合には重要な論点となり、先行研究でも検討がなされてきた。ただし本書での「倫理学理論としての可能性」を吟味するという観点から言えば、改訂によって決定的な理論上の変化があったという見解は採らないため、その詳細は特に論じない。

（4）本書では、紙幅および構成上の都合から和辻のカント解釈を主題的に論じなかったが、彼は自ら『カント実践理性批判』（一九三五年）という概説書や、また論文集『人格と人類性』（一九三八年）所収の主要論文としてカント論（「カントにおける「人格」と「人間性」」）を著しており、前章で見た西洋倫理学史におけるカントに関する記述も、基本的にこれらと同じ問題意識で書かれていた（その一部は『倫理学』本論にも組み込まれている）。

（5）ただしカントはその実践哲学で、「個人的自己の根柢に本体としての超差別的本来的自己が存する」［10: 148］とした点では、和辻の重視するような存在論的な「地盤」を考慮していたのだとも評価されている。しかし、その地盤が結局は「人間の全体性」としては把握されない点に、カントの限界が指摘される。

（6）この「有限な全体」と「無限（という意味で絶対的）な全体」の対比は次のようにも説明されている。

> 社会はいかなる形態のものにしろ有限な人間存在であって、比喩的に言えば有限半径の円である。［…］そこで我々は半径の有限な円が半径の無限な円の限定である場合を想定する。半径の無限が否定せられて有限となった時、無限円の実現としての有限円が成り立つ。［10: 18］

ここでは両者の関係は、「無限」のその無限性（絶対性）が否定され、ある特殊な「有限性」へと限定されるという仕方で、

「無限」が「有限」として実現されてくるという関係にあると説明されている。これは要するに、「もの－こと－もの」構造の特に「実現」構造から、「有限な全体」（物の次元）と「無限な全体」（者の次元）の相互関係を説明したものだろう。

（7）こうした『法の哲学』の解釈は、もっぱら加藤尚武『ヘーゲルの「法」哲学』（増補新版、一九九九年）に依拠した。それによれば、「全体的なものこそが具体的であり、個体的なものは抽象的である」ことの内実は、『法（Recht）の哲学』では特に「個人の権利（Recht）」（特に所有権）の根拠に即して論じられているという。すなわち、「人格が物件を所有する」という個人の最も基礎的な権利は、決してその個人の存在自体によって根拠づけられるものではなく、実際には「市民社会」（市場）において、人々がその所有権を相互に承認し合い、それを前提に商品交換を現に行なっていくことを通じてこそ、「個人の権利」という抽象的な観念も現実性を持ち始める。つまり「個人の権利」とは、本来は市民社会での権利の相互承認という関係に支えられてこそ成立し得るものであり、その意味で「個人の権利」は、そうした社会的な文脈を抽象することから案出された観念的なものだという。そしてヘーゲルにおける「国家」とは、こうした「市民社会」が生みだす「個人の権利」という観念を、自覚的・制度的に追認し保障する枠組として必要とされる主体的全体性（自立的有機体としての実体）として位置づけられる（二九頁、二四一～二頁、二四五頁を参照）。

（8）なおここでは詳述できないが、和辻における「個人」は、こうした種々の「資格」の複合体として存在するものと思われる。ただしこの「資格の複合体としての個人」という捉え方は、その「資格」が共同体（全体）から付与されてくる公共的なものであり、その意味で幾らでも代理可能だという点からして、個人の個別性が結局は全体性の方に解消されてしまっているのではないか、という批判が予想される。しかし、その種々の資格の複合の仕方自体が、ある人の人生における様々な具体的経緯のなかで次第に作りあげられてきたものだという点に注意しさえすれば、その人に固有の「資格の複合体」は、その特異な軌跡があってこそ存立し得ているという事実を指摘するだけでも、そこに全体性に解消されないような個別性・特異性を求めることが十分可能なはずだ。なおこの論点に関しては、拙論「和辻哲郎の解釈学的行為論に見る「個人」的存在の可能性――「資格」と「徳」を手がかりに」（二〇一二年）で主題的に論じたことがある。

（9）例えば「正当防衛」という行為は、そうしなければ自分が被害を受けるかもしれないという状況のなかで選択の余地なくやったことであるため、「正当」ではあっても、道徳的行為としては善くも悪くもない。

（10）ここでの、存在的認識（倫理思想）の次元ではその存在意義を認めつつも、存在論的認識（倫理学理論）の次元ではその誤りを指摘する、という和辻の立場は、そこだけを見るならば、メタ倫理学における「錯誤理論」（J・L・マッキー）と同様の立場に見える。錯誤理論とは、「価値の実在」を素朴に想定する立場（価値の実在論）を、理論的（メタ倫理学的）には完全に誤っていると批判しつつも、他方でその想定はわれわれの日常的実践にとって拭いがたい前提になっている、とする立場だ。そしてここでの和辻も、自身の「間柄」的な人間観や「空の存在論」以外の立場に対し、それと同様の態度を示しているかに見える。

ただし両者の違いとしては、和辻にとって、存在論的認識と存在的認識は截然と切り離せないものだという点が重要となるだろう（第一章で見た通り、彼が最終的に目指していたのは両者が相俟っての「存在論的・存在的認識」だった）。また和辻の場合、存在論的認識（倫理学理論）にとって「日常性」がその出発点とされていた点も重要だ。そこからすれば、和辻の倫理学理論は、あくまでも日常的実践の内側から、日常性自体を可能にする存在論的条件を解釈学的に探求するという点で、徹頭徹尾内在的な視点に立っている。それに対し錯誤理論は、そうした存在論的条件について、日常的実践の外側から考察可能と見なす（つまり純粋にメタ倫理学的な観点に立ち得るとする）点で、外在的な視点を自明視しており、まさにこの点で和辻の立場（そこにハイデガーやテイラー、マクダウェルらを付け加えてもよい）とは決定的に異なる。両者の違いをまた別様に捉えれば、錯誤理論が、存在論的認識と存在的認識の間での齟齬やねじれを、言わばねじれたままで両立させようとするのに対し、和辻らの立場では、その齟齬は、前者から後者への（つまり了解から解釈への）派生関係を論ずることで、何らかの理に適った構造的解釈が示されようとするはずだ。

（11）　例えば、上述の「自由な選択をなす能動的主体としての自律的な個人」という近代的な主体像は、近代的な社会における「誰にどんな責任を帰すべきか」という一種の社会的なゲーム（すなわち「自由＝責任」体制における道徳的帰責のゲーム）の基本的な枠組をなす発想として、極めて重要な社会的意義を持っている。しかしその主体像は、「誰を主体として認めるか」という問題には関係しても（それは結局、共同体の成員の要件に関わる）、そうした主体像自体がいかなる存在論的な根拠において存立するものなのかに関しては関知しない（あるいは、個人存在の実体性を自明視するにとどまる）。

（12）　この解釈は、「者」の次元にある「真に主体的なもの」を、直ちに「もの－こと－もの」構造全体の働き方に等置してしまうという点で、理解に苦しむ読者もいるかもしれない。しかし「空の存在論」からしても、「者」の次元にある（はずの）何かは実体ではあり得ず、それを対象化して指示し記述することはそもそも不可能である。この、それ自体としては現象することのない主体的な「何か」をそれでもなお捉えようとするならば、その働き方や現われに着目してその構造を記述するより他ない、というのが和辻の方法論上の基本方針なのだった。こうした認識は、例えば次のような箇所で端的に述べられている。

絶対的否定性の絶対性はかかる有限性に即するところに存するのであって、有限性から遊離した抽象的絶対性ではない。だから絶対的否定性はどこに見いだされるかと言えば、我々は現前の個人や団体をさすほかはないのである。[10: 127]

そしてその場合、真に主体的なものは、その働き方と現われにおいて（「有限性に即」して）のみ把握可能となる以上、その両者を一体的な動的な実現構造そのものとして解釈しても差し支えないはずだ。

（13）「停滞」とは「人間存在の中に停滞、固定が生ずる」ことであり、絶えざる否定の運動において存立するはずの人間存在にとっては「非本来的な存在様態」だという [10: 143]。例えば、「個人の独立化の運動の停滞」による「有機体に近似せる社会の出現」は、人間にとって停滞であり非本来的な存在様態だとされる。他方、「独立性の止揚すなわち否定の否定による還帰運動の停滞」による「アトムの並在に近似せる個人の出現」も、当然ながら非本来的である [10: 143]。つまり個人にせよ社会・共同体にせよ、それが固定化されて（例えば「実体」として）捉えられてしまうことは、否定の運動を本質とするはずの人間存在にとっては、いずれにしても非本来的な停滞（つまり「古来極悪とせられるもの」としての「悪の固定」[10: 143]）と捉えられることになる。

（14）この点に関してはなお議論の余地があるのも確かだ。例えば次の引用では、存在論的次元でのより実質的で強い規範的主張がなされている、と解釈できるかもしれない。

> 個人は多数であり、その多数の個人が個別性を捨てて一となるところに共同存在としての全体が成り立つのである。しかし、いかなる全体においても個別性が消滅し尽くすということはない。否定された個人はすぐにまた全体を否定して個人となり、そうしてまた新しく否定の運動をくり返す。この運動においてのみ全体は存するのである。そうしてみれば多数の個人への分裂とその共同という動的な構造が全体性を成り立たせていることになる。人間存在はただに個と全との間の否定の運動たるにとどまらず、さらに自他分裂において対立する無数の個人を通じての全体性の回復でなくてはならない。[10: 27]

基本的にこの一節は、「空に基づく否定の運動が、個人（個別性）と共同体（有限な全体性）の間で絶えず働いていなければならない」という、存在論的次元での「ごく形式的な」規範的主張として解釈可能である。しかし、最後の「全体性の回復でなくてはならない」という記述を強調することで、個別性よりも全体性の方に重心を置いた、より強い規範的主張として解釈する余地もあるかもしれない。そして、そうした方向性での解釈に拠ってこそ、「和辻の倫理学理論は全体主義的な共同体論に理論的にコミットしている」といった指摘も可能になるのだと思われる。ただし、引用中で「いかなる全体においても個別性が消滅し尽くすということはない」とされ、諸個人の分裂と対立という否定の「運動においてのみ全体は存する」とされている点にも目を遣るならば、そうした指摘はあくまで一つの側面を強調した解釈にとどまるのではないか。

第七章　信頼の行為論

（1）ただし「人とものの関係」は、無論行為と無関係ではなく、次のような仕方で行為に関与する。

> もちろん、対人関係も、身ぶり、動作、言語等［＝表現的存在者］を媒介とするのであって、ただ主体対主体のみの直接的連関ではない。しかし、このような表現を媒介とすることは、人が物へ働きかけることとは全然別のことである。［…］だからそれは、物的表現を媒介とするにかかわらず、主体対主体の関係として、人と物との関係から区別されるのである。
> 我々はここにこそ行為を具体的に把握すべき場面が見いだされると思う。［10: 249］

ここでは行為における「もの」の位置づけが問われている。和辻からすれば、「人が物に働きかける」だけでは意味ある「行為」とはなり得ないが、「身ぶり、動作、言語」といった表現としてのもの（「物的表現」つまり表現的存在者）は、「人間関係を媒介する」という機能を果たすことにおいて、行為の成立に関与するという（例えば「挨拶」という行為に伴う一連の身体的動作や言語的発話は、そこでの人間関係を媒介するようなものだろう）。また、この「行為において人間関係を媒介するものとしての表現」という議論を踏まえれば、和辻は表現的存在者が持つ「文脈を示唆する」機能には二側面があると考えていたことになる。一つはこれまで主に注目してきた側面で、人間の間柄のありようを何らかの形で示唆するような表現であるという、その反省的な機能だ。もう一つは、ここで確認した行為を媒介するという側面であり、言わば実践的な機能だと言える。「挨拶」という日常的行為に伴われる諸表現（もの）は、それらが何らかの態度の表現として相互に理解されることにおいて、人間関係を実践的に媒介するという機能を果たしている。

（2）ここで確認した通り、和辻の行為論では、「一定の人間関係をその背景として持つこと」が、ある有意味な行為の成立にとって必須の要件として要求されている。この主張は、何らかの相手の存在が想定可能な事例では、確かに理解しやすい。例えば「授業をする」という行為の背景には、教師と学生との人間関係や学校制度などが控えているし、また直接的な相手が存在しない「読書をする」という行為の背景にも、その本を書いた著者や、薦めてくれた知人や、内容について語り合おうと思っている人などとの人間関係がやはり控えていると言える。――では、そうした「相手の存在」の想定がより困難な事例に関しても、先の主張を維持することは可能だろうか。例えば「登山」という行為を、一人でただ純粋に自分の楽しみのためだけに行なうというとき、そこになお何らかの人間関係が背景に控えていると説明できるだろうか。

　和辻の行為論からすれば、こうしたケースも同様に説明すべき、となるはずだ。また実際、かなりの程度まで説明可能だと思われる。例えば、「われわれ」の間ですでに、「登山」という行為にまつわる様々な事柄が社会的に十分共有されている、という点を指摘してもよい（登山家としての自己理解を持つ人々が存在し、何らかのコミュニティを形成していること、また登山道が整備され、登山用の道具が市場に流通しているといった社会的背景、等々）。また、こうした社会的背景という論点をあえて考慮せず、その行為が他の誰かと全く関係なく為されると想定しても、その行為は、少なくとも行為者当人にとって何らかの「意味」を持つという点が重要だ。その行為の意味は、その人自身が日々行なっている他の諸行為との全体的な連関の内に位置づけられるはずだ。登山という行為自体は他の誰かと何の関係もなくなされているのだとしても、その人が登山に赴くその理由や意味は、例えばその人が「都会で会社員として暮らしている」といったこととの連関の内にある（「都会暮らしに倦んで自然を求めて山に行く」というように）。その点で、登山という純粋に単独になされる行為も、少なくとも間接的には、何らかの人間関係からの規定を受けていることになる。なおこの問題は、後で論ずる「行為の全体論的構造」という議論と深く関わるものであり、また本書の結論で提示する「準目的論的行為論」を踏まえることによって、よりよく説明可能になると思われる。

（3）この行為の全体論的構造は、ハイデガーの現存在分析における「道具の全体論的構造」（道具全体性）の議論と基本的に同型だ。そこでもやはり、独立した「一つの道具」というものは存在し得ず、その背景には、道具使用にまつわる種々の規範的な指示関係から成る全体論的な連関が控えていることが論じられていた。なお、この道具使用という場面での行為の構造（つまり「人とものの関係」という観点からの行為論）に関しては、本書の第三章ですでに、ドレイファスのハイデガー解釈に即して確認しておいた。

（4）この行為の故障状態において初めて、その行為を導いてきた「浸透的な方向づけ」それ自体が主題化されてくる、という（ハイデガーが「世界が閃く」とも呼んだ）事態については、第四節でさらに検討する。またこの論点は、本書の結論で改めて理論的に考察する。なお「故障状態」という言い方は、ドレイファスがそのハイデガー解釈において、何らかの障害によって日常的実践が停滞してしまうこととしての“breakdown”（故障）という状態に注目していたことを踏まえている。特にDreyfus, *Being-in-the-World*, ch.4. を参照。

（5）この「自己了解と世界了解の同時性」という論点は、前掲・門脇『『存在と時間』の哲学Ⅰ』での説明（特に第四章）を踏まえている。

(6) ここでの「了解」は、ハイデガーの枠組から言えば、人間の受動的側面としての「情状性」と一体となって「存在了解」全体を構成するような、人間の能動的側面を表わす狭義の「了解」である。この狭義の了解と、「存在了解」という広義の了解の区別という論点も、前掲・門脇『『存在と時間』の哲学Ⅰ』（特に第七章）を踏まえている。和辻の「実践的了解」概念は、広義の「了解」に相当するだろう。

(7) その点で、『存在と時間』の様々な翻訳書のなかで、"Worum-willen"を「目的であるもの」と訳すものがあることにも相応の理由がある。それに対して本書で「主旨」という訳語を採ったのは、前掲・門脇『『存在と時間』の哲学Ⅰ』での次のような説明に、基本的に賛同するからだ。

> ここではWorum-willenの訳語としてあえて、中公クラシックス版の訳語「目的であるもの」を用いず、ちくま文庫版の訳語「主旨」を採用した。指示連関の中核をなすWorum-willenが、目的手段連関の最終目的を指すのではなく、指示連関を体制化する中心であって、目的手段連関ではない指示連関の中核ともなりうることに、注意するためである。（八八頁）

ただし後述するように、本書では「目的」概念を、単なる「目的‐手段」連関としてだけでなく、（先に行為の全体論的構造について見たように）「全体‐部分」関係において捉えようとしている。その点では、「主旨」が目的（のようなもの）であることの、積極的な意義を考察しようとしている。

(8) 先行研究では、和辻のハイデガー受容の問題は、和辻の側からのハイデガー批判が主に注目されてきた。その主な論点は、ハイデガーが時間性を強調するのに対し、和辻はそれと同時に空間性も重視すべきとした点（特に『風土』冒頭で強調されていた）、ハイデガーの「現存在」概念が結局は個人主義的人間観の枠組を出るものでなく、それに対抗すべく「間柄」概念が提出された点などである。それに対する本書の解釈方針は、（こうした批判的な観点があったことは無論認めるとしても）和辻の倫理学理論がハイデガーの現存在分析からの決定的な影響の下で成立していた点に特に焦点を合わせて検討する、というものだ。

(9) もちろんハイデガーにおいても、道具使用に関する諸規範は他者と共に配視的に了解されているとされており、そこでも「人間関係」の契機は決して捨象されていない点を併せて確認しておくべきだろう。

(10) ただし当然ながら、両者が全く同一だというわけではない。その主たる相違点として、次の三点が挙げられる。――「究極的な全体の位置にある」ことがその構造上の特徴となるハイデガーの「主旨」に比べると、和辻の言う「資格」は、それが何であるのかがより明瞭・確定的であり、その分だけ「究極的な全体の位置」からは遠ざかっている。それはつまり、ある一つの「資格」が示唆し得るよりもマクロな存在・行為可能性があり得るという点で、「資格」は「主旨」よりも人間の行為を方向づける可能性として限定的なものだ。また和辻の「資格」は、ある有限な全体性（特定の社会的・文化的背景を持った共同体）から規定されたものであることがより強調される点で、自分の可能性という性格がより強調されるハイデガーの「主旨」とは対照的だ。さらに、ハイデガーによれば「主旨の了解」（自己了解）においては（世界の世界性としての）「有意義性」がともに開示されているが［SZ: 143］、こうした「自己了解と世界了解の同時性」といった観点は和辻においてはさほど強調されておらず、彼の倫理学ではもっぱら人間同士の間でのコミュニケーション的行為が、日常的行為の範例として焦点が合わせられている。

（11）　逆に、こうした和辻の概念化に対応する議論をハイデガーに求めるならば、「世人（das Man）」という汎人称的な主体に関する概念に注目すべきだろう。「世人」とは、和辻であれば「世間」と翻訳するような概念であり、「われわれ」にとっての一般的な通念・常識をまさに体現したような主体のことだ（もう少し詳しく言えば、われわれが「世間の目を気にする」と言うときにすでにその存在を想定し前提してしまっているような、一定の常識的な諸規範を体現しているが、しかし具体的な誰かとしては決して特定できないような汎人称的な主体としての「世間」のことだ）。ハイデガーはこの世人（世間）こそが、人間の日常性において言わば最も実在的・現実的な主体だと述べていたが、それは、われわれの日常的行為の方向づけが、世人によっていかに決定的に規定されているのかを、幾分批判的に指摘しようとするものだった。またそのとき、「われわれ」自身の行為を方向づける際の目処として機能する「主旨」の位置に、「世人」的な（つまり常識的な）存在・行為可能性がその場を占めることになるが、ハイデガーはこの点を次のように説明している（なお、引用中で適宜「世間」や「常識」といった和辻的な観点からのパラフレーズを試みた）。

現存在が世人自己としてのおのれ自身にとって親密であるとすれば、このことが同時に意味しているのは、世人が世界および世界内存在の最も身近な解釈の下図を描いているということ、このことにほかならない［＝日常性におけるわれわれは、通常、世間的な常識に慣れ親しんでおり、それに沿ってふるまっている］。世人自身は、現存在が日常的に存在するための主旨であるのだが、そうした世人自身が有意義性の指示連関を分節するのである［＝われわれは、世間的な常識を目安として、自身の行為の方向性を把握し、行為している］。現存在の世界は、世人にとって親密であるなんらかの適所全体性をめがけて、また、世人の平均性でもって固定されている限界のうちで、出会われる存在者を解放する［＝われわれは、世間的

に標準的な仕方で道具的存在者と出会い、それと交渉している」。[SZ: 129]

(12) ここで指摘したのは、「和辻の倫理学は、近代的な社会が現に存立し得ている仕組みをよりよく記述可能な理論になっている」という点であり、このことは、彼自身がそうした社会を肯定的に評価していることを必ずしも意味しない。むしろ（前章での言い方を用いれば）「存在的次元の善悪観」としては、近代的な社会において人格的な信頼関係が失われがちであることに対し、彼は批判的であるように見える。例えば『倫理学』第三章の「経済的組織」を扱う箇所では、近代産業の発展によって可能となった「大量的な商品生産」が、批判的なニュアンスとともに次のように論じられていた。

　この生産方法は生産者と注文主との間の人格的接触を排除し、［旧来の］注文生産につきまとう質的な性格を洗い去ったものである。従って生産者は製作の喜びを感ずることなく、また己れの個性を認められるという期待もなく、ただ一定の功利性を具体化したものとして同等の商品を大量に生産する。[10: 498]

近代的な社会におけるこのような労働者のあり方は、それ以前の、「職人と注文主との間」で「一つの製作品を媒介として信頼や誠実を内容とする人格関係が成り立っていた」ことと対比されている [10: 498]。

(13) 和辻の言う「信頼」は、第三者的な視点から「その人は通常そういうことがあるとは思っていない」と記述され得るような、その当人にとっては非主題的な消極的期待という形をとっている（そこでの信頼内容は無数にあり、同定・記述し尽くせない）。またそうした仕方で信頼されていてこそ、日常のスムーズな諸実践も可能になる。そしてむしろ、その信頼が裏切られた人間関係の故障状態において初めて、「自分はそういうことはないと思っていた」という否定的な形で、当人に該当の信頼内容が主題化されることになる。

(14) 以上に見た「信頼」という観点からするとき、では、人間の行為の「善悪」はどのように評価されることになるのか。この論点は、行論の都合上本文中では扱えないため、ここで簡単に補足しておきたい。

　和辻は行為の善悪の問題を、「人間の真実《まこと》（真相・真理）」の問題として捉え返した上で、「人間存在の真実が起こること、従って人間の行為が真実にかなうこと、それが善なのである」[10: 299] と述べる。では、どうすれば「人間の行為において真実が起こる」のかと言えば、それは「信頼に答えるという仕方によって」だという [10: 300]。要するに、「信頼関係においてその信頼に応え、またその信頼に値するように行為すること」が、「人間存在の真相を起こらしめる」こととしての「まこと」であり [10: 291]、善なのだという。またそこからして、「信頼を裏切り虚偽を現われしめる」ことが悪だということになる [10: 302]。ただし、本文中でも確認した通り、人間関係があるところには（程度や形態は様々であれ）必ず信頼も存しているのであり（「人間関係のあるところに同時に信頼が成り立つ」）、その意味では、「悪」はあくまでも「信頼の欠如態」としてのみあり得る［10: 286］。

そして、信頼をめぐるこうした善悪の規定は、『倫理学』第一章で提示されていた「空の存在論に基づく二つの善悪観」から、次のように理解し直すことができるだろう。――まず「存在論的次元での善悪観」では、「空・否定の自己背反・自己還帰的運動」が進展し続けていること自体が善だとされていたが、それはここでの文脈に即して言い直せば、「ある人間関係が成立しており、そこで諸々の行為がなされつつある」こと自体が、信頼の実現という意味で総じて善であることになる。ただしその「善さ」は、（前章でも指摘した通り）実質的内容に乏しいごく形式的なものであって、それとは別に「存在的次元での善悪観」があるのだった。すなわちそれは、ある共同体からの離反・背反を悪とする善悪観だったが、それが上述した信頼をめぐる善悪の規定（個々の場面に相応しい仕方で「信頼に応える」ことが善であり、「信頼を裏切る」ことが悪だとすること）に対応しているのだと言えよう。この点について、和辻自身は次のように説明している。

善と悪を右のごとく信頼関係に即して理解するとすれば、信頼関係が種々の度合いや範囲を異にするに従って、信頼に答え、あるいはそれを裏切るという仕方もまた異なってくるがゆえに、いかなる行為を善とし、いかなる行為を悪とするかもまたおのずから異ならざるを得ない。献身的な態度の期待せられている信頼関係にあっては、些細な「私」も裏切りの意義を帯びるが、ただ取引の確実のみが期待せられるような他の信頼関係にとっては、かかることは全然問題とならぬ。［10: 301］

（15）　存在問題に接近する方法として、すでに何らかの存在了解を所持している「現存在に問いかけるというやり方」をとる『存在と時間』でのハイデガーを、ドレイファスは「主観中心主義的な伝統にあまりに近いと言えるかもしれない」と評している（Dreyfus, *Being-in-the-World*, p. 199.［邦訳二一九頁］）。この「存在了解の解釈学」と対置する形でここで注目したいのが、和辻の「表現の解釈学」の持つ方法論上の可能性である。

（16）　ハイデガー的な観点からすれば、机や椅子や黒板やチョーク等の、教室のなかにあるべき種々の道具的存在者は、例えば、学生であれば「授業を受ける」という存在・行為可能性から、教師であれば「講義する」という存在・行為可能性から有意味化されてくるような、ある道具全体性を構成している、と分析されるだろう。それに対し和辻の場合は、その道具全体性を有意味化しているのは、ある個々の学生や教師たちの「個々人の存在・行為可能性」というよりも、そこでの「間柄」（人間関係）全体であり、それは特に自他の間での「資格への信頼」という仕方で有意味化されている、と分析されるはずだ。

（17）　ただし第三章の最後で指摘した通り、ある存在者が間柄自体のありようを示す「表現的存在者」として現象するのは、われわれがその存在者に対して反省的・解釈的な態度で関わる場合だ。しかしわれわれは、机や椅子や黒板やチョークといったものに対して、通常は「道具的存在者」として交渉するという実践的・交渉的な態度で関わっているのだった。この点に関連して、和辻は次のように述べている。

［…］人間の日常経験と言われるものほど豊富な鉱坑はない。町を歩けば多種多様な商品が見せ棚に並んでいる。常識はその種別、用法、買い方などをすでに心得ているのである。しかもこれらの商品のただ一つといえども、何らか人間存在を表現せぬものはない。ただ常識の立場においてはこれらの表現を介して存在の構造へさかのぼってみようとせぬだけである。それをしさえすれば、ただ一つの商品からでも人間存在の利益社会的構造がたぐり出せる。［10: 42］

つまり「常識の立場」では普通、身の回りの種々の存在者を「人間存在の表現」としては取り扱わないが、それらと実践的にどう交渉すればよいのか（という諸規範）については、「すでに心得ている」のだという。

（18）ここで踏まえているのは、『存在と時間』での「了解」と「解釈」に関する次のような記述である。

了解の企投するはたらきは、自分を完成する［仕上げる ausbilden］という固有の可能性を持っている。了解の完成をわれわれは「解釈」と名づける。この解釈において了解は、自分が了解したものを了解しつつ自分のものにする（zueignen）。［SZ: 148］

（19）「A社社員」よりも一般的な「会社員」という資格も当然あり得るが、その内実は前者に比べてより形式的・抽象的だろう。ただし、このより一般的な資格にしても、ある一定の社会的背景があってこそ有意味なものとして通用し得る（江戸時代には会社員はそもそも存在しなかった）。相対的には「より一般的」だとしても、それは一般的な形式的要件の羅列（ルール群）には還元できず、そこにも（内実の厚みに違いはあれ）一定の行動様式やエートスとしての「行為の方向づけ」が含まれるはずだ。このことは、近代的な社会の標準的成員としての「成人」といった非常に一般的に見える資格も、一定の社会的背景の下で形成されてきたという点からして明らかだろう（なお「最も一般的な資格」の可能性は、結論で改めて考察する）。

（20）こうして次第に明示化されてくる規範的な方向づけは、いずれ、社是や社訓や「A社イズム」といった形で明示化され（すぎ）てしまうことで、墨守せねばならないルールとして社員の行動様式を教条的に拘束する、といった事態も起こり得る。ただしここで重要なのは、その明示化されたルール自体ではなく、あくまでも、そうした明示的ルールが派生的に生み出されてきてしまうような、「表現」の構造自体の方だ。

（21）ただしそれは、資格の自己主題化と動機づけの間に「正のフィードバック・ループ」が成り立つ場合に限る。それに対し、例えば「A社社員」としての実践に何か支障が生じることで、その資格の下での信頼内容の自己主題化が始まる場合、そこでの自己解釈は、むしろ「A社社員」という資格を担うこと自体に疑いを抱かせることにもつながり得る。その場合には、また別の存在・行為可能性への動機づけが生じていると見ることができるが、この点についてはここでは論じない。

（22）Taylor, "The Importance of Herder", p. 99.

（23）こうした「共同体と言語の関係」に関連して想起されるのは、第五章で確認した、和辻の西洋倫理学史におけるアリストテレス解釈だろう。そこで示されていた「ロゴス（言葉と理性）と社会的存在（共同体）との相互形成的な関係」は、ここで見たテイラーの議論と基本的に同型である。

第八章　歴史－文化－共同体論

（1）なお、この「行為の仕方」の具体的記述に関して、そこで援用される事例がどうしても和辻自身が見知っている身近な事柄に偏りがちであるため、その記述が当時の日本社会のありようや、その歴史的文脈に負うところが大きいという印象は否めない。まさにこうした点が、和辻の倫理学理論を「日本に特殊な倫理・道徳」を説明する（さらには正当化する）議論だったと論評する解釈傾向を生んできたのではないかと思われる。しかし、存在論的認識と存在的認識の区別を重視するという本書での解釈方針からすれば、和辻の倫理学理論はあくまでも普遍的な理論を目指したものであって、そのこと自体の意義は、たとえそこでの議論が結果的に「特殊なものの説明」になってしまっていても、損なわれるものではない。

（2）そこで参照されるのが「公表」という現象である［10: 157］。例えば、ある情報を広く周知するために特定の場所に掲示を出すのも公表の一形態だが、その掲示された情報を直接に知ることができるのは、その場所に実際に行った人のみに事実上限られてしまう。その点に注目すれば、この公表の仕方は「公共性が小さい」ことになってしまうが、そこでの公共性の大小を測るポイントは、むしろその公表が「誰でも知り得るような仕方で」なされているかどうか、というその参与可能性にかかっている。そこに行きさえすれば誰でも知り得るという参与可能性を保障しているならば、それは大きな公共性を実現していることになる。

（3）この点に関連して「全体はいつも有限な、相対的な全体として実現せられた。そうしてそれが絶対的全体性の己れを現わす仕方なのである」［10: 593］とも述べられている。絶対的全体性（空）は、その絶対性ゆえに実現され尽くし得ないという点で、無限に実現されるべき「倫理」の実現構造に対応していた。

（4）『倫理学』第三章（中巻）の戦後になってからの改訂（一九四八年）を通じて、和辻は人間の実現し得る全体性として、「国家」よりも大きな「人類」という存在共同の成立可能性を、より積極的な形で認めることになる（この点については後述）。それに対し、改訂以前の一九四二年版『倫理学』第三章では、「全体性のうち、最も高次にして究極的なるものは、国家の全体性である」[11: 419] と明確に位置づけられていた。

（5）したがって、もし複数の国家が互いに連合して、それら自身を包摂するより大きな国家を形成したとすれば（例えば現代のEUが目指すものなど）、その元の諸国家は、和辻の意味での「国家」ではなくなることになる。こうした「国家」共同体の概念規定の仕方は、後述の通り、非常に外形的・形式的なものだ。

（6）次のようにも述べている。「国家はそれぞれの人倫的組織を護持し、それによってそれぞれの組織を自らの立場において実現せしめる。従って国家の規定するのはそれぞれの人倫的組織の輪郭に過ぎぬ。」[10: 600]

（7）ただし法が定めるその「輪郭」の部分に関しては、国家は「力をもってしても実現せしめようとする態度を取る」[10: 596–7] といい、そこに限っては国家による強制力が発動するという。

（8）この「義勇奉公」に関して、和辻はさらに「人はこの義勇において己れを空じ全体性に生きるという人間存在の真理を最高度に体験することができる」[10: 622] と述べている。おそらくこうした記述から、彼の倫理学は全体主義的傾向が強いと評価されてくるのだと思われる。ただ、少なくとも近代国民国家に関して言えば、その国家の成員には「義勇奉公」の義務が課せられているということでの議論は、彼に特異な規範的主張というよりは、むしろ事実の問題に属している。その義務の中身は、戦闘行為への参加に限らず様々であり得るが、国家存続の危機に際しては、その成員に何らかの参与が当然のように要求されてくるはずだ。

なお、和辻の倫理学の政治学・社会学理論としての意義を評価することは、本書での課題を超えているが、そのための見取り図を示すならば、さしあたり次のようなことが言えるだろう。——和辻の国家論でも問われていた、国家とそれに包摂される中間集団（共同体の諸段階）との関係については、理論的には次の三つの可能性が存在する。すなわち、第一に、国家の存在を否定する中間集団主義（アナーキズムや極端なリバタニアニズムなど）、第二に中間集団を否定する国家主義（市場の無政府性を批判し、民族的特殊性を無視する、行政官僚主義としてのマルクス主義など）、そして第三には国家の存在を肯定する中間集団主義（共和主義、コーポラティズムなど）、の三つである。現代の観点からすれば、第一の可能性では、中間集団同士の紛争を調停する国家の「法」を基礎づけられないという点で現実的でなく、また第二の可能性では、マックス・ヴェーバーが予見したような行政官僚制の硬直性が避けられず、それが現実の社会主義国家の崩壊にもつながったという点では、もはや積極的に考慮すべき選択肢たり得ないと思われる。その意味では、今日において、何らかのあるべき国家像や社会像を論じる上で残されている可能性は、事実上、第三の「国家の存在を肯定する中間集団主義」のみだということになる。

そして、本書で確認してきた和辻の共同体論は、特に国家の果たす重要な機能として、諸中間集団を自らの内に適切に位置づけることを求めるという点で、基本的にはこの第三の可能性に沿った国家論・社会論として位置づけることができる（「中間集団の存在を否定しない国家主義」と言った方がより正確かもしれない）。これは、従来の評価によくあった「天皇制国家の弁神論」といった位置づけでは簡単に片づけられないのではないか。ただし、それがあくまでも倫理学という観点から、つまり共同体の「人倫的意義」を問題化する観点からのみ問われていたという点は、彼の共同体論の最大の特徴であるとともに、その限界だとも評価されるだろう。なぜなら、現実の国家や社会の問題を考えるには、やはり人倫性だけでなく、政治的な権力関係や経済的な利害関係といった他の様々な要因も、（単に「人倫性の欠如態」としてだけではない形で）一緒に考える必要がどうしてもある、と思われるからだ。

（9）「民族」が「文化の共同」（言語、芸術、学問、宗教等の共同）に基づくとするとき、民族的集団の紐帯を「血統的統一」に求める一般的な考え方は、次のように説明されることになる。

かかる「文化の共同に基づく」共同体はその原始的な段階においては通例同祖の信念、すなわち血縁的統一の信念を形成している。文化の発達した段階に至ればかかる信念は顕著でなくなるが、しかし血縁的統一の意識は不思議に失われないで存続する。重大なのは長期にわたる存在共同であって血縁の事実ではないのであるが、その存在共同を言い現わすためにいつまでも原始的な血の共同という言葉が用いられて来たのである。［10: 584］

つまり「血縁的統一（血の共同）に基づく民族」といった考え方は、あくまでも文化的な共同存在のあり方がそうした信念として表現されてきたということに過ぎず、「血縁の事実」や「遺伝の事実」［10: 586］といったものによって民族の成員たちが現に結合しているのではない、と位置づけられる。

（10）ここでの「言語」は「あらゆる文化財のうち、最も手近でまた最も普遍的なもの」［10: 527］であり、その意味で、文化共同体の輪郭を規定する決定的な要因だと捉えられている。ただし言語は、一つの「文化財」であると同時に「言語活動」「文化活動」であり、さらには「間柄の形成」に関与するという意味で「間柄的活動」であるともされる［10: 527］。この

「言語」の諸側面については後で改めて検討する。

（11）和辻はこの点に関連して、「言語活動の普遍性」と「普遍的な言語の不可能性」という議論を提示する。人間にとって言語活動が普遍的である点は和辻も認めるところだが、そうであるとしても「普遍的な言語なるものは存せず、従って普遍的な言語の共同ということもない」［10: 534］と主張し、「民族よりも大きい言語共同体」［10: 534–5］の可能性を否定する。ただし他方、当然ながら他言語の学習や翻訳はかなりの程度まで可能であり（「言語活動が人間に普遍的である限り、言語は必ず通ずるのである」［10: 534］）、後述するように、言語の共同（ひいては文化の共同）にこうした意味での参与可能性がある点は、それ以前の段階の共同体にはない文化共同体の持ち得る開放性として認められている。

（12）「国家」以前の「民族」の段階で、「統率や統治」や「厳格な習俗」といった現象はすでに認め得るとしても、それはまだ「政治の共同」や「法制の共同」にはなっていない、と指摘される［10: 587］。

（13）和辻はそれを「単なる過去」と「歴史」の相違から説明する。そこで彼は、民族の過去を伝える「神話」を例に挙げて、「未開民族において現実に生きて働いている神話は、この民族の背負っている過去の全体ではあるが、しかし歴史ではない」［10: 587］と指摘する。なぜなら、直接の祖父母の世代よりも前の「この民族の体験は、すべて一様に神話の中に溶かされ、百年前のことも千年前のことも区別はない」からで、その意味で「神話の共同」は「文化（過去）の共同」ではあっても「歴史の共同」ではないという［10: 587］。この論点については、後でより詳しく検討する。

（14）文化共同体において「民族の生ける全体性」が最初に自覚されるのが、「宗教」の場面であるという点に関して和辻が例に挙げるのは、「イスラエルの民族」である。

カトリック教会の神であるヤーヴェも本来はきわめて顕著な民族神であった。その神の選民たるイスラエルの民族は、民族が宗教の共同体としてその「生ける」全体性を神の形において把捉するものであることを明らかに示している。［10: 588］

なおここでの議論の大前提として、和辻の倫理学では「宗教」があくまでも文化共同体における文化的現象として位置づけられる点に注意したい。宗教活動が「絶対性とのかかわり」である点を彼も認めないわけではないが、「絶対性とのかかわりが常に特殊な形に形成せられるという側面」［10: 559–60］を無視できないという。またこの「文化としての宗教」という観点からすると、「超民族的」な世界宗教は、「宗教の本質」から生じたものではなく、元々は民族宗教として成立したものが、「特殊な宗教的象徴を征服によって他の民族に押しつける」（キリスト教、イスラム教）か、「異国的文化として他の民族の中に摂取せられる」（仏教）という仕方で超民族的に伝播することで［10: 570］、世界宗教として成立したに過ぎないとされる。

要するに和辻は、常識的な考え方に比べると、宗教の持ち得る普遍性や超越性を低く見積もる傾向にある。

(15)『近代歴史哲学の先駆者』（一九五〇年）は、和辻自身にも多大な影響を与えたヴィーコとヘルダー（およびそれと関わる限りでのカント）の歴史哲学を、彼の倫理学的な立場から概説したもので、そこでの議論は、『倫理学』第三章（中巻、一九四二年、四八年改訂）の民族・国家論および第四章（下巻、一九四九年）での世界史論と、その問題意識において重なり合うところが大きい。

(16)アトム的個人の存在を前提として、その諸個人たちの間で結ばれる原初的な契約に、社会・共同体の成立根拠やその正当性を求めようとする社会契約説は、和辻の「間柄」的な人間観からしても、「国家の成立」構造の説明として許容できる社会理論ではなかった。それに対する彼の国家論では、「国家」とはむしろ、その内に包摂する諸共同体やその成員たちを、（法という外形的な枠組を通じて）それぞれ適切に位置づけるという仕方でその存在を保障する、というような最も公共的な人倫的意義をもった共同体として位置づけられていた。（こうした国家論はヘーゲル『法の哲学』からの影響が色濃いが、この点は後述する。）

(17)「一つの民族が一つの国家を形成すべき」とする和辻の国民国家論は、多民族が一国家内に併存する「帝国」というあり方に対し批判的である。それは戦前・戦後を通じて一貫しており、「大東亜共栄圏」構想を掲げて侵略を正当化する大日本帝国への距離の取り方や、戦後の象徴天皇制をめぐる論争での主張などにも、この国民国家観が反映しているはずだ。（ただしこの論点は本書で詳しく論ずることができない。）

(18)残された「風土性」（第二節）の取り扱いについて、ここで補足しておきたい。和辻は上述の通り「歴史性と風土性は相即する」と位置づけており、人間の存在構造にとって歴史性と風土性は等しく重要であることを重ねて主張している。しかし他方で彼は、「事実問題として、風土的自覚が歴史的自覚に付随するものとして起こってきた」[11: 120] ことも認めねばならないとする。つまり両者は、人間の存在構造を構成するものとしては同等であっても、事実上は「風土的自覚が歴史的自覚よりも遅れる」[11: 120] のだと位置づける。

　その理由は、国家における歴史的自覚と風土的自覚では、「他国の存在」の意識のされ方が異なるからだ。詳しくは後述するが、歴史性にせよ風土性にせよ、その自覚は「国家」という統一的主体の観点から初めて可能になり、またそれは「他国」との交渉が行なわれる「超国家的場面」（世界史の場面）でなければ生じてこない。そして、他の国家の存在を脅威に感じるだけで、ある国家に歴史的自覚が生じてくることは十分にあり得るが（例えばそれによって「正史」が編まれるなど）、他方の風土的自覚が生じてくるには、「他の国土の感覚的体験、もしくはそれにもとづく知識」が必要だとしており、その点で「他の国家との接触において歴史的自覚の方が優先的にひき起こされる」のだと指摘される［11: 120］。——和辻自身のこうした「風土性」の位置づけも踏まえ、本書では「歴史性」の側面の方にもっぱら注目して、「世界史の場面における国民国家の成立」の問題を検討していく、という解釈方針をとる。（なお、本来は「風土性」の議論と深い関わりがある「民族の独自性」という論点も、「歴史性」の議論のなかで先行的に論じられてしまっているという事情もある。また『倫理学』という著作全体のなかで「風土性」の議論が積極的に活用されているのは、上述の第四章・第四節の世界史の具体的叙述において登場する諸国民を特徴づけるために、そのつど「風土の五類型」が適用される点などが挙げられるのみである。）

(19)　つまりここでは、より開放的・公共的な共同体を実現することが、「歴史の意義」に適っているとされ、それは倫理学的にも「善」だとされていることになる。ただしこのことは、第六章で論じた「空の存在論に基づく善悪観」に照らして、どう位置づけられるだろうか。

まず「存在論的次元での善悪観」では、「空の自己背反・自己還帰的運動」（個と全体の相互否定の運動）が生起し続けることと自体が善だとされるのみで、それ以上の具体的・実質的な基準は示されないため、そこから「より公共的な共同体の形成は善い」という判断は直接的には帰結しない。すなわち、「新たな共同体の形成」自体は善だとしても、それが「より公共的」であることは、存在論的次元での善悪の評価のポイントにはならないと思われる。

では、和辻の歴史哲学上の規範的主張は、「存在的次元での善悪観」に即して善だとされていることになるのだろうか。しかし、その善悪の基準が、「ある共同体内で是認された行為の仕方に相応しい仕方でふるまうこと」にあるのならば、それは「共同体の形成」自体の是非を問うこととは、問題の次元が異なっているようにも見える。——ただ、そこで注意したいのは、「人類の統一」のような未だ実現されたことのない共同体・共同性であっても、場合によってはそこから「われわれ」は何らかの規範的な方向づけを与えられ得る、という点だ。和辻が「世界大戦」という世界史的な出来事にとりわけ注目するのも、そこにおいて否定的・一時的な形であれ人類が一つの共同性を実現したからであり、だからこそ「今」、その全体性からの要求（つまり人類の統一の実現）が、そこに帰属することになるはずの人々にとって、より現実的な規範としての力を持ち始めた、と考えているのではないだろうか。このように考えるならば、「より公共的な共同体の形成（人類の統一）は善い」とする倫理学的判断は、（未実現ではあれ）これから実現されるべきものという仕方で現に存在する「人類共同体」から課されてくる規範として、理解可能になるだろう。

(20) ヘーゲル的な歴史哲学に対する和辻の批判は、主にそのヨーロッパ中心主義に向けられていたため、それは基本的には、人間の歴史に何らかの目的があるはずだと考える「歴史の目的論」とは別問題だと見ることもできる。なおここに見た「人類の統一」という理念は、『倫理学』第四章の第三節で改めて提示され、それが人類の歴史において実現されるべき課題（「国民的当為」）であることが、続く第四節での世界史の具体的叙述を通じて、言わば歴史的な観点から確かめられた上で、最後の第五節で、それをいかに実現していくべきかという問題が、特に「日本」という国民的存在に即して論じられることになる。

(21) 「唯一回的な独自性」の問題は、世界史の「縦」と「横」の各方向から考察可能だ。まず「縦」は「時代の独自性」に関わり、歴史のなかで「一つの独自な時代」である点に注目する視点である。他方の「横」は「民族の独自性」に関わり、「民族の対立の場面で」の「民族の独自の姿」に注目する視点である［11: 78］。これらは「独自性」の問題を、それぞれ歴史的、風土的な観点から見ることに基づいている。

(22) この「多様の統一」という理念は、本書第五章のヘーゲル論や第六章の「空の存在論」に即して確認した、「個人と共同体の関係」に関する和辻自身の考え方の延長線上にある。個々人の共同体からの独立可能性を認め、「個性の滅却」とはならないような「より高次の共同性」のあり方を模索する方向性は、様々な共同体同士の間での共同性のあり方に関する歴史哲学的考察にも、確実に反映していると言えよう。

(23) それに対し第四章後半で展開される、諸国民の群像劇としての世界史の叙述（第四節）と、「国民的当為」の内実に関する具体的検討（第五節）は、理論的結論部にあたる第三節で、「国民という主体的存在が、「人類の統一」という世界史的意義を持つ目的・理念を実現するためには何をなすべきか」という実践的な問いが設定されたことを受けての論述となっている。その意味では、「国民」という存在が主題化される第三節は、第四章の前半（理論的問題の考察）から後半（実践的問題の考察）への問いの大きな転換が行なわれる、『倫理学』全体の構成から見ても重要な転換地点として位置づけることができる。

(24) ここで述べた「国家の統一という視点から、歴史的・風土的自覚が生まれてくる」という点については、後で「歴史的自覚」の構造を検討する際に改めて説明する。

(25) こうした「固定された個性の尊重」ということで和辻が特に念頭に置いているのは、戦前・戦中に盛んに唱道された「国粋主義」的な考え方だ。そこでの何らかの「日本的」な本質の存在を固定化しようとする本質主義的な文化観・国家観に対し、和辻は若い頃より終始批判的だった。

(26) この「普遍性のための特殊性の尊重」という発想は、世界史の哲学での「多様の統一」という、諸国民がその実現を目指すべき理念と表裏一体のものだ。そこでは、特殊なものの多様さが十分に尊重され保持された上での人類の統一こそが、世界史・人類史で実現されるべき普遍的目的として位置づけられていた。

(27)　和辻によれば、自身の欲望充足を目指す合理的主体としての「独立の経済人」といった人間像は、元々は計算可能性を確保するためという経済学の理論上の都合によって仮構されたものに過ぎない。にもかかわらず、近代的な社会に生きる「われわれ」は、そうした「単なる仮構に過ぎぬ「経済人《ホモ・エコノミクス》」を現実に生きている人と考え、欲望充足のために働くということが人間の真相であるかのごとく思い込む」[10: 493] といった「誤謬」に陥りがちだと指摘されている。

(28)　前掲・加藤『ヘーゲルの「法」哲学』での「国家」の特徴づけは以下の通り。すなわち「①国家は、すべての個体が、属性としてそこに帰属する実体であり、厳密に自立できる唯一の存在である」という「自立的実体」としての国家、「②国家は、自己の否定者を含めて多数のものを器官としてもつ有機的な全体である」という「有機的全体」としての国家、「③国家は、個体が自己の目的をそこに置くという意味で主体的、自覚的に同化している精神である」という「自覚的主体」としての国家、と特徴づけられる（二五三頁）。

(29)　引き続き前掲・加藤『ヘーゲルの「法」哲学』によれば、ヘーゲルにおける「国家の存在意義」は、「市民社会」との関係から次のように説明されている。――ヘーゲルの市民社会論では、市場で諸個人が自由に欲望追求することを通じて、社会全体としては結果的に何らかの「正義」が実現されてくるという、アダム・スミス的な「見えざる手」による自生的な秩序の発生の場として、市民社会・市場が位置づけられている（二四二頁）。ただしそこでの諸個人は、自由に自分の欲望を追求する一方で、市民社会での「分業と交換」という相互依存性の体系からは自由であり得ないという点が重要だ（靴屋は自分の作った靴を売って、パン屋からパンを買わねばならない）。こうした相互依存的な市場で「同意に基づく等価交換」を行なうこと自体が「互いの所有権の尊重」を意味し、まさにそこにおいて「個人の権利」という抽象的観念が現実性をもって作用し始めるのだという（同書二三五～六頁）。

そして「国家」とは、市民社会から生じる「個人の権利」という観念を保障する制度的な枠組としてまず必要とされるが、そのもう一つの重要な役割が、「市民社会の分裂と不均衡を上から調整する機能」だ（同書二四二頁）。自由な欲望追求の場としての市民社会の自生的秩序は本質的に不安定性を抱えており、過度な均衡の喪失（例えば経済危機による不況や失業）に対し、国家の側から市場の自律的なバランス調整能力を補助する必要がある。より具体的には、①「自助の意欲の喪失に対する対策」としての「公共政策（Polizei）」や、②非人倫的な市場を補完する人倫的な「職業団体（Korporation）」（職能別の中間集団）に諸個人を帰属させることなどを通じて、国家の側から社会全体の安定をはかるべきだとされる（同書二四三頁）。

こうしたヘーゲルの共同体論は（和辻と同様）本章の「註8」で示した「中間集団の存在を肯定する国家主義」として位置づけられるだろう。このことは、市場（市民社会）を否定するマルクス主義（つまり「中間集団を否定する国家主義」）との対比から次のように説明されている。

> ヘーゲルにとって「市民社会の分裂を国家に止揚する」ということは、私有財産を廃棄することによって市民社会そのものを廃棄するということではなかった。市民社会を温存したままで、国家が、職業団体の管理という間接的な形で、調整のための補助的な機能を発揮するということにすぎない。ヘーゲルは結局はスミス主義者である。せいぜい修正スミス主義者である。（同書二四四〜五頁）

つまり、個人の権利の発生基盤としての「市民社会」や、非人倫的な利潤競争の場としての市場を補完する役目を負った人倫的な「家族」や「職業団体」といった、種々の中間集団をその内部に保持し続けることが「国家」にとって重要な課題となる。特に「個人の権利」の観念を生みだす市民社会を否定してしまっては、「国家の権力性を相殺する内在的な力が失われてしまう」（同書二四五頁）のであり、それによって人々は国家の権力（特にその行政官僚制の硬直性）を中和する手段を喪失する。ヘーゲルの共同体論はこうした意味で、「中間集団の存在を肯定する国家主義」だと特徴づけられるだろう。

(30)　ただし和辻の共同体論では、最大規模の共同体とされる「国家」もまた、あくまで「有限な全体性」なのであって、それ自体で独立して存立し得るような「実体」としては考えられていないという点で、ヘーゲルの言う「国家」とは異なる。そして、国家同士の間の国際関係や世界史といった、「国家」を超えた規模の人間の存在共同の場面を考えるならば、ヘーゲルの共同体論（特に「実体としての国家」論）よりも、和辻の「有限な全体性としての共同体論」の方が、理論的には整合性があると見てよいだろう。

(31)　和辻は文化共同体として実現される「友人的存在共同」の事例として、特に学問共同体、芸術共同体、宗教共同体を挙げる（以下 [10: 574–8] を参照）。彼はまず『論語』での「郷党」（地縁共同体の隣人）と「朋友」（学問共同体の友人）の区別を挙げ、後者が「生活の共同」の範囲外の「遠方」の者であり得る点を指摘する。また「今日我々の周囲において互いに友人と呼び合っているものは、たいていは「学校」において知り合った人々である」として、学校で「同じ精神的訓練」を受けたことが精神的共同の「地盤」になるという [10: 575]。次に、芸術共同体の象徴的事例として、芭蕉一門のような連歌や俳諧の共同制作が取り上げられる。そこでは作品の共同制作が同時に間柄の形成にもなる点で、まさに文化の共同に基づく共同体形成が起こっている。また芸術共同体は、例えば趣味のサークルのような、芸術を受容する側でもより盛んに友人共同体が形成される。最後に宗教共同体としての「教団」は、友人共同体の最も「顕著」な標本だという。それは学問・芸術共同体よりもより顕著な精神的存在共同を形成しており、その最大の特徴は「人間のあらゆる資格を超越して人を同胞的兄弟的に扱う」［10: 577］点にあるという。

（32）「文化財」という言い方は「経済財」との対比に基づいており、両者の違いは次のように説明される（以下［10: 582-3］参照）。――まず「経済財」の特徴として、①受用によって消滅するため、分配のためには物理的に分け合う必要があること、②万人の必需品であり多量を生産し分配する必要があること、③多量の物資の移動は容易でなく簡単には遠くまで運べないこと、等が挙げられる。そのため、経済財は可能性としては地域を越えて流通し得るが、基本的には「生の共同」が行なわれている地縁共同体内部で生産・流通・消費されることで、そこでの人間関係を媒介するという。他方の「文化財」の特徴は、①受用によって消滅せずかえって価値を増し、分配のために分ける必要がないこと、②生活必需品ではなく、少量でも無限に人に受用され得ること、③経済財に比して流通が容易であること（極端に言えば、頭のなかにさえあれば身一つで運ぶことができる）、等である。そのため文化財は、「生の共同」の範囲（地域共同体）を越えた伝達が可能であり（ただしその伝達範囲は基本的に「言語の共同の範囲」に限られる）、そうした広範囲の人々の「精神の共同」を媒介するという点で、より公共的な文化共同体の形成を可能にするとされる。

（33）和辻は、言語活動における相互了解性を顕著に示す事例として（以下［10: 530］参照）、相手の「言葉が言い出される前に」その言わんとすることが「すでに了解され期待されているという現象」を取り上げ、優れた現象学的記述を与えている。例えば、相談に来た相手が話しそうなことにあらかじめ見当がつくのも、その相手との人間関係の履歴を背景とした相互了解性によってこそ可能になっている。またその会話の最中、何かを言い淀む相手に「もどかしさ」を感じて、こちらから「先回り」して話を促したり、言うまでもないことは「話を半分で済ます」といったことが可能なのも、この相互了解性に基づく「先行的了解」による。そして「このような先行的了解は、語られる言葉を聞く場合のあらゆる瞬間にも働いている」のだという。

（34）この点に関して「そこには、成人の後に他所からこの［地縁共同体の］仲間に入り込んで来た人の容易に参与し得ないような、深い生の共同がある」［11: 10］という。こうした「深い生の共同」の「過去」は、「無意識の底から現前の主体的連関を規定する強い力」だが、「充分に自覚的な形態を取ってはいない」ため、それを意識的に学んで新たに参与することが非常に困難だとされる［11: 13］。こうした指摘は、行為論で検討した「実践的了解」が単なるルール群の学習で身に付くものではないことの、延長線上にある議論だろう。

（35）　こうした参与可能性の大きさゆえに、和辻の共同体論では、文化共同体がより公共的・開放的な共同体だと位置づけられる。可能性としては誰とでも「友人」になり得るのは、こうした表現の学びによって「精神の共同」が成立し得るからであり、そのことに基づいてこそ「生の共同に根ざす以上の親しさをもって友人仲間となることができる」［11: 13］という。ただし他方、すでに指摘した通り、文化共同体が持つ独自性・固有性は、その閉鎖性も意味するのだった。この点に関して和辻は、「文化の共同の反面には［他の］文化の拒否が伴ない、その上にそれぞれの文化共同の固有性が成り立っている」と述べており、その意味では文化の独自性の自覚は「対立をひき起こすゆえんともなる」［11: 14］。つまりここでは文化ナショナリズムが問題化されており、それは基本的に文化共同体にとって避け難い事態だと考えられている（ただし和辻は、歴史の目的としての「多様の統一」という理念を提示し、その実現のために各国民は、各自の独自性を自身の限界・制約として自覚し、その超克を目指すべきという「国民的当為」を説いていたのだった）。

（36）　ここで和辻が引用する一節は、『ディルタイ全集』第七巻（日本語版『全集』では第四巻）に所収の草稿「精神科学における歴史的世界の構成の続編の構想　歴史的理性批判のための草案」（一九一〇年頃執筆）からのものである（Wilhelm Dilthey, *Gesammelte Schriften, Bd. 7, S. 262.*［ヴィルヘルム・ディルタイ『ディルタイ全集』第四巻（二〇一〇年）、二九二頁］）。

（37）　こうした「共同体はいかにして、個人のように統一的に作用する一つの主体となるのか」（Ebd., S. 264.［邦訳二九四頁］）という問題に関して、ディルタイ自身は次のように「歴史」への注目を喚起していた。

> 歴史の効用をめぐっては実に多くの議論がなされているが、歴史とは、みずからの生活史についての共同体の意識であり、その経歴についての共同体の記憶であって、そのようなものとしての歴史がいかに人間の共同生活に創造的に作用するのかが、ここで分かる。もし共同体の歴史を研究するならば、逆に人間の記憶としてのこうした歴史こそが、共同体を形成するように（gemeinschaftbildend）作用するものであることを、われわれは考えなければならない。（Ebd.［邦訳二九四～五頁］）

（38）　この「国家的主体の統一的視点によって初めて歴史は成立する」という論点について、和辻がその例証として挙げるのは、「紀年」や公共的な「記録・伝承」の存在である。これらは「歴史」の成立に欠かせないが、そのいずれも「国家の統一」なくしてはあり得ない。例えば「紀年」がなくては「無限の過去が前後の序列なく並在せしめられる」[11: 18] だけになってしまうが、周期的に繰り返すだけの年・月・日の秩序に「前後の序列」がもたらされるのは、典型的には（「年」よりも大きな時間の単位として）国家の主権者の「代」を数えることによる。それが紀年の始まりとなるという点で、紀年は「国家の統一」を前提とするのであり、それによって「混沌として渦巻く過去に公共的な秩序をもたらし、人間存在の歴史的意義をあらわならしめる」[11: 20–1] という。また「記録」に関しても、「国家の官史の作る公の記録が、国家の含む無量無辺の私人的過去を切りすてて、ただ国家的な統一に即した出来事をのみ把捉し保存する」とあるように、無数の過去の選択的総合のためにも公共的な基準を担保する「国家の統一」が必要であり、「かかる強度の選択を経た過去のみが歴史となる」と説明される [11: 24]。

(39) ここで見た、国家的主体による「諸共同体の秩序づけ」と「過去の秩序づけ」の並行関係に関して、和辻はより踏み込んで、「歴史を成り立たしめる選択」（歴史の選択的総合）の背後には「人倫的組織の段階的秩序」があると述べている [11: 53]。それはつまり、無数の過去の事象の「歴史的意義」は「人倫的組織の段階的秩序」から評価される、ということだ。このとき歴史的意義を測る基準となるのは、その段階に応じた「公共性」であることになる。要するに、「公共性の大いさ」を基準とする「人倫的組織の段階的秩序」に従ってこそ、「さまざまな出来事の歴史的意義の大小が定まってくる」ことになる [11: 52]。

(40) 和辻の歴史認識論における、こうした「鋳型」としての歴史は、当然ながら決して固定的なものではなく、歴史的自覚の変化を通じて、絶えず新たに把握し直され更新されつつあるものだ。またその意味で「人間存在の過去的内容」は「それ自身において存立している」のではなく（つまり客観的な「過去」それ自体がそのままその内容となるのではなく）、過去の出来事の意義をどう理解するかという「人間自身の把捉において人間存在の内容となっている」のだという [11: 43]。それゆえ歴史的自覚の変化は「過去的内容のつくりかえ」[11: 43] を意味することになるが、こうした「過去」の存在論的な位置づけは、和辻が言わば「物語論」的な歴史認識論の立場を採っていたことを示すものだろう。

結論　解釈学的倫理学の理論的可能性

(1) こうした、言わば「存在論」的議論と「解釈学・認識論」的議論とを一体のものとして捉え直すという観点は、第二章で

「所有の人間存在論」と「解釈学的方法」が表裏一体の関係にあることを考察した際に、すでに採っていた観点だったと振り返っておくことができる。

（2）この「言語」を一つの主体として捉えるという発想は、ヘルダーやフンボルトらの言語哲学を参照することにおいてよりよく理解されるだろう（以下の記述は、斉藤渉『フンボルトの言語研究――有機体としての言語』（二〇〇一年）を参照した）。彼らにとって言語の起源が問題となったのは、その言語を「ある特定の誰かが作った」とは考えられないにもかかわらず、またそれが単なる偶然によって生じたとも考えられなかったからだ。個々人の言語習得という場面で考えれば、言語はすでにそれを話している他者から学ばれるものであり、その他者もまた他の誰かから学んだはずなのだが、「では初めに言葉を教えたのは誰か」という問題に答えようとすると、神のような原初的・超越的存在を想定する以外には無限後退に陥る他なく、言語をつくった「誰か」は原理的に想定不可能となる。そしてこのとき、言語を単なる偶然の産物として捉えることも拒否するならば、言語の起源は、その言語自身が自らを形成したと考えるしかないことになる。

　このことは、言語が自身の産出根拠を自分自身の内に持つことを意味し、その内部で完結した自己関係的な全体性、という有機体論的な言語観が帰結している。つまり自己組織化する主体的全体性として言語が把握されているわけだが、それは和辻の『倫理学』後半部で、特に国民国家という「共同体」が自己形成的な主体的全体性として把握されていたことと、ある程度まで対応している（和辻の共同体論では「他国」の存在が重要視されていた、という点が大きく異なる）。ここでは「言語」と「共同体」はともに、それ自身の内在的な原理や構造において自らを形成していく有機的全体性として、言わば「主体化」されている。

（3）ここで言う「均衡」は、経済学や社会学での「均衡」概念に想を得たものだ。なお「均衡」の原語である“equilibrium”は、自然科学（特に熱力学）では「平衡」とも訳される概念であり、いずれにせよその主な含意は、ある全体性をなすもの（社会システムや市場での需給バランスや物体間での熱量のバランスなど）が、すでに一定の最適化された状態にあって安定していることを示す。また哲学・倫理学の分野でこの“equilibrium”概念を援用した議論としては、特に「反省的均衡」（「反照的均衡」とも訳される）という発想を提示したジョン・ロールズの正義論が挙げられる。それはごく簡単に言ってしまえば、「反省」の過程を通じて、一種の均衡点として誰もが合意可能な正義の原理に到達し得ることを論証しようとする議論だが、そうした「均衡点へ向かっての反省」過程を重視するという点で、本書で以下に提示する議論と（一定程度）相通ずるところがある。ただし本論中で示した「存在論的認識と存在的認識」という区別を踏まえるならば、ロールズが論証したとする普遍的な「正義の原理」自体は、あくまでも可能な一つの均衡点に過ぎず、それは歴史的・文化的に特殊な存在的認識の対象となるはずのものだ（それに対し、反省的均衡の仕組みそのものに関する彼の考察は、存在論的認識だと言ってよい）。

（4）ここでの「完成された」「最適化された」「均衡に達した」という言い方には、「最善の」「完全に合理的な」までの強い意味はなく、「先行条件（環境）に適応した」「実践に特に支障がない」という程度の含意にとどまる。全体性が落ち着きゆく先である均衡点は複数あり得るし、またそのなかには悪しき均衡もあり得る（いわゆる「囚人のジレンマ」はその典型例だろう）。そのどれに落ち着くかは、先行条件次第である部分が大きい。ただしここで問題にしている「主体的全体性」は、自覚的な自己形成が可能だという点で、自然的・有機的なシステム・全体性とは異なり、環境や初期条件によってすべてが因果的に決定されてしまっているわけではない（より正確に言えば、われわれは、因果的連関のみによって決定づけられているのではないような全体論的構造をなすもののことを、まさに「主体的なもの」として把握する）。

（5）こうした行為論上の立場からすれば、事物や事柄を殊更に対象化して把握し考察しようとする観照的・理論的な態度は、ここで述べた「自己主題化」の過程が、再び実践に復帰するためにではなく、言わばそれ自体が自己目的化したときに生じてくるような、極めて例外的な行為の派生的・欠損的様態として位置づけられてくる。なお、ここでの考察の下敷きにしたのは、門脇俊介がそのハイデガー解釈において提示していた「欠損性アーギュメント」と名づけられる次のような議論である。

> われわれのたいていの日常的なふるまいは、道具に対処する技能的な没入的志向性を通してなされているのだが、そのような透明な対処が何らかの障害によって欠損した状態に陥ったときに初めて、事物的存在性が出現してくる。自然を科学的対象として見つめ、命題を通してそれを記述するような認識論的主観は、日常的な世界内存在の欠損状態であり、これまでの存在論はこの欠損状態をモデルとする倒錯的なあり方だったのだ。（門脇俊介「アメリカのハイデガー」、『破壊と構築――ハイデガー哲学の二つの位相』（二〇一〇年）所収、一二七～八頁）

それはつまり、道具的存在者という存在者のあり方から、事物的存在者という非日常的なもののあり方がいかに派生的に生じてくるのか、に関する議論である。そこでは、日常的実践に停滞が生じた故障状態を直接のきっかけとして、事物を対象化して捉えようとする態度が派生的に生じてくると論じられている。

（6）こうした常識的な観点からの疑問は、「自由意志論」と「決定論」という行為論上の古典的な対比から次のように捉え直すことも（ある程度）可能だ。例えば、和辻的な行為論では、行為のありようが事前に規定されているという決定論的な側面が強く、行為者本人が自身の行為のありようを自ら自発的に決めていくといった自由意志的な側面が閑却されているように見える、というように。しかし、これら二つの立場はいずれも、何らかの先行する原因によって行為のありようが因果的に決定づけられるとする点では同様であり、後述するように、和辻の解釈学的行為論はそれとはまた別の「行為の規定のされ方」を提案するものだ。

（7）例えば、その「原因」に対して人間自身が介入可能であると考えるかどうかによって、自由意志論と決定論とが分岐してくる。またその「原因」は心的状態なのかどうか、何らかの物理的状態に還元可能なのかどうかといった点でも、様々な立場に分岐するだろう。しかし本文中でも述べた通り、「何であれ先行する原因があって、それに基づいて行為が生じてくる」という基本構図において、それらは共通する。

（8）その内実が潜在的・不確定的であるという点では、規範全体性が目的の位置から諸行為を方向づけるとは言っても、それは何か明確な目的設定の下で、その実現のために最適な手段を考案するというような、「計画」という行為の規定の仕方（組織化の仕方）とは異なる。この点は第七章で見た、「主旨への企投」は「計画」とは何の関係もない、とするハイデガーの見解とも合致する。

（9）こうした二つの目的論の区別は、カントが『判断力批判』で示していた「外的合目的性」と「内的合目的性」の区別、またヘーゲルによる「外的目的論」と「内的目的論」の区別に対応する。こうした二種類の目的論の区別については、佐藤康邦『ヘーゲルと目的論』（一九九一年）を参照した。また、行為の構造を「目的‐手段」連関において捉える見方と、「全体―部分」関係において捉える見方は、決して排他的なものではなく、両者を統合的に捉えることが可能だと思われる。この論点については、アンスコムの実践的推論に関する議論も踏まえて、より詳しく考察したことがある（拙論「実践的推論と行為の全体論的構造――アンスコムの目的論的行為論のさらなる拡張」（二〇一六年）を参照）。

（10）ただし一つ補足すれば、そこでの「よりマクロ・よりミクロ」という区別自体は、あくまで相対的なものだ。第七章で指摘した通り、ある水準で一つの全体をなすと見なされる行為（行為可能性）も、その水準の取り方を変えて見れば、よりマクロな行為を構成している一つのよりミクロな行為（一部分）として見なし得るのであり、それは結局、われわれがどんな状況でいかなる水準の「行為」を当面の問題にしているか、というその文脈次第だということになる。同様の事例で続ければ、「いつもの電車に乗れるか」が問題となる文脈では、「電車に乗る」という水準の行為に焦点が当てられているが、それに対して「遅刻するかもしれない」ことが問題となる文脈では、「通勤する」というよりマクロな水準の行為が焦点化されている。

（11）ただし、その「目的」の具体的内容が主題的に明確に意識されている必要はないという意味では、われわれの行為は、何らかの目的に適った「合目的」なものだと言った方が、より正確かもしれない。

(12) この点は、和辻の議論の枠組からいかに捉えることができるだろうか。彼の「存在論的認識と存在的認識の区別」を踏まえれば、ここでの「究極的な目的」は基本的に、ある特定の時代や地域に特殊なものであり、それは存在的認識の対象となるべきものであるだろう。その意味では「究極的な目的」をめぐって合意が困難であるのはむしろ当然だ。それに対し、存在論的認識の対象になるのは、人間の日常的な規範的行為が何らかの「究極的な目的」から方向づけられている、というその「規定のされ方」に関してである。

(13) ここで言う「事実」とは、いわゆる自然科学的な認識によって確かめられ得る事物の物理的状態といった意味での事実ではなく、本文中にも記したように、われわれの日常的行為にとって（さしあたっては）揺るがしがたい前提となっているような諸々の事柄のことだ。その意味ではまさに規範全体性とは、「われわれにとって事実として現に存在している」もののなかでも最たるものだと言える。

(14) この「最も一般的な資格とは何か」という問題に関して、和辻自身は明示的に論じてはいないが、その最も有力な候補はおそらく「人格」だろう。――「人格」概念は主に『倫理学』第三章の文化共同体論で論じられているが、そこでは「人格とは民族の成員である」という一見奇妙な主張が展開されている。この主張を理解する上で重要なのは、彼が「人格」の要件として、「ある共同体において人格として取り扱われている」ことを最重要視する点にある。本書第八章で見た通り、和辻の共同体論における「民族」とは、文化共同体（特に言語的コミュニケーションが可能な言語共同体）が取り得る最大規模の形態だったが、彼の考えでは、人が「人格」として取り扱われ得るのは、最大限に見積もって、（典型的には「互いに言葉が通ずる」といった形で）文化的・精神的な共同性を形成している「民族の成員」間でのことだという。「人格」の要件をこうした「文化的な共同存在に入り得ること」[10: 588] に求める自身の立場を、和辻は「人格をあくまでも人間存在の中で、共同体から規定する」[10: 589] 考え方だと自己規定している。

ただしその延長線上で考えるならば、逆に言葉さえ通じれば、原理的には誰とでも文化的・精神的な共同性を形成し得ることになる。彼はこうした観点から「人格」概念を、「文化の場面において友人たり得る人」[10: 588] としても規定しており、この「人格」と「友人」という資格を、さらに次のように重ね合わせて考察している。

> このような広汎な文化の場面は、そのいずれの個所からでも「友人」が現われ得るものである。従って遠く距たった場所に住む人々も、文化の場面においてはすべて友人たり得る人としての資格を持っている。この資格は近代の人格（Person）

の概念と密接に連関したものである。Personはその本来の「役割」の意味からして、夫、妻、父、母、子、兄弟、隣人などのごとき限定された資格における人を意味すべきはずであるが、近代においては全然逆にこれらの限定された資格を洗い去った人を意味するに至っている。が、かかる「人」はそれぞれ侵すべからざる品位を担ったものとして、相互に尊敬し合わなくてはならぬ、と言われる。それは、かかる人が精神共同体［＝文化共同体］の成員として、友人たり得る人だということにほかならぬ。彼らが現実に友人となるためにはそこに「偶然」が入り込んで来なくてはならぬが、可能的にはすべて友人なのである。［10: 582］

この一節の主旨は、上述の通り、可能性としては誰とでも文化的・精神的な共同性を形成し得る（友人となり得る）ことを主張する点にあるが、「最も一般的な資格とは何か」という問題との関連で注意を惹くのは、ここで「近代の人格（Person）の概念」が論じられている点だ。"Person"は、「面」「役割り」といった含意を持つ"persona"に由来し、元々は「限定された資格における人」を意味していたが、それが近代になってからは全く逆に「限定された資格を洗い去った人」を意味するようになったという。まさにこの意味での「人格」は、和辻自身の議論において「最も一般的な資格」だと言ってよいだろう。

とはいえ上述した通り、他方で彼の言う「人格」は、あくまでも一定の閉鎖性を伴った「民族」の成員としてのみあり得るという点では、なお「限定」性を帯びている。本文で以下検討するのは、和辻が考えるこうした最小限の特殊性をも剝ぎ取った「最も一般的な資格」の可能性についてである。（なお、上の引用中で触れられている、各「人格」が担う「相互に尊敬し合」うべき「侵すべからざる品位」とは、まさに後述する「尊厳」のことだろう。「最も一般的な資格」の問題を考えることが結局は「尊厳」の問題につながることを、和辻は的確に捉えている。）

(15)　例えば、近代社会の標準的成員たる「成人」といった、非常に一般的に見える資格でさえ、そこには「自己決定的自由の能力を発揮し得る個人的主体」といった、西洋社会の思想史的な伝統のなかでこそ生まれ得たような発想が背景に控えているはずだ。しかしこの資格は、現在の「われわれ」にとってあまりに自明であるため、それが具体的で厚みのある思想史的背景に依存したものであることを、「われわれ」は普段取り立てて意識することがない（し、「信頼」という態度によってその必要性を基本的に免除されている）。

(16)　ここでは「主体」を「最も基礎的な資格」として解釈したが、このとき和辻の倫理学にとってその存在が根本問題であったはずの「人間」をいかに位置づけるべきだろうか。そこで「人間」を資格の一種と考えてしまうと、それは「主体」よりも一般的でない（「生物としてのヒト」以外の主体たり得るものを含まない）資格であることになってしまう。しかし本書の議論を踏まえれば、和辻の「人間」概念は「主体」概念と一体のものであり、「主体」概念の内実をなす「主体的全体性」たり得るものは何であれ、彼にとって（人間の存在構造に基づくという意味で）「人間的」なものとして捉えられていた、と解釈すべきだろう。

（17）例えばチャールズ・テイラーは論文「承認をめぐる政治」（エイミー・ガットマン〔編〕『マルチカルチュラリズム』一九九六年 所収）で、「尊厳」という発想は、それが誰にでも承認されるべきものだという点で、すぐれて近代的なものだという。彼はそのことを、限られた人にのみ認められるということにその価値の核心があるような、「名誉」という近代以前からある発想との対比でもって説明していた。

（18）この論点に関しては、本書第六章の「註8」でも言及した拙論「和辻哲郎の解釈学的行為論に見る「個人」的存在の可能性」（二〇一二年）で、主題的に論じたことがある。

（19）前掲・苅部『光の領国　和辻哲郎』、二二九頁の「注73」。なお引用中の二論文は、それぞれ日本倫理学会〔編〕『信と知』（一九九三年）、酒井直樹『日本思想という問題――翻訳と主体』（一九九七年）に所収。

（20）これに類する議論として、第七章で、資格を目処とすることによる「スキップ」機能について論じておいた。この機能は、社会的に一般化された「資格」をさしあたっての手がかり・目処とすることで、見知らぬ人々との間で人格的な信頼関係をそのつど個別的に取り結ぶための手間を省略できる、というものだった。

（21）「理解を絶した他者の存在を理論的に考慮すべき」といった批判を動機づける背景には、良心的たろうとするゆえの「道徳的に善い理論」への志向が見え隠れしている。しかし和辻の側から言えば、「道徳的な善さ」は理論的に確保することが基本的に不可能であって、それは個々の具体的な文脈のなかでの各自の実践的な努力等によってそのつど確保すべく試みるしかないのではないか。いつでもどこでも誰にでも妥当する普遍的な「善さ」が理論的に確保できるかもしれない、というのは非常に魅惑的な発想だが（多くの人々はそれに抗しきれなかった）、「善き」普遍的理論として当時求められたマルクス主義の無批判な受け売りを批判した和辻であれば、自らの「道徳的な善さ」を理論に求めることは、個々の状況の個別性やその複雑さから目を逸らし、普遍性への安易な誘惑に乗っているだけではないか、と評するかもしれない。

（22）ただし第六章で指摘した通り、和辻自身もその存在論的認識（空の存在論）において、ごく抽象的な物言いではあれ、規範的と見なし得る主張を提示していた。それは和辻の一種の形而上学的な信念の表明であるのかもしれないが、「人間」とは基本的に絶えず何らかの間柄を形成しつつあるような存在であり、そのことからして、この間柄形成の運動そのものが「善」

であると主張されていた。――こうした存在論的な次元での（抽象的な）規範的主張を、ここでの「理解を絶した他者との存在共同の可能性」という問題につなげて考えてみるならば、和辻の言う「間柄形成へと根本的に方向づけられている」という人間の存在構造を最大限に見積もることで、われわれ主体的存在は、それこそ「個人としての人間」に限定されないようなあらゆる存在者（他者）との間で「相互に相手を主体として捉える」こと、つまりは間柄を形成するという倫理的可能性を現に所持していることになる。その意味では、「理解を絶した他者」の存在の可能性が、日常的行為の成立構造において完全に排除されているわけではない、と言うことも出来るのではないだろうか（ただし、可能性としてはあらゆるものを「主体として捉える」ことが可能なのだとしても、それを一挙に実現することは、われわれ主体的存在自身の有限性からして不可能である）。

（23）例えば、カントの倫理学を行為論として見た場合の難点が、次のように指摘されている。

カントのいうごとき単純な［＝一つの意図・決意に拠る］行為はあり得ない。カントの意図は行為の格率を普遍的法則と比較するにあって、行為そのものを把捉しようとしたのではないが、行為の格率を単純な命題として言い現わすこと自体がすでに行為の具体的把捉を誤らしめるのである。［10: 265］

これは、命題的ルール（しかも単純な原理）によって行為を導けるとする行為観を批判するものだが、チャールズ・テイラーも同様に、こうした近代的な倫理学の傾向を次のように批判的に指摘していた。

われわれはしばしば、何が所定の行為を正しいものにしているのかと問い、そして基礎的な理由でもってそれに答える。しかしわれわれの道徳的な諸目的や諸義務が、少数の一連の基礎的理由にいかに体系的に関連づけられ得るかは、道徳哲学における大問題である。近代の道徳哲学には、そうした体系化への息を呑むような危うい傾向が見受けられる。功利主義とカント主義はすべての事柄を一つの基礎的な理由の下に組織化する。（Taylor, *Sources of the Self*, p. 76.［邦訳九一頁］）

（24）そこで特に批判されている人間観は、各個人を一つの原子のように互いに独立した自足的な存在（つまり実体）として想定するような、近代という時代に特異な「原子論的個人主義」的な人間観である。

（25）大正時代の若き和辻がどんな時代背景・経緯・問題意識の下で、日本文化史研究を開始させていたかに関しては、拙論「大正改元期における和辻哲郎と田中王堂――教養主義・ニーチェ解釈・日本文化研究」（二〇一五年）で詳しく論じたことがある。

（26）規範全体性の主題的解釈を通じて、それを改めて「自分のものにする」という過程に関しては、第三章で「表現的存在者」の自覚を媒介する働きについて論じた際に、ハイデガーの議論も踏まえて指摘した。

あとがき

本書がこれまでの和辻研究譜において占めるべき位置づけや、哲学・倫理学分野で担い得る学術的意義については、すでに本文中で一通り説明した。あとがきではそれとはまた別に、このような本がどんな背景や経緯のなかで書かれたのかという、そのいきさつについて記したい。それは当然、ごく個人的な事情を語ることにもなるが、本書が成り立ち得た背景に関する自己解釈（つまりは思い出話）をこうした形で公にすることは、一種の思想史的史料としても多少は有益かもしれないと考え、敢えて書き留めておこうと考えた次第だ。ご容赦いただければと願う。

本書は、私が二〇一一年に東京大学大学院総合文化研究科に提出した博士論文を元に成ったものだ。まずはそこに至るまでの経緯を記してみよう。――といっても改めて振り返るに、かつての自分のふるまいや選択は今となっては不可解な点も多く、それを一つの筋道立ったストーリーに仕立て上げるのは難しい。だからここでは、本書に特徴的だと思われる部分が「なぜそうなったのか」という点に絞って述べてみたい。

まず本書に特徴的な論述のスタイルとして、哲学・倫理学の研究文献としては、長大な引用が多く、その読解・解釈にかなりの紙幅を費やしている、という点が挙げられるかと思う。なぜこんな書き方になったのだろうか。和辻の「解釈学的方法」を、彼自身のテクストに対して忠実に実践してみせたという面もあるが、それに加えて、一九九〇年代半ばから二〇〇〇年代前半にかけて私自身がそのなかで知的な自己形成を果たした、東京大学の「駒場」および「比較文学比較文化」という場所からの影響が色濃いようにも思える。

私が東京大学文科三類に入学したのは一九九四年で、当初は、高校時代の現代文の先生の影響で文学研究に漠然とした興味を抱いていたけれど、哲学などにはまともに触れたこともなく、また将来研究者になろうといった発想自体も持ちようがなかった、地方出身の一学生だった。そのことを引け目に感じた記憶も不思議とないが、教養課程で様々な授業を文理問わず片端から受講するようなことをしていたのは、その欠落を埋めようという気持ちがあったのかもしれない。そこで「点数を稼ぐ」とか「何かに役立ちそう」とかいったことを度外視して、興味の赴くままに手当たり次第に学んだことは（そのなかには森林調査の実習やMathematicaの初級プログラミングの授業などもあった）、あくまで結果として見ればという話だが、後の自分の研究に多少なりとも視野の広さを与えてくれたとは思う。

当時の印象に残る授業は幾つもあるが、ここでは小森陽一先生、西谷修先生、野矢茂樹先生のお名前を挙げたい。ちなみに当時の私は、授業後、先生に質問をしに行くというような意味では積極的な学生では全くなかったので、この先生方と直接話をしてさらに……、といった麗しいエピソードは残念ながらない。私はただひたすら講義を聴いてそこから勝手に学ぶだけの学生だった。

さて、まず小森先生の授業は、いわゆる「テクスト論」という立場から漱石の小説を綿密に読み解いていくその現場に立ち会う、といったものだったと記憶している。あくまでテクストに書いてあることだけに基づき、その外側から何か（例えば作者の意図や伝記的事実）を持ち込むことなく解釈する、というそこでの姿勢は、今の私が哲学テクストを読解する際の基本的な立場にも影響していると思う（そうした態度は、扱う文献の時代は異なるが神野志隆光先生からも後に学ぶことになる）。ただ、元々文学研究に興味があって授業内容にも大いに知的興奮を覚え、他の講義にも色々と出たはずなのだが、その後の私の興味はなぜか文学ではなく哲学・思想の方に移っていた。

その哲学に最初に興味を抱いたきっかけは、当時非常勤講師として駒場に来られていた西谷先生の授業だったはずだ。当時は、いわゆる「フランス現代思想」がごく普通の学生にまで魅力を放っていた（おそらく）最後の時期で、私も通り一遍の洗礼を受けた。ただここでも、「哲学的に考える」こと自体には大いに惹かれたものの、当のフランス現代思想に本格的に取り組むことはなかった。

哲学関係では、野矢先生の授業にも出ていた。論理学や科学哲学の基礎を学んだだけでなく、ウィトゲンシュタインに関する講義、それから先生自身の哲学的思考を開陳するような授業にも出席した。野矢先生には、後にとある事情で博士論文の主査を引き受けていただくことになるが（後述）、当時の私はただ授業を聴いているだけの一学生にすぎなかった。印象に残っているのはやはり、あくまでも自分の言葉でできるだけ明晰に哲学的思考を紡いでいくという姿勢を、授業内でも実践しておられたことだった。ただ、こうしたスタイルに憧れはしても簡単に真似などは当然できないわけで、その後の私が選び取ったのは、もっぱら文献読解を中心とする哲学研究のスタイルだった。（ちなみに念のため書き添えると、それからだいぶ後になって参加した先生の演習では、緻密なテクスト解釈が当然のように行なわれていることを知ることになる。）

つまり私は、これらの講義に実際大きな影響を受けた一方で、その後の自分の歩み自体は、結局、また違った方向に進んだのだった。とりあえずどうしたかといえば、学部三年になって進んだ専門課程の進学先は、駒場の教養学部教養学科のなかにあった比較日本文化論というところだった。自分がそこを第一希望に選んだ理由はもはや定かでないが（授業を通じてちょっとした面識を得た義江彰夫先生や竹内信夫先生が所属するコースだったから、というのは多少あったように思う）、「比較で日本で文化というぐらいだから、自分のやりたいことが何でも研究できる」という先輩方からの触れ込みを真に受けたのかもしれない。――要するに私はその時点でもまだ、大学で何を専門とするのかを決めていなかった。

比較日本文化論で授業を担当されていたのは主に、大学院では比較文学比較文化コースに所属する先生方だった（後に私もそのままそこに進学する）。この「比較」と呼び習わされてきた大学院のコースが戦後の「駒場」的な学問の源流であったことを、私は全然知らないままに入り込んでしまったのだが、そこで長らく重んじられてきたいわゆる「エクスプリカシオン・ド・テクスト」の方法的態度は、いつしか私自身がテクストに向き合う際の基本的な姿勢にまで浸透していたのだと思う。私の場合は文学ではなく哲学のテクストに対してであったけれど、書かれた言葉を広い視野から、そして能う限り精密に読解してこそ引き出し得るような新たな解釈や議論があり、またそこからこそ新たに展開され得る哲学的思考があるはずだと、いつのまにか強く信じるようになっていた。本書がもし、和辻のテクストに潜む豊かな可能性を、あくまでもテクスト解釈に基づくことで明るみに出し、またそれをさらに自ら展開し得ているならば、それは以上のような背景があってのことだろう。

ここで本書のもう一つの特徴の話に移りたい。すなわちそれは、本文中でも述べたが、和辻哲郎の思想をいわゆる「日本思想（史）」の文脈に閉じるのではなく、普遍的な哲学・倫理学理論として読み直すという基本的な観点だ。その補助線としてハイデガー、ドレイファス、テイラーらの議論を援用したわけだが、この点に関しては長らく指導いただいた門脇俊介先生からの影響を抜きには考えられない。彼らはいずれも、先生の講義や演習を通じて出会った哲学者たちだ。

また、和辻とのそもそもの出会いからして、比較日本文化論の担当教員でもあった門脇先生の学部の演習で、『倫理学』の上巻部分（序論〜第二章）を講読したことに始まる。先生は、「比較」という場所も意識して、近代日本哲学のテクストを授業で扱ったのだと推測するが、かといってそれを読み解く手つきは、西洋哲学に対するそれと何ら変わらなかったと思う。そのことは、和辻のテクストへの私の向き合い方に、最初から決定的な方向づけを与えていたことになる。

その和辻のテクストに関しては、他の日本の哲学者と比べ驚くほど読みやすいことには好感を持ったものの、それゆえ逆に単純でわかりやすいものにも見えてしまい、当初はさほど魅力を感じていなかったような気もする。ただその後、先輩や同期と『倫理学』の続きを読む読書会を行なうことになり（通称「和辻研」）、私はいつしか当然のように卒業論文のテーマとして和辻を選び、それが結局は修士論文、博士論文にまでつながることになった。卒論の段階では歴史哲学や共同体論の部分に関心があったが（本書で言えば第八章）、ハイデガーを踏まえた行為論的な観点から和辻を読み直せる、と気づいたのは修論を書くなかでのことだった。

私が博士課程に進学した二〇〇〇年は、門脇先生がちょうどドレイファスの翻訳（『世界内存在』）の仕上げに取り組まれていた時期で、私も最後の索引作りをお手伝いした。その作業を通じて知ることになった彼のハイデガー解釈が、特に「人間の日常的行為を可能にする存在論的構造」を際立たせるという点で、和辻のハイデガー受容の方針とも極めて近しいものだという発見は、今から振り返れば、本書の核心部分の構想につながるものだったと言えるだろう。

しかし、ひとえに私の力不足のせいだが、それが博士論文へと結実するにはその後かなりの時間を要することになってしまう。そして今なお悔やまれるが、その博論を門脇先生に読んでいただくことはついに叶わなかった。私は本書を形にすることができてようやく、先生とも哲学的な議論を交わせるような地点になんとかたどり着けた気がしているのだけれども、それがあまりに遅すぎたということが、残念でならない。

本書の刊行の経緯についても簡単に述べておきたい。

二〇一〇年に門脇先生が亡くなられ、路頭に迷っていたゼミ生たちを引き受けてくださったのは、当時は「比較」の所属となっておられた野矢茂樹先生だった。私も博論の仕上げの段階で様々な助言をいただき、学位論文審査の主査も務めていただいた。また博士号取得後には、今回本書の編集作業を担当してくださった東京大学出版会の小暮明さんをご紹介いただいた。

だが、そこから実際の刊行に漕ぎ着けるまで、再び相当の時間がかかってしまった。その主因は、元の博士論文の分量があまりに多すぎたからだ。論点を取捨選択し全体の構成を大幅に見直した結果、約三分の二程度まで縮めたが、当初の目算以上の労力と時間を費やすことになった。なお改稿作業の進展に合わせる形で、勤務先である九州大学の文学部および大学院人文科学府で、三学期にわたり草稿を用いた講義を行なった。受講者には毎回感想・質問の提出を求めたが、それを踏まえて記述を改めた箇所、註で補足を加えた箇所も多々ある。熱心に聴き、（学生であった当時の私とは違って）様々なフィードバックを返してくれた学生の皆さんに改めて感謝したい。

――と、ここで初めて感謝の意を記したが、私としては当然ながら、以上に記したすべての方々に対し感謝の気持ちをお伝えしたい。また、ここにはお名前を記さなかったが、「比較」で長年お世話になった方々、それから本書の刊行にご理解、ご尽力くださった方々にも感謝を申し上げたい。そしてまったくの私事となってしまうが、父亡き後も私の進路について何一つ言わず見守り支えてくれた母に、限りない感謝の意を込めて、本書を捧げる。

最後にもう一つ。本の扉に載せていただいた鏑木賢一さんによる装画は、「「もの‐こと‐もの」構造の図（一四四頁）をイメージ化したものを」という私の漠たる要望を受けて、本書のデザインを担当いただいた佐々木由美さん（デザインフォリオ）が探してきてくださったものだ。根柢的な「ある」から何かが形あるものとして表現され存在にもたらされてくる、という動的なありようがうまく表わされていて、まさに本書のために描かれたものだと言い張りたいくらい、気に入っている。

二〇一九年一〇月

飯嶋裕治

本書の刊行にあたっては、日本学術振興会の令和元年度科学研究費補助金・研究成果公開促進費（学術図書）JP19HP5014の交付を受けた。また本書は、科学研究費補助金・基盤研究（C）JP19K00008の研究成果である。

著者略歴

1975 年　群馬県生まれ
1998 年　東京大学教養学部教養学科第一（比較日本文化論分科）卒業
2003 年　東京大学大学院総合文化研究科超域文化科学専攻（比較文学比較文化分野）博士課程　単位取得満期退学
2003 年　東京大学大学院総合文化研究科助手・助教
2011 年　博士（学術）、東京大学
2013 年　九州大学基幹教育院准教授、現在にいたる

主要著書

「和辻哲郎の解釈学的行為論に見る「個人」的存在の可能性——「資格」と「徳」を手がかりに」（『思想』No.1061、2012 年）

„Über die hermeneutische Struktur der „Normativität" der Ethik Tetsurō Watsujis: ausgehend von seiner Rezeption des Denkens Martin Heideggers", in Heidegger-Jahrbuch, Bd.7: Heidegger und das ostasiatische Denken（Karl Alber, 2013）

和辻哲郎の解釈学的倫理学

2019 年 11 月 18 日　初　版

［検印廃止］

著　者　飯嶋裕治《いいじまゆうじ》

発行所　一般財団法人　東京大学出版会
代表者　吉見俊哉
153-0041 東京都目黒区駒場 4-5-29
http://www.utp.or.jp/
電話　03-6407-1069　Fax 03-6407-1991
振替　00160-6-59964

印刷所　株式会社理想社
製本所　誠製本株式会社

ISBN 978-4-13-016040-7　Printed in Japan

人名索引

ア 行

アリストテレス（Aristotelēs BC384–322） 197–199, 203–206, 215–219, 222, 225–234, 236, 240, 244, 245, 249, 258, 259, 468, 470, 471, 492, 493, 507
アンスコム，G・E・M（Anscombe, Gertrude Elizabeth Margaret 1919–2001） 521
ヴィーコ，ジャンバッティスタ（Vico, Giambattista 1668–1744） 475, 511
ウィトゲンシュタイン，ルートヴィヒ（Wittgenstein, Ludwig Johann 1889–1951） 470
ヴィンデルバント，ヴィルヘルム（Windelband, Wilhelm 1848–1915） 489, 496
ヴェーバー，マックス（Weber, Max 1864–1920） 509

カ 行

勝部真長（1916–2005） 494
加藤尚武（1937–） 497, 514
門脇俊介（1954–2010） 469, 472, 484, 486, 501, 502, 520
金子武蔵（1905–87） 488, 496
茢部　直（1965–） 446, 494, 524
カント，イマヌエル（Kant, Immanuel 1724–1804） 47, 197–199, 203, 204, 249, 254, 265, 267, 268, 270, 290–292, 468, 470, 474, 475, 483, 489–491, 495, 496, 511, 521, 525
木田　元（1928–2014） 482, 483
九鬼周造（1888–1941） 316
クリプキ，ソール（Kripke, Saul Aaron 1940–） 470
桑木厳翼（1874–1946） 489
コーエン，ヘルマン（Cohen, Hermann 1842–1918） 197–199, 203, 204, 489, 490
子安宣邦（1933–） 488

サ 行

酒井直樹（1946–） 446, 467, 524
佐藤正英（1936–） 446
佐藤康邦（1944–2018） 521
シェリング，フリードリヒ（Schelling, Friedrich Wilhelm Joseph von 1775–1854） 233
スミス，アダム（Smith, Adam 1723–90） 514, 515

タ 行

高橋哲哉（1956–） 467
田邊　元（1885–1962） 316, 479, 480
テイラー，チャールズ（Taylor, Charles 1931–） 8, 47–52, 148, 238, 338–340, 468, 469, 473, 475–477, 494, 495, 498, 507, 524, 525
ディルタイ，ヴィルヘルム（Dilthey, Wilhelm Christian Ludwig 1833–1911） 36, 37, 39, 43, 44, 197, 199, 249, 330, 396, 397, 468, 474, 517
戸坂　潤（1900–45） 467
朝永三十郎（1871–1951） 489
ドレイファス，ヒューバート・L（Dreyfus, Hubert Lederer 1929–2017） 8, 128–130, 133–139, 469, 473, 480, 486, 501–503, 505

ナ 行

ナトルプ，パウル（Natorp, Paul Gerhand 1854–1924） 489
ニーチェ，フリードリヒ・ヴィルヘルム（Nietzsche, Friedrich Wilhelm 1844–1900） 26, 468
西田幾多郎（1870–1945） 2, 474, 489

ハ 行

ハーバーマス，ユルゲン（Habermas, Jürgen 1929–） 470
バーリン，アイザイア（Berlin, Isaiah 1909–97） 47, 475–477
ハイデガー，マルティン（Heidegger, Martin 1889–1976） 7, 8, 16–18, 20, 40, 44, 57–62, 64–67, 75–78, 94, 95, 103, 104, 128–130,

134–137, 151, 172–174, 182, 183, 197, 199, 202, 249, 308, 309, 311–318, 320, 324–328, 332, 413, 426, 462, 464, 468, 469, 472, 473, 475, 477, 478, 480–487, 490, 491, 498, 501, 505, 520, 521, 526
波多野精一（1877–1950）　2, 474, 489
パトナム，ヒラリー（Putnam, Hilary Whitehall 1926–2016）　469
フィガール，ギュンター（Figal, Günter 1949–）　475
フォイエルバッハ，ルートヴィヒ（Feuerbach, Ludwig Andreas 1804–72）　197–199, 203, 204, 207, 493
フッサール，エトムント（Husserl, Edmund Gustav Albrecht 1859–1938）　249, 468
プラトン（Plato BC427–347）　14, 229, 249, 489, 493
フンボルト，ヴィルヘルム・フォン（Humboldt, Friedrich Wilhelm Christian Karl Ferdinand Freiherr von 1767–1835）　45, 48, 475, 519
ヘーゲル，G・W・F（Hegel, Georg Wilhelm Friedrich 1770–1831）　95, 197–199, 206, 231–239, 241–246, 249, 250, 255, 256, 258–260, 263, 276, 341, 366, 373–376, 378, 384–386, 404, 468, 469, 483, 488, 493–495, 497, 511, 513–515, 521
ヘルダー，ヨハン・ゴットフリート（Herder, Johann Gottfried von 1744–1803）　47, 48, 52, 367, 368, 373–378, 384–386, 468, 475, 476, 511, 519

マ　行

マクダウェル，ジョン（McDowell, John Henry 1942–）　471, 486, 491, 498
マッキー，J・L（Mackie, John Leslie 1917–81）　497
マルクス，カール（Marx, Karl 1818–83）　57, 197–199, 203, 204, 206–208, 210, 213, 215, 219, 245, 426, 489–494, 508, 515, 524
三木　清（1897–1945）　316
ムーア，G・E（Moore, George Edward 1873–1958）　470

ヤ　行

山田　洸（1930–）　467, 474
湯浅泰雄（1925–2005）　467, 496
米谷匡史（1967–）　475

ラ　行

リッカート，ハインリヒ（Rickert, Heinrich John 1863–1936）　489
ロールズ，ジョン（Rawls, John Bordley 1921–2002）　470, 519

事項索引

タ　行

ナ　行

ハ　行

マ　行

ヤ　行

ラ　行

ワ　行

参考文献一覧

＊著者名の五〇音順で並べた（外国人の著者もカタカナ表記で五〇音順に並べた）.
＊一次文献と二次文献で，それぞれに「和辻哲郎関連」と「その他」に分類した.

一次文献

1　和辻哲郎関連

和辻哲郎『和辻哲郎全集』（第3次編集），全25巻・別巻2，岩波書店，1989〜92年

――――「日本語に於ける存在の理解」（一）・（二），『哲学研究』第155号・第157号（京都帝国大学文学部，1929年2月・4月）所収

――――「倫理学――人間の学としての倫理学の意義及び方法」，『岩波講座　哲学』第2回（岩波書店，1931年）所収；和辻哲郎『初稿　倫理学』（苅部直〔編〕，ちくま学芸文庫，筑摩書房，2017年）所収

――――『人間の学としての倫理学』，岩波文庫，岩波書店，2007年［＊子安宣邦「解説」を所収］

2　その他（同時代の文献，和辻自身が読解に取り組んだ文献）

アリストテレス『政治学』，新版『アリストテレス全集』17（神崎繁，相澤康隆，瀬口昌久〔訳〕，岩波書店，2018年）所収

――――『ニコマコス倫理学』，新版『アリストテレス全集』15（神崎繁〔訳〕，岩波書店，2014年）所収

Kant, Immanuel, *Grundlegung zur Metaphysik der Sitten*, Philosophische Bibliothek, Bd. 519, Hamburg: Felix Meiner, 1999.［邦訳：カント『道徳形而上学原論』，改訳，篠田英雄〔訳〕，岩波文庫，岩波書店，1976年；『実践理性批判；人倫の形而上学の基礎づけ』，坂部恵，平田俊博，伊古田理〔訳〕，『カント全集』第7巻，岩波書店，2000年；『道徳形而上学の基礎づけ』，新装版，宇都宮芳明〔訳・注解〕，以文社，2004年］

――――, *Kritik der praktischen Vernunft*, Philosophische Bibliothek, Bd. 506, Hamburg: Felix Meiner, 2003.［邦訳：『実践理性批判』，波多野精一，宮本和吉〔訳〕，篠田英雄〔改訳〕，岩波文庫，岩波書店，1979年；『実践理性批判；人倫の形而上学の基礎づけ』，『カント全集』第7巻，岩波書店，2000年；『実践理性批判』，新装版，宇都宮芳明〔訳・注解〕，以文社，2004年］

田邊　元「史學に於ける過去の認識」，『哲學研究』142号（京都帝国大学文学部，1928年1月）所収［『田邊元全集』第4巻（筑摩書房，1963年）所収］

――――「歴史の認識に於ける概念の機能」,『史林』(京都帝国大学文学部・史学研究会, 1928年4月) 所収［『田邊元全集』第4巻 (筑摩書房, 1963年) 所収］

Dilthey, Wilhelm, *Gesammelte Schriften, Bd. 7: Der Aufbau der geschichtlichen Welt in den Geisteswissenschaften*, Leipzig, Berlin: B. G. Teubner, 1927.［邦訳：ヴィルヘルム・ディルタイ『ディルタイ全集』第4巻, 長井和雄, 竹田純郎, 西谷敬〔編・校閲〕, 法政大学出版局, 2010年］

戸坂　潤『日本イデオロギー論』, 岩波文庫, 岩波書店, 1977年

Heidegger, Martin, *Sein und Zeit*, 17. Auflage, Tübingen: Max Niemeyer, 1993.［邦訳：マルティン・ハイデッガー『存在と時間』上下巻, 細谷貞雄ほか〔訳〕, ちくま学芸文庫, 筑摩書房, 1994年；マルティン・ハイデガー『存在と時間』, 全3巻, 原佑, 渡邊二郎〔訳〕, 中公クラシックス, 中央公論新社, 2003年；マルティン・ハイデッガー『有と時』, 辻村公一ほか〔訳〕,『ハイデッガー全集』第2巻, 創文社, 1997年］

――――, *Gesamtausgabe*, Frankfurt a. M.: Vittorio Klostermann, 1975–.［邦訳：マルティン・ハイデッガー『ハイデッガー全集』, 辻村公一ほか〔編・訳〕, 創文社, 1985年〜］

ハイデガー, マルティン『現象学の根本問題』, 木田元〔監訳〕, 平田裕之, 迫田健一〔訳〕, 作品社, 2010年

プラトン『国家』上下巻, 藤沢令夫〔訳〕, 岩波文庫, 岩波書店, 1979年

フンボルト, ヴィルヘルム・フォン『言語と精神――カヴィ語研究序説』, 亀山健吉〔訳〕, 法政大学出版局, 1984年

Hegel, Georg Wilhelm Friedrich, *Grundlinien der Philosophie des Rechts, oder, Naturrecht und Staatswissenschaft im Grundrisse*, Suhrkamp Taschenbuch Wissenschaft, 607, Frankfurt a. M.: Suhrkamp, 1986.［邦訳：ヘーゲル『法の哲学』全2巻, 藤野渉, 赤沢正敏〔訳〕, 中公クラシックス, 中央公論新社, 2001年；『法の哲学――自然法と国家学の要綱』上下巻, 上妻精, 佐藤康邦, 山田忠彰〔訳〕,『ヘーゲル全集』第9a・9b巻, 岩波書店, 2000〜01年］

ヘーゲル『人倫の体系』, 上妻精〔訳〕, 以文社, 1996年

ヘーゲル, G. W. F.『ヘーゲル初期論文集成』, 村岡晋一, 吉田達〔訳〕, 作品社, 2017年

ヘルダー, ヨハン・ゴットフリート『言語起源論』, 木村直司〔訳〕, 大修館書店, 1972年；大阪大学ドイツ近代文学研究会〔訳〕, 叢書ウニベルシタス, 法政大学出版局, 1972年；宮谷尚実〔訳〕, 講談社学術文庫, 講談社, 2017年

――――『人間性形成のための歴史哲学異説』, 小栗浩, 七字慶紀〔訳〕;『シェイクスピア』, 登張正実〔訳〕;『彫塑』, 登張正実〔訳〕,『ヘルダー；ゲーテ』(登張正実〔編〕, 中公バックス　世界の名著, 中央公論社, 1979年) 所収

二次文献

1　和辻哲郎関連

【ア行】

赤坂憲雄『象徴天皇という物語』，ちくまライブラリー，筑摩書房，1990年

荒井正雄「人格性とその日本的変容について――和辻倫理学における「信頼」と「真実」を中心に」，『哲学と教育』25号（愛知教育大学哲学会，1977年）所収

李　梨花「人倫国家論――和辻哲郎の『倫理学』に関する考察」，東京大学大学院人文社会系研究科博士学位論文，2000年

飯嶋裕治「思想史研究を要請する解釈学的倫理学について――和辻哲郎とチャールズ・テイラーとの対比から」，『倫理学年報』第53集（日本倫理学会，2004年）所収

――――「和辻哲郎の解釈学的行為論に見る「個人」的存在の可能性――「資格」と「徳」を手がかりに」，『思想』No.1061（岩波書店，2012年9月）所収

――――「大正改元期における和辻哲郎と田中王堂――教養主義・ニーチェ解釈・日本文化研究」，『比較文學研究』第百號（東大比較文學會〔編〕，すずさわ書店，2015年）所収

生松敬三『近代日本への思想史的反省』，中央大学出版部，1971年

市倉宏祐『和辻哲郎の視圏――古寺巡礼・倫理学・桂離宮』，春秋社，2005年

伊藤直樹「和辻哲郎における歴史的想像力の解釈学」，『実存思想論集XVI：ニーチェの21世紀』（実存思想協会〔編〕，理想社，2001年）所収

大橋良介『日本的なもの、ヨーロッパ的なもの』，新潮選書，新潮社，1992年

小熊英二『単一民族神話の起源――〈日本人〉の自画像の系譜』，新曜社，1995年

【カ行】

勝部真長『和辻倫理学ノート』，東書選書，東京書籍，1979年

――――『青春の和辻哲郎』，中公新書，中央公論社，1987年

加藤恵介「和辻哲郎のハイデガー解釈」，『神戸山手大学紀要』第7号（神戸山手大学，2005年）所収

唐木順三「和辻哲郎の人と思想」，『唐木順三全集』（増補版）第9巻（筑摩書房，1982年）所収

苅部　直『光の領国　和辻哲郎』，現代自由学芸叢書，創文社，1995年

菅野覚明『詩と国家――「かたち」としての言葉論』，シリーズ・言葉と社会3，勁草書房，2005年

熊野純彦『和辻哲郎――文人哲学者の軌跡』，岩波新書，岩波書店，2009年

高坂正顕『西田幾多郎と和辻哲郎』，新潮社，1964年

小坂国継『西田幾多郎をめぐる哲学者群像――近代日本哲学と宗教』，ミネルヴァ書房，1997年

小林靖昌『経験の現象学への道』，理想社，1998年
小牧　治『和辻哲郎』，人と思想53，清水書院，1986年
子安宣邦『和辻倫理学を読む——もう一つの「近代の超克」』，青土社，2010年

【サ行】
酒井直樹『日本思想という問題——翻訳と主体』，岩波書店，1997年
坂部　恵『仮面の解釈学』，UP選書，東京大学出版会，1976年
————『和辻哲郎』，20世紀思想家文庫17，岩波書店，1986年；『和辻哲郎——異文化共生の形』，岩波現代文庫，岩波書店，2000年
————『モデルニテ・バロック——現代精神史序説』，哲学書房，2005年
佐藤正英「近代日本における信と知——西村茂樹・西田幾多郎・和辻哲郎をめぐって」，『日本倫理学会論集28：信と知』（日本倫理学会〔編〕，慶應通信，1993年）所収
佐藤康邦「和辻倫理学と現象学——空間・時間概念を手掛かりとして」，『倫理学紀要』9号（東京大学文学部倫理学研究室，1998年）所収
————「和辻哲郎における現象学の位置」（日本現象学会第20回研究大会の報告：シンポジウム「日本の哲学と現象学」），『現象学年報』15号（日本現象学会〔編〕，北斗出版，1999年）所収
佐藤康邦，清水正之，田中久文〔編・著〕『甦る和辻哲郎——人文科学の再生に向けて』，叢書・倫理学のフロンティア，ナカニシヤ出版，1999年
清水正之「哲学と日本思想史研究——和辻哲郎の解釈学と現象学のあいだ」，『日本哲学史研究』第4号（京都大学大学院文学研究科日本哲学史研究室，2007年）所収

【タ行】
高橋哲哉『逆光のロゴス——現代哲学のコンテクスト』，未來社，1992年
田中久文『日本の「哲学」を読み解く——「無」の時代を生きぬくために』，ちくま新書，筑摩書房，2000年；『日本の哲学をよむ——「無」の思想の系譜』，ちくま学芸文庫，筑摩書房，2015年
津田雅夫『和辻哲郎研究——解釈学・国民道徳・社会主義』，青木書店，2001年
常俊宗三郎〔編〕『日本の哲学を学ぶ人のために』，世界思想社，1998年
轟　孝夫「風土と歴史——和辻哲郎のハイデガー批判をめぐって」，『防衛大学校紀要人文科学分冊』第91号（防衛大学校，2005年）所収

【ナ行】
根来　司『和辻哲郎——国語国文学への示唆』，有精堂出版，1990年

【ハ行】
ハルトゥーニアン，ハリー『近代による超克——戦間期日本の歴史・文化・共同体』上

下巻，梅森直之〔訳〕，岩波書店，2007 年
伴　博「客観倫理の思想――ヘーゲルと和辻哲郎」（研究例会発表要旨），『比較思想研究』第 13 号（比較思想学会，1986 年）所収
平子友長「歴史における時間性と空間性――和辻哲郎，ハイデガーおよびブローデル」，『経済学研究』47 号（北海道大学経済学部，1997 年）所収
ベルク，オギュスタン『風土の日本――自然と文化の通態』，篠田勝英〔訳〕，筑摩書房，1988 年；ちくま学芸文庫，筑摩書房，1992 年
星野　勉「和辻哲郎の「風土」論――ハイデガー哲学との対決」，『法政大学文学部紀要』第 50 号（法政大学文学部，2004 年）所収

【マ行】
Mayeda, Graham, *Time, Space and Ethics in the Philosophy of Watsuji Tetsurō, Kuki Shūzō, and Martin Heidegger*, New York, London: Routledge, 2006.
牧野英二〔編・著〕『和辻哲郎の書き込みを見よ！――和辻倫理学の今日的意義』，法政大学出版局，2010 年
Maraldo, John C., “Between Individual and Communal, Subject and Object, Self and Other: Mediating Watsuji Tetsurō’s Hermeneutics”, in *Japanese Hermeneutics: Current Debates on Aesthetics and Interpretation*, Michael F. Marra（ed.）, Honolulu: University of Hawaii Press, 2002.
――――, “Watsuji Tetsurō’s Ethics: Totalitarian or Communitarian?”, in *Komparative Ethik: Das gute Leben zwischen den Kulturen*, Rolf Elberfeld und Günter Wohlfart（Hrsg.）, Reihe für Asiatische und Komparative Philosophie, Bd. 6, Köln: Edition Chōra, 2002.
港道　隆「和辻哲郎――回帰の軌跡」，『思想』No.798（岩波書店，1990 年 12 月）所収
宮川敬之『和辻哲郎――人格から間柄へ』，再発見 日本の哲学，講談社，2008 年
森川輝紀『国民道徳論の道――「伝統」と「近代化」の相克』，三元社，2003 年
森村　修「「空」の倫理は，〈何も共有していない者たちの共同体〉の倫理になりうるか？――和辻倫理学の限界」，『異文化　論文編』第 11 号（法政大学国際文化学部，2010 年）所収

【ヤ行】
柳原敦夫「和辻「倫理学・中巻」の「初版」と「修正版」とを対比して――批判的論考ノート」1～6，『桜美林エコノミックス』15～18，20，21 号（桜美林大学経済学部，1986～88 年）所収
山下和也「『風土』再考――システム論から見た和辻哲郎の風土論」，『日本及日本人』1640 号（日本及日本人社，2001 年）所収
――――「信頼の倫理学――和辻哲郎とニクラス・ルーマン」，『比較思想研究』第 32 号（比較思想学会，2005 年）所収
山田　洸『和辻哲郎論』，花伝社，1987 年
湯浅泰雄『和辻哲郎――近代日本哲学の運命』，ちくま学芸文庫，筑摩書房，1995 年
――――〔編〕『人と思想　和辻哲郎』，三一書房，1973 年

吉沢伝三郎『和辻哲郎の面目』，平凡社ライブラリー，平凡社，2006年
吉田真樹「和辻哲郎における「文芸」と「道徳」」，『道徳と教育』第45号（日本道徳教育学会，2000年）所収
米谷匡史「象徴天皇制の思想史的考察――和辻哲郎の超国家主義批判」，『情況』1990年12月号（情況出版）所収
――――「和辻倫理学の初期構想」，『現代思想』1992年7月号（青土社）所収
――――「和辻倫理学と十五年戦争期の日本――「近代の超克」の一局面」，『情況』1992年9月号（情況出版）所収
――――「和辻哲郎と天皇制の新たな神話化――『日本古代文化』の改稿をめぐって」，『国文学　解釈と教材の研究』1994年5月号（學燈社）所収
――――「和辻哲郎と王権神話の再解釈――『尊皇思想とその伝統』をめぐって」，『国語と国文学』1994年11月号（至文堂）所収
――――「戦時期日本の社会思想――現代化と戦時変革」，『思想』No.882（岩波書店，1997年12月）所収
頼住光子「和辻哲郎と解釈学――比較思想的探究」，『比較思想研究』第14号（比較思想学会，1987年）所収
――――「和辻哲郎の思想における「かたち」の意義について」，『講座　比較思想：転換期の人間と思想』第2巻「日本の思想を考える」（小泉仰・浮田雄一〔編〕，北樹出版，1993年）所収

【ラ行】
『理想』No.677（特集：和辻哲郎），理想社，2006年9月
リーダーバッハ，ハンス・ペーター『ハイデガーと和辻哲郎』，平田裕之〔訳〕，新書館，2006年

【ワ行】
和辻　照『和辻哲郎とともに』，新潮社，1966年
――――〔編〕『和辻哲郎の思ひ出』，岩波書店，1963年

2　その他

【ア行】
麻生　建『解釈学』，ぷろぱあ叢書，世界書院，1985年
――――『ドイツ言語哲学の諸相』，東京大学出版会，1989年
アームソン，J. O.『アリストテレス倫理学入門』，雨宮健〔訳〕，岩波現代文庫，岩波書店，2004年
荒畑靖宏『世界内存在の解釈学――ハイデガー「心の哲学」と「言語哲学」』，春風社，2009年
Anscombe, G. E. M., *Intention*, 2nd ed., Cambridge, MA: Harvard UP, 2000.［邦訳：G. E. M. アン

スコム『インテンション——実践知の考察』，菅豊彦〔訳〕，産業図書，1984年］

飯嶋裕治「「解釈とは異なる、規則の把握の仕方」について——「規則のパラドクス」へのもうひとつのアプローチ」，『超域文化科学紀要』第10号（東京大学大学院総合文化研究科超域文化科学専攻，2005年）所収

————「「全体性の認知可能性」について——規範的行為の構造の解釈学的解明のために」，『超域文化科学紀要』第15号（東京大学大学院総合文化研究科超域文化科学専攻，2010年）所収

————「実践的推論と行為の全体論的構造——アンスコムの目的論的行為論のさらなる拡張」，『西日本哲学年報』第24号（西日本哲学会，2016年）所収

————「マクダウェル–ドレイファス論争における「概念能力」への問い——われわれは没入的対処において何に反応・応答しているのか？」，『哲学論文集』第53輯（九州大学哲学会，2017年）所収

板井孝一郎「ヘーゲル言語論と有機体的言語観——J. G. ヘルダーとの関係を中心に」，『実践哲学研究』20号（京都倫理学会，1997年）所収

Wittgenstein, Ludwig, *Philosophical Investigations*, 3rd ed., Oxford: Blackwell, 2001.［邦訳：ルートヴィヒ・ウィトゲンシュタイン『哲学探究』，ウィトゲンシュタイン全集8，藤本隆志〔訳〕，大修館書店，1976年］

大庭　健「道徳言明はいかにして真あるいは偽たりうるか？——20世紀の道徳実在論・反実在論をめぐって」，『思想』No.961（岩波書店，2004年5月）所収

大村晴雄『ヘルダーとカント』，高文堂出版社，1986年

【カ行】

加藤尚武『ヘーゲルの「法」哲学』，増補新版，青土社，1999年

————ほか〔編〕『ヘーゲル事典』，弘文堂，1992年

Gadamer, Hans-Georg, *Wahrheit und Methode: Grundzüge einer philosophischen Hermeneutik*, 4. Auflage, Tübingen: J. C. B. Mohr, 1975.［邦訳：ハンス＝ゲオルク・ガダマー『真理と方法——哲学的解釈学の要綱』全3巻，轡田収ほか〔訳〕，叢書ウニベルシタス，法政大学出版局，1986〜2012年］

門脇俊介「ハイデガーと志向性——現象学的行為論のための一章」，『情況』1992年9月号別冊（状況出版）所収

————『理由の空間の現象学——表象的志向性批判』，創文社，2002年

————『現代哲学の戦略——反自然主義のもう一つ別の可能性』，岩波書店，2007年

————『『存在と時間』の哲学Ⅰ』，産業図書，2008年

————『破壊と構築——ハイデガー哲学の二つの位相』，東京大学出版会，2010年

亀山健吉『言葉と世界——ヴィルヘルム・フォン・フンボルト研究』，法政大学出版局，2000年

木田　元『ハイデガーの思想』，岩波新書，岩波書店，1993年

Kripke, Saul A., *Wittgenstein on Rules and Private Language: An Elementary Exposition*, Cambridge,

MA: Harvard UP, 1982.［邦訳：ソール・A・クリプキ『ウィトゲンシュタインのパラドックス――規則・私的言語・他人の心』，黒崎宏〔訳〕，産業図書，1983年］

【サ行】

斉藤　渉『フンボルトの言語研究――有機体としての言語』，京都大学学術出版会，2001年

佐藤康邦『ヘーゲルと目的論』，テオレイン叢書，昭和堂，1991年

――――『カント『判断力批判』と現代――目的論の新たな可能性を求めて』，岩波書店，2005年

【タ行】

Davidson, Donald, "Actions, Reasons and Causes", in *Essays on Actions and Events*, 2nd ed., Oxford: Clarendon Press, 2001.［邦訳：ドナルド・デイヴィドソン「行為・理由・原因」，柴田正良〔訳〕，『行為と出来事』（勁草書房，一九九〇年）所収；河島一郎〔訳〕，『自由と行為の哲学』（門脇俊介，野矢茂樹〔編・監修〕，現代哲学への招待，春秋社，2010年）所収］

Taylor, Charles, *Hegel*, Cambridge: Cambridge UP, 1975.

――――, *Hegel and Modern Society*, Cambridge: Cambridge UP, 1979.［邦訳：チャールズ・テイラー『ヘーゲルと近代社会』，渡辺義雄〔訳〕，岩波書店，1981年］

――――, *Philosophical Papers I: Human Agency and Language*, Cambridge: Cambridge UP, 1985.

――――, *Philosophical Papers II: Philosophy and the Human Sciences*, Cambridge: Cambridge UP, 1985.

――――, *Sources of the Self: The Making of the Modern Identity*, Cambridge, MA: Harvard UP, 1989.［邦訳：チャールズ・テイラー『自我の源泉――近代的アイデンティティの形成』，下川潔，桜井徹，田中智彦〔訳〕，名古屋大学出版会，2010年］

――――, *The Ethics of Authenticity*, Cambridge, MA: Harvard UP, 1992.［邦訳：チャールズ・テイラー『〈ほんもの〉という倫理――近代とその不安』，田中智彦〔訳〕，産業図書，2004年］

――――, *Philosophical Arguments*, Cambridge, MA: Harvard UP, 1995.

――――,「多文化主義・承認・ヘーゲル」，岩崎稔，辻内鏡人〔インタビュー・訳〕，『思想』No.865（岩波書店，1996年7月）所収

――――, *Varieties of Religion Today: William James Revisited*, Cambridge, MA: Harvard UP, 2002.［邦訳：チャールズ・テイラー『今日の宗教の諸相』，伊藤邦武，佐々木崇，三宅岳史〔訳〕，岩波書店，2009年］

――――, *Modern Social Imaginaries*, Durham, NC: Duke UP, 2004.［邦訳：チャールズ・テイラー『近代――想像された社会の系譜』，上野成利〔訳〕，岩波書店，2011年］

――――, *A Secular Age*, Cambridge, MA: Belknap Press of Harvard UP, 2007.

――――, *Dilemmas and Connections: Selected Essays*, Cambridge, MA: Belknap Press of Harvard UP,

2011.

Dreyfus, Hubert L., *Being-in-the-World: A Commentary on Heidegger's Being and Time, Division I*, Cambridge, MA: MIT Press, 1991.［邦訳：ヒューバート・L・ドレイファス『世界内存在――『存在と時間』における日常性の解釈学』，門脇俊介〔監訳〕，産業図書，2000 年］

――――, "Overcoming the Myth of the Mental: How Philosophers Can Profit from the Phenomenology of Everyday Expertise", in *Skillful Coping: Essays on the Phenomenology of Everyday Perception and Action*, Mark A. Wrathall（ed.）, Oxford: Oxford UP, 2014.［邦訳：ヒューバート・L・ドレイファス「心的作用の神話の克服――哲学者が日常的な熟達者的知識の現象学からどのように恩恵を受け得るか」，蟹池陽一〔訳〕，『思想』No.1011（岩波書店，2008 年 7 月）所収］

Dreyfus, Hubert L. & Dreyfus, Stuart E., "What Is Morality?: A Phenomenological Account of the Development of Ethical Expertise", in *Universalism vs. Communitarianism: Contemporary Debates in Ethics*, David Rasmussen（ed.）, Cambridge, MA: MIT Press, 1990.［邦訳：ヒューバート・ドレイフュス，スチュアート・ドレイフュス「道徳性とは何か――倫理的熟達の発展に関する現象学的説明」，デヴィッド・ラスマッセン〔編〕『普遍主義 対 共同体主義』（菊池理夫ほか〔訳〕，日本経済評論社，1998 年）所収］

Dreyfus, Hubert L. & Taylor, Charles, *Retrieving Realism*, Cambridge, MA: Harvard UP, 2015.［邦訳：ヒューバート・ドレイファス，チャールズ・テイラー『実在論を立て直す』，村田純一〔監訳〕，法政大学出版局，2016 年］

【ナ行】

中野剛充『テイラーのコミュニタリアニズム――自己・共同体・近代』，勁草書房，2007 年

【ハ行】

Putnam, Hilary, *The Collapse of the Fact/Value Dichotomy and Other Essays*, Cambridge, MA: Harvard UP, 2002.［邦訳：ヒラリー・パトナム『事実／価値二分法の崩壊』，藤田晋吾，中村正利〔訳〕，叢書ウニベルシタス，法政大学出版局，2006 年］

――――, *Ethics without Ontology*, Cambridge, MA: Harvard UP, 2004.［邦訳：ヒラリー・パトナム『存在論抜きの倫理』，関口浩喜ほか〔訳〕，叢書ウニベルシタス，法政大学出版局，2007 年］

Berlin, Isaiah, "Herder and the Enlightenment", in *Three Critics of the Enlightenment: Vico, Hamann, Herder*, Henry Hardy（ed.）, Princeton, NJ: Princeton UP, 2000［1976］.［邦訳：アイザイア・バーリン『ヴィーコとヘルダー――理念の歴史・二つの試論』，小池銈〔訳〕，みすず書房，1981 年］

――――, *The Roots of Romanticism: The A. W. Mellon Lectures in the Fine Arts, The National Gallery of Art, Washington, D.C.*, Henry Hardy（ed.）, Princeton, NJ: Princeton UP, 1999.［邦訳：

アイザイア・バーリン『バーリン　ロマン主義講義』，田中治男〔訳〕，岩波書店，2000年］
フィガール，ギュンター『ハイデガー入門』，伊藤徹〔訳〕，世界思想社，2003年
ペゲラー，オットー〔編〕『解釈学の根本問題』，現代哲学の根本問題7，晃洋書房，1977年

【マ行】

Mackie, John Leslie, *Ethics: Inventing Right and Wrong*, Harmondsworth: Penguin Books, 1977.［邦訳：J・L・マッキー『倫理学——道徳を創造する』，加藤尚武〔監訳〕，晢書房，1990年］
McDowell, John, *Mind and World*, 2nd ed., Cambridge, MA: Harvard UP, 1996.［邦訳：ジョン・マクダウェル『心と世界』，神崎繁ほか〔訳〕，勁草書房，2012年］
———, *Mind, Value & Reality*, Revised ed., Cambridge, MA: Harvard UP, 2001.［邦訳：ジョン・マクダウェル『徳と理性——マクダウェル倫理学論文集』，大庭健〔編・監訳〕，双書現代倫理学，勁草書房，2016年（＊抄訳）］
———, "What Myth?", in *The Engaged Intellect: Philosophical Essays*, Cambridge, MA: Harvard UP, 2009.［邦訳：ジョン・マクダウェル「何の神話が問題なのか」，荻原理〔訳〕，『思想』No.1011（岩波書店，2008年7月）所収］
丸山高司『ガダマー——地平の融合』，現代思想の冒険者たち12，講談社，1997年
村井則夫「「表現」の解釈学から「像」の解釈学へ——ハイデガー「ナトルプ報告」を基軸として」，『実存思想論集XVI：ニーチェの21世紀』（実存思想協会〔編〕，理想社，2001年）所収

【ヤ行】

山岸俊男『信頼の構造——こころと社会の進化ゲーム』，東京大学出版会，1998年

【ラ行】

ルーマン，ニクラス『信頼——社会的な複雑性の縮減メカニズム』，大庭健，正村俊之〔訳〕，勁草書房，1990年
Rawls, John, *A Theory of Justice*, Original ed., Cambridge, MA: Belknap Press of Harvard UP, 2005.［邦訳：ジョン・ロールズ『正義論』，改訂版，川本隆史ほか〔訳〕，紀伊國屋書店，2010年］

和辻哲郎略年譜および著作年表

＊『和辻哲郎全集』第 24 巻所収の「年譜」および「著作年表」に基づいて作成した.
＊単行本以外の著作に関しては，本書で参照したものを中心に取り上げた.
＊丸囲みの数字は『和辻哲郎全集』（第 3 次編集）の収録巻を示す（「B」は別巻を示す）.

西暦（元号）	出来事，著書・論文等	年齢
1889（明治 22）	兵庫県仁豊野に生まれる	
1906（明 39）	第一高等学校入学（9 月）	17 歳
1909（明 42）	第一高等学校卒業（7 月）	20 歳
	東京帝国大学文科大学哲学科入学（9 月）	
1912（明 45／大正元）	高瀬照と結婚（6 月）	23 歳
	東京帝国大学卒業（7 月）	
1913（大 2）	『ニイチェ研究』（内田老鶴圃・10 月）① ［→1914 訂正再版／1942 改訂第三版・筑摩書房］	24 歳
1915（大 4）	『ゼエレン・キエルケゴオル』（内田老鶴圃・10 月）① ［→1947 新版・筑摩書房］	26 歳
1917（大 6）	雑誌『思潮』（阿部次郎主幹）の同人となる（5 月）	28 歳
	論文「日本の文化に就て――「偶像礼賛」序論」（5 月）㉑	
1918（大 7）	奈良へ古寺巡礼の旅（5 月）	29 歳
	『偶像再興』（岩波書店・12 月）⑰ ［→1937 改版］	
1919（大 8）	『古寺巡礼』（岩波書店・5 月）② ［→1947 改訂版］	30 歳
	翻訳・ラムプレヒト『近代歴史学』（岩波書店・11 月）㉒＊「訳者序」のみ	
1920（大 9）	東洋大学教授着任（5 月）［～1925 まで］	31 歳
	『日本古代文化』（岩波書店・11 月）③ ［→1925 改訂版，1939 改稿版，1951 新稿版］	
1921（大 10）	雑誌『思想』の編集に参画［～1925 まで］	32 歳
1922（大 11）	法政大学教授着任（4 月）［～1925 まで］	33 歳
1925（大 14）	京都帝国大学文学部講師着任（3 月）	36 歳
	同・助教授（7 月）	
1926（大 15／昭和元）	河上肇と論争	37 歳
	『日本精神史研究』（岩波書店・10 月）④ ［→1940 改訂版］	
	『原始基督教の文化史的意義』（岩波書店・11 月）⑦	
1927（昭 2）	ドイツ留学に出発（2 月）	38 歳

	『原始仏教の実践哲学』（岩波書店・2月）⑤［→1932改訂］	
	原始仏教に関して木村泰賢と論争	
1928（昭3）	予定を切り上げて留学から帰国（7月）	39歳
	メモ「日本語と哲学」B②	
1929（昭4）	論文「日本語に於ける存在の理解（一）」（2月）＊全集未収録	40歳
	論文「風土」（4月）B②［→「風土の基礎理論」として『風土』所収］	
	論文「日本語に於ける存在の理解（二）」（4月）＊連載時未完・全集未収録［→「日本語と哲学の問題」として『続日本精神史研究』所収］	
1931（昭6）	京都帝国大学教授	42歳
	論文「倫理学——人間の学としての倫理学の意義および方法」（12月）＊全集未収録	
1934（昭9）	『人間の学としての倫理学』（岩波書店・3月）⑨	45歳
	東京帝国大学文学部教授に転任（7月）	
	論文「日本精神」（9月）④［→『続日本精神史研究』所収］	
1935（昭10）	『続日本精神史研究』（岩波書店・9月）④	46歳
	『風土——人間学的考察』（岩波書店・9月）⑧［→1944改訂, 1949改訂］	
	『カント実践理性批判』（岩波書店・10月）⑨	
1937（昭12）	論文「普遍的道徳と国民的道徳」（4月）㉓	48歳
	『倫理学』上巻（岩波書店・4月）⑩	
	『面とペルソナ』（岩波書店・12月）⑰	
1938（昭13）	『孔子』（岩波書店・11月）⑥	49歳
	『人格と人類性』（岩波書店・11月）⑨	
1941（昭16）	津田左右吉・岩波茂雄の出版法違反裁判で証言（12月）	52歳
1942（昭17）	『倫理学』中巻（岩波書店・6月）⑩［→1948改訂］	53歳
1943（昭18）	『尊皇思想とその伝統　日本倫理思想史第一巻』（岩波書店・12月）⑭	54歳
1944（昭19）	『日本の臣道・アメリカの国民性』（筑摩書房・7月）⑭・⑰	55歳
1946（昭21）	『ホメーロス批判』（要書房・11月）⑥	57歳
1947（昭22）	佐々木惣一と国体変更論争	58歳
1948（昭23）	『ポリス的人間の倫理学』（白日書院・1月）⑦	59歳
	『ケーベル先生』（弘文堂・5月）⑥	
	『国民統合の象徴』（勁草書房・11月）⑭	
1949（昭24）	東京大学定年退官（3月）	60歳
	『倫理学』下巻（岩波書店・5月）⑪	

1950（昭 25）	『鎖国——日本の悲劇』（筑摩書房・4 月）⑮ 『イタリア古寺巡礼』（要書房・4 月）⑧ 『近代歴史哲学の先駆者』（弘文堂・8 月）⑥ 日本倫理学会創立・初代会長（11 月）	61 歳
1951（昭 26）	『埋もれた日本』（新潮社・9 月）③	62 歳
1952（昭 27）	『日本倫理思想史』上巻（岩波書店・1 月）⑫ 『日本倫理思想史』下巻（岩波書店・12 月）⑬	63 歳
1955（昭 30）	『日本芸術史研究　第一巻（歌舞伎と操浄瑠璃）』（岩波書店・3 月）⑯ 『桂離宮——製作過程の考察』（中央公論社・11 月）②［→1958 修訂・改題］	66 歳
1960（昭 35）	心筋梗塞により死去（12 月）	71 歳
1961（昭 36）	第 1 次『和辻哲郎全集』（岩波書店・11 月）［～1963］ 『自叙伝の試み』（中央公論社・12 月）⑱	
1976（昭 51）	第 2 次『和辻哲郎全集』（岩波書店・11 月）［～1978］	
1989（平成元）	第 3 次『和辻哲郎全集』（岩波書店・5 月）［～1992］	